高校思想政治理论课学习辅导系列教材

"思想道德与法治"
教学设计与学习指导

主　编 ◎ 李佳先　彭国平　赵　燕
副主编 ◎ 沈　娟　段浩伟　袁小轶　李　艳　熊　雯
　　　　徐　冰　李　琳　王　楠　王　晶

华中科技大学出版社
http://press.hust.edu.cn
中国·武汉

内 容 简 介

本书以党的二十大精神为指引,以《思想道德与法治》(2023年版)的教材内容为依据,精心设计了各章节的内容。每章内容都分为四个部分,即教学设计、学习辅导、实践教学、课后练习。本书这样编写,旨在为学生答疑解惑,帮助学生更好地理解和掌握教材中的知识点,拓宽知识面,检视学习效果,积极探索教材话语创新和形式创新,旨在提升教材的时代性、实效性和可读性,充分发挥高校思想政治理论课立德树人关键课程的作用。

图书在版编目(CIP)数据

"思想道德与法治"教学设计与学习指导/李佳先,彭国平,赵燕主编.—武汉:华中科技大学出版社,2022.7 (2024.7重印)

ISBN 978-7-5680-8521-2

Ⅰ.①思… Ⅱ.①李… ②彭… ③赵… Ⅲ.①思想修养-教学设计-高等学校 ②法律-中国-教学设计-高等学校 Ⅳ.①G641.6 ②D920.4

中国版本图书馆 CIP 数据核字(2022)第 122469 号

"思想道德与法治"教学设计与学习指导　　　　　　　　　　　　　　李佳先　彭国平　赵　燕　主编
"Sixiang Daode yu Fazhi" Jiaoxue Sheji yu Xuexi Zhidao

策划编辑:张　毅	
责任编辑:郭星星	
封面设计:廖亚萍	
责任监印:朱　玢	
出版发行:华中科技大学出版社(中国·武汉)	电话:(027)81321913
武汉市东湖新技术开发区华工科技园	邮编:430223
录　排:武汉创易图文工作室	
印　刷:武汉科源印刷设计有限公司	
开　本:787mm×1092mm　1/16	
印　张:19.25	
字　数:493千字	
版　次:2024年7月第1版第3次印刷	
定　价:48.00元	

本书若有印装质量问题,请向出版社营销中心调换
全国免费服务热线:400-6679-118　竭诚为您服务
版权所有　侵权必究

前言

本书以党的二十大报告为指引,以《思想道德与法治》(2023年版)教材为依据,以习近平新时代中国特色社会主义思想为指导,以引导大学生立大志、明大德、成大才、担大任,努力成长为担当民族复兴大任时代新人为着力点,从新时代对青年大学生的新要求切入,以培育和践行社会主义核心价值观为主线,以人生追求—理想信念—精神状态—价值观自信—道德觉悟—法治素养为基本线索,就提升大学生思想道德素质和法治素养问题逐次进行分析与探讨。功崇惟志,业广惟勤,要激励新时代大学生牢记总书记嘱托,以实现中华民族伟大复兴为己任,增强做中国人的志气、骨气、底气,坚定信仰、信念、信心,不负时代,不负韶华,不负党和人民的殷切期望!

党的十九大以来,教育部把推进习近平新时代中国特色社会主义思想进教材、进课堂、进头脑的工作,作为教育系统的头等大事。进教材是基础,进课堂是核心,进头脑是目的。教育部部长怀进鹏强调,要守正创新推动高校思政课高质量发展,要牢牢把握思政课是立德树人关键课程的定位,强化教师在办好思政课中的关键地位,推动思政课改革创新。本教材的编写旨在落实立德树人根本任务,推动高校思政课创新发展,用统编教材武装新时代大学生的头脑,努力把青年大学生培育成为胸怀国之大者,展现出昂扬向上的精神风貌和听党话、跟党走的坚定决心,发出"请党放心,强国有我"的时代强音。

为做好《思想道德与法治》(2023年版)教材向教学体系转化工作,特意编写了这本《"思想道德与法治"教学设计与学习指导》教材。本书在编写的过程中,以全面贯彻党的二十大精神为宗旨,以《思想道德与法治》(2023年版)的教材内容为依据,精心设计了各章节的内容。除了教学目标(包含知识目标、能力目标、素质目标)、教学重难点、教学思路(包含设计思路、教学流程)、思维导图,每章内容还分为四个部分:第一部分为教学设计,主要列述了教学过程(包含导入、突出重点、突破难点、能力提升、课堂小结、课后作业)。第二部分为学习辅导,包括知识点、与知识点相匹配的疑难解析、精选案例、经典阅读,主要用于为学生答疑解惑,拓宽知识面。第三部分为实践教学,核心是用实践教学活动帮助学生加深对理论知识的理解,实现知行合一。实践教学的主要形式有课堂讨论、辩论赛、问卷调查、主题演讲、影视赏析、读书会、故事分享等,包括实践教学目的、实践教学过程等。第四部分为课后练习,包括测试题(单选题、多选题、判断题)、参考答案(以二维码形式给出),主要用来检视学生的学习效果。

本书由李佳先、彭国平、赵燕担任主编,由沈娟、段浩伟、袁小轶、李艳、熊雯、徐冰、李琳、王楠、王晶担任副主编。具体编写分工如下:绪论部分由李佳先编写,第一章由徐冰、彭国平编写,第二章由王楠、李佳先编写,第三章由赵燕、李琳编写,第四章由沈娟、王晶、李佳先编写,第五章由袁小铁、段浩伟、李佳先编写,第六章由李艳、熊雯编写。本书由李佳先统稿,彭国平审稿。

本书是湖北省高等学校马克思主义中青年理论家培育计划(第六批)(省社科基金前期资助项目)"核心素养视阙(阈——编者注)下思想政治理论课实践教学体系建构研究"(项目编号:19ZD126)的研究成果。本书在编写的过程中,参考了大量的文献,但未能一一注明,深表歉意。

由于编者水平有限,本书难免出现不足和疏漏之处,敬请广大读者批评指正。

编　者

2024 年 6 月

目录

绪论　担当复兴大任　成就时代新人 ... 1

第一节　教学设计篇 ... 2
第二节　学习辅导篇 ... 4
一、中国特色社会主义进入新时代 ... 4
二、做担当民族复兴大任的时代新人 ... 18
三、新时代与中国梦、青春梦的关系 ... 22
四、学习"思想道德与法治"的重要意义 ... 25

第三节　实践教学篇 ... 29
一、"党史学习交流会"实践教学 ... 29
二、"新时代大学生的责任与使命"主题演讲 ... 30

第一章　领悟人生真谛　把握人生方向 ... 33

第一节　教学设计篇 ... 34
一、人生观是对人生的总看法 ... 34
二、正确的人生观 ... 37
三、创造有意义的人生 ... 39

第二节　学习辅导篇 ... 41
一、正确认识人的本质 ... 41
二、人生观的主要内容 ... 48
三、高尚的人生追求 ... 51
四、正确评价人生价值 ... 56
五、辩证对待人生矛盾 ... 61

第三节　实践教学篇 ... 66
一、"人生观是对人生的总看法"实践教学 ... 66
二、"正确的人生观"实践教学 ... 67

三、"创造有意义的人生"实践教学 ………………………………………… 68

第二章　追求远大理想　坚定崇高信念 …………………………………… 72

第一节　教学设计篇 …………………………………………………………… 73
　　一、理想信念的内涵及重要性 …………………………………………… 73
　　二、坚定信仰信念信心 …………………………………………………… 73
　　三、在实现中国梦的实践中放飞青春梦想 ……………………………… 75

第二节　学习辅导篇 …………………………………………………………… 76
　　一、理想信念是精神之"钙" …………………………………………… 76
　　二、信仰之问——马克思主义为什么值得信仰？ ……………………… 83
　　三、增强对中国特色社会主义的信念 …………………………………… 87
　　四、当理想照进现实——如何处理理想与现实的矛盾 ………………… 91
　　五、增强对实现中华民族伟大复兴的信心 ……………………………… 98
　　六、坚持个人理想与社会理想的有机结合 ……………………………… 117

第三节　实践教学篇 …………………………………………………………… 125
　　一、"筑梦新时代，放飞青春梦"实践教学 …………………………… 125
　　二、"读原著，悟真理"实践教学 ……………………………………… 125
　　三、"砥砺青春，我们正好"实践教学 ………………………………… 125
　　四、"理想与现实"实践教学 …………………………………………… 126

第三章　继承优良传统　弘扬中国精神 …………………………………… 130

第一节　教学设计篇 …………………………………………………………… 131
　　一、中国精神是兴国强国之魂 …………………………………………… 131
　　二、做新时代的忠诚爱国者 ……………………………………………… 135
　　三、让改革创新成为青春远航的动力 …………………………………… 138

第二节　学习辅导篇 …………………………………………………………… 140
　　一、中国精神 ……………………………………………………………… 140
　　二、伟大的建党精神 ……………………………………………………… 149
　　三、爱国主义的基本内涵 ………………………………………………… 158
　　四、尊重和传承中华民族历史文化 ……………………………………… 164
　　五、坚持立足中国又面向世界 …………………………………………… 169
　　六、改革创新 ……………………………………………………………… 174

>   第三节　实践教学篇 ··· 179
>   一、"爱国是情怀更是信仰"实践教学 ··· 179
>   二、"大学生创新创业过程中求实和创新哪个更重要"实践教学 ············ 180

第四章　明确价值要求　践行价值准则 ·· 184

> 第一节　教学设计篇 ··· 185
>   一、全体人民共同的价值追求 ··· 185
>   二、社会主义核心价值观的显著特征 ··· 186
>   三、积极践行社会主义核心价值观 ·· 187
>
> 第二节　学习辅导篇 ··· 189
>   一、社会主义核心价值观的发展历程 ··· 189
>   二、社会主义核心价值观的基本内涵 ··· 195
>   三、培育和践行社会主义核心价值观的重大意义 ······························· 200
>   四、坚定社会主义核心价值观自信 ·· 205
>   五、积极践行社会主义核心价值观 ·· 210
>
> 第三节　实践教学篇 ··· 216
>   一、"社会主义核心价值观"实践教学 ··· 216
>   二、"寻找社会主义核心价值观模范人物"实践教学 ···························· 217

第五章　遵守道德规范　锤炼道德品格 ·· 221

> 第一节　教学设计篇 ··· 222
>   一、社会主义道德的核心与原则 ··· 222
>   二、吸收借鉴优秀道德成果 ·· 225
>   三、投身崇德向善的道德实践 ··· 226
>
> 第二节　学习辅导篇 ··· 226
>   一、坚持马克思主义道德观 ·· 226
>   二、社会主义道德的核心与原则 ··· 235
>   三、吸收借鉴优秀道德成果 ·· 248
>   四、社会公德与职业道德 ··· 251
>   五、家庭美德与个人品德 ··· 258
>
> 第三节　实践教学篇 ··· 262
>   一、"社会主义道德的核心与原则"实践教学 ···································· 262

二、"吸收借鉴优秀道德成果"实践教学 263

三、"投身崇德向善的道德实践"实践教学 263

第六章　学习法治思想　提升法治素养 267

第一节　教学设计篇 268

一、社会主义法律的特征和运行 268

二、坚持全面依法治国 269

三、维护宪法权威 270

四、自觉尊法学法守法用法 271

第二节　学习辅导篇 272

一、我国宪法的形成与发展 272

二、公正司法是维护社会公平正义的最后一道防线 280

三、全面依法治国的根本遵循 285

第三节　实践教学篇 296

一、"社会主义法律的特征和运行"实践教学 296

二、"模拟法庭"实践教学 296

绪论　　担当复兴大任　　成就时代新人

【教学目标】

1.知识目标

深入领会中国特色社会主义进入新时代的丰富内涵和重要意义;了解新时代对担当民族复兴大任时代新人的要求;理解思想道德素质和法治素养的含义;掌握"思想道德与法治"课程的性质及学习意义。

2.能力目标

理性认识中国梦与青春梦、中国梦与个人梦之间的辩证关系,提升担当民族复兴大任的本领和能力,从国家和民族发展的高度把握大学生提高思想道德素质与法治素养的重要意义。

3.素质目标

提升思想道德素质和法治素养,培养家国情怀,坚定"四个自信",勇担时代大任,不负青春韶华,内化于心、外化于行。

【教学重难点】

1.中国特色社会主义进入新时代的内涵和意义。

2.做担当民族复兴大任的时代新人。

3.新时代与中国梦、青春梦的关系。

4.学习"思想道德与法治"课程的重要意义。

【教学思路】

绪论部分主要回答了身处新时代的大学生应该如何成长为中国特色社会主义事业的合格建设者和可靠接班人这一时代之问。内容上主要遵循了这样的逻辑结构:中国特色社会主义进入新时代—新时代的大学生要以民族复兴为己任—大学生应提升自身的思想道德素质和法治素养。

从具体内容上来看,《思想道德与法治》绪论主要包括三部分:第一部分为"我们处在中国特色社会主义新时代",这一部分的教学应重点介绍新时代的意义和内涵,说明新时代为大学生成长成才、勤学报国提供了广阔的舞台和无限的机遇,当代大学生是中华民族伟大复兴的见证者、参与者和生力军。第二部分为"新时代呼唤担当民族复兴大任的时代新人",这一部分的教学应主要围绕2021年习近平总书记在清华大学考察时强调的:"广大青年要肩负历史使命,坚定前进信心,立大志、明大德、成大才、担大任,努力成为堪当民族复兴重任的时代新人。"这是习近平总书记对新时代青年的殷切期盼,为青年一代成长成才指明了道路方向、提供了根本遵循。第三部分为"不断提升思想道德素质和法治素养",这一部分的教学应重点介绍时代新人必须具备的良好的思想道德素质和法治素养,大学生要在学习中升华、内省中完善、自律中养成、实践中锤炼,德法兼修、德才兼备,从而成长为自觉担当民族复兴大任的时代新人。

【思维导图】

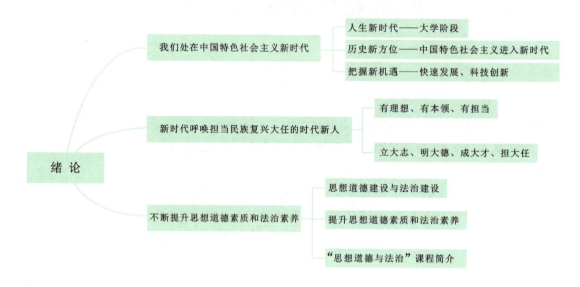

第一节　教学设计篇

绪论部分主要包括三个方面的内容:一是"我们处在中国特色社会主义新时代",二是"新时代呼唤担当民族复兴大任的时代新人",三是"不断提升思想道德素质和法治素养"。整个绪论部分教学设计如下:

教学环节	教师活动	学生活动	资源手段	设计意图
导入新课	教师提问: 问题一:你心目中的大学是怎样的? 问题二:来上大学是想成为什么样的人? 教师分析:同学们都怀揣梦想来到大学,开启人生新阶段,希望大家立足中国特色社会主义新时代,努力成为担当民族复兴大任的时代新人	回答问题、参与讨论	职教云 APP、学堂在线、案例	了解新生的学习目标,有的放矢,因材施教

续表

教学环节	教师活动	学生活动	资源手段	设计意图
讲授新课	**教学内容1.我们处在中国特色社会主义新时代**			
	(一)新时代是我们理解当前所处历史方位的关键词 1.中国特色社会主义进入新时代的依据。 2.新时代的丰富内涵。 3.站在新的奋斗起点,我们比历史上任何时候都更接近中华民族伟大复兴的目标 (二)新时代与中国梦 1.中国梦是历史的、现实的,也是未来的。 2.中国梦是国家的、民族的,也是每一个中国人的 (三)新时代与大学生 1.新时代的大学生是可爱、可信、可为的一代。 2.新时代为大学生成长成才提供了广阔空间和无限机遇	1.观看视频、小组讨论、归纳总结; 2.说说我们的"十四五"(形式多样); 3.以小组为单位,网上查阅新时代十年伟大变革的故事,派代表在班级分享	职教云APP、学堂在线、案例	通过视频、数据图片增加直观感受。 更好地了解中国特色社会主义新时代,珍惜幸福生活,努力成长成才
	教学内容2.新时代呼唤担当民族复兴大任的时代新人			
	1.立大志,要有崇高的理想信念,牢记使命,自信自励。 2.明大德,要锤炼高尚品格,崇德修身,启润青春。 3.成大才,要有高强的本领才干,勤奋学习,全面发展。 4.担大任,要有天下兴亡、匹夫有责的担当精神,讲求奉献,实干进取	问题一: "世上没有从天而降的英雄,只有挺身而出的凡人",这句话如何理解? 问题二: 结合北京冬奥会,谈谈大学生如何成为担当民族复兴大任的时代新人?	职教云APP、学堂在线、案例	让大学生明白:在实现中华民族伟大复兴梦想的进程中,青年不懈追求的梦想始终与民族复兴的责任担当紧密相连

续表

教学环节	教师活动	学生活动	资源手段	设计意图
	教学内容 3.不断提升思想道德素质和法治素养			
讲授新课	1.思想道德建设和法治建设紧密联系，相互补充。 2.大学生成长成才的过程是思想道德素质和法治素养不断提升的过程。 3."思想道德与法治"课程的性质及其学习意义	观看视频、小组讨论、归纳总结	职教云APP、学堂在线、案例	了解"思想道德与法治"课程的性质及其学习的意义
课堂小结	教师呈现本部分教学小结的内容，突出中国特色社会主义进入新时代这一历史方位，说明新时代为大学生成长成才、勤学报国提供了广阔的舞台和无限的机遇。学生能够领悟时代新人要以民族复兴为己任，以有理想、有本领、有担当为根本要求，以立大志、明大德、成大才、担大任为自身使命，通过提升自身思想道德素质和法治素养，成为中国特色社会主义事业的合格建设者和可靠接班人，成为新时代的奋进者、开拓者、奉献者			
课后作业	阅读党的二十大报告中有关新时代内容的部分，了解新时代十年的三件大事			

第二节　学习辅导篇

一、中国特色社会主义进入新时代

新时代是我们理解当前所处历史方位的关键词，习近平总书记指出："中国特色社会主义进入了新时代，勤劳勇敢的中国人民更加自信自尊自强。"在习近平新时代中国特色社会主义思想指引下，中华民族的追梦之路更清晰、筑梦之基更坚实、圆梦之策更精准。站在历史的新起点，我们比历史上任何时期都更接近中华民族伟大复兴的目标，比历史上任何时期都更有信心、有能力实现这个目标。中国梦是历史的、现实的，也是未来的；是国家的、民族的，也是每一个中国人的。新时代的中国不再是国际秩序的被动接受者，而是积极的参与者、建设者和引领者。新时代的大学生是可爱、可信、可为的一代，是民族复兴伟大进程的见证者、参与者和建设者。青年大学生要牢记总书记的嘱托，以中国共产党历史上的青年英杰为榜样，不怕苦、不畏难、不惧牺牲，用臂膀扛起如山的责任，展现出青春激昂的风采，展现出中华民族的希望！

> 精讲理论

1.中国特色社会主义进入新时代的依据

中国特色社会主义进入新时代,这是党的十九大报告作出的一个重大政治判断,这是在准确把握我国发展所处的新的历史方位的基础上作出的科学判断,具有科学依据。

第一,中国特色社会主义进入新的发展阶段。党的十八大以来,以习近平同志为核心的党中央提出一系列新理念新思想新战略,出台一系列重大方针政策,推出一系列重大举措,推进一系列重大工作,解决了许多长期想解决而没有解决的难题,办成了许多过去想办而没有办成的大事,取得了举世瞩目的辉煌成就。经济上保持中高速增长,在世界主要国家中名列前茅,国内生产总值从54万亿元增长到80万亿元,稳居世界第二位,对世界经济增长贡献率超过30%。据2017年10月10日经济日报-中国经济网报道,国家统计局公布党的十八大以来我国经济社会发展"成绩单"。2013—2016年,国内生产总值年均增长7.2%,高于同期世界(2.6%)和发展中经济体(4%)的平均增长水平,我国国内生产总值平均每年增量44413亿元(按2015年不变价计算)。2017年上半年,国民经济运行稳中有进、稳中向好,国内生产总值同比增长6.9%,增速连续8个季度稳定在6.7%~6.9%之间。综合实力不断增强。2016年,国内生产总值达到74万亿元,按不变价计算为2012年的1.32倍;一般公共预算收入接近16万亿元,为2012年的1.36倍;谷物、肉类、花生、钢铁、汽车等多种工农业产品产量居世界首位;高速铁路里程2.3万公里,位居世界第一;2016年末国家外汇储备超过3万亿美元。2016年,人均国民总收入(GNI)达到8260美元,在世界银行公布的216个国家(地区)人均GNI排名中,我国由2012年的第112位上升到2016年的第93位。国际影响力大幅提升。2016年,我国国内生产总值折合11.2万亿美元,占世界经济总量的14.8%,比2012年提高3.4个百分点,稳居世界第二位。2013—2016年,我国对世界经济增长的平均贡献率达到30%左右,超过美国、欧元区和日本贡献率的总和,居世界第一位。科技创新取得重大突破,国家对科技创新的支持力度加大。2016年,研究与试验发展(R&D)经费支出15677亿元,比2012年增长52.2%,与国内生产总值之比为2.11%,比2012年提高0.2个百分点。创新驱动发展战略大力实施,创新型国家建设成果丰硕,天宫、蛟龙、天眼、悟空、墨子、大飞机等一大批具有标志性意义的科技成果相继涌现。改革全面发力、多点突破、纵深推进,经济结构不断优化,数字经济等新兴产业蓬勃发展。同时,中国特色社会主义制度更加完善,国家治理体系和治理能力现代化水平明显提高,民主法治建设迈出重大步伐,思想文化建设取得重大进展,以人民为中心的发展理念和一大批惠民举措得到贯彻实施,人民生活不断改善,人民获得感显著增强……这些历史性变化和成就表明,我国社会发展已经站到新的历史起点上,中国特色社会主义进入新的发展阶段。这个新的发展阶段,既同改革开放以来几十年的发展一脉相承,又有许多与时俱进的新特征。如党的执政方式和基本方略有重大创新,发展理念和发展方式有重大转变,发展环境和发展条件发生深刻变化,发展质量和发展水平得到明显提高。

第二,社会主要矛盾发生新的变化。党的八大提出,社会主义制度确立后我国国内的主要矛盾,已经是人民对于建立先进的工业国的要求同落后的农业国的现实之间的矛盾,已经是人民对于经济文化迅速发展的需要同当前经济文化不能满足人民需要的状况之间的矛盾。党的十一届三中全会后,我们党进一步明确提出,我国所要解决的主要矛盾是,人民日益增长的物质文化需要同落后的社会生产之间的矛盾。改革开放以来,特别是党的十八大以来,中国经济社会发生了翻天覆地的变化。我国已经稳定地解决了十几亿人口的温饱问题,总体上实现了小康水平,人民的美好生活需要日益广泛,不仅对物质文化生活提出了更高要求,而且在民主、法治、公平、正义、安全、环境等方面的要求日益增长。十九大报告指出,我国社会生产力水平总体上显著提高,社会生产能力在很多方面进入世界前列,更加突出的问题是发展不平衡不充分,这已经成为满足人民日益增长的美好生活需要的主要制约因素。"发展不平衡"主要强调的就是经济发展结构上的一些问题,主要表现在以下几个方面:一是经济与社会发展方面的不平衡,我国经济总量已稳居世界第二位,经济始终保持高速或中高速增长,但社会发展相对滞后,教育、医疗、社会保障等基本公共服务总量不足,均等化程度偏低。二是经济发展与资源、环境、生态之间的不平衡,我国经济的快速发展,在一定程度上超出了资源、环境和生态的承载力,确实付出了过高的资源、环境与生态的成本。过去一些地方一度存在着重视增长速度、忽视生态环境保护的状况。尽管近些年来,我国生态文明建设和生态保护与修复工程卓有成效,但与一些国家相比,在空气质量、森林覆盖率、能源资源保护等方面还有较大差距。三是区域之间、城乡之间发展的不平衡,从总体来看,我国东中西各个区域的城乡居民生活不断改善,基础设施建设、社会保障体系、收入增长率都稳步推进与提升,但是在实际的发展过程中,中西部地区经济和社会发展水平与东部地区还有不小的差距,近年来东北地区的经济又出现了增速明显下滑的问题。城乡之间在收入、医疗、教育、就业、卫生、基础设施等方面仍存在较明显差距。因此,党的十九大报告提出我国社会主要矛盾已经转化为人民日益增长的美好生活需要和不平衡不充分的发展之间的矛盾。这些新情况的出现,推动我国社会主要矛盾发生了转化,也使中国特色社会主义进入了新时代。

第三,党的奋斗目标有了新的要求。从党的十九大到二十大,是我国进入"两个一百年"奋斗目标的历史交汇期,我们既要全面建成小康社会、实现第一个百年奋斗目标,又要乘势而上开启全面建设社会主义现代化国家新征程,向第二个百年奋斗目标进军,使命光荣、责任重大,因此必须进一步进行顶层设计和精心谋划。党的十九大报告提出,将实现第二个百年奋斗目标分为两个阶段来安排。第一个阶段,从2020年到2035年,在全面建成小康社会的基础上,再奋斗15年,基本实现社会主义现代化。第二个阶段,从2035年到本世纪中叶,在基本实现社会主义现代化的基础上,再奋斗15年,把我国建成富强民主文明和谐美丽的社会主义现代化强国。从全面建成小康社会到基本实现社会主义现代化,再到全面建成社会主义现代化强国,是新时代中国特色社会主义发展的战略安排。这一战略目标,相比原计划基本实现现代化的目标将提前15年完成,将第二个百年奋斗目标提升为把我国建成富强民主文明和谐美丽的社会主义现代化强国的新的目标和要求。

第四,我国面临新的国际环境。进入21世纪以来,国际形势发生了广泛而深刻的变化,和平与发展依然是时代主题,和平、发展、合作、共赢成为势不可挡的时代潮流。世界多极化、经济全球化、社会信息化、文化多样化不断向纵深推进,全球治理体系和国际秩序变革加速推进,国际力量对比正在发生前所未有的变化,新兴市场国家和发展中国家群体性崛起,国际话语权逐步提升,正在成为全球治理不可或缺的重要力量,人类面临很多共同的挑战,世界不稳定性不确定性因素也在增加,传统安全威胁和非传统安全威胁持续蔓延,人类正在面临愈发严峻的全球性挑战,世界正处于大发展大变革大调整时期,中国与世界各国的关联性、互动性日趋增强,日益走近世界舞台的中央,前景十分光明,挑战也十分严峻。中国正处于一个大有可为的重要战略机遇期,正处于从大国走向强国的关键时期,处于日益走近世界舞台中央的关键时期。然而

"树大招风",一些国家和国际反华势力遏制、打压我国发展的行径也在增加,我国面临的国际环境更加复杂,中国特色社会主义进入一个新阶段。

总之,中国特色社会主义进入新时代这一重大政治判断,是在准确把握我国所处的国情、党情和世情的深刻变化,正确把握"两个一百年"奋斗目标的历史交汇期遇见和可能遇见的新情况、新问题、新矛盾的基础上作出的科学判断。中国特色社会主义进入新时代是中国特色社会主义发展进步的必然结果,是我国社会主要矛盾运动的必然结果,也是全党全国各族人民长期奋斗、推动党和国家建设发生历史性变革的必然结果。

2. 新时代的丰富内涵

经过长期奋斗,中国特色社会主义进入了新时代,这是我国发展新的历史方位。这个新时代,是承前启后、继往开来、在新的历史条件下继续夺取中国特色社会主义伟大胜利的时代,是决胜全面建成小康社会、进而全面建设社会主义现代化强国的时代,是全国各族人民团结奋斗、不断创造美好生活、逐步实现全体人民共同富裕的时代,是全体中华儿女勠力同心、奋力实现中华民族伟大复兴中国梦的时代,是我国日益走近世界舞台中央、不断为人类作出更大贡献的时代。

(1)新时代与历史大时代。

正确认识新时代必须掌握科学的方法论。"手推磨产生的是封建主为首的社会,蒸汽磨产生的是工业资本家为首的社会。"马克思的这一句话说明生产方式的不断发展及其在社会不同发展阶段呈现出的不同特点,使人类社会区分为不同的社会形态,划分为不同的历史时期。因此,生产力与生产关系的矛盾运动,即社会生产方式,是推动社会发展的根本动力,也是区分历史时代的根本依据。基于生产力与生产关系的矛盾运动的基本原理,马克思主义科学揭示了社会历史时代变化发展的规律和趋势,指出生产关系一定要适应生产力的发展,否则就会变成生产力发展的桎梏,随着生产关系(经济基础)的变更,上层建筑也必然会或快或慢地发生变革,从而推动社会的变革与发展,实现人类社会由原始社会、奴隶社会、封建社会到资本主义社会、社会主义社会等社会形态和历史大时代的更替演进。虽然生产方式矛盾运动推动人类社会向前发展、社会时代不断更新的规律的呈现方式是具体的、多样的、长期的,但人类社会的发展规律是不以个人的意志为转移的自然历史进程,总趋势不可逆转。

从世界社会主义运动的大历史来看,从空想社会主义的道义批判到《共产党宣言》的科学飞跃,经过巴黎公社,特别是经过十月革命,社会主义一步步走上世界历史舞台。资本主义必然灭亡,社会主义必然胜利,这是由资本主义基本矛盾决定的客观规律和必然趋势。在约 500 年的漫长历史中,社会主义实现了从空想到科学、从理论到实践、从一国到多国的发展。

中国共产党一经登上历史舞台,就高举马克思主义伟大旗帜,把实现人民幸福、民族复兴同实现社会主义最终实现共产主义结合起来,团结带领全国各族人民建立了社会主义新中国,铺就了一条中国特色社会主义人间正道,迎来了从站起来、富起来到强起来的伟大飞跃。历史回眸,就能从近代以来中华民族史、中国共产党史、新中国史、改革开放史、世界社会主义运动史的演进中,更加清晰地看到,中国特色社会主义进入新时代是历史与现实、世界与中国的历史大潮共同铸就的壮丽篇章。

中国特色社会主义进入新时代,是我们党坚持辩证唯物主义和历史唯物主义,用深邃的历史眼光、宽广的国际视野,从人类社会发展的大历史观的高度,分析我国社会发展的历史阶段而作出的科学的政治判断,集中回答了处于新时代历史方位的中国要举什么样的旗、走什么样的路、完成什么样的历史任务、进行什么样的战略安排、坚持什么样的发展理念、达到什么样的宏伟目标、处于什么样的国际环境、对人类作出什么样的贡献等一系列重大问题,为准确把握我国重要战略机遇期、实现"两个一百年"奋斗目标、实现中华民族伟大复兴的中国梦提供了符合客观世界发展规律的科学依据,是我们党对马克思主义理论的新发展和新贡献。

(2)新时代与中国特色社会主义。

中国今天的新时代,是中国特色社会主义新时代,这是新时代的本质属性。习近平总书记强调指出:"中国特色社会主义是社会主义而不是其他什么主义,科学社会主义基本原则不能丢,丢了就不是社会主义。"改革开放以来,我们党全部理论和实践的主题就是坚持和发展中国特色社会主义。新时代的重大课题,就是必须从理论和实践结合上系统回答坚持和发展什么样的中国特色社会主义、怎样坚持和发展中国特色社会主义。

新时代坚持和发展中国特色社会主义的根本目的,就是要在解放和发展社会生产力、增强社会活力的基础上,促进社会主义各项事业蓬勃发展。在中国共产党领导下,中国发生了翻天覆地的变化,创造了人类历史上前所未有的发展奇迹,特别是党的十八大以来,以习近平同志为核心的党中央团结带领全国各族人民进行伟大斗争、建设伟大工程、推进伟大事业、实现伟大梦想,坚持统筹推进"五位一体"总体布局、协调推进"四个全面"战略布局,对党和国家各方面工作提出一系列新理念新思想新战略,推动党和国家事业发生了历史性变革,取得了辉煌的历史性成就,成为中国特色社会主义进入新时代最坚实的基础,让科学社会主义在中国大地上焕发出强大的生机活力。

习近平总书记指出:"科学社会主义在中国的成功,对马克思主义、科学社会主义的意义,对世界社会主义的意义,是十分重大的。"新时代中国特色社会主义的成功,改变了世界社会主义与资本主义的力量对比,坚定了越来越多国家的人民对社会主义的信心,为世界范围内发展社会主义事业提供了中国智慧和中国方案。

(3)新时代与世界大变局。

生产力的革命是一切社会变革的根本原因。当前,人工智能、大数据、量子信息、生物技术等新一轮科技革命和产业变革正在积聚力量,催生大量新产业、新业态、新模式,给全球发展和人类生产生活带来翻天覆地的变化,人类社会发展面临着历史性的机遇和挑战。和平与发展仍然是时代主题,合作与共赢成为势不可挡的时代潮流,同时,世界的不稳定性不确定性突出,世界经济增长动能不足,贫富分化日益严重,地区热点问题此起彼伏,恐怖主义、网络安全、重大传染性疾病、气候变化等非传统安全威胁持续蔓延,人类面临许多共同挑战。世界怎么了?我们怎么办?

面对世界百年未有之大变局,中国特色社会主义进入新时代,中国与世界的关系发生着前所未有的深刻变化。国务院新闻办公室发布的《新时代的中国与世界》白皮书指出,中国特色社会主义道路,是一条从本国国情出发确立的道路,是一条把人民利益放在首位的道路,是一条改革创新的道路,是一条在开放中谋求共同发展的道路。实现国家富强、民族振兴、人民幸福,既是中国人民的梦想,也是各国人民的共同梦想。中国的发展对世界是机遇,不是威胁和挑战。中国对世界的影响,从未像今天这样全面、深刻、长远;世界对中国的关注,也从未像今天这样广泛、深切、聚焦。中国在与世界的联系互动中发展,拥抱世界、学习世界、贡献世界。中国在实现自我发展的同时,为世界和平作出了贡献,中国是世界经济增长的主要稳定器和动力源,为各国共同发展注入了动力。新时代的中国,走中国特色社会主义道路的决心不会改变,与其他国家互学互鉴、合作共赢的决心不会改变,与世界携手同行的决心不会改变。未来之中国,将以更加开放包容的姿态拥抱世界,同世界形成更加良性的互动,带来更加进步和繁荣的中国和世界。

(4)新时代与实现中华民族伟大复兴。

实现中华民族伟大复兴,是中国近代以来中华民族最伟大的梦想。不忘初心,方得始终。中国共产党人的初心和使命,就是实现中华民族伟大复兴。中国特色社会主义进入新时代,实现中华民族伟大复兴也随之进入关键时期。

回望历史不难发现,中华民族不仅创造了辉煌灿烂的中华文明,也曾长期走在世界前列。但近代以来,由于西方列强的入侵和统治阶级的腐朽,中国陷入内忧外患的黑暗境地,山河破碎、民不聊生。只有创造过辉煌的民族,才懂得复兴的意义;只有历经苦难的民族,才对复兴有如此深切的渴望。在近代以来漫长的历史进程中,中国人民饱尝了罕见的磨难,进行了艰苦卓绝的英勇斗争,付出了惨痛的代价,取得了令人震惊的成就。中国特色社会主义进入新时代,中国人民在历史进程中积累的巨大能量已经充分迸发出来,汇聚成一股实现中华民族伟大复兴的磅礴力量。

中国特色社会主义进入新时代,我们比历史上任何时期都更接近中华民族伟大复兴的目标,比历史上任何时期都更有信心、有能力实现中华民族伟大复兴这个目标。党的十九大指出,中华民族伟大复兴,绝不是轻轻松松、敲锣打鼓就能实现的,全党必须准备付出更为艰巨、更为艰苦的努力。新时代的青年大学生是可爱、可信、可为的一代,是中华民族伟大复兴的见证者、参与者和主力军,新时代为大学生成长成才、勤学报国提供了广阔的空间和无限的机遇,中华民族伟大复兴终将在一代代青年的接力奋斗中变为现实。

(5)新时代与以人民为中心。

党的十九大报告明确提出满足人民美好生活需要,不断促进社会公平正义,形成有效的社会治理、良好的社会秩序,使人民获得感、幸福感、安全感更加充实、更有保障、更可持续。必须坚持以人民为中心的发展思想,不断促进人的全面发展、全体人民共同富裕。以人民为中心的发展思想是中国共产党全心全意为人民服务的根本宗旨在新时代的具体体现,是中国特色社会主义的本质要求。中国特色社会主义进入新时代,我们党更加关注人民对美好生活的多样化新需求,更加关注社会公平正义,更加注重谋民生之利,解民生之忧,着力使全体人民在共建共享的发展中有更多获得感。习近平总书记反复强调,"人民对美好生活的向往,就是我们的奋斗目标"。这就是新时代最根本的价值标准和价值立场。

3.新时代的重大意义

党的十九大作出了"中国特色社会主义进入了新时代"的重大政治论断。中国特色社会主义进入新时代,在中华人民共和国发展史、中华民族发展史上,在世界社会主义发展史上,在人类社会发展史上,都具有重大意义。党的十九大报告中,习近平总书记用了三个"意味着"作出了精辟概括,我们要深刻领会。

(1)在中华人民共和国发展史、中华民族发展史上,中国特色社会主义进入新时代的意义在于:"意味着近代以来久经磨难的中华民族迎来了从站起来、富起来到强起来的伟大飞跃,迎来了实现中华民族伟大复兴的光明前景。"

站起来、富起来、强起来,是中华民族伟大复兴历史进程的生动写照。中华民族有五千多年的文明历史,创造了灿烂的中华文明,为人类作出了卓越贡献,成为世界上伟大的民族。

鸦片战争后，中国逐步沦为内忧外患的半殖民地半封建国家，一步步陷入民族危机的灾难中。为了救国救民、实现民族复兴，无数仁人志士不屈不挠、前赴后继，进行了各式各样的尝试，但都失败了，未能改变旧中国的社会性质和中国人民的悲惨命运。实现中华民族伟大复兴成为近代以来中华民族最伟大的梦想。中国共产党的诞生，改变了中华民族和中国人民的命运。中国共产党一经成立，就把实现共产主义作为党的最高理想和最终目标，义无反顾肩负起实现中华民族伟大复兴的历史使命，团结带领人民进行了艰苦卓绝的斗争，谱写了气吞山河的壮丽史诗。新民主主义革命时期，我们党团结带领人民找到了一条以农村包围城市、武装夺取政权的正确革命道路，完成了新民主主义革命。1949年建立了中华人民共和国，实现了中国从几千年封建专制政治向人民民主的伟大飞跃，中国人民从此站起来了，中华民族开启了从站起来到富起来、强起来的历史征程。中华人民共和国成立后，我们党团结带领人民完成社会主义革命，确立社会主义基本制度，推进社会主义建设，完成了中华民族有史以来最为广泛而深刻的社会变革，为当代中国一切发展进步奠定了根本政治前提和制度基础，实现了中华民族由近代不断衰落到根本扭转命运、持续走向繁荣富强的伟大飞跃。改革开放新时期，我们党团结带领人民进行改革开放新的伟大革命，破除阻碍国家和民族发展的一切思想和体制障碍，成功开创和发展了中国特色社会主义，中华民族大踏步赶上时代前进潮流。经过党和人民的接续奋斗，今天，中华民族实现了从站起来、富起来到强起来的历史性飞跃，我们比历史上任何时期都更接近、更有信心和能力实现中华民族伟大复兴的目标。铁的事实表明，中华民族之所以能实现从站起来、富起来到强起来的伟大飞跃，归根结底是因为走上了中国特色社会主义道路。中国特色社会主义，是科学社会主义理论逻辑和中国社会发展历史逻辑的辩证统一，是根植于中国大地、反映中国人民意愿、适应中国和时代发展进步要求的科学社会主义，是全面建成小康社会、把我国建成富强民主文明和谐美丽的社会主义现代化强国、实现中华民族伟大复兴的必由之路。

（2）在世界社会主义发展史上，中国特色社会主义进入新时代的意义在于："意味着科学社会主义在二十一世纪的中国焕发出强大生机活力，在世界上高高举起了中国特色社会主义伟大旗帜。"

社会主义从开始作为一种思想提出到今天，已经有500余年的历史，经过了从空想到科学、从理论到实践、从一国实践到多国发展的过程，经历了辉煌，也有过曲折。20世纪90年代，东欧剧变、苏联解体，世界社会主义受到严重挫折。一时间社会主义崩溃论、终结论甚嚣尘上。日裔美籍学者、哈佛大学政治学博士弗兰西斯·福山推出了一部轰动世界的著作《历史的终结及最后的人》，宣称自由民主主义或许是人类思想进化的顶峰和最后选定的政治形式。中国共产党是经过反复比较和总结才选择了马克思主义和社会主义道路的，是历经千辛万苦、付出了各种代价才开创和发展了中国特色社会主义的。当世界社会主义出现曲折、陷入低潮，有人大肆"唱衰"社会主义时，中国共产党"不畏浮云遮望眼"，坚信社会主义是符合中国实际的先进社会制度，坚信历史和人民的选择，高举社会主义旗帜，坚定不移地走中国特色社会主义道路。结果是，中国的社会主义事业非但没有垮，反而是"风景这边独好"，中国的综合国力和国际地位大幅跃升。党的十八大以来，随着我国综合国力迅速增强、带来重大国际性影响，国际社会对中国特色社会主义的关注日益增加，中国特色社会主义的世界意义进一步显现。不少左翼政党及领导人强调，中共致力于探索符合时代要求、契合本国实际的社会主义道路并取得了成功，其意义绝不仅限于一国范围，将在世界范围内对所有为社会主义努力的共产党产生重大影响。欧洲左翼党领导人表示,中国在国际共运中发挥着"指明灯"作用,是世界社会主义复兴的希望所在。美国、法国、日本等国家的一批学者认为,中国所从事的中国特色社会主义是一种现代和新型的社会主义。中国特色社会主义进入新时代这一事实本身表明:占世界四分之一的人口成功实践的社会主义道路,是对有关"历史终结论"的有力驳斥;社会主义中国步入国际舞台中心,是对世界社会主义力量的巨大鼓舞,是对国际共产主义运动的重大贡献。中国特色社会主义焕发出的强大生机和活力,将在世界更广的范围内高高扬起社会主义的旗帜。

(3)在人类社会发展史上,中国特色社会主义进入新时代的意义在于:"意味着中国特色社会主义道路、理论、制度、文化不断发展,拓展了发展中国家走向现代化的途径,给世界上那些既希望加快发展又希望保持自身独立性的国家和民族提供了全新选择,为解决人类问题贡献了中国智慧和中国方案。"

长期以来,西方主流舆论一直把资本主义视为走向现代化的最佳模式,奉新自由主义模式为圭臬,把非西方模式视为异类加以否定和打压,并企图将发展中国家引向新自由主义的西方之路。自国际金融危机特别是党的十八大以来,中西方发展态势分明,高下立现。尤其是那些被迫采纳了西方模式的发展中国家,闹得党争纷起,战祸不断,社会动荡,人民流离失所。西方民主价值遭遇的重重危机与中国道路的成功形成鲜明对比,引发了西方社会新一轮的制度反思和改革呼吁。国际上关于"中国道路""中国制度"的议论和研究越来越多,且赞扬者越来越多。西方的中国问题专家纷纷主张"向东看",认为西方制度失灵、财政紧缩、贫富差距日益加剧等新自由主义弊病需要从中国的发展经验中寻找解药和良方。要认真学习中国超大规模、超常发展、超越危机的成功经验,也要好好吸收中国的制度优势。中国的快速发展,促使国际社会从全球的视角来审视中国特色社会主义的世界意义。一些西方政要和智库人士明确指出:西方必须承认,中国方案在发展中国家的吸引力不断增强,越来越多的亚非拉国家从中国吸取经济发展的经验。中国方案具有某种"可复制"性,能为广大发展中国家提供一个"华盛顿共识"之外的选择途径。南非前总统姆贝基明确表示:这也同样适用于非洲。美国学者阿里夫·得里克提出:中国特色社会主义具有一种内在超越资本主义的视界,并具有避免回到资本主义的特质;中国特色社会主义的理论价值,不仅在于它目前在全球经济中的重要性,而且在于它正努力为资本主义世界体系提供一种替代经验。曾经提出"历史终结论"的福山也修正了自己的观点,认为:"西方自由民主并非人类历史进化的终点,人类思想宝库要为中国传统留有一席之地。"中国特色社会主义进入新时代,印证了上述国际社会对中国特色社会主义世界意义的价值估量,同时印证了:人类走向现代化的道路绝不是唯一的,各国的发展道路应由各国人民根据自己的国情自己选择。这就是中国特色社会主义为解决人类问题贡献的中国智慧和中国方案。

"站立在九百六十多万平方公里的广袤土地上,吸吮着五千多年中华民族漫长奋斗积累的文化养分,拥有十三亿多中国人民聚合的磅礴之力,我们走中国特色社会主义道路,具有无比广阔的时代舞台,具有无比深厚的历史底蕴,具有无比强大的前进定力。"习近平总书记关于中国特色社会主义进入新时代的重大意义的论述,更加坚定了全党全国人民对中国特色社会主义的道路自信、理论自信、制度自信、文化自信。我们要紧密团结在以习近平同志为核心的党中央周围,坚定信心、奋发有为,让中国特色社会主义展现出更加强大的生命力。

(资料来源:《光明日报》,2017 年 12 月 13 日 11 版,有删改)

深刻把握新时代十年的三件大事与三个历史性胜利

习近平总书记在党的二十大报告中指出,"十年来,我们经历了对党和人民事业具有重大现实意义和深远历史意义的三件大事:一是迎来中国共产党成立一百周年,二是中国特色社会主义进入新时代,三是完成脱贫攻坚、全面建成小康社会的历史任务,实现第一个百年奋斗目标",并指出,"这是中国共产党和中国人民团结奋斗赢得的历史性胜利,是彪炳中华民族发展史册的历史性胜利,也是对世界具有深远影响的历史性胜利"。深刻把握新时代的"三件大事"和"三个历史性胜利",对我们深化对新时代十年伟大变革的重要认识、走好全面建设社会主义现代化国家新征程具有极为重大的意义。

1.三件大事具有重大现实意义和深远历史意义

"风物长宜放眼量。"把握三件大事,需要我们以宏阔视野观察,特别是要放在百年历史大格局中,放在近代以来中国人民的艰辛探索史中,放在社会主义曲折发展史中,放在人类文明发展史中,这样的观察才会全面辩证和客观准确。

中国共产党成立一百周年和中国特色社会主义进入新时代,意义重大而深远。中国共产党成立以来的这一百年间,世界格局不断发生调整和重构,西方资本主义虽在发展但不断陷入危机,世界社会主义虽历经曲折但展现强劲生机。自中国共产党登上历史舞台后,中华民族伟大复兴进程不断展开;中国共产党全国执政后,社会主义的蓬勃发展成为世界格局演变背后的主要推动力量,改革开放以来特别是中国特色社会主义进入新时代以来,社会主义在同资本主义竞争中的被动局面逐步得到扭转,社会主义优越性步步彰显,"东升西降"的格局正在形成,中国日益走近世界舞台中央。在中国共产党的坚强领导和创新引领下,社会主义没有辜负中国,中国也没有辜负社会主义,中华民族由近代不断衰落转为根本扭转命运、持续走向繁荣富强。中国共产党和中国人民正信心百倍推进中华民族从站起来、富起来到强起来的伟大飞跃,科学社会主义在当今中国焕发出强大生机活力,中国特色社会主义前景光明,实现中华民族伟大复兴进入了不可逆转的历史进程,中国发展进步的命运牢牢掌握在自己手中。中国共产党带领人民这一百年来开辟的伟大道路、创造的伟大事业、取得的伟大成就,必将载入中华民族发展史册、人类文明发展史册。

伴随着前两件大事而来的,就是完成脱贫攻坚、全面建成小康社会的历史任务,实现第一个百年奋斗目标。摆脱贫困,既是一直困扰全球发展和治理的突出难题,也是中国人民孜孜以求的梦想。中国共产党从成立之日起,就坚持把为中国人民谋幸福、为中华民族谋复兴作为初心使命,团结带领中国人民为创造自己的美好生活进行了长期艰辛奋斗。特别是经过新时代十年的脱贫攻坚战,现行标准下9899万农村贫困人口全部脱贫,832个贫困县全部摘帽,12.8万个贫困村全部出列,区域性整体贫困得到解决,完成了消除绝对贫困的艰巨任务,创造了又一个彪炳史册的人间奇迹。纵览古今、环顾全球,没有哪一个国家能在这么短的时间内做到。这个成绩属于中国,也属于世界,为推动构建人类命运共同体贡献了中国力量。

我们经历的这三件大事清楚表明:中国共产党始终是中国特色社会主义事业的坚强领导核心,始终是全国人民最可靠、最坚强的主心骨;中国特色社会主义的成功充分证明了"归根到底是马克思主义行,是中国化时代化的马克思主义行"的深刻道理,充分证明了中国特色社会主义是实现中华民族伟大复兴的唯一正确道路；第一个百年奋斗目标如期实现，全党全军全国各族人民只要紧密团结在以习近平同志为核心的党中央周围，就一定能够通过团结奋斗实现第二个百年奋斗目标，全面建成社会主义现代化强国。

2.三个历史性胜利源于习近平总书记掌舵领航和习近平新时代中国特色社会主义思想指引

三件大事所体现的"历史性胜利"，既是我们党经过百年奋斗用伟大成就给出的历史性结论，也是党的十八大以来以习近平同志为主要代表的中国共产党人面对国内外形势新变化和实践新要求，从理论和实践的结合上深入回答关系党和国家事业发展、党治国理政面临的一系列重大时代课题所给出的生动答案。这些历史性结论和生动答案，无不透出新时代党的领袖掌舵领航的伟力和新时代党的创新理论的指引力。

三件大事所反映的"历史性胜利"，从根本上说是中国共产党带领人民团结奋斗、攻坚克难的伟大胜利，特别是中国共产党集中统一领导的伟大胜利，充分体现了党的政治领导力、思想引领力、群众组织力、社会号召力，充分展现出马克思主义执政党应有的"大的样子"。在14亿多人口的大国要干成这样的大事，如果没有全党统一思想、统一意志、统一行动是难以想象的。十年来，在习近平总书记掌舵领航、举旗定向下，全面加强党的领导，充分发挥中国特色社会主义最本质的特征和最大制度优势，始终坚持党中央集中统一领导这一最高政治原则，系统完善党的领导制度体系，全党增强"四个意识"、坚定"四个自信"、做到"两个维护"，自觉在思想上政治上行动上同党中央保持高度一致，不断提高政治判断力、政治领悟力、政治执行力，确保党中央权威和集中统一领导，确保党发挥总揽全局、协调各方的领导核心作用。正是如此，新时代党和国家事业发展显示出勃勃生机，以中国式现代化全面推进中华民族伟大复兴迈向更加光明的前景。

三件大事所反映的"历史性胜利"，归根到底是马克思主义的伟大胜利，充分显示出"中国化时代化的马克思主义行"的深刻道理。十年来，我们党之所以能够采取一系列战略性举措，推进一系列变革性实践，实现一系列突破性进展，取得一系列标志性成果，经受住来自各方面的风险挑战考验，关键在于我们始终全面贯彻党的基本理论、基本路线、基本方略，特别是全党坚持不懈用习近平新时代中国特色社会主义思想武装头脑、指导实践、推动工作，新时代党和国家事业的发展有了根本遵循。这一创新理论特别强调坚持人民至上、坚持自信自立、坚持守正创新、坚持问题导向、坚持系统观念、坚持胸怀天下的世界观和方法论，能够指导我们解决一系列深层次矛盾和问题，在推动新时代社会实践发生深度变革的同时，也推进马克思主义中国化时代化的历史进程。这一创新理论，是科学逻辑、实践效果和人民认可的高度统一，为取得"历史性胜利"奠定了坚实的理论基础。

新时代十年的伟大变革及其所取得的"历史性胜利"，是在以习近平同志为核心的党中央坚强领导下、在习近平新时代中国特色社会主义思想指引下全党全国各族人民团结奋斗取得的。党确立习近平同志党中央的核心、全党的核心地位，确立习近平新时代中国特色社会主义思想的指导地位，反映了全党全军全国各族人民的共同心愿，对新时代党和国家事业发展、对推进中华民族伟大复兴历史进程具有决定性意义。认清了伟大变革和历史性胜利的根本原因，就明白了深刻领悟"两个确立"的决定性意义、坚决做到"两个维护"的极端重要性，就明白了坚持和不断深化马克思主义中国化时代化的极端重要性。

3.敢于斗争、敢于胜利，创造令世人刮目相看的新的更大奇迹

习近平总书记在党的二十大闭幕会上强调，"中国共产党走过了百年奋斗历程，又踏上了新的赶考之路。一百年来,党团结带领全国各族人民取得了新民主主义革命、社会主义革命和建设、改革开放和社会主义现代化建设的伟大胜利,开创了中国特色社会主义新时代。百年成就无比辉煌,百年大党风华正茂",进一步重申了过去"历史性胜利"的重大意义。在此基础上,为了在新时代新征程创造令世人刮目相看的新的更大奇迹,习近平总书记向全党提出了"敢于斗争、敢于胜利"的重要要求。这就告诫我们,过去的"伟大胜利",蕴含在"伟大斗争"中;未来的历史征程,仍然需要进行具有许多新的历史特点的伟大斗争,只有敢于斗争,才能敢于胜利。

(作者系中央党史和文献研究院对外合作交流局局长、研究员)

(资料来源:学习时报2022-11-09,有删改)

案例点评

回望过去,在三件大事中所取得的历史性胜利绝不是轻轻松松、敲锣打鼓得来的,而是蕴含于伟大斗争中的。一百年来,我们党带领人民面对各种各样的风险挑战,甚至生死存亡的考验,练就了敢于斗争、善于斗争的鲜明政治品格。中国特色社会主义进入新时代,面对影响党长期执政、国家长治久安、人民幸福安康的一系列突出矛盾和问题,以习近平同志为核心的党中央审时度势、果敢抉择,锐意进取、攻坚克难,团结带领全党全军全国各族人民撸起袖子加油干、风雨无阻向前行,义无反顾进行具有许多新的历史特点的伟大斗争,进一步彰显了敢于斗争、敢于胜利的政治品格。

展望未来,在三件大事中所取得的历史性胜利基础上续写新篇章,还会经受更多风高浪急甚至惊涛骇浪的重大考验,更要求我们做到"三个务必"。习近平总书记在党的二十大报告中提出"务必不忘初心、牢记使命,务必谦虚谨慎、艰苦奋斗,务必敢于斗争、善于斗争"的重要要求,特别是把"务必敢于斗争、善于斗争"提到"三个务必"的战略高度,恰恰说明"伟大胜利"必然包括"伟大斗争"的深刻内涵。迈上全面建设社会主义现代化国家新征程,需要我们继续发扬斗争精神,提高斗争本领,坚定历史自信,增强历史主动,以团结奋斗的姿态谱写新时代中国特色社会主义更加绚丽的华章。

经典阅读

新时代十年的伟大变革

2022年10月16日,中国共产党第二十次全国代表大会在北京人民大会堂开幕。习近平总书记代表第十九届中央委员会向大会作报告。习近平总书记在党的二十大报告中指出,中国共产党第二十次全国代表大会,是在全党全国各族人民迈上全面建设社会主义现代化国家新征程、向第二个百年奋斗目标进军的关键时刻召开的一次十分重要的大会。大会的主题是:高举中国特色社会主义伟大旗帜,全面贯彻新时代中国特色社会主义思想,弘扬伟大建党精神,自信自强、守正创新,踔厉奋发、勇毅前行,为全面建设社会主义现代化国家、全面推进中华民族伟大复兴而团结奋斗。

习近平总书记在报告中指出,中国共产党已走过百年奋斗历程。十九大以来的五年,是极不寻常、极不平凡的五年。党中央统筹中华民族伟大复兴战略全局和世界百年未有之大变局,召开七次全会,分别就宪法修改,深化党和国家机构改革,坚持和完善中国特色社会主义制度、推进国家治理体系和治理能力现代化,制定"十四五"规划和二〇三五年远景目标,全面总结党的百年奋斗重大成就和历史经验等重大问题作出决定和决议，就党和国家事业发展作出重大战略部署，团结带领全党全军全国各族人民有效应对严峻复杂的国际形势和接踵而至的巨大风险挑战，以奋发有为的精神把新时代中国特色社会主义不断推向前进。

习近平总书记在报告中指出，十八大召开至今已经十年了。十年来，我们经历了对党和人民事业具有重大现实意义和深远历史意义的三件大事：一是迎来中国共产党成立一百周年，二是中国特色社会主义进入新时代，三是完成脱贫攻坚、全面建成小康社会的历史任务，实现第一个百年奋斗目标。这是中国共产党和中国人民团结奋斗赢得的历史性胜利，是彪炳中华民族发展史册的历史性胜利，也是对世界具有深远影响的历史性胜利。

十年前，我们面对的形势是，改革开放和社会主义现代化建设取得巨大成就，党的建设新的伟大工程取得显著成效，为我们继续前进奠定了坚实基础、创造了良好条件、提供了重要保障，同时一系列长期积累及新出现的突出矛盾和问题亟待解决。党内存在不少对坚持党的领导认识模糊、行动乏力问题，存在不少落实党的领导弱化、虚化、淡化问题，有些党员、干部政治信仰发生动摇，一些地方和部门形式主义、官僚主义、享乐主义和奢靡之风屡禁不止，特权思想和特权现象较为严重，一些贪腐问题触目惊心；经济结构性体制性矛盾突出，发展不平衡、不协调、不可持续，传统发展模式难以为继，一些深层次体制机制问题和利益固化藩篱日益显现；一些人对中国特色社会主义政治制度自信不足，有法不依、执法不严等问题严重存在；拜金主义、享乐主义、极端个人主义和历史虚无主义等错误思潮不时出现，网络舆论乱象丛生，严重影响人们思想和社会舆论环境；民生保障存在不少薄弱环节；资源环境约束趋紧、环境污染等问题突出；维护国家安全制度不完善、应对各种重大风险能力不强，国防和军队现代化存在不少短板弱项；香港、澳门落实"一国两制"的体制机制不健全；国家安全受到严峻挑战，等等。当时，党内和社会上不少人对党和国家前途忧心忡忡。面对这些影响党长期执政、国家长治久安、人民幸福安康的突出矛盾和问题，党中央审时度势、果敢抉择，锐意进取、攻坚克难，团结带领全党全军全国各族人民撸起袖子加油干、风雨无阻向前行，义无反顾进行具有许多新的历史特点的伟大斗争。

十年来，我们坚持马克思列宁主义、毛泽东思想、邓小平理论、"三个代表"重要思想、科学发展观，全面贯彻新时代中国特色社会主义思想，全面贯彻党的基本路线、基本方略，采取一系列战略性举措，推进一系列变革性实践，实现一系列突破性进展，取得一系列标志性成果，经受住了来自政治、经济、意识形态、自然界等方面的风险挑战考验，党和国家事业取得历史性成就、发生历史性变革，推动我国迈上全面建设社会主义现代化国家新征程。

——我们创立了新时代中国特色社会主义思想，明确坚持和发展中国特色社会主义的基本方略，提出一系列治国理政新理念新思想新战略，实现了马克思主义中国化时代化新的飞跃，坚持不懈用这一创新理论武装头脑、指导实践、推动工作，为新时代党和国家事业发展提供了根本遵循。

——我们全面加强党的领导，明确中国特色社会主义最本质的特征是中国共产党领导，中国特色社会主义制度的最大优势是中国共产党领导，中国共产党是最高政治领导力量，坚持党中央集中统一领导是最高政治原则，系统完善党的领导制度体系，全党增强"四个意识"，自觉在思想上政治上行动上同党中央保持高度一致，不断提高政治判断力、政治领悟力、政治执行力，确保党中央权威和集中统一领导，确保党发挥总揽全局、协调各方的领导核心作用，我们这个拥有九千六百多万名党员的马克思主义政党更加团结统一。

——我们对新时代党和国家事业发展作出科学完整的战略部署，提出实现中华民族伟大复兴的中国梦,以中国式现代化推进中华民族伟大复兴,统揽伟大斗争、伟大工程、伟大事业、伟大梦想,明确"五位一体"总体布局和"四个全面"战略布局,确定稳中求进工作总基调,统筹发展和安全,明确我国社会主要矛盾是人民日益增长的美好生活需要和不平衡不充分的发展之间的矛盾,并紧紧围绕这个社会主要矛盾推进各项工作,不断丰富和发展人类文明新形态。

——我们经过接续奋斗,实现了小康这个中华民族的千年梦想,我国发展站在了更高历史起点上。我们坚持精准扶贫、尽锐出战,打赢了人类历史上规模最大的脱贫攻坚战,全国八百三十二个贫困县全部摘帽,近一亿农村贫困人口实现脱贫,九百六十多万贫困人口实现易地搬迁,历史性地解决了绝对贫困问题,为全球减贫事业作出了重大贡献。

——我们提出并贯彻新发展理念,着力推进高质量发展,推动构建新发展格局,实施供给侧结构性改革,制定一系列具有全局性意义的区域重大战略,我国经济实力实现历史性跃升。国内生产总值从五十四万亿元增长到一百一十四万亿元,我国经济总量占世界经济的比重达百分之十八点五,提高七点二个百分点,稳居世界第二位;人均国内生产总值从三万九千八百元增加到八万一千元。谷物总产量稳居世界首位,十四亿多人的粮食安全、能源安全得到有效保障。城镇化率提高十一点六个百分点,达到百分之六十四点七。制造业规模、外汇储备稳居世界第一。建成世界最大的高速铁路网、高速公路网,机场港口、水利、能源、信息等基础设施建设取得重大成就。我们加快推进科技自立自强,全社会研发经费支出从一万亿元增加到二万八千亿元,居世界第二位,研发人员总量居世界首位。基础研究和原始创新不断加强,一些关键核心技术实现突破,战略性新兴产业发展壮大,载人航天、探月探火、深海深地探测、超级计算机、卫星导航、量子信息、核电技术、新能源技术、大飞机制造、生物医药等取得重大成果,进入创新型国家行列。

——我们以巨大的政治勇气全面深化改革,打响改革攻坚战,加强改革顶层设计,敢于突进深水区,敢于啃硬骨头,敢于涉险滩,敢于面对新矛盾新挑战,冲破思想观念束缚,突破利益固化藩篱,坚决破除各方面体制机制弊端,各领域基础性制度框架基本建立,许多领域实现历史性变革、系统性重塑、整体性重构,新一轮党和国家机构改革全面完成,中国特色社会主义制度更加成熟更加定型,国家治理体系和治理能力现代化水平明显提高。

——我们实行更加积极主动的开放战略,构建面向全球的高标准自由贸易区网络,加快推进自由贸易试验区、海南自由贸易港建设,共建"一带一路"成为深受欢迎的国际公共产品和国际合作平台。我国成为一百四十多个国家和地区的主要贸易伙伴,货物贸易总额居世界第一,吸引外资和对外投资居世界前列,形成更大范围、更宽领域、更深层次对外开放格局。

——我们坚持走中国特色社会主义政治发展道路,全面发展全过程人民民主,社会主义民主政治制度化、规范化、程序化全面推进,社会主义协商民主广泛开展,人民当家作主更为扎实,基层民主活力增强,爱国统一战线巩固拓展,民族团结进步呈现新气象,党的宗教工作基本方针得到全面贯彻,人权得到更好保障。社会主义法治国家建设深入推进,全面依法治国总体格局基本形成,中国特色社会主义法治体系加快建设,司法体制改革取得重大进展,社会公平正义保障更为坚实,法治中国建设开创新局面。

——我们确立和坚持马克思主义在意识形态领域指导地位的根本制度,新时代党的创新理论深入人心,社会主义核心价值观广泛传播,中华优秀传统文化得到创造性转化、创新性发展,文化事业日益繁荣,网络生态持续向好,意识形态领域形势发生全局性、根本性转变。我们隆重庆祝中国人民解放军建军九十周年、改革开放四十周年,隆重纪念中国人民抗日战争暨世界反法西斯战争胜利七十周年、中国人民志愿军抗美援朝出国作战七十周年,成功举办北京冬奥会、冬残奥会,青年一代更加积极向上,全党全国各族人民文化自信明显增强、精神面貌更加奋发昂扬。

——我们深入贯彻以人民为中心的发展思想,在幼有所育、学有所教、劳有所得、病有所医、老有所养、住有所居、弱有所扶上持续用力,人民生活全方位改善。人均预期寿命增长到七十八点二岁。居民人均可支配收入从一万六千五百元增加到三万五千一百元。城镇新增就业年均一千三百万人以上。建成世界上规模最大的教育体系、社会保障体系、医疗卫生体系,教育普及水平实现历史性跨越,基本养老保险覆盖十亿四千万人,基本医疗保险参保率稳定在百分之九十五。及时调整生育政策。改造棚户区住房四千二百多万套,改造农村危房二千四百多万户,城乡居民住房条件明显改善。互联网上网人数达十亿三千万人。人民群众获得感、幸福感、安全感更加充实、更有保障、更可持续,共同富裕取得新成效。

——我们坚持绿水青山就是金山银山的理念,坚持山水林田湖草沙一体化保护和系统治理,全方位、全地域、全过程加强生态环境保护,生态文明制度体系更加健全,污染防治攻坚向纵深推进,绿色、循环、低碳发展迈出坚实步伐,生态环境保护发生历史性、转折性、全局性变化,我们的祖国天更蓝、山更绿、水更清。

——我们贯彻总体国家安全观,国家安全领导体制和法治体系、战略体系、政策体系不断完善,在原则问题上寸步不让,以坚定的意志品质维护国家主权、安全、发展利益,国家安全得到全面加强。共建共治共享的社会治理制度进一步健全,民族分裂势力、宗教极端势力、暴力恐怖势力得到有效遏制,扫黑除恶专项斗争取得阶段性成果,有力应对一系列重大自然灾害,平安中国建设迈向更高水平。

——我们确立党在新时代的强军目标,贯彻新时代党的强军思想,贯彻新时代军事战略方针,坚持党对人民军队的绝对领导,召开古田全军政治工作会议,以整风精神推进政治整训,牢固树立战斗力这个唯一的根本的标准,坚决把全军工作重心归正到备战打仗上来,统筹加强各方向各领域军事斗争,大抓实战化军事训练,大刀阔斧深化国防和军队改革,重构人民军队领导指挥体制、现代军事力量体系、军事政策制度,加快国防和军队现代化建设,裁减现役员额三十万胜利完成,人民军队体制一新、结构一新、格局一新、面貌一新,现代化水平和实战能力显著提升,中国特色强军之路越走越宽广。

——我们全面准确推进"一国两制"实践,坚持"一国两制"、"港人治港"、"澳人治澳"、高度自治的方针,推动香港进入由乱到治走向由治及兴的新阶段,香港、澳门保持长期稳定发展良好态势。我们提出新时代解决台湾问题的总体方略,促进两岸交流合作,坚决反对"台独"分裂行径,坚决反对外部势力干涉,牢牢把握两岸关系主导权和主动权。

——我们全面推进中国特色大国外交,推动构建人类命运共同体,坚定维护国际公平正义,倡导践行真正的多边主义,旗帜鲜明反对一切霸权主义和强权政治,毫不动摇反对任何单边主义、保护主义、霸凌行径。我们完善外交总体布局,积极建设覆盖全球的伙伴关系网络,推动构建新型国际关系。我们展现负责任大国担当,积极参与全球治理体系改革和建设,全面开展抗击新冠肺炎疫情国际合作,赢得广泛国际赞誉,我国国际影响力、感召力、塑造力显著提升。

——我们深入推进全面从严治党,坚持打铁必须自身硬,从制定和落实中央八项规定开局破题,提出和落实新时代党的建设总要求,以党的政治建设统领党的建设各项工作,坚持思想建党和制度治党同向发力,严肃党内政治生活,持续开展党内集中教育,提出和坚持新时代党的组织路线,突出政治标准选贤任能,加强政治巡视,形成比较完善的党内法规体系,推动全党坚定理想信念、严密组织体系、严明纪律规矩。我们持之以恒正风肃纪,以钉钉子精神纠治"四风",反对特权思想和特权现象,坚决整治群众身边的不正之风和腐败问题,刹住了一些长期没有刹住的歪风,纠治了一些多年未除的顽瘴痼疾。我们开展了史无前例的反腐败斗争,以"得罪千百人、不负十四亿"的使命担当祛疴治乱,不敢腐、不能腐、不想腐一体推进,"打虎""拍蝇""猎狐"多管齐下,反腐败斗争取得压倒性胜利并全面巩固,消除了党、国家、军队内部存在的严重隐患,确保党和人民赋予的权力始终用来为人民谋幸福。经过不懈努力,党找到了自我革命这一跳出治乱兴衰历史周期率的第二个答案,自我净化、自我完善、自我革新、自我提高能力显著增强,管党治党宽松软状况得到根本扭转,风清气正的党内政治生态不断形成和发展,确保党永远不变质、不变色、不变味。

在充分肯定党和国家事业取得举世瞩目成就的同时,必须清醒看到,我们的工作还存在一些不足,面临不少困难和问题。主要有:发展不平衡不充分问题仍然突出,推进高质量发展还有许多卡点瓶颈,科技创新能力还不强;确保粮食、能源、产业链供应链可靠安全和防范金融风险还须解决许多重大问题;重点领域改革还有不少硬骨头要啃;意识形态领域存在不少挑战;城乡区域发展和收入分配差距仍然较大;群众在就业、教育、医疗、托育、养老、住房等方面面临不少难题;生态环境保护任务依然艰巨;一些党员、干部缺乏担当精神,斗争本领不强,实干精神不足,形式主义、官僚主义现象仍较突出;铲除腐败滋生土壤任务依然艰巨,等等。对这些问题,我们已经采取一系列措施加以解决,今后必须加大工作力度。

新时代十年的伟大变革,在党史、新中国史、改革开放史、社会主义发展史、中华民族发展史上具有里程碑意义。走过百年奋斗历程的中国共产党在革命性锻造中更加坚强有力,党的政治领导力、思想引领力、群众组织力、社会号召力显著增强,党同人民群众始终保持血肉联系,中国共产党在世界形势深刻变化的历史进程中始终走在时代前列,在应对国内外各种风险和考验的历史进程中始终成为全国人民的主心骨,在坚持和发展中国特色社会主义的历史进程中始终成为坚强领导核心。中国人民的前进动力更加强大、奋斗精神更加昂扬、必胜信念更加坚定,焕发出更为强烈的历史自觉和主动精神,中国共产党和中国人民正信心百倍推进中华民族从站起来、富起来到强起来的伟大飞跃。改革开放和社会主义现代化建设深入推进,书写了经济快速发展和社会长期稳定两大奇迹新篇章,我国发展具备了更为坚实的物质基础、更为完善的制度保证,实现中华民族伟大复兴进入了不可逆转的历史进程。科学社会主义在二十一世纪的中国焕发出新的蓬勃生机,中国式现代化为人类实现现代化提供了新的选择,中国共产党和中国人民为解决人类面临的共同问题提供更多更好的中国智慧、中国方案、中国力量,为人类和平与发展崇高事业作出新的更大的贡献!

(资料来源:新华网 2022-10-25,党的二十大报告节选,有删改)

二、做担当民族复兴大任的时代新人

2021年4月19日,习近平总书记来到清华大学考察时指出,"当代中国青年是与新时代同向同行、共同前进的一代,生逢盛世,肩负重任""广大青年要肩负历史使命,坚定前进信心,立大志、明大德、成大才、担大任,努力成为堪当民族复兴重任的时代新人,让青春在为祖国、为民族、为人民、为人类的不懈奋斗中绽放绚丽之花"。

> 精讲理论

习总书记在党的十九大报告中提出,青年兴则国家兴,青年强则国家强。青年一代有理想、有本领、有担当,国家就有前途,民族就有希望。习总书记的重要讲话,表达了对中国青年寄予的深切厚望,饱含了对担当民族复兴大任的新时代青年"立大志、明大德、成大才、担大任"的四大期望。

1.立大志,就是要有崇高的理想信念,牢记使命,自信自励

2012年11月17日,习总书记在十八届中共中央政治局第一次集体学习讲话中强调,坚定理想信念,坚守共产党人精神追求,始终是共产党人安身立命的根本。对马克思主义的信仰,对社会主义和共产主义的信念,是共产党人的政治灵魂,是共产党人经受住任何考验的精神支柱。形象地说,理想信念就是共产党人精神上的"钙",没有理想信念,理想信念不坚定,精神上就会"缺钙",就会得"软骨病"。现实生活中,一些党员、干部出这样那样的问题,说到底是信仰迷茫、精神迷失。2013年1月5日,习总书记在新进中央委员会的委员、候补委员学习贯彻党的十八大精神研讨班上讲话时指出,革命理想高于天。没有远大理想,不是合格的共产党员;离开现实工作而空谈远大理想,也不是合格的共产党员。在我们党100多年的历史中,一代又一代共产党人为了追求民族独立和人民解放,不惜流血牺牲,靠的就是一种信仰,为的就是一个理想。尽管他们也知道,自己追求的理想并不会在自己手中实现,但他们坚信,只要一代又一代人为之持续努力,一代又一代人为此作出牺牲,崇高的理想就一定能实现,正所谓"砍头不要紧,只要主义真,杀了夏明翰,还有后来人"。

理想指引人生方向,信念决定事业成败。崇高的理想信念是人生和事业的灯塔,"青年的理想信念关乎国家未来。青年理想远大、信念坚定,是一个国家、一个民族无坚不摧的前进动力"。在庆祝中国共产党成立100周年大会上,习近平总书记对中国青年寄予殷切期望:"新时代的中国青年要以实现中华民族伟大复兴为己任,增强做中国人的志气、骨气、底气,不负时代,不负韶华,不负党和人民的殷切期望!"

2.明大德,就是要锤炼高尚品格,崇德修身,启润青春

2014年5月4日,习总书记在北京大学师生座谈会上讲话时指出,"修德,既要立意高远,又要立足平实。要立志报效祖国、服务人民,这是大德,养大德者方可成大业""核心价值观,其实就是一种德,既是个人的德,也是一种大德,就是国家的德、社会的德"。2013年5月4日,习近平总书记在同各界优秀青年代表座谈时指出,广大青年要把正确的道德认知、自觉的道德养成、积极的道德实践紧密结合起来,自觉树立和践行社会主义核心价值观,带头倡导良好社会风气。要加强思想道德修养,自觉弘扬爱国主义、集体主义、社会主义思想,积极倡导社会公德、职业道德、家庭美德。要牢记"从善如登,从恶如崩"的道理,始终保持积极的人生态度、良好的道德品质、健康的生活情趣。要倡导社会文明新风,带头学雷锋,积极参加志愿服务,主动承担社会责任,热诚关爱他人,多做扶贫济困、扶弱助残的实事好事,以实际行动促进社会进步。2021年4月19日,习近平总书记在清华大学考察时强调,广大青年要锤炼品德,自觉树立和践行社会主义核心价值观,自觉用中华优秀传统文化、革命文化、社会主义先进文化培根铸魂、启智润心,加强道德修养,明辨是非曲直,增强自我定力,矢志追求更有高度、更有境界、更有品位的人生。

3.成大才,就是要有高强的本领才干,勤奋学习,全面发展

古人云:"学如弓弩,才如箭镞,识以领之,方能中鹄。"学问的根基好比弓弩,才能好比箭头,只要依靠厚实的见识来引导,就可以让才能很好发挥作用。青年人正处于学习的黄金时期,应该把学习作为首要任务,作为一种责任、一种精神追求、一种生活方式,树立梦想从学习开始、事业靠本领成就的观念,让勤奋学习成为青春远航的动力,让增长本领成为青春搏击的能量。2019年4月30日,习近平在纪念五四运动100周年大会上强调,新时代中国青年要增强学习紧迫感,如饥似渴、孜孜不倦学习,努力学习马克思主义立场观点方法,努力掌握科学文化知识和专业技能,努力提高人文素养,在学习中增长知识、锤炼品格,在工作中增长才干、练就本领,以真才实学服务人民,以创新创造贡献国家!

4.担大任,就是要有天下兴亡、匹夫有责的担当精神,讲求奉献,实干进取

习近平总书记对青年大学生寄以深深厚望,提出"国家的前途,民族的命运,人民的幸福,是当代中国青年必和必将承担的重任"。2017年5月3日,习近平总书记在中国政法大学考察时强调,当今中国最鲜明的时代主题,就是实现"两个一百年"奋斗目标、实现中华民族伟大复兴的中国梦。当代青年要树立与这个时代主题同心同向的理想信念,勇于担当这个时代赋予的历史责任,励志勤学、刻苦磨炼,在激情奋斗中绽放青春光芒、健康成长进步。

实现中华民族伟大复兴,是近代以来中华民族最伟大的梦想,是当代中华儿女共同的奋斗目标,也是中国共产党人的初心使命。虽然经过不懈奋斗,我国已成为世界第二大经济体,经济实力、科技实力、国防实力、文化软实力大幅跃升,中华民族迎来了从站起来、富起来到强起来的伟大飞跃,古老的中华民族焕发出新的时代光彩,站在两个百年历史交汇的新起点,我们比历史上任何时期都更接近、更有信心和能力实现中华民族伟大复兴的目标,但中华民族伟大复兴,绝不是轻轻松松、敲锣打鼓就能实现的,前进道路上还有许多"雪山""草地"需要跨越,还有许多"娄山关""腊子口"需要征服,中华民族伟大复兴需要一代又一代人为之接续奋斗。新时代大学生要有天下兴亡、匹夫有责的担当精神,勇担民族复兴的重任,永葆"闯"的精神、"创"的劲头、"干"的作风,在实现中国梦的伟大实践中成就出彩的人生。

精选案例

28岁的武大靖长着50岁的脚

曾经有一档电视节目展示了武大靖的脚:因为常年穿着冰刀鞋训练,足部严重变形,28岁的他,长了一双"50岁的脚"。在武大靖和队友的共同努力下,他们获得2022年北京冬奥会短道速滑2000米混合团体接力金牌,这也是中国代表团在本届冬奥会的首枚金牌。

武大靖是短距离比赛上爆发力极强的运动员,他能有此本领,或许有天赋的支持,但更多的能力必然来自辛勤的努力。值得注意的是,因为冰刀前端到线才算撞线,短道速滑冲线的标志性动作是拼命伸脚,这对运动员的技巧和经验都提出了很高的要求。

在争分夺秒的大赛中,任何细微之处的差别,都会影响最终成绩。为了能更快一些,为了争取更大的突破,武大靖在赛前付出了太多太多。与很多斩获金牌的运动员一样,他在训练中难免遇到挫折甚至受伤,但他从未放弃夺金目标,从未停止日常训练。这一切的努力,最终换来可喜可贺的胜利。"天才是百分之一的灵感加上百分之九十九的汗水",这句名言如今在运动员武大靖身上,再次得到验证。

武大靖在超越对手的同时,也在努力超越自己。他曾在平昌冬奥会短道速滑男子500米决赛上打破世界纪录并夺冠,为中国队斩获金牌。这次中国短道队斩获金牌后,武大靖不禁激动落泪:"这比赛,也是非常解气吧。这四年经历太多了……今天第一天,圆梦了。"队友范可新回忆起一路走来的不易,也十分感慨:"我们每天下冰训练的时候,都是拼的状态,嗓子里都是带血的……"赛场上的成功与荣耀,背后有多少不为人知的付出?为了能看到五星红旗升起,背后又有多少外界难以想象的拼搏和辛苦?

正所谓"台上一分钟,台下十年功",考验武大靖和队友们的不只是冬奥会上的临场发挥,更在于日常的磨砺与挑战。武大靖从小就开始训练短道速滑,先进入省队,后来进入国家队,一步一步地走向更高的目标。他曾说:"最困难的是我刚进国家队的时候,除了李琰教练,没有人看好我,都觉得我不是滑冰这块料,或者不是当运动员这块料。无论什么时候我都没把自己当作奥运冠军看待,要付出120%的努力去争取,对我来说,我不是去守,可能我也是去争冠军,因为能拿冠军的人太多了。"

武大靖这样说,虽然有自谦的态度,却也真实反映了他一路走来的辛酸与不易。当面对挫败时,当不被外界看好时,他没有怨天尤人,更没有自暴自弃,而是始终踏实训练,不断提升专业水平。经过十年如一日的坚持,他终于超越了自我,突破了极限。

(资料来源:中青在线 2022-02-09,有删改)

案例点评

武大靖之所以令人震撼、给人启发,就在于我们虽然没有运动员的强壮体格,却可以学习他们那踏实努力、顽强拼搏和从不言弃的精神。我们为冬奥健儿加油的时候,也不妨反观自己的生活,面对困难与挑战,我们是不是也可以勇担大任,不畏艰苦,一往无前,为国家和民族创造更加美好的未来?

经典阅读

增强做中国人的志气、骨气、底气
——走好实现第二个百年奋斗目标新的赶考之路

21岁的杨倩首次参加奥运会,便以出色的成绩摘得两块金牌;23岁的陈雨菲历经82分钟鏖战赢得胜利,让中国羽毛球队时隔9年重夺奥运会女单金牌;17岁的张家齐和15岁的陈芋汐作为跳水女子双人10米台决赛中年龄最小的组合,以无可挑剔的零失误,为中国跳水队摘下这枚蝉联6届的金牌;14岁的全红婵首次参加奥运会,就以"三跳满分",勇夺跳水女子10米台金牌……在东京奥运会上,一个个年轻小将,以永不言弃的昂扬精神,用高超稳定的竞技水平,拼搏奋斗、为国争光,展示了不懈奋斗的青春风采。

青年向上,国家向前。在庆祝中国共产党成立100周年大会上,习近平总书记深情寄语:"新时代的中国青年要以实现中华民族伟大复兴为己任,增强做中国人的志气、骨气、底气,不负时代,不负韶华,不负党和人民的殷切期望!"未来属于青年,希望寄予青年。在奋斗中释放青春激情、追逐青春理想,以青春之我、奋斗之我,为民族复兴铺路架桥,为祖国建设添砖加瓦,广大青年生逢其时,重任在肩。

　　青年是整个社会力量中最积极、最有生气的力量,国家的希望在青年,民族的未来在青年。一百年前,一群新青年高举马克思主义思想火炬,在风雨如晦的中国苦苦探寻民族复兴的前途。"天下者我们的天下。国家者我们的国家。社会者我们的社会。我们不说,谁说?我们不干,谁干?"25岁的毛泽东主办《湘江评论》,宣传救国救民之道;"钊感于国势之危迫,急思深研政理,求得挽救民族、振奋国群之良策",28岁的李大钊在俄国十月革命的影响下成为我国最早的马克思主义传播者;"尽善尽美唯解放",23岁的王瑞俊在写下这句诗后,改名"尽美"以自励,表明为实现共产主义理想而献身的信念……一百年来,在中国共产党的旗帜下,一代代中国青年把青春奋斗融入党和人民事业,成为实现中华民族伟大复兴的先锋力量。历史和现实都告诉我们,青春理想,青春活力,青春奋斗,是中国精神和中国力量的生命力所在。

　　今年全国两会上,习近平总书记在看望参加全国政协会议的医药卫生界教育界委员时感慨,"70后、80后、90后、00后,他们走出去看世界之前,中国已经可以平视这个世界了"。今日之中国,前所未有地走近世界舞台中央,日益接近实现中华民族伟大复兴的目标,前所未有地具有实现这个目标的能力和信心。目睹了"嫦娥五号""天问一号""神舟十二号"等科技创新突破,亲眼见证了我国在全球率先控制住新冠肺炎疫情、率先复工复产、率先实现经济正增长,亲身经历了在中华大地上全面建成了小康社会,新时代的中国青年完全有理由,也应该有决心坚定道路自信、理论自信、制度自信、文化自信,增强做中国人的志气、骨气、底气。

　　理想指引人生方向,信念决定事业成败。习近平总书记深刻指出:"青年的理想信念关乎国家未来。青年理想远大、信念坚定,是一个国家、一个民族无坚不摧的前进动力。"时间之河川流不息,每一代青年都有自己的际遇和机缘,都要在自己所处的时代条件下谋划人生、创造历史。"清澈的爱,只为中国",这是年轻边防战士在皑皑雪山上立下的铿锵誓言;"我们的征途是星辰大海",这是年轻航天人探索宇宙抒发的豪情壮志;"请党放心,强国有我",这是年轻学子发自心底的庄严承诺……从抗击疫情最前线到脱贫攻坚主战场,从戍边卫国到创新一线,广大青年用行动证明,新时代的中国青年是好样的,是堪当大任的!今天,新时代中国青年处在中华民族发展的最好时期,既面临着难得的建功立业的人生际遇,更面临着"天将降大任于斯人"的时代使命。勇做走在时代前列的奋进者、开拓者、奉献者,努力成为堪当民族复兴重任的时代新人,广大青年方能不辜负党的期望、人民的期待、民族的重托,不辜负我们这个伟大时代。

　　一代人有一代人的长征,一代人有一代人的担当。1955年,钱学森在回国的邮轮上激动地说:"今后我将竭尽努力,和中国人民一道建设自己的国家,使我的同胞能过上有尊严的幸福生活。"国家的前途,民族的命运,人民的幸福,是当代中国青年必须和必将承担的重任。不断增强做中国人的志气、骨气、底气,树立为祖国为人民永久奋斗、赤诚奉献的坚定理想,在劈波斩浪中开拓前进,在披荆斩棘中勇毅前行,在攻坚克难中创造业绩,新时代中国青年必能用青春和汗水创造出让世界刮目相看的新奇迹,让中华民族伟大复兴在奋斗中梦想成真!

(资料来源:《人民日报》,2021年08月09日06版,有删改)

三、新时代与中国梦、青春梦的关系

　　道德与法律作为协调人际关系、维护社会秩序的重要手段,是相互联系、相互补充、相互促进的,要正确把握二者的关系,不断提高思想道德素质和法治素养。"思想道德与法治"是一门思想性、政治性、科学性、理论性、实践性、时代性很强的课程,也是落实立德树人根本任务的关键课程,要内化于心、外化于行,在学习中养成、自律中锤炼、实践中升华。

精讲理论

1.新时代与中国梦

2017年10月18日,习近平总书记在党的十九大报告中提出,经过长期努力,中国特色社会主义进入了新时代,这是我国发展新的历史方位。这个新时代是承前启后、继往开来、在新的历史条件下继续夺取中国特色社会主义伟大胜利的时代,是决胜全面建成小康社会、进而全面建设社会主义现代化强国的时代,是全国各族人民团结奋斗、不断创造美好生活、逐步实现全体人民共同富裕的时代,是全体中华儿女勠力同心、奋力实现中华民族伟大复兴中国梦的时代,是中国日益走近世界舞台中央、不断为人类作出更大贡献的时代。实现中华民族伟大复兴,是近代以来中华民族最伟大的梦想。中国共产党一经成立,就义无反顾肩负起实现中华民族伟大复兴的历史使命。新中国的成立,为民族复兴奠定了坚实基础。改革开放这场新的伟大革命,为民族复兴注入新的强大生机活力。党的十八大以来,在以习近平同志为核心的党中央坚强领导下,中华民族迎来了从富起来到强起来的伟大进程,综合国力大幅提升,人民生活进一步改善,实现中华民族伟大复兴的中国梦成为激励海内外中华儿女的"最大公约数"。进入中国特色社会主义新时代,我们比历史上任何时期都更接近中华民族伟大复兴的目标,比历史上任何时期都更有信心和能力实现中华民族伟大复兴的目标。

"行百里者半九十",中华民族伟大复兴,绝不是轻轻松松、敲锣打鼓就能实现的。实现中华民族复兴的伟大梦想,要求党必须团结一切可以团结的力量,调动一切可以调动的积极性,激发一切可以激发的精气神,聚精会神搞建设,一心一意谋发展,以昂扬的斗志和无畏的精神,准备付出更为艰巨、更为艰苦的努力。新时代的中国共产党人带领中国人民接续走好新长征路,就一定能够实现中华民族伟大复兴的宏伟目标。

2.新时代与青春梦

中国梦是历史的、现实的,也是未来的,是国家的、民族的,也是每一个中国人的。新时代为中华民族伟大复兴的中国梦的实现提供了坚实的基础,为每一位青年大学生实现自己的青春梦提供了无限可能和机遇。新时代的大学生是民族伟大复兴进程中的见证者和参与者,也是社会主义现代化国家建设的生力军。新时代青年学生要以历史上杰出的青年为榜样,勇敢地接过历史赋予的神圣使命,用青春和汗水为中华民族伟大复兴奉献智慧和力量,在实现中国梦的伟大实践中实现自己绚丽的青春梦。

精选案例

青年志愿者是冬奥最温暖的光

在北京冬奥会开幕式致辞中,国际奥委会主席巴赫说:"我们要特别感谢全体志愿者。从我们抵达的第一刻起,你们就给了我们宾至如归的感受。"从闭环驻地、赛事场馆到城市的许多角落,都能见到巴赫主席提到的志愿者。他们活跃在这场冰雪盛会的不同领域,给参赛选手、海外来宾带来温暖和感动,成为冬奥会上一道靓丽的风景线。

2008年北京奥运会上志愿者的微笑,让全世界记住了这张"北京最好的名片"。2022年北京冬奥会的顺利举办,同样离不开广大志愿者的热情参与和倾力奉献。和万众瞩目的运动员一样,志愿者也是奥林匹克事业须臾不可分离的参与者。在人文精神层面,"奉献、友爱、互助、进步"的志愿服务精神,和奥林匹克运动所秉承的团结、友谊、和平、进步等理念天然契合。

冬奥会搭建了多元文化交流互鉴的平台。开幕式上,因为大学生志愿者孙泽宇的一句"欢迎来到中国",美国单板滑雪运动员特莎·莫德热泪盈眶。冬奥村内,为了让国外运动员更加了解中国,志愿者送出了精心制作的包含中国传统节日、特色美食、游览景点等元素的手绘作品。热情而周到的志愿服务,不仅烘衬了冬奥会的欢乐气氛,也架起了中国与其他国家年轻人"双向奔赴"的友谊桥梁。

冬奥会为志愿者提供发挥才干的舞台,志愿者则成为传承奥林匹克精神的使者。据了解,在北京冬奥会1.9万名赛会志愿者中,35岁以下青年占到94%,在校大学生是主要力量。带着对冬奥会的热爱、对志愿服务的信念,这一代青年志愿者表现出极强的能动性、创造性。他们不仅履行特定岗位的职责,而且在多个场合展现出东道主的胸怀和姿态,用切实行动讲好中国故事,展现当代中国青年的良好风貌。

"奉献、友爱、互助、进步"的志愿服务精神,将成为越来越多新时代青年的座右铭,激励他们投身到"有一分热,发一分光""我为人人、人人为我"的志愿服务中。在冬奥会上从事志愿服务,不仅将成为他们一生中难忘的经历,也将深刻地影响他们看待世界的方式。在将来的社会交往中,他们也会以独有的方式,向人们传递自己对奥运精神的理解,深化奥运文化的内涵。

一届奥运会的赛程是有限的,但奥运会留下的精神财富将长久地留在人们心里。值得被世人记住的不只是运动员的成绩、赛场上的精彩瞬间,志愿者的青春姿态和奉献精神,同样是不容遗忘的"奥运记忆"。

(资料来源:中国青年报客户端2022-02-14,有删改)

案例点评

从"鸟巢一代"到"平视世界的一代",青年人通过志愿服务活动走向成熟、展示自我。在北京冬奥会开幕式上手执五星红旗的大学生张宇表示,自己向世界传递出了新时代"00后"中国青年的模样,是"蓬勃向上"的,"充满朝气"的,"完全可以担起大任"的。这是中国青年的自信,也是实现中华民族伟大复兴的希望。

经典阅读

在青春的赛道上奋力奔跑

青春因奋斗而精彩,奋斗是青春最亮丽的底色。习近平总书记在中国人民大学考察时,希望全国广大青年牢记党的教诲,立志民族复兴,不负韶华,不负时代,不负人民,在青春的赛道上奋力奔跑,争取跑出当代青年的最好成绩。广大青年要始终以实现中华民族伟大复兴为己任,激扬奋斗之志、砥砺奋斗之行,让人生在实现中国梦的奋进中收获无限精彩。

马克思说:"一个时代的精神是青年代表的精神,一个时代的性格是青春代表的性格。"五四运动以来的100多年,中国青年满怀对祖国和人民的赤子之心,积极投身党领导的革命、建设、改革伟大事业,把最美好的青春奉献给祖国和人民,谱写了壮丽的青春之歌,展现出最美的奋斗姿态。为了拯救民族危亡,广大青年冲锋陷阵、浴血奋战;为了改变国家贫穷落后面貌,广大青年奔赴祖国四面八方建功立业;为了让中华民族赶上时代、引领时代,广大青年开拓进取,勇做改革弄潮儿。青春激荡的奋斗热情,转化为实现中华民族伟大复兴的强劲能量。党和国家取得的一切成就,都凝结着一代代怀抱崇高理想、充满奋斗精神的青年人的热情和奉献。

当代青年与新时代同向同行、共同前进,生逢盛世、重任在肩。在新时代的广阔天地里,当代青年用中国梦激扬青春梦,把个人理想追求融入国家和民族的事业中。为了打赢脱贫攻坚战,一大批青年干部扎根脱贫攻坚一线,同贫困群众想在一起、过在一起、干在一起,将最美的年华奉献给了脱贫事业。他们之中的优秀代表黄文秀,将生命定格在脱贫攻坚征程上,她说:"要用自己的力量为他人、为国家、为民族、为社会作出贡献。"面对来势汹汹的新冠肺炎疫情,一大批"90后""00后"医务人员英勇逆行,与病魔顽强抗争,守护人民生命安全,让人深受感动。在北京冬奥会的场馆里,我国冰雪健儿敢打敢拼、超越自我,广大志愿者以饱满热情提供暖心服务,向世界展现蓬勃向上的中国青年形象。单板滑雪运动员苏翊鸣说"能够出生在这样一个伟大的国家和时代,感到十分幸运",他会"努力为中国冰雪运动添彩,为祖国贡献青春和力量"。新时代的青年,不怕苦、不畏难,用肩膀扛起责任,展现青春风采。他们用奋斗证明了新时代的中国青年是好样的,是堪当大任的。

经过不懈努力,我们全面建成小康社会,实现了第一个百年奋斗目标,正阔步走在向着第二个百年奋斗目标奋进的新征程上,中华民族伟大复兴的前景无比光明。这个伟大时代为每个青年提供了实现青春梦想、创造人生辉煌的机遇。青年要倍加珍惜这个时代,更加自觉地肩负时代使命,将个人的青春理想融入时代发展的洪流之中。要清醒认识到,越接近中华民族伟大复兴的目标,越不能懈怠,越要发扬大无畏的奋斗精神。推动高质量发展、推进科技自立自强、促进共同富裕……完成这一系列艰巨任务、实现美好蓝图愿景,容不得歇脚停步,需要一代代青年不懈奋斗。"请党放心、强国有我"的誓言展现出当代中国青年的志气、骨气、底气,喊出了当代中国青年的奋斗决心。广大青年要胸怀党和人民、磨炼坚强品质、锤炼过硬本领,在实现民族复兴的接力赛中,全力跑出不负韶华、不负时代、不负人民的优异成绩。

(资料来源:人民网,作者单位:华中科技大学马克思主义学院)

四、学习"思想道德与法治"的重要意义

精讲理论

1.学习"思想道德与法治"课程的重要意义

"思想道德与法治"课程是一门融思想性、政治性、科学性、理论性、实践性于一体的思想政治理论课程,是全面贯彻党的教育方针、落实立德树人根本任务的关键课程。本课程针对大学生成长过程中面临的思想道德与法治问题,开展马克思主义的人生观、价值观、道德观、法治观教育,帮助大学生提升思想道德素质和法治素养,成为担当民族复兴大任的时代新人。"才者,德之资也;德者,才之帅也。"因此,学习本课程具有重要意义,主要体现在以下几个方面:

第一,有助于大学生领悟人生真谛,把握人生方向,追求远大理想,坚定崇高信念,继承优良传统,弘扬中国精神,培育和践行社会主义核心价值观。

第二,有助于大学生遵守道德规范、锤炼道德品格,把正确的道德认知、自觉的道德养成和积极的道德实践紧密结合起来,引领良好社会风尚。

第三,有助于大学生学习法治思想、养成法治思维,自觉尊法学法守法用法,提升思想道德素质和法治素养。

2.提升思想道德素质和法治素养

思想道德素质是人们的思想观念、政治立场、价值取向、道德情操和行为习惯等方面品质和能力的综合体现,反映着一个人的思想境界和道德风貌,是促进个体健康成长、社会发展进步的重要保障。

法治素养指人们知法、守法、用法、护法的素养和能力,包括必备的法律知识,必需的法律观念,以及必要的用法、护法能力。

良好的思想道德素质和法治素养是新时代大学生把握机遇、做好人生规划、书写时代华章的必备条件。那么,如何才能提升思想道德素质和法治素养呢?

第一,要在学习中养成。

第二,要在自律中锤炼。

第三,要在实践中升华。

精选案例

运动员获得奖励需缴个税吗?

北京冬奥会已经落下帷幕。据光明网2022年2月20日报道,中国队一共获得9枚金牌4枚银牌2枚铜牌,中国代表团位列奖牌榜第三,金牌数和奖牌数均创历史新高。

运动员在赛场上摘金夺银以后,随之而来的是各种奖励。不仅国家会对获得奥运会奖牌的运动员发放奖金,各省、市、县政府,往往也会对来自当地的运动员给予不同额度的奖金。

2月7日晚,北京冬奥会短道速滑男子1000米比赛在首都体育馆举行,经过一番激烈角逐,中国选手任子威、李文龙、武大靖分别获得冠亚军和第四名。据佳木斯政务消息,2月8日,佳木斯市副市长聂影和市体育局领导一行来到武大靖的家中,向武大靖的父母及家人表示祝贺和慰问,并为他们送去了100万元人民币的奖励金。

2月6日,女足亚洲杯决赛上,中国女足以3∶2力克韩国队,时隔16年再夺亚洲杯冠军。女足夺冠当晚,蒙牛乳业在官方微博宣布:"要强女足勇夺冠!蒙牛率先千万现金奖励!"

那么,问题来了:运动员获得的奖金需要缴税吗?企业给予运动健儿们的奖励能否税前扣除?

1.运动员获得奖励是否缴纳个人所得税?

(1)运动员获得省级以上奖金免征个人所得税。

依据《中华人民共和国个人所得税法》第四条,省级人民政府、国务院部委和中国人民解放军军以上单位,以及外国组织、国际组织颁发的科学、教育、技术、文化、卫生、体育、环境保护等方面的奖金,免征个人所得税。

(2)省级以下政府奖励,由支付单位扣缴个人所得税。

对于省级以下政府的奖励,按照《国家税务总局关于个人取得的奖金收入征收个人所得税问题的批复》(国税函〔1998〕293号)的规定,个人因在各行各业作出突出贡献而从省级以下人民政府及其所属部门取得的一次性奖励收入,不论其奖金来源于何处,均不属于税法所规定的免税范畴,应按"偶然所得"项目征收个人所得税,并由支付单位扣缴个人所得税。

(3)北京2022年冬奥会和冬残奥会参赛运动员按现行法律法规征免个税。

《财政部　税务总局　海关总署关于北京2022年冬奥会和冬残奥会税收政策的通知》(财税〔2017〕60号)规定:对于参赛运动员因北京2022年冬奥会、冬残奥会、测试赛比赛获得的奖金和其他奖赏收入,按现行税收法律法规的有关规定征免应缴纳的个人所得税。

2.企业给予运动健儿们的奖励可否税前扣除?

依据《财政部　税务总局　海关总署关于北京2022年冬奥会和冬残奥会税收政策的通知》(财税〔2017〕60号),个人捐赠北京2022年冬奥会、冬残奥会、测试赛的资金和物资支出可在计算个人应纳税所得额时予以全额扣除。

企业对运动员给予奖励,相当于企业向个人实施了直接捐赠。按照《中华人民共和国企业所得税法》第十条的规定,该直接捐赠支出不得税前扣除。

(资料来源:《法治日报》,有删改)

案例点评

税收是国家财政收入的主要来源,依法纳税是公民应该履行的基本义务。根据我国个人所得税法规定,在中国境内有住所,或者无住所而一个纳税年度内在中国境内居住累计满183天的个人,从中国境内和境外取得的所得,依法缴纳个人所得税。新时代大学生要学习和掌握基本的法律知识,培育法治思维,尊重法律权威,提升法治素养,自觉履行依法纳税的基本义务,监督税务机关的执法行为,维护自己的合法权益。

经典阅读

深刻理解办好思政课的重要意义

习近平总书记在学校思想政治理论课教师座谈会上发表的重要讲话,从党和国家事业发展的全局出发,深刻阐述了办好思政课的重要意义,深入分析了教师的关键作用等,为推动思政课建设提供了根本遵循。党的二十大报告指出:"用社会主义核心价值观铸魂育人,完善思想政治工作体系,推进大中小学思想政治教育一体化建设。"新时代新征程上,我们要全面贯彻落实党的二十大精神和习近平总书记关于思政课建设的一系列重要论述,努力培养德智体美劳全面发展的社会主义建设者和接班人。

从实现教育根本任务高度认识思政课的基础性

中国共产党自成立以来,始终重视思想政治教育的重要地位和作用。2019年3月18日,习近平总书记主持召开学校思想政治理论课教师座谈会并发表重要讲话指出,"思政课是落实立德树人根本任务的关键课程,思政课作用不可替代"。新时代以来,办好思政课成为习近平总书记"非常关心的一件事"。因此,我们要从实现教育根本任务的高度深刻认识办好思政课的重要意义,发挥思政课在大中小学课程体系中的基础性与引领性作用。

深刻认识思政课是巩固学校马克思主义意识形态指导地位、坚持社会主义办学方向的重要阵地。习近平总书记指出,"学校是意识形态工作的前沿阵地,可不是一个象牙之塔,也不是一个桃花源。办好思政课,就是要开展马克思主义理论教育,用新时代中国特色社会主义思想铸魂育人"。思政课是具有鲜明意识形态属性的课程,政治性是其根本特征,只有把思政课教育的基础打好了,才能保证教育不走样、不走偏,确保落实立德树人根本任务。我们办中国特色社会主义教育，就是要理直气壮开好思政课。因此，办好思政课，要放在世界百年未有之大变局、党和国家事业发展全局中来看待，要从坚持和发展中国特色社会主义、建设社会主义现代化强国、实现中华民族伟大复兴的高度来对待，引导学生看清世界和中国发展大势，科学把握人类社会发展规律，理解中国特色社会主义的历史必然性，增强中国特色社会主义道路自信、理论自信、制度自信和文化自信，牢固树立共产主义远大理想和中国特色社会主义共同理想。

深刻理解思政课在学校课程体系中的政治引领和价值引领作用。习近平总书记强调，"要用好课堂教学这个主渠道，思想政治理论课要坚持在改进中加强，提升思想政治教育亲和力和针对性，满足学生成长发展需求和期待，其他各门课都要守好一段渠、种好责任田，使各类课程与思想政治理论课同向同行，形成协同效应"。为学须先立志，树人首在立德。思政课的本质是讲道理，旨在达到沟通心灵、启智润心、激扬斗志的目的，思政教育之所以必须贯穿于从儿童到少年再到青年的整个过程，是因为在学校的课程体系中，思政课具有重要的引领作用，只有将学生心中的思想旗帜树起来，学生才能真正成长成才。因此，要把统筹推进大中小学思政课一体化建设作为一项重要工程，推动思政课建设内涵式发展。要以透彻的学理分析回应学生、以彻底的思想理论说服学生、用真理的强大力量引导学生，形成以思想政治理论课为主体，各门课程协同发力，全方位育人的格局。

从确保党的事业后继有人高度认识思政课的重要性

习近平总书记指出，"我们党立志于中华民族千秋伟业，必须培养一代又一代拥护中国共产党领导和我国社会主义制度、立志为中国特色社会主义事业奋斗终身的有用人才"。青少年阶段是人生的"拔节孕穗期"，为青少年讲好思政课对培养造就堪当民族复兴大任的时代新人、培养造就社会主义建设者和接班人具有重要的现实意义。我们必须从确保党的事业后继有人的高度深刻认识办好思政课的重要意义。办好思政课是全面贯彻党的教育方针，解决好"培养什么人、怎样培养人、为谁培养人"这个根本问题的关键所在。

办好思政课，解决好"培养什么人"的问题。思政课的核心任务是对青少年进行世界观、人生观、价值观教育，是培养一代又一代社会主义建设者和接班人的重要保障。我们的教育要培养德智体美劳全面发展的社会主义建设者和接班人，这是我们党的教育方针，是我国各级各类学校的共同使命。因此，办好思政课是培养社会主义建设者和接班人的关键环节，要坚持以马克思主义为指导，坚持用习近平新时代中国特色社会主义思想铸魂育人，引导青少年在心中筑牢理想信念根基，厚植爱党、爱国、爱社会主义的赤诚情怀，将小我融入大我之中，为中华民族伟大复兴贡献自己的一份力量。

办好思政课，解决好"怎样培养人"的问题。习近平总书记指出，"要把立德树人的成效作为检验学校一切工作的根本标准，真正做到以文化人、以德育人，不断提高学生思想水平、政治觉悟、道德品质、文化素养"。因此，思政课要以传播马克思主义科学理论为重要内容，为青少年分析和解决实践中的各种问题提供强有力的思想武器。要通过培育和弘扬社会主义核心价值观，使广大青少年受到感染、受到鼓舞，自觉成为社会主义核心价值观的坚定信仰者、积极传播者、模范践行者。要大力推进思政课教学改革创新，提高思政课教师的育人水平，形成教与学的合力，落实好思政课立德树人的根本任务。

办好思政课，解决好"为谁培养人"的问题。党的二十大报告指出，"为党育人、为国育才"。这一重要论述指明了办好思政课，为党和国家事业培养人的教育目标。全面建设社会主义现代化国家，必须弘扬中国精神、凝聚中国力量。思政课是学校开展学生思想政治教育的主渠道，是广大青少年学习理解党的理论、路线、方针、政策的核心课程,具有极强的价值塑造和精神感召力,能够潜移默化地在青少年心中培育起对党和人民的忠诚热爱,教育引导青年人坚定不移听党话、跟党走,成长为德才兼备、德智体美劳全面发展的社会主义建设者和接班人。

从持续铸魂育人高度坚持推进思政教育一体化建设

《新时代公民道德建设实施纲要》提出:"加强思想品德教育,遵循不同年龄阶段的道德认知规律,结合基础教育、职业教育、高等教育的不同特点,把社会主义核心价值观和道德规范有效传授给学生。"因此新时代办好思政课,要搭建起加强社会主义核心价值观教育的"长链条",用社会主义核心价值观铸魂育人,完善思想政治工作体系,推进大中小学思想政治教育一体化建设。

用社会主义核心价值观铸魂育人,要通过大中小学的思政教育将各个学段纵向贯通起来,针对学生不同成长阶段的身心发育和认知水平,有针对性地进行思政教育。习近平总书记指出,"在大中小学循序渐进、螺旋上升地开设思想政治理论课非常必要,是培养一代又一代社会主义建设者和接班人的重要保障"。因此,在推进大中小学思想政治教育一体化建设中,要把社会主义核心价值观融入整个教育体系中,要做到大中小学思政课教学内容各有侧重、分工明确,形成紧密联系的内容体系,真正将社会主义核心价值观的心灵之"根"培育好,使社会主义核心价值观成为青少年一代心中共同的价值取向与人生追求。

用社会主义核心价值观铸魂育人,要构建"大思政课"育人格局。习近平总书记强调,"'大思政课'我们要善用之,一定要跟现实结合起来"。课堂教学是思政教育的主渠道,但思政课绝不仅限于课堂上的知识教学。因此,要推进"大思政课"建设,把思政小课堂与社会大课堂紧密结合起来,通过学校、家庭、社会协同形成推动思政课建设的合力,在全社会形成自觉践行社会主义核心价值观的良好风气,构建起培育和弘扬社会主义核心价值观的"全域平台",引导青少年立大志、明大德、成大才、担大任。

(资料来源:光明网 2023-03-16,有删改)

第三节　实践教学篇

一、"党史学习交流会"实践教学

1.实践教学目的

习近平总书记指出,历史是最好的教科书,中国革命历史是最好的营养剂,要了解我们党和国家事业的来龙去脉,汲取我们党和国家的历史经验,正确了解党和国家历史上的重大事件和重要人物。重温我们党领导人民进行革命的伟大历史,心中就会增加很多正能量。党史学习交流实践教学活动,可以让大学生真正弄清楚中国特色社会主义进入新时代的历史方位,准确把握党的历史发展的主题主线、主流本质,坚持以史为镜、以史明志,知史爱党、知史爱国,学史明理、学史增信、学史崇德、学史力行,学党史、感党恩、跟党走。

2.实践教学主题

党史学习交流体会。

3.实践教学过程

(1)布置任务。实践活动开始前1~2周布置学习党史任务,提供阅读书目。

(2)明确学习要求。要求写读书笔记,包含关键字、关键词、好句子、好段落、好篇章、自己的感想和体会。

(3)分头准备。设立监督环节,课代表负责落实各个小组的学习情况,并进行登记。

(4)活动进行。分小组进行学习交流,每个小组派代表分享学习体会,时间大约为3分钟。

(5)教师点评。

二、"新时代大学生的责任与使命"主题演讲

1.实践教学目的

习近平总书记在纪念五四运动100周年大会上讲话强调,五四运动以来的100年,是中国青年一代又一代接续奋斗、凯歌前行的100年,是中国青年用青春之我创造青春之中国、青春之民族的100年。新时代中国青年要继续发扬五四精神,以实现中华民族伟大复兴为己任,不辜负党的期望、人民期待、民族重托,不辜负我们这个伟大时代。建成社会主义现代化强国,实现中华民族伟大复兴,是一场接力跑。我们有决心为青年跑出一个好成绩,也期待现在的青年一代将来跑出更好的成绩。衷心希望新时代中国青年积极拥抱新时代、奋进新时代,让青春在为祖国、为人民、为民族、为人类的奉献中焕发出更加绚丽的光彩!

通过本次实践教学活动,帮助新时代大学生牢记习总书记的嘱托,踔厉奋发,笃行不怠,努力成为担当民族复兴大任的新时代青年。

2.实践教学主题

"新时代大学生的责任与使命"主题演讲。

3.实践教学过程

(1)布置任务。实践活动开始前1~2周布置主题演讲任务。

(2)明确要求。围绕主题,有理有据,声情并茂,时间大约为3分钟。

(3)分头准备。以小组为单位,小组长负责,各自准备。

(4)活动进行。课代表主持,小组派代表演讲。

(5)教师点评。

思考与练习

一、单选题

1.( )是我们理解当前所处历史方位的关键词。

　　A.新思想　　　　B.新举措　　　　C.新格局　　　　D.新时代

2."学如弓弩,才如箭镞,识以领之,方能中鹄"这句话告诉我们要( )。

　　A.有本领　　　　B.有道德　　　　C.有礼貌　　　　D.有纪律

3.大学生应把( )作为首要任务。

　　A.交友　　　　　B.学习　　　　　C.兼职　　　　　D.社团活动

4.站在新的奋斗起点,我们比历史上任何时期都更接近更有信心和能力实现( )的

目标。

A.社会主义工业化　　　　　　　　B.社会主义信息化
C.全面建成小康社会　　　　　　　D.中华民族伟大复兴

5.党的十九大,提出了"培养担当(　　)大任的时代新人"的战略要求。

A.国家富强　　　B.民族复兴　　　C.社会和谐　　　D.国富民强

6.习近平总书记指出,(　　)一代的理想信念、精神状态、综合素质,是一个国家发展活力的重要体现,也是一个国家核心竞争力的重要因素。

A.少年　　　B.青年　　　C.中年　　　D.老年

7.雷锋牺牲时是22岁,黄继光牺牲时是21岁,刘胡兰牺牲时只有(　　)岁。

A.15　　　B.16　　　C.18　　　D.20

8.2018年度感动中国的守岛英雄(　　)第一次登上开山岛是26岁,从此与妻子以海岛为家,与孤独相伴,在没水没电、植物都难以存活的孤岛上默默坚守32年,把青春年华全部献给了祖国的海防事业。

A.杜富国　　　B.张富清　　　C.王继才　　　D.程开甲

9.思想政治理论课是落实(　　)根本任务的关键课程。

A.传道授业　　　B.教育公平　　　C.素质教育　　　D.立德树人

10.(　　)素质是人们的思想观念、政治立场、价值取向、道德情操和行为习惯等方面品质和能力的综合体现。

A.思想道德　　　B.文学艺术　　　C.人文关怀　　　D.社会心理

二、多选题

1.大学阶段是(　　)形成的关键时期。

A.世界观　　　B.人生观　　　C.价值观　　　D.权力观

2.习总书记指出,青年兴则国家兴,青年强则国家强,青年一代(　　),国家就有前途,民族就有希望。

A.有理想　　　B.有道德　　　C.有本领　　　D.有担当

3.新时代意味着中国特色社会主义(　　)不断发展,拓展了发展中国家走向现代化的途径。

A.道路　　　B.理论　　　C.制度　　　D.文化

4.大学生要有作为中华儿女的骄傲和自豪,不断增强做中国人的(　　),树立正确的政治方向和远大的人生志向。

A.志气　　　B.骨气　　　C.底气　　　D.娇气

5.中国梦是(　　)。

A.历史的　　　B.现实的　　　C.未来的　　　D.虚幻的

6.新时代的大学生(　　)。

A.朝气蓬勃　　　　　　　　B.好学上进
C.视野宽广　　　　　　　　D.开放自信

7.新时代的大学生是(　　)一代。

A.可笑的　　　B.可爱的　　　C.可信的　　　D.可为的

8.青年大学生要向(　　)学习。

A.书本　　　　B.社会实践　　　C.人民群众　　　D.流量明星

9.习近平总书记指出,青年一代要(　　　),努力成为堪当民族复兴重任的时代新人。

A.立大志　　　B.明大德　　　C.成大才　　　D.担大任

10.提高思想道德素质和法治素养需要做到在(　　　)。

A.学习中养成　　B.自律中锤炼　　C.实践中升华　　D.游戏中度过

三、判断题(对的打√,错的打×)

1.我们所处的新时代,是中国特色社会主义新时代,是实现中华民族伟大复兴的最关键时代。(　　)

2.中国的未来属于青年,中华民族的未来也属于青年。(　　)

3.以习近平同志为核心的党中央团结带领全国各族人民,实现了第一个百年奋斗目标,在中华大地上全面建成了小康社会,历史性地解决了绝对贫困问题。(　　)

4.中国梦是国家的、民族的,也是每一个中国人的。(　　)

5.世上只有从天而降的英雄,没有挺身而出的凡人。(　　)

6.大学生是国家宝贵的人才资源,肩负人民的重托、历史的重任。(　　)

7.明大德,就是要锤炼高尚品格,崇德修身,启润青春。(　　)

8.国家治理不需要法律和道德协同发力。(　　)

9.法律是成文的道德,道德是内心的法律。(　　)

10."思想道德与法治"是一门融思想性、政治性、科学性、理论性、实践性于一体的思想政治理论课。(　　)

参考答案

第一章 领悟人生真谛 把握人生方向

【教学目标】

1. 知识目标

系统地掌握关于人生及人生观的基本理论；了解人生观与世界观、价值观的关系；理解个人与社会辩证关系；能掌握科学高尚的人生追求的含义；理解积极进取的人生态度的内容、人生价值的评价与实现等正确的人生观的内容；掌握辩证对待人生矛盾、成就出彩人生的相关内容。

2. 能力目标

能用马克思主义人生观理论评价自我和其他事物，掌握科学、正确地处理人生问题的立场、观点、方法；能正确认识个人价值与社会价值的关系；能正确评判人生价值；能自觉抵制各种错误的人生观。

3. 素质目标

懂得正确的人生观对个人成长成才的重要意义；确立服务人民、奉献社会的高尚人生追求；提高心理抗挫折能力与错误辨识能力；会以认真务实乐观进取的人生态度处理人生矛盾；能主动将自我人生追求同国家、民族发展进步紧密结合起来，在实践中创造有意义的人生。

【教学重难点】

1. 正确认识人的本质。
2. 人生观的主要内容。
3. 高尚的人生追求。
4. 正确评价人生价值。
5. 辩证对待人生矛盾。

【教学思路】

《思想道德与法治》第一章第一节是第二、三节的逻辑起点和理论支撑，第一节首先对"马克思主义关于人的本质的认识"进行阐述，接下来，阐释个人与社会的辩证关系，使学生对"人的本质"有科学的认识，明确应把自己的人生追求同社会的发展进步紧密结合起来。其次从理论层面阐述"人生观的主要内容"，使学生明确人生观的三个主要方面，理解三者的辩证统一关系。最后阐述人生观与世界观、价值观的密切关系，使学生理解树立正确的世界观、价值观对人生观的重要作用。

第二节具体阐述应确立怎样的人生追求（人生目的）、应保持怎样的人生态度、应掌握怎样的评价人生价值的方法，以及应如何把握人生价值的实现条件。

第三节首先阐述大学生应辩证对待人生矛盾,正确看待得与失、苦与乐、顺与逆、生与死、荣与辱,是人生观的具体应用,具有重大的现实指导意义。接着将错误人生观单独列出,通过正反对比旨在使学生明确在新时代赋予他们的历史责任下创造有意义的人生的途径,即与历史同向、与祖国同行、与人民同在,在实践中创造有价值的人生,以奋斗为青春底色,书写新的辉煌业绩。

【思维导图】

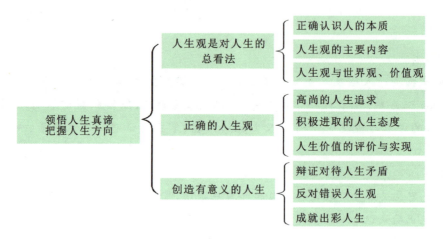

第一节　教学设计篇

一、人生观是对人生的总看法

本部分共分三目:一是"正确认识人的本质",重点掌握马克思主义关于人的本质的科学论断,正确认识个人与社会的辩证关系;二是"人生观的主要内容",重点掌握人生观的内涵及主要内容;三是"人生观与世界观、价值观",了解三者的关系。

教学环节	教师活动	学生活动	资源手段	设计意图
教学内容 1.正确认识人的本质				
导入新课	播放视频:赛场上的"00后"和习近平总书记关于人生观的论述。提问学生:对于我们"00后"来说,怎样才能不虚度人生?	根据习总书记的论述,结合预习所学,浅谈人生观的重要性	视频资料	使学生明确树立正确人生观之于人生道路、人生实践的重要性

续表

教学环节	教师活动	学生活动	资源手段	设计意图
讲授新课	1.马克思主义关于人的本质的认识。 ①从网络流行语引发学生对人的本质的思考； ②介绍中外先贤对人的本质的探索和论述； ③斯芬克斯之谜是否揭示了人的本质； ④讲解马克思对人的本质的论断。结合《鲁滨逊漂流记》中鲁滨逊的岛上生活,解答学生疑问	①尝试着给"人"下定义； ②思考中外先贤对人的定义的可取之处与不足之处； ③判断人的本质属性是自然属性还是社会属性； ④把握人的本质的科学论断	图文史实资料、案例	从人的本质到人生观,使学生循序渐进接受知识点的步步深入；从自然属性到社会属性,引导学生顺藤摸瓜探索人的本质的奥秘
	2.个人与社会的辩证关系。 ①通过思考为什么每年有数万名大学毕业生,放弃大城市的工作机会,报名参加志愿服务"西部计划""三支一扶"计划,服务西部、扎根基层？解读个人与社会的辩证关系。 ②小结：个人与社会是对立统一的关系,两者相互依存、相互制约、相互促进。 ③通过思考为何当中国高铁已经成为一张闪亮的国家名片时,一些西方发达国家的高铁却迟迟不能建成？ ④教师总结：高铁建设不仅涉及科技进步,还涉及个人利益与社会利益关系处理的问题。 ⑤通过邓稼先的案例解读如何在实际生活中处理个人利益和社会利益的关系.	①与老师一同分析案例,参与讨论； ②通过案例,体会个人与社会相互依存、相互制约、相互促进的关系 ③通过高铁在中西方不同发展情况,思考背后的根本原因是什么？ ④根据邓稼先案例老师的设问,思考并回答自己会做出什么选择	图文、视频案例	通过案例的解读,让学生明白个人与社会之间,犹如一滴水与海洋,正是无数滴水才汇聚成了海洋,而每一滴水又都依赖海洋而存在,二者谁也离不开谁
教学内容 2.人生观的主要内容				
导入新课	提问学生：人为什么活着？人应当如何活着？什么样的人生才有价值？	利用职教云平台思考回答	利用职教云生成词云,找出学生答案关键词	引出人生观的内容：人生目的、人生态度、人生价值

续表

教学环节	教师活动	学生活动	资源手段	设计意图
讲授新课	1.人生目的。 ①你的理想是什么? ②你为什么会有这样的理想?或者说你觉得自己受到了什么人或者事的影响才树立这样的理想? 　第一个问题,有什么样的理想从某种意义上来说其实就是你确立的人生观的一种反映。 　第二个问题,理想受人或事影响,说明人生观的形成不是天生的,是受到后天很多因素的影响形成的,有客观的,也有主观的。大学是人生观形成的关键期,需认真思考人为什么活着(人生目的)。 ③通过中共一大13位代表最后的不同选择请学生思考:应该树立什么样的人生目的?	思考回答	图文案例	引导学生认识到确立正确人生目的的重要性
	2.人生态度。 　案例:《渐冻人入学北航,以18公斤身躯展望太空》。 　讨论:渐冻人邢益凡的事迹反映了什么样的人生态度?	阅读案例材料,观看视频,思考回答	图文、视频案例	引导学生树立积极乐观的人生态度
	3.人生价值。 　通过视频《全国脱贫攻坚楷模黄文秀》,讲清楚我们应该如何实现人生价值	观看视频谈感悟	视频资源	引导学生在担当中成就人生价值
	4.人生目的、人生态度、人生价值三者之间的关系。 　讲清楚三者的相互影响、紧密关联。其中,人生目的决定着人们对待实际生活的态度和人生价值的评判,人生态度影响着人们对人生目的的持守和人生价值的实现,人生价值制约着人生目的和人生态度的选择	思考三者之间的关系	用图文讲授	引导学生深刻认识人生目的、人生态度、人生价值的关系

续表

教学环节	教师活动	学生活动	资源手段	设计意图
教学内容 3.人生观与世界观、价值观				
导入新课	提问:刚刚我们学习了人生观的主要内容,那什么是世界观、价值观,三者之间是什么关系?	学生利用职教云平台思考回答	利用职教云生成词云,找出学生答案关键词	了解学生对此问题的掌握情况
讲授新课	①用简单的图例展示世界观、人生观、价值观的关系; ②通过一个具体的人的三观帮助学生理解这些抽象的概念	认真听讲	图文案例	讲清楚人生观与世界观、价值观的关系
课堂小结	本节课主要讲述了马克思主义关于人的本质的认识,人生观的主要内容,以及人生观与世界观、价值观的关系。请学生画出本节课的思维导图			
课后作业	寻找学习时代楷模故事,写一篇读后感,谈一谈他们对自己人生观的影响			

二、正确的人生观

本部分内容共有三目:一是"高尚的人生追求",重点引导学生树立起服务人民、奉献社会的人生追求;二是"积极进取的人生态度",重点引导学生用积极进取的人生态度处理生活中的困难和问题;三是"人生价值的评价与实现",重点掌握能够评判人生价值的标准和方法。

教学环节	教师活动	学生活动	资源手段	设计意图
教学内容 1.高尚的人生追求				
导入新课	播放视频《航天女教头托举的第七次飞行》,提问:黄伟芬的人生追求是什么?	观看视频,思考回答	视频资料	以问导学: 人为什么活着?人应该树立怎样的人生追求?什么样的人生才有价值?
讲授新课	①什么是高尚的人生追求? 结合十九届六中全会讲到的四个历史时期,精选四个时期的人物案例,比如新民主主义革命时期的方志敏、左权等,社会主义革命和建设时期的王进喜、钱学森等,改革开放和社会主义现代化建设新时期的孔繁森、杨善洲等,中国特色社会主义进入新时代的黄文秀、陈祥榕等,通过这些全心全意为人民服务的案例引导大学生确立"服务人民、奉献社会"的高尚人生追求。 ②结合"服务人民、奉献社会的人生追求过时了吗?"这一问题的探讨,让学生明确"服务人民、奉献社会"的人生追求的时代价值	认真听讲,参与讨论	图文案例	引导学生理解、认同,进而确立"服务人民、奉献社会"的人生追求

37

续表

教学环节	教师活动	学生活动	资源手段	设计意图
教学内容2.积极进取的人生态度				
导入新课	提问：如果用几个词形容你的人生态度，你会用哪些词？	思考回答	职教云	导入"积极进取的人生态度"部分的学习
讲授新课	1.人生须认真。 通过"10000小时定律"和把细致做到极致的全国著名检验专家崔道植的案例解读"人生须认真"	案例分析、小组讨论	图文案例	引导大学生学会对自己负责，对亲人负责，对周围的人和更多的人负责，进而对民族、国家、社会负责，做一个有担当、负责任的人
	2.人生当务实。 通过案例"先定1个亿的小目标"和视频《这才是99%中国人的工资真相》解读"人生当务实"	案例分析、小组讨论	视频、案例	引导学生用真才实学、扎实苦干创造历史、书写人生
	3.人生应乐观。 通过励志教师李慧的案例解读"人生应乐观"	案例分析、小组讨论	案例、视频	引导学生树立乐观向上的人生态度
	4.人生要进取。 讨论："世界上最恐怖的事情是什么？比你优秀的人，比你更努力！" 视频：北外"校草"的自我介绍	思考回答	案例、视频	大学生要积极进取，不断丰富人生的意义
教学内容3.人生价值的评价与实现				
导入新课	教师引言：对人生价值及其相关问题的正确认识，是人们自觉朝着选定的目标努力前行、创造有价值的人生的重要前提	无	图文案例	导入人生价值的评价与实现的学习
讲授新课	1.正确评价人生价值。 ①播放视频《30个职业第一视角视频，致敬所有劳动者》，解读劳动之于人生价值评价的重要意义。 ②通过三组案例讲授正确评价人生价值的方法。首先通过人民科学家南仁东、人民教育家于漪、人民艺术家郭兰英、人民楷模王继才等不同职业、不同能力、不同贡献的人收获了同等分量的国家荣誉称号的案例，说明既	观看视频、图表，了解先进人物事迹	图文、视频案例	①抓住契机，适时开展劳动教育； ②引导学生正确认识人生价值的评价标准

续表

教学环节	教师活动	学生活动	资源手段	设计意图
讲授新课	要看贡献的大小,也要看尽力的程度;其次用习近平在全国脱贫攻坚总结表彰大会上的讲话说明既要尊重物质贡献,也要尊重精神贡献;最后通过财经学院张琦祎同学2017年参加大学生志愿服务西部计划的案例,说明评价人生价值既要注重社会贡献,也要注重自身完善。 ③播放视频《青年之问:人的一生应该怎样度过?》,邀请学生自我评价			
	2.人生价值的实现条件。 通过嫦娥神舟团队平均年龄为什么可以是33岁的讨论和浙江大学胡一捷作息表精准到分钟的案例引导学生审视自我,把自己摆进实现条件里,引导其明确强弱项、补短板	参与讨论并思考回答	图文案例	引导学生明晰人生价值的实现条件
课堂小结	大学时期是世界观、人生观、价值观形成的关键时期。大学生应准确掌握解决人生问题的科学方法,树立服务人民、奉献社会的人生追求,保持认真求实、乐观向上、积极进取的人生态度,正确认识人生价值,为创造有意义有价值的人生奠定良好的基础。请学生画出本节课的思维导图			
课后作业	结合专业,思考如何在大学生活中树立服务人民、奉献社会的人生追求			

三、创造有意义的人生

本部分内容共有三目:一是"辩证对待人生矛盾",明确正确的得失观、苦乐观、顺逆观、生死观、荣辱观;二是"反对错误人生观",掌握常见错误人生观的内容及实质;三是"成就出彩人生",掌握当代大学生担当新时代赋予的历史责任的方法。

教学环节	教师活动	学生活动	资源手段	设计意图
	教学内容1.辩证对待人生矛盾			
导入新课	用案例《张霁,27岁入选华为"天才少年"计划》导入本节教学。提问:张霁的例子给我们什么启发?	回顾案例,思考回答	图文案例	引导学生思考如何创造有意义的人生

续表

教学环节	教师活动	学生活动	资源手段	设计意图
讲授新课	1.正确看待得与失。 用张霁的案例讲清楚如何正确看待得与失	思考回答张霁失了什么又得了什么	图文案例	引导学生树立正确的得失观
	2.正确看待苦与乐。 用尼克·胡哲的故事讲解如何正确看待苦与乐	思考尼克·胡哲人生经历给自己什么启发	视频、案例	引导学生树立正确的苦乐观
	3.正确看待顺与逆。 通过杨洪琼的案例讲解如何看待人生中的顺与逆	谈一谈自己是如何克服逆境的	图文案例	引导学生树立正确的顺逆观
	4.正确看待生与死。 ①思考：人都是要死的，如何向死而生？ ②从人对死亡的惧怕和死亡的价值来讲解。 ③林俊德用冲锋姿态跨越生死	思考并回答问题	视频、案例	引导学生树立正确的生死观
	5.正确看待荣与辱。 通过案例讲解如何正确看待荣与辱	思考讨论	图文案例	引导学生树立正确的荣辱观
教学内容 2.反对错误人生观				
导入新课	中国共产党第二十次全国代表大会提出：拜金主义、享乐主义、极端个人主义和历史虚无主义等错误思潮不时出现，网络舆论乱象丛生，严重影响人们思想和社会舆论环境。 提问：举例说明有哪些严重影响？	思考回答	职教云	根据词云，了解学生对错误人生观的把握情况
讲授新课	1.反对拜金主义。 用视频《人民的名义：小官巨贪》讲解拜金主义带来的危害	观看视频，参与讨论	视频	引导学生理性对待金钱与财富，避免陷入拜金主义误区
	2.反对享乐主义。 通过案例"校园贷造成恶果"和辩论赛"消费越多，人生就越幸福吗？"讲解为什么要反对享乐主义	谈一谈自己了解的校园贷案例	图文案例	引导学生自觉抵御享乐主义的冲击，树立正确的消费观念

续表

教学环节	教师活动	学生活动	资源手段	设计意图
讲授新课	3.反对极端个人主义。通过案例讲解为什么要反对极端个人主义	思考：为什么极端个人主义要不得？	视频、案例	引导学生在团结合作中共同成长、共同进步、共同发展
教学内容 3.成就出彩人生				
导入新课	提问：什么样的人生是出彩人生？	思考回答	利用职教云找出学生答案关键词	根据词云，了解学生对出彩人生的理解
讲授新课	借助对案例《热血，为时代澎湃——党旗飘扬下的"青春中国"》以及习近平总书记的事例的讲解指出创造有意义的人生的途径	认真听讲，参与讨论	图文案例	使学生认识到应当与历史同向、与祖国同行、与人民同在，在服务人民、奉献社会的实践中创造有意义的人生
课堂小结	一代人有一代人的责任和担当，青春的底色永远离不开"奋斗"两字。我们在享受幸福的同时，更要不断奋斗，在奋斗中实现人生价值、升华人生境界。新时代的大学生应当砥砺奋斗、锤炼品格，释放火热青春的奋斗激情，彰显有志青年的人生价值。请学生画出本节课的思维导图			
课后作业	新时代是奋斗者的时代，只有奋斗的人生才称得上幸福的人生。思考：新时代大学生如何成就出彩人生？			

第二节　学习辅导篇

一、正确认识人的本质

思考人生，树立正确的人生观，首先需要对人和人的本质有科学的认识。人对自身的认识，既是一个古老的问题，又是一个常新的问题。对人的认识，核心在于对人的本质的认识。

精讲理论

1.马克思主义关于人的本质的认识

在马克思主义诞生之前，有人从人性善恶的角度去认识人，比如中国古代的孟子强调"人性善",荀子强调"人性恶";有人从人与一般动物生理特征上的区别来认识人,比如古希腊的柏拉图曾将人定义为双足而无羽毛的动物;有人根据某种特殊的社会属性来揭示人的本质,比如古希腊的亚里士多德指出"人是天生的政治动物";还有人把"人的本质是什么"这个千古之问称为斯芬克斯之谜……这些认识从一般的或是抽象的人性论出发,都没能正确地揭示人的本质。

马克思运用辩证唯物主义和历史唯物主义的立场、观点、方法,揭开了人的本质之谜。他指出:"人的本质不是单个人所固有的抽象物,在其现实性上,它是一切社会关系的总和。"这一论断包含三个规定性:

第一,人是社会性的人。马克思指出:"人的本质不是人的胡子、血液、抽象的肉体的本性,而是人的社会特质。"置身于新时代,我们要走好新的长征路,实现中华民族伟大复兴的中国梦,这也是时代新人的重要使命。

第二,人的本质是一切社会关系的总和,社会关系表现为多种形式,这就意味着,人不是由社会关系的某个方面或几个方面来决定。因此,在学习、工作和生活中,时代新人要处理好个人与国家、社会集体和他人的关系,把个人的命运同祖国和民族的前途命运紧密联系,勇于担当责任。

第三,人是历史性的人,人不是空洞的抽象物。除人以外的动物处于自然界外部世界,它们的本质在它们存在的时候便已经决定;人的不同之处在于人存在的时候本质并未被决定。人的特性不是人种决定的,更不是基因决定的,而是历史形成的,是特定环境造成的,因此不同历史时期、不同社会制度、不同价值观念对人的本质有不同的塑造,进而使人的本质有不同的表现。

由此可见,人的品格、心性、涵养、造诣等价值观都是在历史的长河中被塑造和定型的。时代新人应积极回应国家和社会的需求,抓住历史机遇,在奋斗中释放青春激情,追逐青春理想,以青春之我,奋斗之我为民族复兴铺路架桥,为祖国建设添砖加瓦。

2.个人与社会的辩证关系

理解人的本质,有助于我们正确理解个人与社会的关系——这是人生的基本问题,也是认识和处理人生问题的重要着眼点和出发点。

个人与社会是对立统一的关系,两者相互依存、相互制约、相互促进。个人与社会的关系中,最根本的是个人利益与社会利益的关系。社会利益不是个人利益的简单相加,而是所有人利益的有机统一。社会利益体现了作为社会成员的个人的根本利益和长远利益,是个人利益得以实现的前提和基础,同时它也保障着个人利益的实现。

马克思说:"人只有为同时代人的完美、为他们的幸福而工作,自己才能达到完美。如果一个人只为自己劳动,他也许能够成为著名的学者、伟大的哲人、卓越的诗人,然而他永远不能成为完美的、真正伟大的人物。"

人的社会性决定了人只有在推动社会进步的过程中,才能实现自我的发展。大学生思考人生问题,应该正确认识和处理个人与社会的关系,把自己的人生追求同社会的发展进步紧密结合起来,在为社会作贡献的过程中成长进步,实现自己的人生价值。

精选案例

邓 稼 先

1958年8月的一天,时任二机部(核工业部)副部长的钱三强,对一个34岁的青年人说:中国要放一个大炮仗,要调你去参加这项工作。

这个"大炮仗",指的就是原子弹。而这个青年人接到钱三强交予的任务后,就消失在亲戚朋友的视线里,开始了长达28年的隐姓埋名。甚至连他的妻子,都不知道他在哪里工作、每天都在做什么。同时,这个人,也和中国的第一颗原子弹,以及中国整个从无到有的核武器的发展,紧紧地联系在了一起。直到1986年6月的一天,他的名字突然同时出现在全国各大媒体的报道中。一个埋藏了28年的秘密,也随之浮出水面。这个人就是邓稼先。

邓稼先,1924年出生,汉族,安徽省怀宁县人;我国杰出的科学家,中国的"两弹元勋";我国第一颗原子弹及氢弹的理论设计负责人,核武器研制工作的奠基者和领导者之一。

28年的默默无闻,换来的是中国在世界上响当当的核大国地位。在中国一共进行的45次核试验中,邓稼先参加过32次,其中有15次都由他亲自现场指挥。这一声声巨响的后面,隐藏着不为人知的艰辛。对于这些,有一个人很清楚却又不太明白。他就是世界著名物理学家、诺贝尔物理学奖获得者杨振宁。

杨振宁是邓稼先的挚友,两人从小就情同手足,并且都在美国留学学习物理,成绩都非常优异,毕业后邓稼先随即回到了祖国。

杨振宁并不知道在他获得诺贝尔物理学奖的后一年开始,邓稼先就在中国西北的大漠深处风餐露宿,用最原始的办法探寻着原子弹的奥秘。

1971年,杨振宁首次回国访问,在周总理的安排下和多年杳无音信的挚友邓稼先见了面。杨振宁返程上飞机的时候,向邓稼先问了一句话:听说中国的原子弹、氢弹研制有美国人的参与,是这样么?邓稼先听了后笑笑,不置可否,只说了句:你先上飞机,我回头再告诉你。

作为同行,杨振宁无法想象,没有外国人的帮助,年轻的新中国需要付出多大的艰辛才能让中国原子弹、氢弹的巨响震撼全球。

那么邓稼先是如何领导原子弹的理论设计的?又是如何用了少于世界其他核大国几倍的时间完成了氢弹的设计?28年里,他走过了一条怎样的不为人知的道路?这条路上又隐藏着多少鲜为人知的秘密?

要解开这一个个疑问,还需要从邓稼先的小时候说起。

邓稼先出生在安徽省怀宁县白麟坂的铁砚山房。清代著名的篆刻书法大家邓石如,自号完白山人,便是邓稼先的六世祖。父亲邓以蛰是我国现代美学家、哲学家和教育家;1917年赴美留学,是我国留学生到欧美系统学习的先行者之一;曾任北大哲学系教授、系主任。

邓稼先出生八个月后,就被抱到了北京,因为父亲已经学成归国并在北大任教授了。学贯中西的父亲在他上小学时候就开始让他读中国的四书五经,同时他也要读世界名著,学习英文、数学等。

邓稼先的童年生活,充满着书香并且是快乐的,他快乐得甚至有些顽皮。

有一年冬天,邓稼先和几个小伙伴去北海桥玩,桥下有厚厚的冰,冰上凿了条宽沟,几个伙伴嚷嚷着看谁敢跳过去,可就是没人跳。邓稼先见没人敢跳,自己一个箭步起跳,只听扑通一声,他掉冰水里了。等伙伴们把他捞上来,他已经冻得浑身上下直哆嗦了。

淘气似乎总和不守规矩联系在一起,不过邓稼先倒是个例外。在他上小学时,有一天天都黑了也不见邓稼先回家,母亲就叫大姐赶紧去学校看看,大姐赶到学校一看,学生们都走光了,就剩邓稼先一人规规矩矩地面对着砖墙站着——原来,他打碎了学校的玻璃,被老师罚站,直到大姐赔了玻璃钱邓稼先才肯离开。

邓稼先小时虽然有些淘气,但是绝不耍滑,在同学们中间表现出一种傻乎乎的诚恳,这种憨厚的天性,伴随了他整整一生。

中学时代的邓稼先,已经不再是个顽童了。他变得越发喜爱数学和物理。这个时候,他开始读鲁迅等人的著作和众多的国外小说。他常常对弟弟邓槜(zuì)先说:"屠格涅夫的《罗婷》里有句话说,不要做言语的巨人、行动的矮子。这话说得太好了。"此时的邓稼先的思想已经开始走向成熟。

就在他的人生观开始萌芽的时候,他平静的学习生活被侵略者践踏了。

1937年7月7日,日本发动了震惊中外的七七事变;7月29日,北平沦陷。

1937年之后的一天,发生了一件事,让邓稼先终生难忘。在北平沦陷后,父亲有个老朋友很快就在伪政府里谋了一个差事,拿着伪政府发的薪饷。有一天这个老朋友夹着公文包前来拜访,叫邓以蛰去伪政府任职。邓以蛰立即勃然大怒,对来人呵斥道:你给我滚出去。这件事多年后邓稼先仍数次和弟弟提起。

在那个年代,日军每攻占我国的一个城市,都要强迫市民游行庆祝他们所谓的"胜利"。有一次邓稼先实在无法忍受心中的屈辱,当众把一面日本国旗撕得粉碎,并扔在地上狠狠踩了又踩。这事发生后,为安全起见,邓以蛰只好让邓稼先的大姐带着邓稼先南下昆明。

临走时,父亲对他说:稼儿,以后你一定要学科学,不要学文,学科学对国家有用。邓以蛰并不是什么科学救国论者,他只是凭着自己的经验,寄希望于邓稼先。但这句话,深深地印在了邓稼先的脑子里。

邓稼先在和弟弟告别的时候,也对弟弟说了一句话:我现在只有仇恨,没有眼泪。这句掷地有声的话表明,邓稼先已经成为一个爱国主义者,并且,这成为他一生的选择。

1940年的春末夏初,邓稼先等人乘船南下到达上海,稍做停留后继续南行抵达了当时受殖民统治的香港。四天后,他们的船又向南开到了越南的海防,再乘车到达河内,从河内经过老挝进入中国境内,最后抵达昆明。到昆明后,大姐很快把邓稼先送到了在四川江津国立九中任校长的四叔那里,插班读高三,次年7月,邓稼先在国立九中毕业。

1941年秋天,邓稼先考上了西南联大物理系。西南联大被后人誉为"战火中的教育奇迹",也是当时的最高学府,而在物理系,更是汇集了众多知名专家和教授:测得普朗克常量的叶企孙,对证实康普顿效应有贡献的吴有训,对证实正电子存在有过帮助的赵忠尧,等等。这里的名师严教使邓稼先的学业如鱼得水,他读书的劲头比中学时期更进一筹,并且在各个科目上都打下了坚实的基础。

1946年的夏天,邓稼先受聘为北大物理系助教而回到阔别了六年的北平。在北大任助教期间,他认识了两名和他一生有很大关系的学生。第一位,是日后默默支持他的妻子许鹿希;另一位,是当时在物理系读书的于敏,二十年后邓稼先与他合作,为氢弹的理论设计作出了杰出的贡献。

1947年,他顺利地通过了考试,留学美国。而他留学海外的目的并非镀金,而是为了学成更好地为祖国服务。邓稼先在西南联大打下的坚实基础在美国学习的时候显露出来,各门功课优异,并且拿到了奖学金;甚至第二外语课他一次没上过,居然也能顺利通过考试。三年的博士课程,邓稼先仅仅用了一年零十一个月便读完,并完成博士论文,顺利通过了博士答辩,获得了博士学位。

1950年的8月29日,邓稼先收拾行李登船回国。他记得小时候离开北平时父亲的嘱托"要学科学",他也坚信中国共产党必将领导建立一个崭新的中国,而建设国家需要人才。他眼下迫切要做的就是用自己所学的科学知识,报效自己那多灾多难、在科技方面还远远落后于世界其他国家的祖国。

1950年10月,回到祖国的邓稼先很快被安排在中科院近代物理研究所工作,一直到1958年8月钱三强交给他任务的那一天。这八年的时光是他一生中最为轻松幸福的时候,也是我国刚刚摆脱欺凌,建设新中国的黄金时期。

1953年,邓稼先和许鹿希女士结婚,生了一个女儿和一个儿子。1956年,他光荣地加入了中国共产党。

每天下班回来,邓稼先就先逗女儿叫爸爸,还要叫"非常好爸爸""十分好爸爸"。儿子六七岁的时候,天一黑他就带着儿子去逮蛐蛐,抓青蛙,爷俩常常弄得满身是土回来。周末他常常带着两个孩子去游泳,邓稼先虽然在物理上颇有建树,但游泳却是外行,因为他白白胖胖,儿女们亲切地叫他,大白熊。他呢,也乐呵呵地答应着。

自从邓稼先从钱三强的办公室出来后,他心里非常明白,从今以后,必须隐姓埋名,不能发表学术论文,不能公开作报告,不能出国,不能随便与人交往,不能说自己在哪里,更不能说在干什么,上不告父母,下不告妻儿。

对于一个保持着儿时天性的人来说,相当一段时间里,他有种被束缚的感觉,但是新中国需要原子弹以壮国威。因此,回到家他对妻子说,做这件事,他死而无憾。

而当时世界核物理方面的情况是这样的:1941年5月,日本就开始研究原子弹,但跑遍日本和朝鲜,也没找到可供开采的铀矿。德国制造原子弹的计划也因其他国家的阻挠而完结。只有美国可以成吨地生产核原料。

1958年8月开始,邓稼先调入二机部九院任理论部主任,担任原子弹理论设计的总负责人。研制工作一开始,是有苏联专家帮助的,但后来情况起了变化。苏共中央很快借口当时苏联与美国等西方国家正在日内瓦关于禁止试验核武器谈判,中断向中国提供原子弹的有关技术资料等。苏方这种背信弃义的做法给中国原子弹的研制工作造成了重大困难。

依靠外援是靠不住的,压在邓稼先肩膀上的担子越发沉重了!

当时对于制造原子弹,国内可以说是一片空白。自主研制,谈何容易。从哪里入手?这是邓稼先第一个要思考的问题。

那一段时间,邓稼先在思考的时候,常常喜欢坐在阳台上静静地听音乐。有一天,妻子许鹿希发现他换了个曲子《命运交响曲》。

当时,许鹿希就站在邓稼先的身后,她心里知道,丈夫正承受着强烈的爱国心和责任感的折磨,他需要从这首曲子里获得勇气和力量,他要去紧紧地扼住原子弹的喉咙。

邓稼先的思考终于找到了方向,他决定,将中子物理、流体力学、高温高压下物质性质三个方向作为研究的主攻方向。不要小看这三个方向,这等于是找到了原子弹喉咙的位置。

接下来,邓稼先迅速把理论部的人员组成三个组,分别攻关。研究人员开始进入一个齐头并进的繁忙期,他们用算盘、计算尺、手摇计算机,甚至纸笔来计算着人们难以想象的大量数字,算完的纸一扎扎、一捆捆地装在麻袋里,堆满了屋子。每一个数值都要反复核对,确保准确无误。一个关键数据算一遍要有上万个网点,每个网点要解五六个方程式。

有一次,忙了一夜的邓稼先接听了一个电话,他一听就说计算错误了。许鹿希问他,你又没算你怎么知道。邓稼先说我有个粗估,他们怎么算都不能出我这个粗估范围,出了,就肯定是错的。回头再算。

还有一件事,在1960年,他们曾经遇到了一个前所未有的难题。苏联专家曾经随口说出一个关键数值,后来经过计算得出的结果和苏联专家说的并不符合。

就这样,邓稼先带领大家反复演算了九遍,演算纸都从地面堆到了房顶。最终证实苏联专家的数值是错误的。后来著名科学家华罗庚评价这次计算是"集世界数学难题之大成"的一次计算。

1961年,经过整整三年的计算,邓稼先带领的研究人员终于敲开了原子弹设计的大门,原子弹的蓝图基本成型。

1964年10月16日,中国的第一颗原子弹按照邓稼先他们的设计,顺利地在沙漠腹地炸响。

在这巨大的蘑菇云的后面,大家可能有所不知,早在一年前,邓稼先就已经率领原班人马开始了氢弹的理论设计。

氢弹不是一些人想象的那样,在原子弹的基础上提高一步就行了。简单地说,原子弹是利用核裂变过程来获得能量的;而氢弹呢,是利用核聚变的原理来获得能量的,二者正好相反,好比是一个打碎一个合并。但是氢弹的核聚变反应必须由原子弹裂变时产生的高温来点燃。这就是氢弹的研制必须要有原子弹的缘故。

1965年底,邓稼先和于敏共同拿出了一个氢弹理论设计方案。经过1966年两次热核试验,证明这个方案是正确的。1967年6月17日,中国第一颗氢弹成功爆炸。

氢弹的研制,我国只用了两年多的时间,这是个什么概念呢?我们来看一组数字。原子弹制成到氢弹爆炸:美国的间隔是七年零四个月,苏联的间隔是四年,英国用了四年零七个月,法国用了八年零六个月,而中国呢,用了两年零八个月。

邓稼先因成功研制原子弹和氢弹获得特等奖之后,很多人问邓稼先,搞"两弹"得了多少奖金,憨厚的邓稼先总是笑而不答。

1986年,老朋友杨振宁来北京看望邓稼先,问起这个问题,邓稼先夫妇最后终于回答了他。一张,十元。不对,是原子弹十元,氢弹十元。当时杨振宁不信,许鹿希严肃地说,这是真的,不开玩笑。

邓稼先一生中极少主动要求照相,但有一张照片是个例外。

1979年的一次核试验时,核弹从高空直接摔在地上,并没有出现蘑菇云。当时,作为理论设计总负责人的邓稼先硬是推开所有人,登上吉普车亲自去寻找碎片,查明原因。因为这次找碎片,邓稼先受到严重的辐射。后来得知这次事故是因为降落伞没有打开,邓稼先才放心了,同时他也知道了自己已经受到了一次致命的伤害。

1980年以后,邓稼先开始衰老得特别快,1985年,最终因癌症住进了医院。1986年6月,杨振宁去医院探望邓稼先,拍摄了一张照片,这张照片也定格了他们一生的最后一次会面。仔细看,会发现照片上的邓稼先,嘴角还有没有擦去的血迹。在此时,微笑的邓稼先的身体里,正在大面积地出血,并且,止都止不住。

即使躺在病床上，邓稼先也时刻没有忘记我国的核武器发展事业，在此期间，他和老搭档于敏等同志又做了一件事，这件事情成了他一生中最后一个重要的里程碑。1985—1986年期间，邓稼先向中央提出了一份建议书，建议书指出，世界核大国的理论水平已经接近极限，并且，已经可以达到计算机模拟的程度，不需要进行更多的发展，因此很有可能通过限制别人试验来维持自己核大国的地位。

不要小看这份建议书，邓稼先敏锐的远见，使我国在核武器发展方面继续辉煌了十年，使中国终于赶在全面禁止核试验之前达到了实验室模拟水平。

1986年7月29日，我国著名核物理学家、"两弹元勋"邓稼先与世长辞。在临终时刻，邓稼先叮嘱身边的人的最后一句话是：不要让人家把我们落得太远……

（资料来源：共青团中央微信公众号2019-11-26，有删改）

案例点评

人的社会性决定了人只有在推动社会进步的过程中，才能实现自我的发展。大学生思考人生问题，应该正确认识和处理个人与社会的关系，把自己的人生追求同社会的发展进步紧密结合起来，在为社会作贡献的过程中成长进步，实现自己的人生价值。

经典阅读

社会和个人

只要我们全面考察一下我们的生活和工作，我们马上就看到，几乎我们全部的行动和愿望都同别人的存在密切联系在一起。我们看到我们的全部自然生活很像群居的动物。我们吃别人种的粮，穿别人缝的衣服，住别人造的房子。我们大部分的知识和信仰都是通过别人创造的语言由别人传授给我们的。要是没有语言，我们的智力就会贫乏得同高等动物的智力不相上下。因此，我们应当承认，我们胜过野兽的真正优点在于我们生活在人类社会之中。一个人如果生下来就离群索居，那么他的思想和感情中所保留的原始性和兽性会达到我们难以想象的程度。个人之所以成为个人，以及他的生存之所以有意义，与其说靠着他人的力量，不如说由于他是伟大人类社会的一个成员，从生到死，社会都支配着他的物质生活和精神生活。

一个人对社会的价值首先取决于他的感情、思想和行动对增进人类利益有多大作用。我们就根据他在这方面的态度，说他是好的还是坏的。初看起来，好像我们对一个人的评价完全是以他的社会品质为根据的。

但这样一种态度还是会有错误。显而易见，我们从社会接受到的一切物质、精神和道德方面的有价值的成就，都是过去无数世代中许多有创造才能的个人取得的。有人发明了用火，有人发明了栽培食用植物，并且有人发明了蒸汽机。

只有个人才能思考，才能为社会创造新价值，不仅如此，甚至还能建立起那些为公共生活所遵守的新的道德标准。要是没有能独立思考和独立判断的有创造能力的个人，社会的向上发展就不可想象，正像要是没有供给养料的社会土壤，人的人性发展也是不可想象的一样。

因此，社会的健康状态取决于组成它的个人的独立性，也完全像取决于他们密切的社会结合一样。有人这样正确地说过：希腊—欧洲—美洲文化，尤其是它在那个结束中世纪欧洲停滞状态的意大利文艺复兴时的百花盛开,真正的基础就在于个人的解放和个人的比较独立。

现在让我们来考察我们所生活的这个时代。社会情况是怎么样的?个人怎么样?文明国家的人口比以前稠密多了;欧洲今天的人口大约是一百年前的三倍。但是第一流人物的数目却不相称地减少了。只有很少的人,通过他们的创造性的成就,才作为个人为群众所知。组织已在某种程度上代替了第一流人物,这在技术领域里特别突出,而在科学领域里也已达到很显著的程度。

照我的见解,目前出现的衰落可由这样的事实来解释:经济和技术的发展大大加强了生存竞争,严重地损害了个人的自由发展。但技术的发展意味着个人为满足社会需要所必须进行的劳动越来越少。有计划的分工愈来愈成为迫切的需要,而这种分工会使个人的物质生活有保障。这种保障加上可供个人自由支配的空闲时间和精力,就能用来发展他的个性。

(资料来源:《纪念爱因斯坦译文集》,赵中立,许良英编,上海科学技术出版社,1979年版)

二、人生观的主要内容

人生观的主要内容包括人生目的、人生态度和人生价值。人生目的回答"人为了什么活着"这一问题,人生态度回答"人应当如何活着"这一问题,人生价值回答"什么样的人生才有价值"这一问题。这三个方面相互联系、相辅相成,统一为一个有机整体。

 精讲理论

1.人生目的、人生态度、人生价值的定义

人生目的是指生活在一定历史条件下的人在人生实践中关于自身行为的根本指向和人生追求。人生目的是人生观的核心,人生目的决定人生道路,决定人生态度,决定人生价值选择。

人生态度是指人们通过生活实践形成的对人生问题的一种稳定的心理倾向和精神状态。一个人有什么样的人生观,就会有什么样的人生态度。反过来,一个人对人生的态度如何,往往又制约着他对整个世界和人生的看法,从而对个人的世界观、人生观产生重要影响。

人生价值是指人的生命及其实践活动对于社会和个人所具有的作用和意义。人生价值内在地包含人生的自我价值和人生的社会价值两个方面。人生的自我价值,是个体的人生活动对自己的生存和发展所具有的价值,主要表现为对自身物质和精神需要的满足程度。人生的社会价值,是个体的实践活动对社会、对他人所具有的价值。人生的自我价值和社会价值既相互区别,又密切联系、相互依存。人生的自我价值是个体生存和发展的必要条件,人生的自我价值的实现是个体为社会创造更大价值的前提。人生的社会价值是社会存在和发展的重要条件,人生的社会价值的实现是个体自我完善、全面发展的保障。

2.人生目的、人生态度、人生价值三者之间的关系

人生目的、人生态度、人生价值三者相互影响、紧密联系:人生目的决定着人们对待实际生活的态度和人生价值的评判,人生态度影响着人们对人生目的的持守和人生价值的实现,人生价值制约着人生目的和人生态度的选择。

精选案例

渐冻人入学北航，以18公斤身躯展望太空

2021年9月2日，北航迎来了第一名2021级本科新生邢益凡。他在父母的陪伴下，提前入住校园爱心宿舍。邢益凡是一名渐冻症患者，18岁的他，体重仅有18公斤。

2004年，辗转多家医院，刚6个月大的邢益凡被确诊为LAMA2-相关先天性肌营养不良（渐冻症的一种，全国病友不超过百人）。但先天不健康的躯体，并没有阻止他学习的步伐，他没有放弃自己，今年高考，他以645分的成绩被北京航空航天大学工科试验班（信息类）录取。他立志要做中国的"霍金"，用自己的知识改变世界。

"看哭了""身体的枷锁关不住一个伟大的灵魂""我们的困难在他面前一文不值"……面对这样一位创造出令人难以置信的奇迹的小伙子，网友们深受触动，赞叹不已。

因为患病，邢益凡最大运动能力是独坐，无法像其他孩子一样站立、行走。上课坐一会儿，坚持不住就躺下听。高考前，骨折引起一系列并发症，在此情况下，凭着能动的手写下答卷，成绩依旧优异。

他向厄运挺起头颅的不屈斗志，令人深受触动。邢家人的想法很简单，邢益凡患了这样严重的疾病，被剥夺了走、跑、跳的权利，不能再被剥夺受教育的权利。在心智上，他不该被歧视。

现实中，在不少身体健康的人眼中，学习是一种极大的负担，乃至是一种"苦役"。但对于邢益凡而言，学习却是他最大的乐趣。

一堂课最多能坚持坐着听课30分钟，剩下15分钟只能躺着听课；无法用一只手完成翻书，头也不能转动；上课、做题时只能用下巴撑在桌上支着头……他凭借顽强的意志，克服了常人难以想象的困难，在学习上创造了一个又一个让人惊叹的成绩。

"太空没重力，我就和别人一样了，可以在太空中自由翱翔。"邢益凡即将在北航开启人生崭新的诗篇。邢益凡用18年的时间诠释了坚强的力量，而身体健康的正常的人们在遇到困难时又有什么理由不为自己加油呢？

（资料来源：人民网 2021-09-06）

案例点评

一个人对人生的态度如何，往往制约着他对整个世界和人生的看法，从而对个人的世界观、人生观产生重要的影响。一个人如果能够始终保持乐观向上的人生态度，世界在其眼中便是光明的、充满友爱的，他就更能够珍惜韶华，以只争朝夕的劲头，在有限的人生中尽可能实现更大的人生价值。一个人如果陷入所谓的"看破红尘"，采取消极避世的人生态度，很可能就会在唯心主义的世界中寻求安慰，心灰意懒、无所事事，在碌碌无为中浪费光阴和生命。

经典阅读

引导"躺平族"珍惜韶华奋发有为

"躺平族"青年作为一个群体代称和生活理念，正在引发讨论。与拼搏努力争取成功相对，"躺平族"在各种压力面前选择逃避。相比奋斗的收获，他们更愿意过与世无争的生活，甚至一躺了之。这种自外于传统主流观念的青年处世方式，值得引起社会的重视。

特定文化现象的出现往往根源于经济社会的转型。20世纪70年代，欧美国家面临高失业叠加高通胀的经济"滞胀"危机，朋克文化在承受巨大压力的社会底层中迅速兴起壮大，年轻人以简单的音乐结构、非主流的着装和无所顾忌的言语方式等表达对现实生活的抗争。在经历了20世纪90年代经济泡沫的破裂之后，日本开始了长时间的经济停滞，催生了不出社会、自我封闭的"蛰居族"，并逐渐形成了大前研一笔下的"低欲望社会"。而在2008年全球金融危机深度影响全球经济的背景下，不上学、不工作、不进修的"尼特族"日益发展壮大，逐步演变为当下世界性社会问题。

"躺平族"的兴起也有着深层次的经济社会背景。一方面，当下中国正在经历经济转型发展的关键时期，随着经济增长换挡降速和产业结构深度调整，行业发展空间受限，竞争更加激烈，最终反映到个人层面工作和生活的"内卷"上。另一方面，中国巨大的经济发展成就为多元化的生活方式选择创造了条件。在物质相对丰裕的当下，人们可以有选择地放慢脚步，以相对舒适的工作方式换取足够的生活条件，或者依靠前期积累安逸度日。由此，那些思维活跃、不拘泥于传统的青年，自然会想到换一种轻松的生活方式——"躺平"。而与真正付诸行动在身体上躺平的人群相比，那些在岗位上早早失去斗志，消极应对工作的精神"躺平"者可能也不在少数。

然而，"躺平族"显然对于经济社会发展有很多不利。当前我国的经济发展面临着人口老龄化等多方面挑战，实现高质量发展的目标离不开青年的创造性贡献。相较于"未富先老"这一特殊历史背景促成的客观趋势，"未富先躺"这一现实问题带来的主观倾向同样需要引起我们警惕。关注"躺平族"，让"躺平族"愿意奋斗，对于面临转型发展任务的我国尤为必要。

当然，这绝非要对"躺平族"进行批判与苛责。出于身心考量选择舒适生活理应得到理解，经过充分思考选择慢节奏生活也需得到更多尊重。基于现实环境自主做出适合个人的生活选择，本身就是社会发展成就的一方面体现。引导"躺平族"奋斗，更多需要从培育良好的工作环境和积极的社会价值取向角度出发，通过国家、社会和学校等各方共同努力，给予这些青年更多的关怀。

奋斗的机会最终来源于经济发展本身。个人奋斗与经济发展相辅相成，国家采取的鼓励创新创业、培育新的经济增长点等多方面政策举措，是推动经济转型和高质量发展的重要途径，也相应能够为人们提供更多的工作和成功机会。而打通经济高质量发展和个人奋斗的良性循环，需要在制度上更加重视营造公平竞争的市场环境，进一步打破制约企业积极性的制度壁垒，释放行业发展空间，推动不同行业、不同性质的企业平等地进入创新领域，把握创新机遇、收获创新成果。

奋斗的动力离不开积极理性价值观的引导。以积极的价值观增强青年奋斗的动力，社会和媒体应更多关注平凡中的伟大，宣传脚踏实地爱岗敬业的身边人，推崇在普通岗位上做出可贵成绩的工匠们，赞美在各个领域默默奉献价值的劳动者；企业应充分重视各类型工作岗位的价值，在合理安排薪酬和晋升机制的基础上，更加重视青年的归属感和自我实现动机，让不同岗位员工的努力都能得到应有的认可，让奋斗者收获满意的成果。而作为思想引领的重中之重，学校教育应始终坚持正确的价值观导向，强化劳动教育，引导学生认同劳动本身的价值，促进在青年当中达成劳动光荣的共识，引导青年珍惜韶华、奋发有为。

（资料来源：《光明日报》，2021年5月20日，作者：汪星余，系中国劳动关系学院经济管理学院团总支书记）

三、高尚的人生追求

"服务人民、奉献社会"的思想以其科学而高尚的品质,代表了人类社会迄今最先进的人生追求。不论在革命战争年代,还是在和平建设时期,"服务人民、奉献社会"这一高尚的人生追求,熏陶、感染了一代代革命者和建设者,对中国革命、建设、改革事业产生了重要的推动作用。

精讲理论

1."服务人民、奉献社会"是科学高尚的人生追求

毛泽东说:"人民,只有人民,才是创造世界历史的动力。"习近平在庆祝中国共产党成立100周年大会上的讲话中强调:"中国共产党根基在人民、血脉在人民、力量在人民。中国共产党始终代表最广大人民根本利益,与人民休戚与共、生死相依,没有任何自己特殊的利益,从来不代表任何利益集团、任何权势团体、任何特权阶层的利益。"要以史为鉴、开创未来,必须团结带领中国人民不断为美好生活而奋斗。因此,服务人民、奉献社会的人生追求是符合历史发展方向的,是处理好社会利益与个人利益关系的最低标准和最高要求。

当前,我国正处于"两个一百年"奋斗目标的历史交汇点,新时代大学生与时代发展同频共振,亲历中华民族伟大复兴历史进程,应立足"两个大局",把为国家和人民事业无私奉献作为人生的最高追求,在服务人民、奉献社会中收获成长和进步。

2.服务人民、奉献社会并不过时

或许在实际生活中人们会有这样的疑惑:按劳分配的原则讲究的是多劳多得,市场经济讲究的是等价交换,在这种背景下倡导服务人民、奉献社会的人生追求是否合适?换句话说,服务人民、奉献社会的人生追求是否过时了?

要回答好这一问题,首先应该明确,一个人只有确立了服务人民、奉献社会的人生追求,才能对人的生命历程和奋斗目标有清楚的把握,才能深刻理解人为了什么而活、应走什么样的人生之路等道理。一个人的能力有大小、职业有不同、职位有高低,但只有自觉把个人之小我融入社会之大我之中,不为狭隘私心所扰,不为浮华名利所累,不为低俗物欲所惑,才能够在推动社会进步中创造不朽的业绩。一个人确立了服务人民、奉献社会的人生追求,才能以正确的人生态度对待人生、解决实际生活中的各种问题,以人民利益为重,始终对祖国和人民具有高度的责任感,在服务人民、奉献社会中实现自己的人生价值。一个人确立了服务人民、奉献社会的人生追求,才能掌握正确的人生价值标准,才能懂得人生的价值首先在于奉献,自觉用真善美来塑造自己,不断培养高洁的操行和纯朴的情感,努力使自己成为一个崇德向善的人。

其次,在社会主义市场经济条件下,我们鼓励大家追求个人的正当利益,只有市场各主体的正当利益得到满足,社会主义市场经济才更有活力。反过来,各市场主体正当利益的满足,不仅有赖于其他人的劳动和付出,而且需要公平有序的市场环境。只有每个个体尽心尽力地为他人、为社会付出应有劳动,才能保证社会主义市场经济的良好运行。因此,服务人民、奉献社会与社会主义市场经济并不矛盾。

最后,服务人民、奉献社会的人生追求高尚但并不遥远,在我们日常生活中时时可见、处处可见。服务人民、奉献社会的人生追求,因为在尊重社会发展规律的基础上,正确处理了个人与社会的关系,才凸显其科学和高尚,但并不能因此就认为它是高高在上、远离人们实际生活的口

号。事实上,在当前实现中国梦的火热实践中,各个阶层、各个行业都能见到舍小家、顾大家,为集体和人民的利益而努力奋斗的追梦人。连续奋战、疲劳得躺在泥里就睡着的武警官兵,在几百米高空从事维护和检修工作的电力工人,时刻与死神赛跑的医务工作者……他们对职业的选择,或者为了生活,或者出于爱好,或者由于信念,但无一例外,都在用自己的实际行动投身于服务人民、奉献社会的实践,构成新时代劳动群众最美的风景。

  精选案例

"航天员女教头"黄伟芬:30年来7次送航天员上太空

近日,神舟十三号载人飞船在酒泉卫星发射中心成功发射,翟志刚、王亚平、叶光富3名航天员将创造中国人驻留太空的新纪录。

在发射前一天,新华社记者张扬专访了航天员系统总设计师黄伟芬。本次"神十三"任务有何特别之处?航天员在太空六个月的生活和健康如何保障?作为航天员系统总设计师的理想和使命又是什么?让我们跟随记者张扬,一起走进"幕后英雄"黄伟芬的动人故事。

发射点火前的十秒倒计时是我最紧张的时刻

记者:火箭发射前的十秒倒计时,您在想什么?

黄伟芬:因为我们在点火之前,所有该做的工作已经尽心尽力地完成了,所以那个时候就是在祝福。

记者:您会紧张吗?

黄伟芬:会紧张,每次发射前都是我最紧张的时刻。尤其是在18年前首次载人飞行的时候。随着我们几次任务的完成,这种紧张程度也在慢慢减少。如果2003年杨利伟首次飞天时我的紧张程度是十级,现在就是五级。虽然任务更难,但紧张程度减半,因为我们在各方面都更有信心了。

航天员在太空有"个性化"与"人性化"的生活保障

记者:本次任务的三位航天员将创造中国人驻留太空的新纪录,他们六个月的生活都会有哪些保障?

黄伟芬:例如,王亚平是女航天员,我们会特别重视她在太空的生活和健康,提供护肤品、个人卫生清洁用品等尽可能多的保障。

此外,我们为本次任务配备的航天食品有100多种,食谱可以做到一周内不重样。三位航天员本次会在空间站过春节,我们让他们在太空也能够吃到家乡的饺子。

"神十三"组合体构型更加复杂,空间站科学实验和试验数量明显增加

记者:与此前的载人航天飞行任务相比,本次"神十三"任务有何特别之处?

黄伟芬:"神十三"的飞行时间比"神十二"增加了一倍。六个月的飞行时间对航天员的身心素质、知识技能以及应急决策和处置能力等方面都提出了更大挑战。同时,航天员还要在空间站中做数十项科学实验和试验,数量上与以往飞行任务相比明显增加。此外,"神十三"乘组所面临的飞船组合体构型也更加复杂。我们由"神十二"的一舱两船变为"神十三"的一舱三船——这也意味着航天员在对组合体运行的维护、监视、维修等工作上,任务量大幅增加。

多种措施助力航天员应对挑战

记者:我们采取了哪些措施和手段来帮助航天员应对本次任务中的挑战?

黄伟芬：首先，我们在乘组选拔时就考虑了航天员的自身特点，所选出的三名人选都是适合本次任务的。同时，我们进行了强化训练。例如，在心理调适能力的训练上，我们增加了正念训练等项目。此外，我们还基于虚拟现实技术，研制了心理舒缓系统。在这一系统中有共性的模拟环境，比如说祖国的大好河山；也有个性化的定制，即为航天员与家人、战友等亲密熟悉的人构建场景。这种沉浸式体验对航天员的心理有很大支持作用。

此外，航天员可以在空间站中进行看电视、看电影和听音乐等娱乐活动，还可以跟家人进行视频通话。

"神十三"任务是空间站关键技术验证阶段的收官之战

记者：能否介绍一下我国未来载人飞行任务的计划和时间节点？

黄伟芬："神十三"任务是空间站关键技术验证阶段的收官之战。经过评估之后，空间站就要转入建造阶段。在建造阶段会有两次载人飞行，即"神十四"和"神十五"乘组的飞行。

在建造阶段完成后，中国空间站将转入运营阶段，每半年左右就要飞一个乘组。所以我们现在也要考虑后续的飞行，包括乘组的选拔和相关训练的准备。

第三批航天员正在接受训练，状态很好

记者：能否透露一下现在最新的航天员选拔和培训的情况？

黄伟芬：我们第三批航天员正在接受训练。第三批航天员中，除了空军飞行员，也就是我们选择的航天驾驶员外，还有航天工程师和载荷专家等科研人员。目前他们都在接受全面系统的训练，状态很好。

曾经女儿送的一张纸条让我泪崩

记者：您有没有想过，"神十三"任务发射成功后，最想与之拥抱、最想与之分享这份喜悦的人是谁？

黄伟芬：是我的家人。

记者：您的爱人、孩子在您近30年的职业生涯中，有没有做过什么令您感动的事？

黄伟芬：有，这种事情其实有很多。我印象最深的是一天早晨，在我准备去上班的时候，当时还很小的女儿给了我一张自己叠的纸条，写着"妈妈收"。女儿说："你待会儿到了办公室再看。"后来我打开一看，纸条一边是我女儿写的"妈妈再见"，另一边写的"不要"。当时我就泪崩了。她还那么小。所以，我真的特别感谢我的家人。

为航天员太空飞行保驾护航是我的使命

记者：在您漫长的职业生涯中，有哪个时刻想过放弃吗？

黄伟芬：无论遇到多大的挫折，我都没有想过放弃，一定要为祖国的航天事业坚持不懈地奋斗。

"神七"出舱活动的时候，我们特别紧张。航天员在舱外的时间很短，我们看到的场景很有限。这次"神十二"航天员出舱的时候，我们能通过视频看到舱外美丽的景象，两位航天员同框的照片给了我很大的震撼。当时，我就想，我也应该去飞一飞。

但是，每个人的使命是不同的。我的使命，是为国家培养更多更优秀的航天员，让他们带着我们的梦想、心血去飞行。为航天员太空飞行保驾护航，我想这就是我的使命。

航天人是"以平凡造就非凡，以无名成就有名"

记者：您曾说过航天人是"以平凡造就非凡，以无名成就有名"。这句话怎样理解？

黄伟芬：我们常说载人航天是一项无数航天人共同努力才能完成的伟大事业。我们每天做的事情看似平凡,但需要我们日复一日、年复一年去做——只有我们认认真真、扎扎实实做好了,才有可能取得最后的成功。

航天员是载人航天工程一个显著的标志,是很多人心中的英雄。然而,在每一个"飞天梦"实现的背后,都凝结着无数航天工作者的心血。这些无名英雄在默默无闻地做着很多工作,没有他们的奉献和付出,就不可能有载人航天事业的成功和辉煌成就。所以,对载人航天来讲,是"以平凡造就非凡,以无名成就有名"。

(资料来源:新华社《黄伟芬:星辰有梦,不负使命》,2021-10-24)

案例点评

载人航天是一项无数航天人共同努力才能完成的伟大事业。我们每天做的事情看似平凡,但需要我们日复一日、年复一年去做——只有我们认认真真、扎扎实实做好了,才有可能取得最后的成功。服务人民、奉献社会的思想以其科学而高尚的品质,代表了人类社会迄今最先进的人生追求。一个人确立了服务人民、奉献社会的人生追求,才能以人民利益为重、始终对祖国和人民怀有高度的责任感,在服务人民、奉献社会中实现自己的人生价值。

经典阅读

青年在选择职业时的考虑

自然本身给动物规定了它应该遵循的活动范围,动物也就安分地在这个范围内活动,不试图越出这个范围,甚至不考虑有其他什么范围的存在。神也给人指定了共同的目标——使人类和他自己趋于高尚,但是,神要人自己去寻找可以达到这个目标的手段;神让人在社会上选择一个最适合于他、最能使他和社会都得到提高的地位。

能有这样的选择是人比其他生物远为优越的地方,但是这同时也是可能毁灭人的一生、破坏他的一切计划并使他陷于不幸的行为。因此,认真地考虑这种选择——这无疑是开始走上生活道路而又不愿拿自己最重要的事业去碰运气的青年的首要责任。

每个人眼前都有一个目标,这个目标至少在他本人看来是伟大的,而且如果最深刻的信念,即内心深处的声音,认为这个目标是伟大的,那他实际上也是伟大的,因为神决不会使世人完全没有引导;神总是轻声而坚定地作启示。

但是,这声音很容易被淹没;我们认为是灵感的东西可能须臾而生,同样可能须臾而逝。也许,我们的幻想油然而生,我们的感情激动起来,我们的眼前浮想联翩,我们狂热地追求我们以为是神本身给我们指出的目标;但是,我们梦寐以求的东西很快就使我们厌恶——于是我们的整个存在也就毁灭了。

因此,我们应当认真考虑:所选择的职业是不是真正使我们受到鼓舞?我们的内心是不是同意?我们受到的鼓舞是不是一种迷误?我们认为是神的召唤的东西是不是一种自欺?但是,不找出鼓舞的来源本身,我们怎么能认清这些呢?

伟大的东西是光辉的,光辉则引起虚荣心,而虚荣心容易给人鼓舞或者是一种我们觉得是鼓舞的东西。但是,被名利弄得鬼迷心窍的人,理智已无法支配他,于是他一头栽进那不可抗拒的欲念驱使他去的地方;他已经不再自己选择他在社会上的地位,而听任偶然机会和幻想去决定它。

我们的使命绝不是求得一个最足以炫耀的职业,因为它不是那种使我们长期从事而始终不会感到厌倦、始终不会松动、始终不会情绪低落的职业,相反,我们很快就会觉得,我们的愿望没有得到满足,我们理想没有实现,我们就将怨天尤人。

但是,不只是虚荣心能够引起对这种或那种职业突然的热情。也许,我们自己也会用幻想把这种职业美化,把它美化成人生所能提供的至高无上的东西。我们没有仔细分析它,没有衡量它的全部分量,即它让我们承担的重大责任;我们只是从远处观察它,然而从远处观察是靠不住的。

在这里,我们自己的理智不能给我们充当顾问,因为它既不依靠经验,也不依靠深入的观察,而是被感情欺骗、受幻想蒙蔽的。然而,我们的目光应该投向哪里呢?在我们丧失理智的地方,谁来支持我们呢?

是我们的父母,他们走过了漫长的生活道路,饱尝了人世的辛酸。——我们的心这样提醒我们。

如果我们通过冷静的研究,认清所选择的职业的全部分量,了解它的困难以后,我们仍然对它充满热情,我们仍然爱它,觉得自己适合它,那时我们就应该选择它,那时我们既不会受热情的欺骗,也不会仓促从事。

但是,我们并不能总是能够选择我们自认为适合的职业。我们在社会上的关系,还在我们有能力对它们起决定性影响以前就已经在某种程度上开始确立了。

我们的体质常常威胁我们,可是任何人也不敢藐视它的权利。

诚然,我们能够超越体质的限制,但这么一来,我们也就垮得更快。在这种情况下,我们就是冒险把大厦筑在松软的废墟上,我们的一生也就变成一场精神原则和肉体原则之间的不幸的斗争。但是,一个不能克服自身相互斗争的因素的人,又怎能抗拒生活的猛烈冲击,怎能安静地从事活动呢?然而只有从安静中才能产生伟大壮丽的事业,安静是唯一生长出成熟果实的土壤。

尽管我们由于体质不适合我们的职业,不能持久地工作,而且工作起来也很少乐趣,但是,为了恪尽职守而牺牲自己幸福的思想激励着我们不顾体弱去努力工作。如果我们选择了能力不能胜任的职业,那么我们绝不能把它做好,我们很快就会自愧无能,并对自己说,我们是无用的人,是不能完成自己使命的社会成员。由此产生的必然结果就是妄自菲薄。还有比这更痛苦的感情吗?还有比这更难于靠外界的赐予来补偿的感情吗?妄自菲薄是一条毒蛇,它永远啮噬着我们心灵,吮吸着其中滋润生命的血液,注入厌世和绝望的毒液。

如果我们错误地估计了自己的能力,以为能够胜任经过周密考虑而选定的职业,那么这种错误将使我们受到惩罚。即使不受到外界指责,我们也会感到比外界指责更为可怕的痛苦。

如果我们把这一切都考虑过了,如果我们生活的条件容许我们选择任何一种职业,那么我们就可以选择一种能使我们最有尊严的职业,选择一种建立在我们深信其正确的思想上的职业,选择一种能给我们提供广阔场所来为人类进行活动、接近共同目标(对于这个目标来说,一切职业只不过是手段)即完美境地的职业。

尊严就是最能使人高尚起来、使他的活动和他的一切努力具有崇高品质的东西,就是使他无可非议、受到众人钦佩并高出于众人之上的东西。

但是,能给人以尊严的只有这样的职业,在从事这种职业时我们不是作为奴隶般的工具,而是在自己的领域内独立地进行创造。这种职业不需要有不体面的行动(哪怕只是表面上不体面的行动),甚至最优秀的人物也会怀着崇高的自豪感去从事它。最合乎这些要求的职业,并不一定是最高的职业,但总是最可取的职业。

但是,正如有失尊严的职业会贬低我们一样,那种建立在我们后来认为是错误的思想上的职业也一定使我们感到压抑。

这里,我们除了自我欺骗,别无解救办法,而以自我欺骗来解救又是多么糟糕!

那些不是干预生活本身,而是从事抽象真理研究的职业,对于还没有坚定的原则和牢固不可动摇的信念的青年是最危险的。同时,如果这些职业在我们心里深深地扎下了根,如果我们能够为它们的支配思想牺牲生命、竭尽全力,这些职业看来似乎还是最高尚的。

这些职业能够使才能适合的人幸福,但也必定使那些不经考虑、凭一时冲动就仓促从事的人毁灭。

相反,重视作为我们职业的基础的思想,会使我们在社会上占有较高的地位,提高我们本身的尊严,使我们的行为不可动摇。

一个选择了自己所珍视的职业的人,一想到他可能不称职时就会战战兢兢——这种人单是因为他在社会上所居地位是高尚的,他也就会使自己的行为保持高尚。

在选择职业时,我们应该遵循的主要指针是人类的幸福和我们自身的完美。不应认为,这两种利益是敌对的,互相冲突的,一种利益必须消灭另一种。人类的天性本来就是这样的:人们只有为同时代人的完美、为他们的幸福而工作,才能使自己也达到完美。

如果一个人只为自己劳动,他也许能够成为著名的学者、大哲人、卓越诗人,然而他永远不能成为完美无疵的伟大人物。

如果我们选择了最能为人类福利而劳动的职业,那么,重担就不能把我们压倒,因为这是为大家而献身。那时我们所感到的就不是可怜的、有限的、自私的乐趣,我们的幸福将属于千百万人。我们的事业将默默地,但是她永恒地存在,并发挥作用。面对我们的骨灰,高尚的人们将洒下热泪。

(资料来源:卡尔·马克思写于1835年8月12日,作品选自《马克思、恩格斯论教育 下》,人民教育出版社,1986年版)

四、正确评价人生价值

如何评价人生的价值,不同时代、不同阶级有不同的原则和标准。一切剥削阶级都以门第、地位、金钱等作为衡量人生价值的标准,并且还认为人生价值标准依赖于人们的感情和意志。有的以个人的兴趣、爱好为评价人生价值的标准,有的以自我意识、意志自由为评价人生价值的标准,等等。无产阶级的人生价值观是辩证唯物主义与历史唯物主义的科学价值观,有科学的评价标准和方法。评价人生价值的根本尺度,是看一个人的实践活动是否符合社会发展的客观规律,是否促进了历史的进步。习近平强调,劳动是推动人类社会进步的根本力量。

精讲理论

1.正确评价人生价值

客观、公正、准确地评价社会成员人生价值的大小,除了要掌握科学的标准外,还需要掌握恰当的评价方法。

既要看贡献的大小,也要看尽力的程度。考察一个人的人生价值,要把个人对社会的贡献与能力相对应的职责联系起来,每个人职业不同,能力大小不同,对社会贡献的绝对量也不同,不能简单地认为能力大的人就实现了人生价值,能力小的人就没有实现人生价值。也不能简单地认为有的职业能够实现人生价值,而有的职业就不能够实现人生价值。当前社会思想文化是丰富多元的,评价人生价值也不能以单一的标准去衡量。我们都知道,一个人的能力有大小,对社会所承担的责任以及所作的贡献也有很大差别,但只要为社会为人民付出了自己的努力,只要对社会尽职尽责,作出了应有的贡献,他就实现了人生的价值。兼顾能力的大小和差异,就不是把贡献这一普遍性原则当作公式化的标签贴到各种人和事物上去,而是从人的特殊性出发,实事求是地加以考察,具体情况具体分析。事实上,任何人只要在自己的岗位上尽职尽责,兢兢业业,就应该对他的人生价值给予积极肯定的评价。相反,如果一个人能力很强,知识很丰富,但他只是尽了自己的部分能力,那么他即使作出了更多的贡献,相对于能力小的人,他也只是部分地实现了人生价值。

既要尊重物质贡献,也要尊重精神贡献。物质贡献是指个体所创造的物质产品所具有的能满足人们物质生活的需要、有益于人们的物质生活的贡献。精神贡献是指个体所创造的精神产品所具有的能满足人们精神生活的需要、有益于人们的精神生活的贡献。"人们为了能够创造历史,必须能够生活。"一个人能否为社会的进步提供物质财富,无疑是评价其人生价值的重要依据。但是,我们也不能忽视创造精神财富对社会的重大作用。无论是对事业始终不渝的献身精神,扎根基层、暖民心解民忧的服务精神,还是见义勇为、乐于助人的高尚品格等,都蕴含着巨大的精神力量,对社会发展起到重要推动作用。医生张晓艳带领志愿团多次走入革命老区、贫困山区等地为百姓公益医疗,把阳光医疗送到需要的人身边;大学生李睿用所学知识创建"救命文档",他们在各自的学习、工作、生活中为民造福,为社会奉献,具有强大的精神感召力,展现出了高贵的品格。因此,评价一个人的人生价值,既要看他对社会作出的物质贡献,也要看他对社会作出的精神贡献,而且精神贡献更为深刻持久。

既要注重社会贡献,也要注重自身完善。个体实现自我价值的过程,就是通过努力自我完善并创造社会价值的过程。提升个人能力,一方面是为了促进自身的发展,另一方面也是为了更好地贡献社会。实际上,一个愿意为社会作贡献的人,他的社会价值的创造过程与自我价值的实现过程是统一的,无法截然分开。一个人对社会贡献大,社会价值就大,自我价值实现的程度就高。我们还需要注意两种情况,一个人如果缺乏为社会奉献的能力又不愿意完善自己,或者一味地只求个人发展而不愿为他人和社会付出,我们就不能给予其肯定的人生价值评价。因此,大学生必须不断提高自身的能力,锻炼实现人生价值的本领。

2.人生价值的实现条件

人在自然天赋上有这样那样的差异,在实现人生价值的过程中不可避免地要受到自身条件的限制,但这并不是说,人的主观努力不起作用,人是完全消极被动的。个人的主观努力,在相当大的程度上决定着一个人的人生价值的实现程度。人的能力具有累积效应,能够通过学习、锻炼而得到强化。比如,一个人最初只有参与劳动的一般体力条件,但在劳动过程中,他会不断地提高技巧,积累经验,劳动能力就会不断得到增强。大学生可塑性强,正处于增长知识才干的关键时期,可以通过各种方式和途径,全面提高自身的综合素质和能力,努力创造实现人生价值的良好条件。

精选案例

习近平：在全国脱贫攻坚总结表彰大会上的讲话

同志们、朋友们：

今天，我们隆重召开大会，庄严宣告，经过全党全国各族人民共同努力，在迎来中国共产党成立一百周年的重要时刻，我国脱贫攻坚战取得了全面胜利，现行标准下9899万农村贫困人口全部脱贫，832个贫困县全部摘帽，12.8万个贫困村全部出列，区域性整体贫困得到解决，完成了消除绝对贫困的艰巨任务，创造了又一个彪炳史册的人间奇迹！这是中国人民的伟大光荣，是中国共产党的伟大光荣，是中华民族的伟大光荣！

在这里，我代表党中央，向受到表彰的先进个人和先进集体，表示热烈的祝贺！向为脱贫攻坚作出贡献的各级党政军机关和企事业单位，农村广大基层组织和党员、干部、群众，驻村第一书记和工作队员、志愿者，各民主党派、工商联和无党派人士，人民团体以及社会各界，致以崇高的敬意！向积极参与和支持脱贫攻坚的香港特别行政区同胞、澳门特别行政区同胞、台湾同胞以及海外侨胞，向关心和帮助中国减贫事业的各国政府、国际组织、外国友人，表示衷心的感谢！

同志们、朋友们！

时代造就英雄，伟大来自平凡。在脱贫攻坚工作中，数百万扶贫干部倾力奉献、苦干实干，同贫困群众想在一起、过在一起、干在一起，将最美的年华无私奉献给了脱贫事业，涌现出许多感人肺腑的先进事迹。35年坚守太行山的"新愚公"李保国，献身教育扶贫、点燃大山女孩希望的张桂梅，用实干兑现"水过不去、拿命来铺"誓言的黄大发，回乡奉献、谱写新时代青春之歌的黄文秀，扎根脱贫一线、鞠躬尽瘁的黄诗燕等同志，以及这次受到表彰的先进个人和先进集体，就是他们中的杰出代表。他们有的说："脱贫攻坚路上有千千万万的人，我真的就是其中一个小小的石子。其实走到最后，走到今天，虽然有苦，还是甜多。"有的说："不为钱来，不为利往，农民才能信你，才能听你。"有的说："把论文写在大地上，真正来地里面写，那才叫真本事。"

在脱贫攻坚斗争中，1800多名同志将生命定格在了脱贫攻坚征程上，生动诠释了共产党人的初心使命。脱贫攻坚殉职人员的付出和贡献彪炳史册，党和人民不会忘记！共和国不会忘记！各级党委和政府要关心关爱每一位牺牲者亲属，大力宣传脱贫攻坚英模的感人事迹和崇高精神，激励广大干部群众为全面建设社会主义现代化国家、实现第二个百年奋斗目标而披坚执锐、勇立新功。

同志们、朋友们！

脱贫攻坚取得举世瞩目的成就，靠的是党的坚强领导，靠的是中华民族自力更生、艰苦奋斗的精神品质，靠的是新中国成立以来特别是改革开放以来积累的坚实物质基础，靠的是一任接着一任干的坚守执着，靠的是全党全国各族人民的团结奋斗。我们立足我国国情，把握减贫规律，出台一系列超常规政策举措，构建了一整套行之有效的政策体系、工作体系、制度体系，走出了一条中国特色减贫道路，形成了中国特色反贫困理论。

坚持党的领导，为脱贫攻坚提供坚强政治和组织保证。我们坚持党中央对脱贫攻坚的集中统一领导，把脱贫攻坚纳入"五位一体"总体布局、"四个全面"战略布局，统筹谋划，强力推进。我们强化中央统筹、省负总责、市县抓落实的工作机制，构建五级书记抓扶贫、全党动员促攻坚的局面。我们执行脱贫攻坚一把手负责制，中西部22个省份党政主要负责同志向中央签署脱贫攻坚责任书、立下"军令状",脱贫攻坚期内保持贫困县党政正职稳定。我们抓好以村党组织为核心的村级组织配套建设,把基层党组织建设成为带领群众脱贫致富的坚强战斗堡垒。我们集中精锐力量投向脱贫攻坚主战场,全国累计选派 25.5 万个驻村工作队、300 多万名第一书记和驻村干部,同近 200 万名乡镇干部和数百万村干部一道奋战在扶贫一线,鲜红的党旗始终在脱贫攻坚主战场上高高飘扬。

事实充分证明,中国共产党具有无比坚强的领导力、组织力、执行力,是团结带领人民攻坚克难、开拓前进最可靠的领导力量。只要我们始终不渝坚持党的领导,就一定能够战胜前进道路上的任何艰难险阻,不断满足人民对美好生活的向往!

同志们、朋友们!

伟大事业孕育伟大精神,伟大精神引领伟大事业。脱贫攻坚伟大斗争,锻造形成了"上下同心、尽锐出战、精准务实、开拓创新、攻坚克难、不负人民"的脱贫攻坚精神。脱贫攻坚精神,是中国共产党性质宗旨、中国人民意志品质、中华民族精神的生动写照,是爱国主义、集体主义、社会主义思想的集中体现,是中国精神、中国价值、中国力量的充分彰显,赓续传承了伟大民族精神和时代精神。全党全国全社会都要大力弘扬脱贫攻坚精神,团结一心,英勇奋斗,坚决战胜前进道路上的一切困难和风险,不断夺取坚持和发展中国特色社会主义新的更大的胜利!

(来源:新华网 2021-02-25,节选,有删改)

案例点评

2021 年,在迎来中国共产党成立 100 周年的重要时刻,我国脱贫攻坚战取得了全面胜利,现行标准下 9899 万农村贫困人口全部脱贫,832 个贫困县全部摘帽,12.8 万个贫困村全部出列,区域性整体贫困得到解决,完成了消除绝对贫困的艰巨任务,创造了又一个彪炳史册的人间奇迹! 铸就这一历史奇迹的正是这数百万人的倾力奉献、苦干实干。他们不仅创造出巨大的物质财富,也凝结出重要的精神财富——脱贫攻坚精神,实现了物质贡献和精神贡献的统一。

经典阅读

新时代的中国青年

中国特色社会主义新时代,是青年大有可为,也必将大有作为的大时代。新时代中国青年争做经济高质量发展的积极推动者、社会主义民主政治建设的积极参与者、社会主义文化繁荣兴盛的积极创造者、社会文明进步的积极实践者、美丽中国的积极建设者,在实现第二个百年奋斗目标、建设社会主义现代化强国的新征程上努力拼搏、奋勇争先。

(一)在平凡岗位上奋斗奉献

新时代中国青年坚守"永久奋斗"光荣传统,把平凡的岗位作为成就人生的舞台,用艰辛努力推动社会发展、民族振兴、人民幸福,靠自己的双手打拼一个光明的中国。

无论是传统的"工农商学兵""科教文卫体",还是基于"互联网+"的新业态、新领域、新职业,青年在各行各业把平凡做成了不起、把不可能变成可能,将奋斗精神印刻在一个个普通岗位中。在工厂车间一线,青年工人苦练本领、精益求精,拧好每个螺丝、焊好每个接头,争当"青年岗位能手",让"中国制造"走向世界;在田间地头,青年农民寒耕暑耘、精耕细作,用科学技术为粮食增产、为土地增效,努力把中国人的饭碗牢牢端在自己手中;在建筑工地,青年农民工不畏辛劳、日以继夜,用一砖一瓦筑造起一座座高楼大厦,将都市装点得更加美丽;在训练场上,青年健儿刻苦训练、顽强拼搏,以过硬的作风和惊人的毅力向世界顶峰发起冲锋,让五星红旗在国际赛场上高高飘扬;在城市的大街小巷,快递小哥、外卖骑手风里来、雨里去,为千家万户传递幸福与温暖,他们用勤劳和汗水生动展现了中国青年"衣食无忧而不忘艰苦、岁月静好而不丢奋斗"的整体风貌,让青春在平凡岗位的奋斗中出彩闪光。

(二)在急难险重任务中冲锋在前

新时代中国青年不畏难、不惧苦,危难之中显精神,关键时刻见真章,总能够在祖国和人民需要的时候挺身而出,自觉扛起责任,无私奉献,无畏向前,彰显青年一代应有的闯劲、锐气和担当。

在体现综合国力、弘扬民族志气的重大工程之中,在抗击重大自然灾害面前,在应对突发公共危机时刻,青年的身影始终挺立在最前沿。无论是西气东输、西电东送、南水北调、东数西算等战略工程现场,还是港珠澳大桥、北京大兴国际机场、"华龙一号"核电机组等标志性项目工地,"青年突击队""青年攻坚组"的旗帜处处飘扬。新冠肺炎疫情发生以来,青年不畏艰险、冲锋在前、舍生忘死,32万余支青年突击队、550余万名青年奋战在医疗救护、交通物流、项目建设等抗疫一线,为打赢疫情防控的人民战争、总体战、阻击战作出重大贡献。援鄂医疗队2.86万名护士中,"80后""90后"占90%。在武汉火神山、雷神山医院建设工地上,占总数达60%的青年建设者组建13支青年突击队,靠钢铁般的意志和攻坚克难的勇气,拼搏在前、奉献在前,创造了令世人惊叹的建设奇迹,用事实证明中国青年面对困难挫折撑得住、关键时刻顶得住、风险挑战扛得住。

(三)在基层一线经受磨砺

新时代中国青年把基层作为最好的课堂,把实践作为最好的老师,将个人奋斗的"小目标"融入党和国家事业的"大蓝图",将自己对中国梦的追求化作一件件身边实事,在磨砺中长才干、壮筋骨。

在农村为乡亲们排忧解难,在社区为邻里们倾心服务,在边疆为祖国巡逻戍边……越来越多的青年深入基层,投身现代化建设最需要的地方,在复杂艰苦环境中成就人生。2021年,中共中央、国务院表彰的1981名全国脱贫攻坚先进个人和1501个先进集体中,就有许多青年先进典型。1800多名同志将生命定格在了脱贫攻坚征程上,其中很多是年轻的面孔。在乡村振兴战略实施中,青年领办专业合作社、推广现代农业科技、壮大农村新产业新业态,带头移风易俗、改善农村人居环境、倡导文明乡风,带动农民增收致富,助力农村焕发新貌。截至2021年,47万名"三支一扶"人员参加基层支教、支农、支医和帮扶乡村振兴(扶贫),数百万青年学生参与"三下乡"社会实践活动,为脱贫攻坚和乡村振兴提供新助力。

(四)在创新创业中走在前列

新时代中国青年富有想象力和创造力,思想解放、开拓进取,勇于参与日益激烈的国际竞争,成为创新创业的有生力量。

受益于党和国家的好政策,在经济、社会、科技、文化等领域,青年以聪明才智贡献国家、服务人民,奋力走在创新创业创优的前列。在国家创新驱动发展战略的引领和"揭榜挂帅""赛马"等制度的激励推动下,一批具有国际竞争力的青年科技人才脱颖而出,在"天宫""蛟龙""天眼""悟空""墨子""天问""嫦娥"等重大科技攻关任务中担重任、挑大梁,北斗卫星团队核心人员平均年龄36岁,量子科学团队平均年龄35岁,中国天眼FAST研发团队平均年龄仅30岁。在工程技术创新一线,每年超过300万名理工科高校毕业生走出校门,为中国工程师队伍提供源源不断的有生力量,他们用扎实的学识、过硬的技术,持续创造难得的"工程师红利",有力提升了中国的发展动力和国际竞争力。在国家持续出台创业扶持政策的大背景下,青年积极投身大众创业、万众创新的热潮,踊跃参加"创青春"中国青年创新创业大赛、"中国国际互联网+"大学生创新创业大赛等创业交流展示活动,用智慧才干开创自己的事业。2014年以来,在新登记注册的市场主体中,大学生创业者超过500万人。在信息技术服务业、文化体育娱乐业、科技应用服务业等以创新创意为关键竞争力的行业中,青年占比均超过50%,一大批由青年领衔的"独角兽企业""瞪羚企业"喷涌而出。中国青年自觉将人生追求同国家发展进步紧密结合起来,在创新创业中展现才华、服务社会。

（五）在社会文明建设中引风气之先

新时代中国青年顺应社会发展潮流,适应国家治理体系和治理能力现代化要求,在社会文明建设中引领时代新风,争当正能量的倡导者、新风尚的践行者。

无论在城镇还是乡村、企业还是学校,青年都自觉把正确的道德认知、自觉的道德养成、积极的道德实践紧密结合起来,带头倡导向上向善社会风气、塑造社会文明新风尚。在城乡社区建设中,越来越多的青年投身社区治理和服务体系建设,主动参加"社区青春行动",加强实践锻炼、提升服务贡献。在各行各业,青年秉承"敬业、协作、创优、奉献"的理念,踊跃创建"青年文明号",大力弘扬新时代职业文明,展现新时代职业形象。广大青年运动员弘扬体育道德风尚,以良好的赛风赛纪和文明礼仪,获得竞技成绩和精神文明双丰收。1993年"中国青年志愿者行动"启动以来,志愿服务成为青年参与社会治理、履行社会责任的一面旗帜,成为青年在奉献人民、服务社会中锻炼成长的重要途径。截至2021年底,全国志愿服务信息系统中14岁至35岁的注册志愿者已超过9000万人,他们活跃在社区建设、大型赛事、环境保护、扶贫开发、卫生健康、应急救援、文化传承等各个领域,弘扬"奉献、友爱、互助、进步"的志愿精神,在全社会形成团结互助、平等友爱、共同前进的新风尚。中国青年志愿者扶贫接力计划研究生支教团、大学生志愿服务"西部计划"连续18年派遣41万余名研究生、大学毕业生,到中西部2100多个县(市区旗)开展扶贫支教、卫生医疗等志愿服务。青年始终是大型赛会志愿服务的主体力量,给千家万户乃至全世界留下深刻印象。

（资料来源:国务院新闻办公室2022年4月21日发表的《新时代的中国青年》白皮书,节选）

五、辩证对待人生矛盾

精讲理论

1.正确对待得与失

如何认识和对待人生发展过程中的得与失这对矛盾,对一个人走好人生之路、实现人生价值有重要影响。首先,不要过于看重一时的"得"。一个人如果总是满足于一时的"得",往往会停步在小小的成功和已有的成绩之上,放弃接下来的努力,以致造成最后的失败。

2.正确看待苦与乐

苦与乐既对立又统一,在一定条件下还可以相互转化。真正的快乐只能由奋斗的艰苦转化而来。要准确把握苦与乐的辩证关系,努力做迎难而上、艰苦奋斗的开拓者。

3.正确看待顺与逆

在顺境中,更容易接近和实现目标,但是又容易使人滋生骄娇二气,自满自足,意志衰退。在逆境中,可以磨炼意志、陶冶品格、积累战胜困难的经验,从而丰富人生阅历。无论是顺境还是逆境,对人生的作用都可能是双面的,关键是怎样去认识和对待它们。只有善于利用顺境,勇于正视逆境和战胜逆境,人生价值才能够实现。

4.正确看待生与死

生与死似乎是一个离我们年轻人比较遥远的课题,但却是我们每个人在人生的历程中必然要面对的哲学课题。生命的历程是一个从生到死的过程,有生必有死,这是恒久不变的自然规律。在中国人的文化中,死从来都是一个非常沉重的课题,总与痛苦、灾难、悲伤联系在一起,谈"生死"的问题也总让人觉得不那么吉利。那么我们为什么要讨论"生与死"的问题呢?那是因为,只有我们理性面对生老病死的自然规律,才能真正认识生命的可贵,才能倍加爱护自己和他人的生命,努力使自己的生命绽放应有的光彩。

5.正确看待荣与辱

不同的时代,不同的民族,有不同的荣辱观,评价荣辱的标准也各不相同。所谓荣,是指由于社会对个人的道德行为的肯定和赞扬等社会评价,使人们在内心产生的尊严感和欣慰感。所谓辱,是指由于社会对个人的思想和行为的否定贬斥等社会评价,使其认识到自己的行为所产生的社会危害而在内心深处所产生的耻辱感和内疚感。所谓知耻,也就是知道羞愧和荣辱,它是一个正常人所具有的最基本的道德感。孟子说:"羞恶之心,义之端也。"这种道德感体现着人性的尊严,是社会正义的心理基础。也正是在这个意义上,孟子提出:"无羞恶之心,非人也。"知耻对于人来说是极其重要的。康有为也曾说过:"人之有所不为,皆赖有耻心。"这也就是说,凡为善之心,皆起自人的正确的荣辱观念;凡为恶之念,皆起自人的羞耻感的丧失。中华民族是一个具有悠久文化传统和伟大精神的民族。在历史的长河中,她虽然饱经忧患,虽然灾难深重,但始终屹立不倒、不可征服,就在于她的人民受优良传统文化的熏陶,在血液中流淌着仁义的精神,在心灵的深处凝结着正确的耻感。前贤提倡的"富贵不能淫,贫贱不能移,威武不能屈"的大丈夫人格,志士"不为五斗米折腰"的气节,先烈"人不能低下高贵的头颅""人的身躯怎能从狗洞里爬出"的豪气,激励着无数人为正义、为自由、为尊严而战。因此,人们的荣辱观绝不是一件小事,它关系到一个国家的生灭,关系到一个民族的存亡。但社会上也确实有一些人不明是非、不知荣辱、不辨善恶、不分美丑,把腐朽当神奇,把庸俗当高尚,把谬误当真理,与社会主义核心价值观格格不入,与现代文明风尚极不协调。因此我们更要推崇正确的荣辱观。我们当代大学生正处于成人、立业的关键时期,要正确看待善恶美丑,树立正确的、与社会主流价值观相一致的荣辱观,不断提高自身道德品质,把社会主义核心价值观内化于心外化于形,当作为人处世的精神指南。

 精选案例

杨洪琼:能在家门口为国争光,倍感骄傲和自豪

北京冬残奥会上,云南姑娘杨洪琼在越野滑雪女子坐姿组短距离、中距离、长距离三个项目上夺金,成为名副其实的"三冠王"。4月8日上午,北京冬奥会、冬残奥会总结表彰大会在人民大会堂举行,杨洪琼被授予"突出贡献个人"称号,并作为冬残奥会体育代表团代表上台发言。杨洪琼回顾了自己的训练、比赛经历。3月6日举行的越野滑雪女子坐姿组长距离比赛最令她印象深刻,"我在第一个冲过终点线的那一刻,发自内心地振臂高呼'祖国万岁'!能在家门口为国争光,我倍感骄傲和自豪。"

"我在哪里摔倒,我就要把哪儿碾平"

1989年出生的杨洪琼从小就不是个老实的孩子,调皮的她总爱爬上爬下。一次和小伙伴玩耍时,她失足从山上掉了下来,背部摔到了一块石头上,导致整个胸腰椎骨折。

"我感觉不到腿的存在,我用手摸着它,就像摸木头一样。"即使腿部已经失去知觉,但小洪琼根本没意识到问题的严重性,想着缓一会就可以走回家了。因为怕被妈妈骂,她还跟小伙伴说:"你别跟我妈说我摔跤了。"

刚受伤的那几年,杨洪琼每天关在家里,基本不与外人接触。家里来了亲戚,她也是一个人躲在房间里不出来。"是运动,给我的生活带来了翻天覆地的变化。"杨洪琼说。

最开始成为运动员时,杨洪琼练习的是轮椅篮球。2018年,她跨项成为了一名越野滑雪运动员。因为上肢力量薄弱,杨洪琼摔倒过无数次。

刚开始练习滑雪时,杨洪琼是坐在轮椅上的,通过撑雪杖,带动身体和轮椅前进。一次上坡时,杨洪琼双手使劲一撑,因为力量不够,坚持不住的她连人带轮椅朝后翻了下去,两只手都磕破了。像这样的事情还发生过很多次,杨洪琼笑称:"我是队里摔跤最多的。"

最严重的一次,杨洪琼和队友们在一块U形区域训练时,因为下坡时没控制好重心,她重重摔倒在U形区的底部,轮椅完全压在了身上,"我当时感觉心脏明显震了一下,我以为摔到心脏了,那一下子什么都不知道了。"

杨洪琼摔倒后,跟在她后面的队友为了避免轧到她,纷纷改变方向,结果接二连三摔了出去。她的一位师兄直接摔到了路旁的沟里。"我太内疚了,不但自己滑不好,还连累别人摔成那样。"

一次次摔倒没有吓退杨洪琼,反而让她越战越勇,这个天性好动的姑娘骨子里有股不服输的劲儿,"摔跤我不怕,哪怕我从坡上下来摔进了沟里,下一圈我照样下。我在哪里摔倒,我就要把哪儿碾平。"

"我的金牌都是摔出来的"

3月9日,张家口赛区国家冬季两项中心,杨洪琼在越野滑雪女子短距离坐姿组的比赛中夺得一枚金牌,那是她在北京冬残奥会上收获的第二个冠军。当晚的颁奖仪式结束后,接受新京报记者专访时,杨洪琼感慨万千,"我的金牌都是摔出来的"。

说起当天的比赛,杨洪琼的感受就一个字:累。她坦言,在滑完资格赛的时候其实就已经虚脱了。"强度太大了,我的嗓子还有心脏都有点超负荷了。"

按照赛制,在半决赛的拼搏中,每组前三名才能进入决赛。虽然感觉没劲儿了,但杨洪琼还是充分调动起了身体的各项机能,在前半程尽力滑出优势。"滑到后面,我回头瞅她们离我很远,我就把节奏放慢了,为决赛保存体力。"

决赛结束后,杨洪琼的身体已经达到了极限。早饭只喝了一点粥、吃了一片面包的她,丝毫感觉不到饿意。到餐厅转了一圈,发现完全没有食欲,回房间喝了点水后,她整个人就直接从轮椅上滑到了地上,"也不管地面脏不脏了,我把轮椅垫子拖下来枕着,躺在地上慢慢缓了缓。"

相比此前的长距离比赛,杨洪琼认为短距离项目更紧张,"它是瞬间爆发,需要在最短的时间内把身体的各个机能瞬间拉到最高的战斗值"。

颁奖仪式结束后,杨洪琼已经两金在手。对于自己取得的成绩,她认为并不容易,"我的两枚金牌都是摔出来的"。

摔跤我不怕,哪怕我从坡上下来摔进了沟里,下一圈我照样下。我在哪里摔倒,我就要把哪儿碾平。——杨洪琼

(资料来源:新京报2022-04-11,有删改)

案例点评

顺境和逆境是人生历程中两种不同的境遇。在人生旅途中没有永远的顺境,也没有永远的逆境。无论是顺境还是逆境,对人生的作用都可能是双面的,关键是怎样去认识和对待它们。只有善于利用顺境,勇于正视逆境和战胜逆境,以"踏平坎坷成大道,斗罢艰险又出发"的顽强意志去战胜一切艰难险阻,人生价值才能够实现。

经典阅读

停止精神内耗的9个好习惯

知乎上有个问题:"一个人活得很累的根源是什么?"

高赞回答说:"不是能力问题,不是外貌问题,而是没能处理好与自己的关系。"确实,很多时候,人之所以感到痛苦,不在于事情本身,而在于我们内心的冲突。对一件事过于敏感,任何一点风吹草动,都会激起情绪上的波澜。久而久之,不仅对自己越来越不自信,甚至对生活也产生了百无聊赖的感受。有时,一天下来,即便什么也没做,也会觉得好累好累。其实,这些都代表着一种严重的内耗型人格。内耗的过程,就像是用一把勺子,慢慢将自己掏空。想要摆脱内耗,让生活回归活力和热忱,人民日报推荐的这九个方法,你一定要试一试。

1.停止活在他人眼里

叔本华说:"人性有一个最特别的弱点,就是在意别人如何看待自己。"

生活中,很多人之所以不快乐,就是因为太在乎周围人的反应。同事无意间的一个眼神,会让心情失落许久;朋友不经意的一句话,会默默纠结半天。

太过在意别人的看法和评价,后果往往是,在敏感和讨好中委屈了自己。你要明白,生活说到底,是取悦自己的过程。那些发生在自己身上99%的事情,都与别人无关。真正需要在意的,不是周围人的眼光,而是自己内心的感受。学会放下对别人的关注和期待,把时间和爱留给自己。当你学会将生活的重心转移到自己身上,你才能活出最闪耀的人生。

2.停止后悔

有一位精神病学家,执业多年,在精神病学界享有很高的声誉。

他说,自己有许多病人,把时间都花在缅怀过去上,后悔曾经做过的,或者没做的事。"要是我在那次准备得好一点……""要是我当初没犯那样的错误……"反反复复地懊悔,最终都让自己陷入了无尽的精神消耗。

人活一生,难免有遗憾的时候。一时的反思可以推动我们进步,长久的懊悔只会令我们步履维艰。你要相信,人生没有白走的路。昨日失去的,明日必以另一种方式补偿你。与其沉湎于不能改变的过去,不如坦然放下。毕竟,我们无从改变过往的遗憾,却可以决定未来能不能不要留下遗憾。

3.停止苛求完美

在我们的身边,完美主义者往往有两类人。一种是对自己高标准、严要求,什么事情都要做到极致;另一种是对别人要求很多,严于律人,不允许周围人犯一点错。不管是哪一种,都注定活得很累。因为这个世界,不可能什么事情都如你所愿。《道德经》中说:"大成若缺,其用不弊。"圆满的事物好像有所欠缺,但它的作用不会衰竭。与其在苛求完美的路上让自己精疲力竭,不如放松下来,给生活留一点缺口。保留那份遗憾,人生也许不够完美,但是却变得更加完整。

4.停止思虑过度

博主张不同讲过自己的一段经历。大学毕业后,他入职了一家公司,领导找了一位老员工带他熟悉公司业务。但是,那位同事每次和他说话,嗓门都特别大。有时候听上去,简直就是像在吵架。为此,他郁闷了很久,觉得是不是自己哪里做得不够好,得罪了对方。后来他才发现,原来那位同事耳背,常常听不清别人说话,所以在讲话时,音量也会不由自主地变大。很多事就是这样,本来没什么,就是因为想太多,才让一切变得复杂。

常言道:"有心者有所累,无心者无所谓。"人生的幸福,有时候就在于放空。不要思虑过度,更不要自寻烦恼。当你用一颗简单的心去看待世界,你才能在纷繁人世中享受到岁月静好的幸福。

5.停止陷入消极

有句话说:"事情压不垮人,但面对事情的态度可以。"

乐观的人,总能以从容和满怀希望的步履轻松走过岁月。而消极的人,却总是陷入失败和困惑的阴影里。比如,表白被拒了,就觉得此生注定孤独;比如,一次没考好,就觉得以后都前途灰暗。负面的小问题造成了负面的情绪,负面的情绪又进一步放大了问题。最后一点小事,都变成了一场灾难。

真正优秀的人,不是遇不到困难,而是在困难来临时,不会将自己置身于颓废和悲观的情绪之中。因为他们明白,一味沉溺于负面的情绪,也改变不了现状。与其在闷闷不乐中让事情越变越糟,不如用更加积极的心态去面对风风雨雨。保持微笑,凡事看淡,好运才会与你不期而遇。

6.停止设限

有时候人之所以痛苦,不是因为我们不具备这样的实力,而是在心理上默认了一个"不可跨越"的高度限制。

因为自己不是专业出身,就放弃了原来的梦想;因为自己还是个新人,所以不敢争取想要的机会。久而久之,但凡遇到点困难,就会选择退缩;但凡遇到点机遇,都会被无情错失。

一生不过三万天,一天不过24小时,一味地给自己设限,就注定画地为牢。不妨勇敢一点,大胆冲破禁锢自己的牢笼,打破那些"不可能"。当你突破了条条框框的限制,你才能看到更大的世界,享受不一样的人生。

7.停止反复犹豫

你是不是也是这样?

本想去减肥,但是一想到运动好累,就有点纠结;本想去旅行,但是一想到出发前要做的功课和准备,就有点动摇;本想去创业,但是一想到可能面对的困难,就有点迟疑。犹犹豫豫到最后,常常发现自己什么也没有做成。

作家脱不花曾说:"人生总有很多左右为难的事。如果你在做与不做之间纠结,那么,不要反复推演,立即去做。"

所谓三思后行,如果只停留在"三思",所有美好的愿景都会沦为遗憾。放弃脑海中左右摇摆的想法,扔掉心里徘徊不定的计划。趁着年轻,趁着还有梦,大胆地去追逐,放肆地去折腾。

很多事情，你不果断尝试，永远都不会知道结果会是怎样。成也好，败也罢，只要你勇敢地迈出了第一步，相信一定能收获意想不到的惊喜。

8.停止自我攻击

"我真差劲，因为我不会说话，情商太低了。""我是一个失败的人，到现在还是一事无成。""我不配被爱，因为我不够优秀。"

内耗的一个重大原因，就是无法接纳自己，进而自我攻击。当你不满意自己，对自己挑三拣四时，你就注定很难得到快乐。人活在世上，最难也最重要的课程，就是和自己和解。

或许你不善言辞，但是你有着出色的行动力，能代替一切花言巧语；或许你能力一般，但是你一直勤勤恳恳，让家人得以衣食无忧；或许你普普通通，但是你有着良好的品行，足以得到大家的喜爱和尊重。

所以，从今天起，不要再自我贬低。学会相信自己，欣赏自己，看到自己身上的闪光点。只有你拥抱自己，世界才会敞开怀抱接纳你。

9.停止拖延

奥巴马当选总统时，有人问他："你觉得自己的优势在哪里？"

他回答了四个字：总是提前。

为什么提前去做？就是因为不想让拖延的习惯，成为自己前进路上的绊脚石。拖延是一片雪花到雪崩的积累，长久拖延只会让我们陷入焦虑和紧张的情绪之中。打败拖延也很简单，只需要记住两个字：行动。

今日事，今日毕，永远不要把问题拖到明天再处理。当你培养了自己的行动力，那些让你不安和烦躁的问题，就会逐一消解。也只有行动起来，那些美好的愿景才不会成为口头的臆想。你所渴望的改变，需要从现在开始改变。不拖延、不等待、不逃避，想要的生活才会奔你而来。

杨绛先生说："人虽然渺小，人生虽然短，但是人能学，人能修身，人能自我完善，人的可贵在于人的本身。"任何时候，我们都是自己精神内耗的制造者，也是唯一的终结者。告别内耗，是一场自己和自己的战斗。当你克服了内心的障碍，你会见到别样的风景，领略到不一样的人生。

（资料来源：人民网，有改动）

第三节　实践教学篇

一、"人生观是对人生的总看法"实践教学

1.实践教学目的

（1）通过实践，引导学生在学好理论的同时，扮演小记者以"你有什么样的人生观"为主题走进校园采访学生、老师或者走出校门采访路人；走进辛亥革命博物院、武汉二七纪念馆、武汉革命博物馆、八七会议会址纪念馆、施洋烈士陵园和北伐独立团烈士陵园等革命纪念地，从革命先烈气贯长虹的壮举中找答案。通过采访、走访、调查等形式领悟"应该确立什么样的人生价值观"，增强实现中华民族伟大复兴的使命感、从我做起的责任感和只争朝夕的紧迫感，脚踏实地地去实现人生价值。

（2）通过小组协作培养学生团队协作精神，通过采访、走访培养与人沟通能力，通过调查进

行总结会对问题有更深层、更切身的感悟。

2.实践教学主题

实践中构筑人生观。

3.实践教学评价

内容	评价要点	得分
封面	准确,精练,格式正确,有创新因素	
标题、前言、调研概况	标题明确、醒目,前言突出主题、文笔流畅,概况明确无遗漏	
报告主体	有明确的调查对象,结构合理,层次清楚,整体无遗漏	
报告分析	文字清楚(无错别字),语句通顺,逻辑性强(层次分明),文笔流畅	
图表制作	数据反映清晰,图表与问题协调、选择得当,整体图表层次明晰,有创新点	
结论(问题、对策)	结论精练明确,有建设性意见(实际意义),专业性强	

二、"正确的人生观"实践教学

1.实践教学目的

(1)通过演讲、朗诵、相声、舞台剧、PPT、微视频等多种形式展示当代大学生不负青春,不负韶华,同心共筑强国梦,创造有意义的人生。

(2)将思政课的内容与学生的技能相结合,用学生自己的方式诠释"请党放心,强国有我"的铮铮誓言。

2.实践教学主题

请党放心,强国有我。

3.实践教学评价

评价项目	评价要点	得分
实践内容	思想内容能紧紧围绕主题,观点正确、鲜明。见解独到,内容充实具体,生动感人	
	材料真实、典型、新颖、事迹感人、实例生动,反映客观事实,具有普遍意义,体现时代精神	
	内容结构严谨,构思巧妙,引人入胜	

续表

评价项目	评价要点	得分
形象风度	表演者精神饱满,能较好地运用姿态、动作、手势、表情,表达对实践主题的理解	
综合印象	着装端庄大方、举止自然得体,有风度,富有艺术感染力	
现场效果	具有较强的感染力、吸引力和号召力,能较好地与听众感情融合在一起,营造良好的展示效果	

三、"创造有意义的人生"实践教学

1.实践教学目的

(1)通过实践,引导学生在学好理论的同时,联系自己的思想、学习、生活实际,身体力行把理论内化,树立正确的得失观、苦乐观、顺逆观、生死观、荣辱观。

(2)通过小组协作培养学生团队协作精神和与人沟通能力,通过微视频的拍摄制作培养新媒体运用能力。

2.实践教学主题

得失观、苦乐观、顺逆观、生死观、荣辱观。

请根据以上主题拍摄一期3~5分钟的微视频,要求本人出镜,角度自选,有理有据。

3.实践教学评价

评价项目	评价要点	得分
视频内容	思想内容能紧紧围绕主题,内容充实具体,生动感人	
	给人以启迪并与主题契合。形式新颖,意念创新,生动感人,反映客观事实,体现时代精神	
	内容(镜头切换是否自然,背景音乐是否搭调)	
	画面播放时是否清晰流畅	
语言表达	字幕(字体、大小)是否与画面和谐	
	参赛者解释时表达准确、流畅、自然	
	作者讲述故事时是否能在一定时间内表达清楚视频内容、思想核心	
形象风度	作者是否能在一定时间内说出自己的心得体验	
综合印象	画面富有艺术感染力	

续表

评价项目	评价要点	得分
效果	表达具有较强的感染力、吸引力和号召力,能引起观看者的共鸣,能将对受众的吸引力转为行动力	

思考与练习

一、单选题

1.人生价值评价的根本尺度,是看一个人的人生活动（　　）,是否促进了历史的进步。
　A.是否促进个人的发展　　　　　　B.是否符合社会发展的客观规律
　C.是否能发财致富　　　　　　　　D.是否有利于提升权利和地位

2.有的人身处逆境而百折不挠,有的人在顺境中却长吁短叹,有的人笑对人生,有的人看破红尘,这些都是（　　）的表现。
　A.人生目的　　　B.人生态度　　　C.人生理想　　　D.人生信念

3.爱因斯坦说:"一个人对社会的价值,首先取决于他的感情、思想和行动对增进人类利益有多大作用,而不应看他取得什么。"这句话的意思是说,人生的价值首先在于（　　）。
　A.奉献　　　　　B.索取　　　　　C.存在　　　　　D.享用

4."知耻近乎勇""礼义廉耻,国之四维"说的是人生矛盾中的（　　）。
　A.苦乐观　　　　B.荣辱观　　　　C.生死观　　　　D.顺逆观

5."人的本质不是单个人所固有的抽象物,在其现实性上,它是一切社会关系的总和。"这句话说明（　　）。
　A.自然属性是人的本质属性
　B.社会属性是人的本质属性
　C.自然属性和社会属性都是人的本质属性
　D.自然属性和社会属性都不是人的本质属性

6.人生观人人都有。在现实生活中,由于人们的立场和观点不同,对人活着的意义的理解不同,存在着各种不同的人生观。其中,我们倡导的科学的人生观是（　　）。
　A.自私自利的人生观
　B.及时享乐的人生观
　C.服务人民、奉献社会的人生观
　D.合理利己主义的人生观

7.一位哲学家说,青春是一种时限货币。当一个人尽情享受这种货币带来的欢乐时,就意味着青春逝去之时,他就沦为了乞丐。这句话蕴含的哲理是（　　）。
　A.享乐主义人生观是社会存在的反映
　B.及时享乐是享乐主义人生价值观的本质
　C.享乐主义人生价值观把追求享受当成人生最大乐趣,对人们具有极大危害
　D.享乐主义人生价值观把个人欢乐建立在别人的痛苦之上

8.个人对社会的责任与贡献属于（　　）。

A.自我价值　　　　　　　　　　　　B.社会价值
C.人生价值的全部　　　　　　　　　D.人生价值可有可无的内容

9.在现实生活中,由于人们的立场和观点不同,对人活着的意义理解也不同,存在着各种不同的人生观。人生观是(　　)。

　　A.人们对美好未来的向往和追求

　　B.人类社会中人们之间的相互需要关系

　　C.人们对整个世界最根本的看法和观点的总和

　　D.人们对人生目的和人生意义的根本看法和态度

10.大学生要学会对自己负责,对亲人负责,对周围的人和更多的人负责,进而对民族、国家、社会负责,做一个有价值、负责任的人。这里说的是(　　)。

　　A.人生当务实　　B.人生须认真　　C.人生应乐观　　D.人生要进取

二、多选题

1.人生观主要包括(　　)。

　　A.人生价值　　　　　　　　　　　　B.人生的生活水平
　　C.人生态度　　　　　　　　　　　　D.人生目的

2.辩证对待人生矛盾,包括树立正确的(　　)。

　　A.生死观　　　B.得失观　　　C.苦乐观　　　D.荣辱观

3.客观、公正地评价社会成员人生价值的大小,需要掌握恰当的评价方法,做到(　　)。

　　A.坚持能力大小与贡献须尽力相统一

　　B.坚持物质贡献与精神贡献相统一

　　C.坚持完善自身与贡献社会相统一

　　D.坚持动机和效果相统一

4.在我国现阶段,确立科学高尚的人生追求,就是确立服务人民、奉献社会的人生追求。这是因为,一个人确立了服务人民、奉献社会的人生追求,就能(　　)。

　　A.清楚地把握人的生命历程和奋斗目标

　　B.深刻理解人为什么活,应走什么样的人生之路

　　C.以正确的人生态度对待人生

　　D.掌握正确的人生价值标准

5.人生态度大致可分为积极进取的人生态度和消极无为的人生态度。大学生应当树立积极进取的人生态度。这是因为,积极进取的人生态度(　　)。

　　A.容易使人好高骛远　　　　　　　　B.有助于实现人生价值
　　C.有助于达到人生目的　　　　　　　D.能够调整人生道路的方向

6.人生观与世界观的关系是(　　)。

　　A.人生观从属于世界观　　　　　　　B.世界观决定人生观
　　C.人生观决定世界观　　　　　　　　D.人生观对世界观的巩固、发展和变化起着重要的作用

7.树立正确的得失观,不要(　　)。

　　A.拘泥于个人利益的得失　　　　　　B.满足于一时的"得"
　　C.惧怕一时的"失"　　　　　　　　 D.以积极进取的态度对待得失

8.错误的人生观有（　　）
A.拜金主义　　　　B.享乐主义　　　　C.极端个人主义　　D.为人民服务
9.端正人生态度需要做到（　　）。
A.人生需认真　　　B.人生当务实　　　C.人生应乐观　　　D.人生要进取
10.与人民同在,体现在（　　）
A.走与人民群众相结合的道路　　　　B.向人民群众学习
C.从人民群众中汲取营养　　　　　　D.做中国最广大人民根本利益的维护者

三、判断题

1.社会属性是人的本质属性。（　　）
2.世界观决定人生观。（　　）
3.个人从社会中得到的满足越多,其人生价值也就越大。（　　）
4.荣辱观对个人的思想行动具有鲜明的导向和调节作用。（　　）
5.认识和处理人生问题的重要着眼点和出发点是个人与群众的关系问题。（　　）
6.个人与社会的关系,是最根本的个人利益与社会利益的关系。（　　）
7.在我国现阶段,个人选择和确立的人生目的,应当符合人民群众的根本利益。（　　）
8.当代大学生要正确认识世界和中国的发展大势,说的是与人民同向。（　　）
9.人们通过生活实践所形成的对人生问题的一种相对稳定的心理倾向和精神状态,称为人生目的。（　　）
10.社会实践是实现人生价值的必由之路。（　　）

参考答案

第二章　追求远大理想　坚定崇高信念

【教学目标】
1.知识目标

掌握理想信念的内涵、特征与作用;理解为什么要信仰马克思主义;掌握中国特色社会主义共同理想的内涵。

2.能力目标

确立马克思主义的科学信仰;做中国特色社会主义共同理想和共产主义远大理想的忠诚实践者。

3.素质目标

提升思辨意识和价值自信;增强时代责任感和价值自觉,自觉与国家和民族共奋进、同发展。

【教学重难点】
1.理想信念对大学生成长成才的重要意义;为实现中国梦注入青春能量。

2.理解为什么要信仰马克思主义;科学把握理想与现实的辩证统一。

【教学思路】

本章主要讲授的是新时代大学生应坚定理想信念,自觉把个人理想追求融入实现中华民族伟大复兴中国梦的奋斗当中。大一新生正处在原来的奋斗目标已经基本实现、新的目标还未完全确立的关键时期,理想信念教育对于解决学生理想信念不够坚定、学习方向不够明确和学习动力不够充足的问题有着重要的实践意义。本章的教学遵循了"从思想到行为"的逻辑结构,即从对理想信念的内涵和特征等理论知识的建构到树立科学的理想信念等思想意识的确立,最终到探讨理想变为现实的途径和方法等实践行动。

【思维导图】

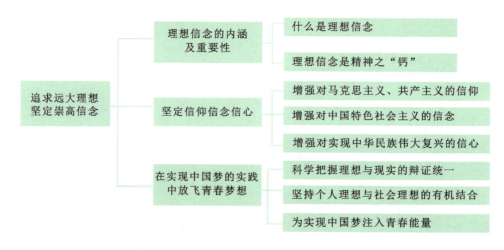

第一节 教学设计篇

一、理想信念的内涵及重要性

"理想信念的内涵及重要性"从理论上厘清理想和信念的基本概念、特征及其对大学生成长成才的重要意义,提升大学生对理想信念的理论认识,是大学生树立科学理想的前提。

教学环节	师生活动	信息化手段	设计意图
导入新课	职教云提问:为什么在大学生活中有时会感到迷茫? 展示职教云关于该主题的讨论高频词。选出有代表性的学生发言,提出关于"感到迷茫"的现实困惑,有针对性地开展教学	职教云	以问题为导向,帮助学生寻找问题存在的原因,理解理想信念对于大学生的重要性
讲授新课	教学内容 1.什么是理想信念		
讲授新课	讲授理想的科学内涵; 结合榜样人物故事讲授理想的基本特征(超越性、实践性、时代性) 讲授信念的科学内涵; 组织学生观看教学视频《长征:气吞山河的人间奇迹》,引导学生理解信念的基本特征(执着性、支撑性、多样性)	视频《长征:气吞山河的人间奇迹》	明确理想和信念的内涵,厘清理想和信念的不同特征
讲授新课	教学内容 2.理想信念是精神之"钙"		
讲授新课	阅读案例《习近平的七年知青岁月》并引导学生思考:习近平总书记的青春故事对新时代青年有何启示?理想信念对于人的发展有何重要性?缺少理想信念的人生和富于理想信念的人生有怎样的不同?	案例《习近平的七年知青岁月》	理解理想信念对于大学生成长成才的重要意义
课堂小结	教师呈现本节教学小结的内容,着重强调大学生确立科学的理想信念的重要性		
课后作业	学生阅读案例《千年第一思想家马克思》,就"马克思是谁?今天的我们为什么要纪念他?"等问题进行思考		

二、坚定信仰信念信心

依据信仰—信念—信心的知识逻辑,旨在帮助大学生坚定马克思主义、共产主义信仰,不断增强中国特色社会主义道路自信、理论自信、制度自信、文化自信,坚定对中国特色社会主义的信念,坚定实现中华民族伟大复兴的信心,在贡献青春力量中绽放青春之花。

教学环节	教学活动	信息化手段	设计意图
导入新课	职教云讨论:关于马克思主义,你知道哪些信息?100多年前马克思创立的理论和我们今天的生活有什么关系? 展示职教云关于该主题的讨论高频词云图与数据结果,选出有代表性的学生发言	职教云	了解学生对于马克思主义的认识程度,引导学生进一步了解和学习马克思主义理论
讲授新课	教学内容1.增强对马克思主义、共产主义的信仰		
	组织学生观看教学视频《被编号为0001号文物的绞刑架》,引导学生思考:结合自身实际谈谈如何成为一名新时代坚定的青年马克思主义者?	视频《被编号为0001号文物的绞刑架》	革命先烈之所以能够排除万难、坚持斗争、无私无畏、不怕牺牲,就是因为他们确立了坚定的信仰
	教学内容2.增强对中国特色社会主义的信念		
	阅读案例《习近平:鞋子合不合脚自己穿了才知道》,引导学生思考:从理论和实践的角度,谈谈对坚持和发展中国特色社会主义的认识	案例《习近平:鞋子合不合脚自己穿了才知道》	理解为什么说中国特色社会主义是社会主义而不是别的什么主义,为什么要坚持和发展中国特色社会主义
	教学内容3.增强对实现中华民族伟大复兴的信心		
	观看视频《社会主义没有辜负中国》,引导学生思考:为什么说实现中华民族伟大复兴的中国梦是一项光荣而艰巨的事业? 阅读案例《从1901到2021,两个辛丑年,换了人间》。120年后,虽然同是农历辛丑年,但中国早已"换了人间"。近代以来久经磨难的中华民族迎来了从站起来、富起来到强起来的伟大飞跃,迎来了实现中华民族伟大复兴的光明前景	视频《社会主义没有辜负中国》、案例《从1901到2021,两个辛丑年,换了人间》	明确大学生应增强中国特色社会主义道路自信、理论自信、制度自信、文化自信,自觉做共产主义远大理想和中国特色社会主义共同理想的坚定信仰者、忠实实践者,为崇高理想信念而矢志奋斗
课堂小结	教师呈现本节教学小结的内容,进一步强调本节教学内容的落脚点:增强对马克思主义、共产主义的信仰,对中国特色社会主义的信念,对实现中华民族伟大复兴的信心,是支撑我们不断走向胜利的精神力量,必须不断坚定信仰、信念、信心,为理想信念矢志奋斗		

续表

教学环节	教学活动	信息化手段	设计意图
课后作业	观看纪录片《敢教日月换新天》,感悟中国共产党领导下的中华大地发生了沧桑巨变,站在"两个一百年"奋斗目标的历史交汇点上,我们党领导人民取得了举世瞩目的伟大成就,并上交观后感		

三、在实现中国梦的实践中放飞青春梦想

讨论理想与现实、个人理想与社会理想的关系,从国家、民族发展和个人成长关系角度,讲清楚为什么"青年一代有理想、有本领、有担当,国家就有前途,民族就有希望",从而将理想信念教育落实到青年大学生个体的成长实践中,分析大学生在为实现中国梦而奋斗的过程中实现个人理想,是自身成长成才的现实需要,也是国家和人民的殷切期盼。

教学环节	教学活动	信息化手段	设计意图
导入新课	职教云头脑风暴:你的理想是什么?展示高频词云图	职教云	以问题为导向,明确个人理想以及发现理想与现实之间的差距
新课讲授	教学内容1.科学把握理想与现实的辩证统一		
新课讲授	讲授辩证看待理想与现实的矛盾,阅读案例《雷海为的诗与外卖》,引导学生思考:如何看待理想与现实的矛盾?当理想与现实存在差距时,你该如何解决? 观看视频《新的赶考路这样走》,理解实现理想的长期性、艰巨性和曲折性。 阅读案例《从南泥湾到塞罕坝:艰苦奋斗精神》,引导学生思考:如何理解艰苦奋斗的时代内涵?当代青年还需要艰苦奋斗吗?	案例《雷海为的诗与外卖》《从南泥湾到塞罕坝:艰苦奋斗精神》;视频《新的赶考路这样走》	理解理想不等于现实,理想的实现往往要通过一条并不平坦的曲折之路,有赖于脚踏实地、持之以恒地奋斗。只有实践,才是通往理想彼岸的桥梁
新课讲授	教学内容2.坚持个人理想与社会理想的有机结合		
新课讲授	讲授个人理想与社会理想以及两者之间的关系。阅读案例《钟南山和两句格言》并组织学生交流心得体会	案例《钟南山和两句格言》	理解个人只有把人生理想融入国家和民族的事业中,才能最终成就一番事业。大学生对自己未来生活的追求和向往,不能脱离当代中国的社会现实

续表

教学环节	教学活动	信息化手段	设计意图
	教学内容 3.为实现中国梦注入青春能量		
新课讲授	结合榜样人物故事（李四光、钱学森、邓稼先等），讲授时代新人应立鸿鹄志，做奋斗者。 课堂讨论：新时代大学生该追什么样的"星"	课堂分享：在疫情防控期间，你做了哪些志愿服务活动？请分享你的经历和收获	从正确认识和实践的角度来阐释理想的实现途径，实现由理论到实践的转化
课堂小结	教师呈现本节教学小结的内容，进一步强调当代青年无疑是幸运的一代，他们将见证"两个一百年"奋斗目标成为现实。只有树立高远的志向，把个人的奋斗与国家的前途、民族的命运、人民的幸福结合在一起，才能在实现中国梦的伟大实践中放飞青春梦想		
课后作业	以"个人梦融入中国梦"为主题写一篇演讲稿		

第二节　学习辅导篇

一、理想信念是精神之"钙"

如果说社会是大海，人生就是小舟，那么理想信念就是引航的灯塔和远航的风帆。没有理想信念的人生，就像失去了方向和动力的小船，在生活的波浪中随处漂泊，甚至会沉没于急流之中。大学生要想成长为国家和社会需要的高素质人才，不仅要提高知识水平，增强实践才干，更要树立崇高的理想信念。

精讲理论

1.理想的含义

理想是人们在实践中形成的、有实践可能性、对未来社会和自身发展目标的向往与追求，是人们的世界观、人生观和价值观在奋斗目标上的集中体现。

2.理想的类型

根据不同的标准，理想可以分为不同的类型。

按照层次来划分，理想可以分为一般理想和崇高理想。按照性质来划分，理想可以分为科学理想和非科学理想。按照对象来划分，理想可以分为个人理想和社会理想。按照时间长短来划分，理想可以分为近期理想和远期理想。按照内容来划分，理想可以分为生活理想、职业理想、道德理想和政治理想。

3.理想的特点

第一,超越性。理想虽然是在现实生活的实践基础上形成的,但理想不等于现实。理想是对未来社会和自身发展目标的向往和追求,只有当理想比现实生活更加美好,才会令人向往和追求。所以,理想源于现实,又高于现实。

第二,实践性。理想是在实践中形成的,是社会实践的产物,没有社会实践,任何理想都不可能产生,离开社会实践,任何理想也无法实现。

第三,时代性。任何理想都是特定时代的产物,都会打上时代的烙印。理想不仅受时代条件的制约,还会随时代的发展而发展。作家流沙河在《理想》中写道:"饥寒的年代里,理想是温饱;温饱的年代里,理想是文明。离乱的年代里,理想是安定;安定的年代里,理想是繁荣。"这几句话很好地体现出了理想的时代性。

4.理想信念的重要性

习近平总书记指出:"理想信念就是共产党人精神上的'钙',没有理想信念,理想信念不坚定,精神上就会'缺钙',就会得'软骨病'。"形象地阐述了理想信念的重要性,也科学地分析了理想信念迷茫的严重危害。大学生要坚定理想信念,补足精神之"钙"。

(1)理想信念昭示奋斗目标。

理想信念是引航的灯塔和推进的风帆,一旦确立就可以使人方向明确、精神振奋,即使前进的道路曲折、人生的境遇复杂,也能使人看到未来的希望和曙光,永不迷失前进的方向。没有科学的理想信念的人生,就像失去了方向和动力的小船,会在生活的波浪中随处漂泊,甚至会沉没于急流之中。人的生命是有限的,要使有限的人生过得有意义,就必须具有明确的人生奋斗目标,并且在这一目标的指引下沿着正确的道路前进。所以,人生的目标问题解决得如何,对人的一生具有决定的意义。党的二十大报告指出:"从现在起,中国共产党的中心任务就是团结带领全国各族人民全面建成社会主义现代化强国、实现第二个百年奋斗目标,以中国式现代化全面推进中华民族伟大复兴。"这一宏伟目标任务光荣而艰巨,前途光明,任重道远。与此同时,当前国际力量的对比发生深刻调整,中国发展进入新的机遇期和风险挑战并存、不确定难预料因素增多的时期。这就更加要求广大青年勇担时代重任,准备接受风高浪急甚至惊涛骇浪的重大考验,努力做到信念坚定、对党忠诚,勇于担当、善于作为,勤学苦练、增强本领,在激扬青春、奉献社会、开拓人生中焕发出青春的绚丽光彩。

(2)理想信念催生前进动力。

孙中山先生说过"吾心信其可行,则移山填海之难,终有成功之日;吾心信其不可行,则反掌折枝之易,亦无收效之期也"。一个人有了崇高坚定的理想信念,才会以惊人的毅力和不懈的努力成就事业。大学生人生目标的确立、生活态度的形成、知识才能的丰富、发展方向的设定以及如何择友、如何克服困难等问题的解决,都需要一个总的原则和目标,都离不开理想信念的指引和激励。

(3)理想信念提供精神支柱。

一个民族、一个国家,如果没有共同理想和信念,就等于没有精神支柱,就会失去凝聚力。一个人如没有理想信念就如同无根之木、无基之塔。习近平总书记2019年5月22日在江西考察工作结束时的讲话中指出:"今天,像战争年代那种血与火的生死考验少了,但具有新的历史特点的伟大斗争仍然在继续,我们正面临着一系列重大挑战、重大风险、重大阻力、重大矛盾艰巨考验。没有坚定的理想信念,就会在乱云飞渡的复杂环境中迷失方向、在泰山压顶的巨大压力下退缩逃避、在糖衣炮弹的轮番轰炸下缴械投降。"

(4)理想信念提高精神境界。

一个人的理想信念越崇高、越坚定,精神境界和人格就会越高尚。人不仅有自然属性,还有精神属性和社会属性,因此,人不仅需要物质享受,而且要有充实的精神生活。习近平总书记在党的十九大报告中指出:"广大青年要坚定理想信念,志存高远,脚踏实地,勇做时代的弄潮儿,在实现中国梦的生动实践中放飞青春梦想,在为人民利益的不懈奋斗中书写人生华章。"只有树立了崇高的理想信念,将自己的青春梦想融入实现中华民族伟大复兴的中国梦之中才能够以更高的境界规划人生。

樊锦诗:扎根大漠半生,守护敦煌文明

"一腔爱,一洞画,一场文化苦旅,从青春到白发。心归处,是敦煌。"这24个字浓缩了樊锦诗的不凡人生。

为守护敦煌洞窟奉献半生

樊锦诗1938年出生于北平。北平沦陷后,樊锦诗一家南迁谋生,定居上海。父亲没有重男轻女思想,把女儿也送进学堂。樊锦诗成绩好,高中毕业后考上北京大学历史系并选择考古专业。此后半个多世纪,樊锦诗没有离开过考古,始终与敦煌洞窟在一起。

1962年,大学毕业前樊锦诗到甘肃敦煌实习。当时,进石洞工作要爬树枝做的"蜈蚣梯",樊锦诗看着就害怕。那段时间,她几乎天天失眠,原本就体弱的她因水土不服和营养不良,连石洞都走不进。老师怕樊锦诗出事,让她提前离开了敦煌。

樊锦诗坦言:"虽然敦煌的美让我魂牵梦萦,但艰难的条件让我望而却步。实习结束后,我没有一点儿再去敦煌的想法!"

然而,毕业时樊锦诗偏偏被"发配"到敦煌这片贫瘠的大漠。父亲担心女儿身体,写信请求学校重新分配。但樊锦诗决定服从分配,不管条件多苦也要去。她还暗下决心,这次去敦煌一定要取得真经,绝不能中途折返。当时的考古界泰斗苏秉琦先生和宿白先生也对樊锦诗寄予厚望,叮嘱她去敦煌后要完成敦煌石窟考古报告。

樊锦诗说,来到敦煌是自投罗网,没想到却日久生情。衣袂飘举、光影交错的壁画和雕像让年轻的樊锦诗如痴如醉,第45窟的菩萨塑像精美绝伦,第112窟的伎乐天婀娜多姿……对樊锦诗来说,敦煌的洞窟就像成百上千双眼睛,每一双眼睛都写满沧桑和神秘。她说:"也许,我倾注一生的时间,也未必能穷尽这座人类文化宝库的谜底。"

1967年,樊锦诗与丈夫彭金章结婚不久便两地分居,一个在敦煌,一个在武汉。虽然惦记家庭,但樊锦诗不舍得离开那些洞窟。直到彭金章追随樊锦诗来到敦煌,二人才结束长达19年的异地生活。

为了让千年壁画永续留存,樊锦诗带着团队为莫高窟的每一个洞窟、每一幅壁画、每一尊彩塑建立数字档案,利用数字技术让莫高窟"活"下去。经过十多年的努力,"数字敦煌"2016年正式上线,游客接待大厅、数字影院、球幕影院等数字展示中心也投入使用。

为守护敦煌文明奔走大半生,樊锦诗被亲切地称为"敦煌女儿"。

为中华文明留住根脉

敦煌文物保护卓有成效,但樊锦诗却欠下了"一笔债":在敦煌工作了近40年后,还没有完成一份有关敦煌石窟的考古报告。宿白先生甚至因此批评她不好好做学问。

给敦煌数百个洞窟做全集记录性考古报告,是一项艰巨浩繁的系统工程,国际上也无先例可循。为了早日"还债",樊锦诗带着团队迎难而上,查资料、深入思考、艰难探索。最终,《敦煌石窟全集》第一卷——《莫高窟第266—275窟考古报告》于2011年正式出版。随后不久,第二卷的编纂工作也开始推进。

回忆往事,樊锦诗说,老师们的叮嘱让她不忘自己作为石窟考古工作者的使命,使她下了不完成一卷敦煌石窟报告就不罢休的决心,也教会她一辈子无论做事、做学问,都要守一不移。

如今,樊锦诗也成了莫高窟人信念的守护者。多年前,一位很有研究才能的武汉大学博士来到敦煌研究院。几年后,他因为家庭萌生离开敦煌的念头,却放不下在敦煌的研究。樊锦诗知道,有一处房产很重要,就主动把自己在兰州的房子以博士能接受的最低价卖给他,"留下一个人才比留下一套房子重要!"

2020年高考,湖南女孩钟芳蓉选择北京大学考古专业的消息一出就遭到一些质疑,被认为"没钱途"。钟芳蓉回应时提到,选择考古专业是受樊锦诗先生影响。樊锦诗得知后,为钟芳蓉送去《我心归处是敦煌:樊锦诗自述》一书,还写信鼓励她:"不忘初心,坚守自己的理想。"

樊锦诗说:"中华文明五千年,其实不止五千年,那大家是怎么知道这些没有文字的历史的?就是要靠考古。是考古告诉人们历史,把未知的事情慢慢变成已知,这样的工作是需要人做的。"比如,《敦煌石窟全集》的规模大约将达到一百卷,只有一代代人不断接力才有望完成这一世纪工程。

在敦煌研究院的一面墙上,写着这样一句话:"历史是脆弱的,因为她被写在了纸上,画在了墙上;历史又是坚强的,因为总有一批人愿意守护历史的真实,希望她永不磨灭。"

樊锦诗就是真实历史的守护者之一。在《我心归处是敦煌:樊锦诗自述》一书中,樊锦诗深情表白:"敦煌是我的宿命。"她说,保护、研究和弘扬包括莫高窟在内的灿烂文明,任重而道远,留住根脉,我们永远在路上!

(资料来源:光明网 2022-06-27,有删改)

案例点评

2022年的国家公务员考试报名人数超过212万,最热门编制岗位的报录比甚至达到20813∶1。然而,敦煌研究院考古研究所的一个事业编制岗位的招聘,报名者仅五六人,最后竟还无一人应试。一边是千军万马过独木桥,一边是事业编制的岗位无人问津,缘何会发生如此大的差异?其一,敦煌本身的地理位置非常偏僻,很多年轻人在毕业之后都愿意留在大城市发展,导致应聘者望而却步。其二,待遇低,环境艰苦,虽然是"铁饭碗"但是入行的门槛确实非常高,而薪资待遇整体却偏低,环境也相对艰苦,所以很多人都不愿意选择这个岗位。2019年,樊锦诗在给北大新生的信里写道:"一代人有一代人的使命,希望你们在北大的求学期间牢记蔡元培老校长的教诲,做到抱定宗旨、砥砺德行、敬爱师长,还要时时感恩,做有博大胸怀和仁爱境界的北大人。"百年来,中国考古从无到有、从弱到强,斐然成就背后,离不开几代考古人的接续奋斗。大量的事实证明,一个人的理想信念越崇高、越坚定,精神境界和人格就会越高尚,即便是在最艰苦困难的时候,也会感到幸福。正如樊锦诗所说,"我几乎天天围着敦煌石窟转,不觉寂寞,不觉遗憾,因为值得。我这辈子就做了一件事,无怨无悔"。

经典阅读

习近平的七年知青岁月

究竟多大算青年呢?不同的国家、地区和社会组织对于青年的定义都不尽相同。其实,青年不是某个年龄段,而是一种状态。这种状态,是青春,是理想,是奋斗,是磨砺,更是成长。是不是青年,不能光看岁数,更要看走过的路,做过的事。

今天《旗帜》主角的故事,要从他还不满16岁的时候讲起。按大多数人的理解,这只是一个孩子刚刚迈进青年门槛的年龄。本该在学校念书,他却从北京一股脑儿扎到了陕北的农村,一待就是七年。几十年后,当年那个高高瘦瘦的小伙子,已经成长为党的领导核心。他,就是习近平。

1968年底的一天,北京八一中学的一间办公室外人头攒动。正值知识青年上山下乡如火如荼,在校的初高中生几乎全部前往农村。向学校提交注销北京户口的申请,是办理下乡插队手续的第一步。习近平,也站在这个队伍里。

办公室负责人齐荣先老师看到习近平主动报名,吃了一惊:他在校表现优秀,因为上学早,其实还不到插队的年龄,明年是有可能留北京工作的,这显然要比去八竿子打不着的西北农村好得多。然而,无论怎么劝说,习近平却依然坚决地在申请表里填上了志愿地:陕西延川。要知道,那时他的父亲习仲勋可是一位"副国级"干部,但是因为遭受政治诬陷,仍处在几乎与世隔绝的监管审查之中。因为受到牵连,习近平也被打上了"黑帮子弟"的标签。16岁的孩子,就这样背着一个行李箱和姐姐给带的一袋子水果,离开了对他而言看似繁华却动荡不安的北京,踏上了通往未知世界的火车。

1969年1月13日,八一中学20多个同学踏上知青专列,辗转3天来到了延川县文安驿公社。公社举行了简短的招待会。各村来接知青的村民,都蹲在墙根院角远远地看着这些从北京来的"高干子弟"吃饭。后来知青们才知道,那天招待他们的白馍和猪肉炖菜,是当时公社能拿出的过年才舍得吃的好饭菜。饭后,习近平等15名知青被分配到了梁家河大队。

民以食为天。吃惯了精米细面,遇到了陕北的粗粮,知青们的喉咙都"燥得冒烟"。他们甚至连做饭烧的柴火也不会砍,经常是搂了一堆干草烧不熟一锅饭。吃饭问题只是知青们遇到的第一关。后来,习近平在一篇文章《我是黄土地的儿子》里回忆道,除了饮食关,还有跳蚤关、劳动关、思想关。跳蚤咬得大家身上都是奇痒无比的大红包,一抓破就会流血。劳动关就更考验人,大队一个壮劳力一天的工分是十分,而知青们一开始一天只能拿五六分,用陕北话说,"连一个婆姨(女子)也不如"。

饮食关、跳蚤关、劳动关,其实都还是皮肉上的困难。对于知青来说,思想关才是最难过的一关。很多知青来之前,对于革命圣地延安是怀揣着一种未知的崇敬。可一看到眼前光秃秃的黄土地,有些知青甚至怀疑是走错了路。最初的几个月,由于没有长期的观念,干活也很随意,老百姓对习近平等知青的印象并不是太好。不到两年,周围家庭成分好的知青陆续通过招工、参军的途径走了一大半。相比之下,像习近平这样的所谓"黑帮子弟",走出黄土高原的可能性在当时看来真的十分渺茫。

到梁家河的第一个冬天,苦闷孤独的习近平按捺不住,跑回了北京,又被送到父辈曾经参加革命的太行山根据地。姨和姨夫给习近平讲当年如何做根据地的群众工作,说:我们那个时候都找机会往群众里钻,你现在不靠群众靠谁?听了长辈的话,习近平回到梁家河。母亲齐心还特意给大队支书梁玉明写了一封信,恳请支书好好管教近平,帮他渡过难关。渐渐地,村里人发现,近平开始变得踏实,劳动上也更加积极主动。到1972年再次回北京探望父亲前,习近平已经是一个可以挣满十工分,与村里人相处融洽的"自家人",也开始参与村里的各项工作了。

从不习惯、不适应到与老百姓打成一片,除了家人的鼓励支持,陕北百姓的接纳包容也至关重要。同在延川县的知青黑荫贵回忆,知青吃的粮食要从大队社员分配的粮食里拿出来,村民却从来不抱怨知青抢了自己的口粮,反而是觉得城里的娃娃来这里受罪吃苦,应该帮他们一把。不仅如此,老乡们还手把手教知青劳动,家中有了一点肉、操办喜事的时候都要邀请知青们来家里做客。老乡们对知青生活上照顾有加,思想上也从来不"看碟下菜",不刻意疏远所谓成分不好的知青。在淳朴的陕北百姓眼里,干活好坏远比出身好坏更重要,虽然可能是大字不识一个,但是十分尊重有知识、有文化的"好后生"。在那样的年代下,这样宝贵的品质,就像坚实的臂膀,为知青们撑起了一片晴天,一方厚土。

1973年,延川县派驻文安驿公社的工作队队员陶海粟,在梁家河村一间黑咕隆咚的破窑洞里,拜访了村里留下来仅有的三个知青——习近平和雷榕生、雷平生两兄弟。几个年龄相近、有理想、好读书的小伙伴,很快就聊得非常投缘了。这年秋天,已经是团县委书记的陶海粟,由于对习近平为人和见识的信任,向县委推荐习近平和自己一起进驻临近的赵家河大队,开展社会主义路线的教育工作。看到习近平有点忐忑,陶海粟鼓励他说:你放开干,干得好算你的,干不好算我的!

1974年春节过后,20岁的习近平赶往赵家河。第一天开会,他就操着地道的陕北话,给队里的干部、社员开会讲话。这让陶海粟印象十分深刻。后来的几个月,他真的撸起袖子放手干起来了。在赵家河,习近平"身兼数职"。白天,他既是宣讲文件、带头抓生产的领导,也是抄起铁锹亲自打坝植树的壮劳力;晚上,他是点起油灯教社员写名字的夜校老师。渐渐地,村里人有什么大事小事都爱找习近平解决。评工分有了不同意见吵起来了,大家就说,"别嚷了,让近平来给断断";习近平开会的时候,大家再没有以前磨磨蹭蹭到场、打瞌睡拉家常的毛病,而是听得特别认真。

今天的长辈在教育晚辈的时候时常会说一句话:好好学习,将来考个好大学。但对于70年代的知青们来说,上大学是一个绝对可遇而不可求的奢望。"文革"后期,大中专院校开了从基层招收工农兵学员的"口子",对于知青来说,这是一次难得的改变命运的机会。1973年下半年,雷平生和习近平说:自己打算去上大学。不料,习近平却对他说:我到梁家河毕竟好几年了,老乡对我不错,我不能就这么走了,得帮助老百姓做点事。"万一将来有什么变化,你可就上不了大学了",面对雷平生的劝告,习近平却坦然地说:"走不了我就在这待着吧,我本来就是个农民。"

这时的习近平,无论从思想上还是行动上,已经决心把自己交给陕北的黄土地了。几十年后,已是党的总书记的习近平在作十九大报告时说:中国共产党人的初心和使命,就是为中国人民谋幸福,为中华民族谋复兴。回想他在梁家河彼时彼刻的那句肺腑之言,懂得感恩和回报,想为老百姓做点事,那就是习近平的初心。

由于出色的表现,从赵家河回到梁家河之后,村里需要习近平这样有文化、有思想、有头脑的干部主持工作。可是麻烦事儿来了:当时的习近平还不是党员。支部书记梁玉明鼓励他写入党申请书,在党支部会上,大家一致同意习近平入党。可是,申请书递到了公社,公社书记却以习近平是"黑帮子弟"为由不给批。耿直的梁书记对他说:公社不批是不对的,并鼓励习近平继续写。就这样,前前后后他一共写了10份入党申请书。直到公社新书记白光兴上任,将习近平的入党问题交到县委研究,最终批复通过。

习近平入党后,恰逢村领导班子换届,梁玉明主动让贤,推举习近平担任梁家河大队党支部书记,自己则担任革委会主任协助习近平。习近平,成为这批知青中,第一个担任生产大队支书的人。

1974年,习近平在报纸上看到四川绵阳在办沼气,觉得可以解决农村烧柴老大难问题。为此,他耐心说服许多思想保守的社员,和大家一起探讨办沼气的好处。为了修好沼气池,他和其他大队代表亲自去四川学习沼气技术。这学习可不是走马观花、拍拍照发发朋友圈,几乎每个沼气池都要搭梯子下去看看,这池子是怎么挖、灰浆怎么调、进料出料口怎么设计……四十几天的学习归来,延川县在梁家河村等三个村子成立了沼气试点。没有沙子水泥,习近平就带着青年到十几里外去挖沙子、运水泥;池子漏水跑气,他就和技术员一块跳下去,清洗和修补沾满粪浆的池壁。经过大家共同的努力,三个村子的沼气池先后产气点火,3个月时间就让家家都点上了沼气灯,震动了全县。延川县,也成为全省办沼气的样板。

不光是修沼气,群众需要什么,习近平就干什么,而且是踏踏实实地干。为了解决吃水困难问题,亲自带领村民打井,经常光着两条腿踩在冰冷的泥水里挖土;大队镰刀、锄头等劳动工具不足,就兴办铁业社,多打出来的铁具还能卖到供销社赚钱;耕地不够,就带大家打坝地;陆续办起来的还有缝纫社、磨坊、代销店……

2017年,习近平总书记在十九大报告中指出,"坚持事业为上、公道正派,把好干部标准落到实处"。镜头回到几十年前,担任梁家河大队党支部的好干部习近平,用自己的实际行动充分印证了这句话。他带头干事,踏踏实实,公道正派,始终以身作则,先严格要求自己,再严格要求别人。多年以后,老书记梁玉明回忆道,不管近平做了多大官,自己从不因为个人的事儿给他找麻烦,两次给习近平写信求助,一次是给乡里通电,一次是给孩子们办学校。这两件事,习近平都在百忙之中多方联系,全力帮助解决。

1975年,习近平经群众推荐、组织选派,有了上大学的机会。能够得到这个机会,除了出色的工作和群众的认可,还与他坚持读书学习密不可分。几乎所有回忆习近平知青生活的人都提到:他真的是爱看书。别人都睡觉了,他窑洞里的煤油灯还亮着;知青们去老乡家蹭饭,习近平却捧着书说,你们去吧,有什么吃的给我带一口回来就行;每次从外面回来,他的炕上都会多几本书。直至今日,习近平的讲话、著作,处处可见旁征博引,深入浅出,画龙点睛,这样明显的"习式风格",离不开持之以恒的读书积累。

有意思的是,习近平回忆自己填大学志愿时的心态却是:三个志愿都填清华大学,你让我上我就上,不让我上就拉倒。对于这时的习近平来说,北京固然是个美好的远方,而脚下这片黄土地,早已成为更加眷恋的故乡。

镜头再回到习近平上大学前即将离开梁家河的这天,没有任何组织,老乡们自发前来送行,就连腿脚有残疾的人也挪着步子到了习近平的窑洞门口。老乡们哭了,习近平也哭了,说"要不我不走了"。这是一句发自肺腑的心声。临走的时候他对乡亲们说,今后如果有条件、有机会,我要从政,做一些为老百姓办好事的工作。

习近平曾经用"扣扣子"比喻价值观的养成,他说,青少年时期的价值取向不仅影响个人成长,更决定了未来社会的价值取向。就像扣扣子,如果第一粒扣子扣错了,剩余的扣子都会扣错。习近平,用梁家河的七年,扣好了自己人生的第一粒扣子。

大学毕业后,习近平曾在中央军委工作一段时间。两年后,他毅然决定再回到基层。恪守着为百姓办好事的初心,习近平从县一级开始,一步一个脚印地往前走。不论在什么岗位,他都把远大的理想和美好的初心,化为服务人民的动力。习近平在正定工作时,曾对一位前来调研的山西原平县委书记说:我们读了很多书,但书里有很多水分,只有和群众结合,才能把水分蒸发掉,得到真正的知识。

1993年,时任福州市委书记的习近平回到梁家河看望乡亲们,他走了几里地的路,把全村都走了一遍。中午饭的时候,他畅快地吃了两大海碗羊肉。

2015年,已是党的总书记的习近平携夫人彭丽媛再次回到梁家河,40年过去了,梁家河的每一座山、每一条沟的名字,谁住在哪一口窑洞,谁的大名小名,他都记得清清楚楚。

如今,作为全党全国社会主义建设事业的领导核心,作为中华民族伟大复兴梦想的领路人,习近平,用自己青春的奋斗,为我们树立了一面旗帜,为我们指明了前进的方向。

青年兴则国家兴,青年强则国家强。青年一代有理想、有本领、有担当,国家就有前途,民族就有希望。中国梦是历史的、现实的,也是未来的;是我们这一代的,更是青年一代的。中华民族伟大复兴的中国梦终将在一代代青年的接力奋斗中变为现实。全党要关心和爱护青年,为他们实现人生出彩搭建舞台。广大青年要坚定理想信念,志存高远,脚踏实地,勇做时代的弄潮儿,在实现中国梦的生动实践中放飞青春梦想,在为人民利益的不懈奋斗中书写人生华章!

(资料来源:中国青年网 2018-07-01)

二、信仰之问——马克思主义为什么值得信仰?

习近平总书记在2018年纪念马克思诞辰200周年大会上,指出:"马克思是全世界无产阶级和劳动人民的革命导师,是马克思主义的主要创始人,是马克思主义政党的缔造者和国际共产主义的开创者,是近代以来最伟大的思想家。"在党的二十大报告中强调:"拥有马克思主义科学理论指导是我们党坚定信仰信念、把握历史主动的根本所在。"马克思主义是我们立党立国的根本指导思想,是近代以来中国历史发展的必然结果,是中国人民长期探索的历史选择。中国共产党从成立之日起,就把马克思主义写在自己的旗帜上。无论是处于顺境还是逆境,无论遇到什么样的冲击和干扰,受到什么样的否定和诋毁,我们党始终高举马克思主义的大旗,自觉把它作为行动指南,坚定不移、毫不动摇。新时代的大学生肩负建成社会主义现代化强国、实现中华民族伟大复兴的中国梦的时代使命,需要全面、准确、科学地认识马克思主义,把握马克思主义的科学价值和实践意义,增强对马克思主义的信仰。

精讲理论

1. 马克思主义是科学的理论,创造性地揭示了人类社会发展规律

在马克思提出科学社会主义之前,空想社会主义者早已存在,他们怀着悲天悯人的情感,对理想社会有许多美好的设想。但由于没有揭示社会发展规律,没有找到实现理想的有效途径,因而也就难以真正对社会发展发生作用。马克思创立了唯物史观和剩余价值学说,揭示了人类社会发展的一般规律,揭示了资本主义运行的特殊规律,为人类指明了从必然王国向自由王国飞跃的途径,为人民指明了实现自由和解放的道路。

2. 马克思主义是人民的理论,第一次创立了人民实现自身解放的思想体系

马克思主义博大精深,归根到底就是一句话,为人类求解放。马克思、恩格斯在《共产党宣言》中指出:"过去的一切运动都是少数人的或者为少数人谋利益的运动。无产阶级的运动是绝大多数人的、为绝大多数人谋利益的独立的运动。"马克思主义第一次站在人民的立场探求人类自由解放的道路,以科学的理论为最终建立一个没有压迫、没有剥削、人人平等、人人自由的理想社会指明了方向。马克思主义之所以具有跨越国度、跨越时代的影响力,就是因为它植根人民之中,指明了依靠人民推动历史前进的人间正道。

3. 马克思主义是实践的理论,指引着人民改造世界的行动

马克思说,"全部社会生活在本质上是实践的","哲学家们只是用不同的方式解释世界,而问题在于改变世界"。实践的观点是马克思主义认识论的基本观点,实践性是马克思主义理论区别于其他理论的显著特征。马克思主义不是书斋里的学问,而是为了改变人民历史命运而创立的,是在人民求解放的实践中形成的,也是在人民求解放的实践中丰富和发展的,为人民认识世界、改造世界提供了强大精神力量。

4. 马克思主义是不断发展的开放的理论,始终站在时代前沿

马克思一再告诫人们,马克思主义理论不是教条,而是行动指南,必须随着实践的变化而发展。一部马克思主义发展史就是马克思、恩格斯以及他们的后继者们不断根据时代、实践、认识发展而发展的历史,是不断吸收人类历史上一切优秀思想文化成果丰富自己的历史。回望百年奋斗征程,我们党始终高举马克思主义伟大旗帜,在领导革命、建设、改革的长期实践中,始终坚持把马克思主义基本原理同中国具体实际相结合、同中华优秀传统文化相结合,这是党的百年历史中一条宝贵经验,也是我们党事业不断成功的法宝。党的二十大报告指出,"我们坚持以马克思主义为指导,是要运用其科学的世界观和方法论解决中国的问题,而不是要背诵和重复其具体结论和词句,更不能把马克思主义当成一成不变的教条","实践告诉我们,中国共产党为什么能,中国特色社会主义为什么好,归根到底是马克思主义行,是中国化时代化的马克思主义行"。

精选案例

被编号为 0001 号文物的绞刑架

中国国家博物馆展览大厅里,摆放着一件国家一级文物,它是中国共产主义运动先驱李大钊就义的绞刑架。1950 年,中国革命博物馆筹建时,主要负责人之一的王冶秋,心心念念一定要找回它,找到后被编为 0001 号。1927 年 4 月 28 日,北京西交民巷京师看守所内,李大钊和其他十九位革命者,被奉系军阀张作霖秘密绞杀。李大钊第一个登上绞刑台,没有犹豫,更没有畏惧,慷慨赴义那年他年仅 38 岁。

1919 年五四运动后,李大钊致力于马克思主义的宣传,在《新青年》上发表《我的马克思主义观》,系统介绍马克思主义理论。李大钊推动了马克思主义在中国广泛传播,为中国共产党的创建奠定了思想基础,一大批时代青年通过李大钊的文章,转而寻求马克思主义真理。1920 年初,李大钊等革命家开始商议在中国建立无产阶级政党。同年秋,他领导建立北京的共产党早期组织和北京社会主义青年团,并积极推动建立全国范围的共产党组织。1927年4月,李大钊在京被捕入狱,惨遭反动军阀杀害,牺牲时年仅38岁。正是在以李大钊为代表的一大批革命家的艰辛努力下,一大批先进青年接受马克思主义走上革命道路,推动马克思主义与工人运动密切结合,为中国共产党的诞生奠定了坚实的思想基础。

(资料来源:共青团中央2021-03-03,有删改)

案例点评

李大钊的一生都在为中国的革命事业奔走,他早期致力于马克思主义的宣传,极大地推动了马克思主义思想在中国的传播,为中国革命的胜利打下坚实的理论基础,他以预见性的眼光指引中国革命发展的前进方向。马克思主义是我们立党立国的根本指导思想,青年大学生应当认真学习李大钊的革命事迹,理解马克思主义思想的精髓,坚定马克思主义思想的指导地位,为中华民族的伟大复兴树立崇高的理想信念。

经典阅读

百年伟业证明"归根到底是因为马克思主义行"

习近平总书记在庆祝中国共产党成立100周年大会上的重要讲话中指出:"中国共产党为什么能,中国特色社会主义为什么好,归根到底是因为马克思主义行!"这一重要论断的提出,是习近平总书记以史为基本线索,在对中国共产党百年奋斗历程的考察中,对马克思主义理论、中国共产党历史主体和中国特色社会主义道路三者之间的逻辑关系所作的科学回答,也是从大历史观视角,对中国共产党的伟大事业与马克思主义的关系,以及中国化马克思主义对马克思主义的继承和发展的关系所作的回答。事实证明,只有当中国共产党主动选择马克思主义,并在长期社会主义革命和建设以及改革开放实践中形成和发展中国化马克思主义,才使中国共产党不断取得一个又一个伟大胜利。

1. 中国共产党走向辉煌证明"归根到底是因为马克思主义行"

马克思主义作为一种科学的世界观和方法论表现出了鲜明的真理性、革命性、实践性和人民性。国际共运的历史证明,只有用科学马克思主义武装头脑的政党,才能在历史的大浪淘沙中始终保持旺盛的生命力、战斗力和进取心,才能在艰难困苦中玉汝于成。可以说,是否接受马克思主义,是否坚持真正的马克思主义,是一个无产阶级政党的事业能否成功的关键。中国共产党的发展壮大和取得的伟大成功雄辩地证明了这一点。

马克思主义是科学性与革命性统一的正确理论。中国共产党从建立之日起就以马克思主义为建党的理论基础和指导思想,把马克思主义这一科学理论与中国具体实际相结合,不断推进马克思主义中国化并用以指导实践。与此同时,中国共产党在汲取马克思主义真理力量中,始终坚持马克思主义以彻底批判精神为标志的革命性,做到在改造外部世界和与外部各种势力的斗争中,敢于自我批评,勇于纠正错误,从而使党沿着正确方向不断发展壮大。正是因为坚持了马克思主义科学性和革命性的统一,中国共产党虽经历苦难但不断走向辉煌。

对马克思主义实践性和人民性相统一的鲜明特性的坚定遵循,也是中国共产党得以成功的重要原因。中国共产党始终清醒地认识到社会历史的本质在于实践,所有问题的解决都需要从实践中找寻答案,善于在实践中发现问题、解决问题,始终坚持将党的一切方针、政策落到实践,从而推进自身事业不断取得成功。同时,中国共产党清醒地认识到社会实践的主体是人民,人民的拥护和支持是党一切事业得以成功的关键。中国共产党从建立之初就坚定遵循马克思主义的人民性这一特性,坚持马克思主义的群众史观,将广大人民群众的根本利益作为自己的奋斗目标和工作前提,真正做到与人民群众同呼吸共命运。正因为如此,中国共产党才能得到广大人民的拥护和支持,从最初的 50 余人发展到如今的 9500 多万党员,在百年征程中不断走向辉煌。

2. 中国特色社会主义成功实践证明"归根到底是因为马克思主义行"

作为"舶来品",马克思主义必须与中国的具体实践相结合,以中国化的形式加以表达,创造出符合中国国情的国家形态。中国特色社会主义正是马克思主义理论与中国具体实践相结合的伟大创造。马克思主义之所以行,就是因为它能在中国具体实践中创造出中国特色社会主义道路这一新生事物,这一伟大创造正是马克思主义在中国社会主义制度创新上的最新展现。

中国特色社会主义已完成了第一个百年奋斗目标,"在中华大地上全面建成了小康社会"。马克思主义设定的宏伟目标是实现全体劳动者的共同富裕,而中国特色社会主义所实现的第一个百年奋斗目标,恰恰是马克思主义在中国社会主义实践中的巨大成功。这不仅表明科学社会主义在中国已经成为一种成功的革命运动,还彰显马克思主义核心思想在中国实践中的具体表达,印证了马克思主义理论的科学性和合理性。

中国特色社会主义已开启了第二个百年奋斗目标的新征程。马克思主义的最终目标是要实现共产主义,这一目标的实现需要有强大的物质基础作为保障,并辅之以全方位的政治、文化、社会和生态建设。全面建成社会主义现代化强国新征程是一条具有鲜明中国特色的现代化路径,体现出马克思主义在具体国家中实现最终目标的不断尝试,使马克思主义所规划的宏愿在中国大地上能成为现实。

3. 中国化马克思主义创新发展证明"归根到底是因为马克思主义行"

"马克思主义是不断发展的开放的理论,始终站在时代前沿"。与时俱进、不断创新是马克思主义的根本特性。正因为如此,马克思主义才能始终保持生机活力,通过正确回应时代与实践课题,永葆理论常新。马克思主义正是在与时代和实践的相融互通、交相互动中不断实现自身的创新和发展,并用以科学指导实践。马克思主义理论自身的不断发展有力证明了马克思主义行。

纵观马克思主义发展史,特别是马克思主义在中国的发展历史,可以发现,马克思主义的每一次创新和发展,都与对时代和实践作出科学判断密不可分,都是在对时代和社会实践充分认识和把握的基础上发展理论并指导实践。从毛泽东思想到邓小平理论、"三个代表"重要思想和科学发展观,再到习近平新时代中国特色社会主义思想,中国化马克思主义的每一次自我发展都是对特定时代和具体实践的科学回应,在正确指导社会主义实践中成为"党的灵魂和旗帜"。

中国特色社会主义进入新时代。21 世纪的中国和世界都发生了巨变,"两个大局"对马克思主义的创新发展提出了更高的要求。推进中国化马克思主义新发展,才有可能确保理论对实践起到指导和引领的作用。习近平新时代中国特色社会主义思想,是马克思主义在新时代不断创新和发展的新理论新思想新观点,是中国化马克思主义发展的新阶段,是马克思主义在新时代"行"的充分证明。我们坚信,在习近平新时代中国特色社会主义思想引领下,"用马克思主义观察时代、把握时代、引领时代,继续发展当代中国马克思主义、21世纪马克思主义",中华民族伟大复兴的中国梦定能实现。

(资料来源:《南方日报》,2021年7月19日,有改动)

三、增强对中国特色社会主义的信念

党的十九届六中全会指出:党的百年奋斗开辟了实现中华民族伟大复兴的正确道路,中国仅用几十年时间就走完发达国家几百年走过的工业化历程,创造了经济快速发展和社会长期稳定两大奇迹。

精讲理论

实现中华民族伟大复兴是中华民族近代以来最伟大的梦想,也是中国共产党百年奋斗的主题。寻梦必先寻路,实现中华民族伟大复兴的中国梦必须找到一条正确道路。中国特色社会主义道路是历史和人民的选择,它立足中国基本国情,体现了中国共产党人的奋斗目标。习近平总书记指出:"中国特色社会主义是党和人民历经千辛万苦、付出巨大代价取得的根本成就,是实现中华民族伟大复兴的正确道路。"中国特色社会主义道路来之不易,它是党在深刻总结历史经验的基础上成功开辟的,是党团结带领人民坚持走自己的路而独立自主创造的,是历史的选择、人民的选择、实践的选择,是主体能动性和实践创造性的有机统一。

1.中国特色社会主义是对科学社会主义的守正创新

中国特色社会主义是科学社会主义理论逻辑和中国社会发展历史逻辑的辩证统一,是根植于中国大地、反映中国人民意愿、适应中国实际和时代发展进步要求的科学社会主义,它牢牢坚持了科学社会主义的基本原则,又根据时代条件赋予其鲜明的中国特色,为科学社会主义注入了许多原创性贡献。党的十八大以来,习近平总书记特别强调,中国特色社会主义是社会主义而不是其他什么主义,科学社会主义基本原则不能丢,丢了就不是社会主义。社会主义从空想到科学、从理论到实践、从一国到多国,历经500多年风雨而发展到今天,中国特色社会主义标志了社会主义发展的最新阶段,彰显了科学社会主义在21世纪的生机和活力。

2.中国特色社会主义创造了人类文明发展的新形态

中国特色社会主义在推进繁荣发展的历史进程中,形成了一条符合中国国情的中国式现代化新道路,既体现了人类社会的发展规律和现代化的普遍要求,又同西方现代化发展道路有着本质区别,拓展了发展中国家走向现代化的途径,给世界上那些既希望加快发展又希望保持自身独立性的国家和民族提供了全新选择。中国特色社会主义既创造更多物质财富和精神财富以满足人民日益增长的美好生活需要,也提供更多优质生态产品以满足人民日益增长的优美生态环境需要;既推动全人类物质文明的不断丰富与发展,又不断弘扬和平、发展、公平、正义、民主、自由的全人类共同价值,创造了人类文明的新形态。

3.中国特色社会主义创造了世所罕见的伟大奇迹

中国特色社会主义推动中华民族不断实现新的历史性跨越,创造了经济快速发展的奇迹,从一穷二白发展成为经济总量突破120万亿元、人均GDP超过1万美元的世界第二大经济体;创造了社会长期稳定的奇迹,中国社会在现代化的急剧变革中保持和谐稳定,中国人民安居乐业,中国成为世界上最有安全感的国家之一;创造了人民生活水平显著提高的奇迹,中国人民从

温饱不足到全面小康,历史性地消除绝对贫困,正朝着共同富裕的目标稳步前进;创造了不断为世界作出重大贡献的奇迹,中国从落后时代到赶上时代、从赶上时代到引领时代,成为世界和平的建设者、全球发展的贡献者、国际秩序的维护者、公共产品的提供者。

精选案例

"鞋子合不合脚穿着才知道"
——看百年大党的制度自信

大地葱茏,万物生长。

亿万中华儿女,意气风发行走在中国特色社会主义的康庄大道上。

没有人比我们更懂得,中国道路的来之不易;没有人比我们更懂得,只有这条道路才能发展中国、富强中国。

（一）

"丁香花儿开,满山牛羊壮;独龙腊卡的日子,比蜜甜来比花香……"

爽朗悠扬的歌声回荡在云南省怒江傈僳族自治州贡山独龙族怒族自治县独龙江乡。

77岁的独龙族"文面女"李文仕何曾想到,过上了"比蜜还甜"的晚年生活。

8年时间,近一亿人脱贫。

从西南边陲到北疆大漠,从漫漫戈壁到深山老林,在与贫困的战斗中,没有一个民族掉队,没有一个人被落下。

喜看今日路,胜读百年书。

到2020年底,国内生产总值突破100万亿元,人均GDP超过1万美元,稳居世界第二大经济体;拥有世界上最完整的工业产业链条、最强大的工业制造能力;对世界经济增长的贡献率年均在30%以上,位居世界第一……

这还是百年前那个满目疮痍、一穷二白的中国吗?就在中国人民手中,一个个不可能成为可能。14亿中国人民以前所未有的昂扬姿态,向着民族复兴的宏伟目标行进。

鞋子合脚了,就不怕山高路远;方向对了,就要一往无前。

不论是金融危机还是特大洪灾,不论是特大地震还是严峻疫情,我们都不畏艰险、沉着应对,持续呈现出政治稳定、经济发展、文化繁荣、民族团结、人民幸福、社会安宁的生动景象。

实践已经证明并将继续证明,实现中国梦必须走中国道路。中国特色社会主义道路适合中国国情、符合中国特点、顺应时代发展要求,是一条实现中华民族伟大复兴的必由之路。

（二）

5月的中原大地麦浪翻滚,丰收在望。

在南水北调中线源头处,一渠长江水正通过南水北调中线肖楼分水口,源源不断向南阳引丹灌区供水,全力以赴保障农业生产。

如今,这一世界规模最大的调水工程之一,在中国版图上勾画出南北调配、东西互济的水网格局。甘甜的长江水滋润着黄淮海流域40多座大中城市、超过1.2亿群众。

"我们建设的这项工程,是一条造福人民的幸福渠,更是新时代制度自信的幸福渠。"水利部南水北调工程管理司有关负责人说。

高峡出平湖、高原铺天路,上九天揽月、下五洋捉鳖;最大的高速公路网、最大的射电望远镜、最快的超级计算机……一个个梦想变为现实。

100年来，中国共产党牢记初心使命，团结带领亿万人民砥砺奋进，攻克了一个又一个看似不可攻克的难关，创造了一个又一个彪炳史册的人间奇迹。

中国建成了包括养老、医疗、低保在内的世界最大的社会保障体系，基本养老保险覆盖超过9亿人，医疗保险覆盖超过13亿人，居民人均预期寿命提高到2018年的77岁。

疾风知劲草。面对突如其来的新冠肺炎疫情，我们以人民至上、生命至上诠释了人间大爱，用众志成城、坚忍不拔书写了抗疫史诗。

从白衣天使到人民子弟兵，从科研人员到社区工作者，从志愿者到工程建设者，从古稀老人到"90后""00后"青年一代……全国各条战线闻令而动、勠力同心，展现了坚不可摧的中国力量、雷厉风行的中国效率、众志成城的中国精神，彰显了中国特色社会主义的制度优势。

习近平总书记说："当今世界，要说哪个政党、哪个国家、哪个民族能够自信的话，那中国共产党、中华人民共和国、中华民族是最有理由自信的。"

（三）

100年前的那群年轻人，面对肆虐的屈辱，在如漆的黑暗中手握真理、救亡图存，由此开始百年探索，最终找到了这条符合国情的道路——中国特色社会主义道路。

走进望志路106号（今兴业路76号）。1921年7月，中国共产党第一次全国代表大会在这里开幕。

年轻的长衣短衫立下初心，"梦"从这里开始，要把一个国家和民族，带去更远的地方……

走出修旧如旧的石库门，就是繁华的上海新天地，就是今天社会主义中国的国际化大都市。

何其豪迈！

今天的中国人，不再风雨飘摇朝不保夕，不再为温饱而愁、为生存而困，而是拥有开拓人生无限可能的自由，拥有人生出彩的机会。亿万人民的创新源泉充分涌流、创造活力竞相迸发。

自信，不是故步自封，而是更加坚定地探索实践。

当今世界，正面临百年未有之大变局。坚定中国特色社会主义制度自信，我们依然咬定青山不放松，任尔东西南北风。我们还要不断革除体制机制弊端，推动中国特色社会主义制度更加成熟、更加定型。

100多年前，我们悲愤："四万万人齐下泪，天涯何处是神州。"

今天，我们自豪："此生无悔入华夏，来世还在种花家。"

一个什么样的制度，能载动14亿人的幸福？一个什么样的制度，能复兴一个伟大的民族？

答案，在我们的信念中，在我们的行动里。

（资料来源：新华网2021-06-17，有改动）

🔍 案例点评

2013年3月23日，习近平在莫斯科国际关系学院的演讲中指出："我们主张，各国和各国人民应该共同享受尊严。要坚持国家不分大小、强弱、贫富一律平等，尊重各国人民自主选择发展道路的权利，反对干涉别国内政，维护国际公平正义。'鞋子合不合脚，自己穿了才知道。'一个国家的发展道路合不合适，只有这个国家的人民才最有发言权。"习近平在国际交往的场合下引用这句俗语，就是要告诉世界，中国的发展有着自己的选择和道路，中国人民是充满智慧的。中国人民自己作出的选择、中国自身走出来的道路，其结果只有中国人民才能作出评判。"鞋子合不合脚,自己穿了才知道"这句人人都能听懂的朴实话语,揭示了一个国家的发展道路合不合适,只有这个国家的人民才最有发言权的深刻道理。

> 经典阅读

习近平谈坚持中国道路

我们始终认为,各国的发展道路应由各国人民选择。所谓的"中国模式"是中国人民在自己的奋斗实践中创造的中国特色社会主义道路。我们坚信,随着中国特色社会主义不断发展,我们的制度必将越来越成熟,我国社会主义制度的优越性必将进一步显现,我们的道路必将越走越宽广,我国发展道路对世界的影响必将越来越大。

——2013年1月5日,习近平在新进中央委员会的委员、候补委员学习贯彻党的十八大精神研讨班上的讲话

中国立足自身国情和实践,从中华文明中汲取智慧,博采东西方各家之长,坚守但不僵化,借鉴但不照搬,在不断探索中形成了自己的发展道路。条条大路通罗马。谁都不应该把自己的发展道路定为一尊,更不应该把自己的发展道路强加于人。

——2017年1月17日,习近平在瑞士达沃斯举行的世界经济论坛2017年年会开幕式上的主旨演讲

走自己的路,是党的全部理论和实践立足点,更是党百年奋斗得出的历史结论。中国特色社会主义是党和人民历经千辛万苦、付出巨大代价取得的根本成就,是实现中华民族伟大复兴的正确道路。

——2021年7月1日,习近平在庆祝中国共产党成立100周年大会上的讲话

辛亥革命110年来的历史启示我们,实现中华民族伟大复兴,道路是最根本的问题。中国特色社会主义是实现中华民族伟大复兴的唯一正确道路。这条道路符合中国实际、反映中国人民意愿、适应时代发展要求,不仅走得对、走得通,而且也一定能够走得稳、走得好。

——2021年10月9日,习近平在纪念辛亥革命110周年大会上的讲话

实现中国梦必须走中国道路。这就是中国特色社会主义道路。这条道路来之不易,它是在改革开放30多年的伟大实践中走出来的,是在中华人民共和国成立60多年的持续探索中走出来的,是在对近代以来170多年中华民族发展历程的深刻总结中走出来的,是在对中华民族5000多年悠久文明的传承中走出来的,具有深厚的历史渊源和广泛的现实基础。中华民族是具有非凡创造力的民族,我们创造了伟大的中华文明,我们也能够继续拓展和走好适合中国国情的发展道路。

——2013年3月17日,习近平在第十二届全国人民代表大会第一次会议上的讲话

面向未来,我们必须坚持走自己的路。方向决定道路,道路决定命运。我们自己的路,就是中国特色社会主义道路。这条道路,是中国共产党带领中国人民历经千辛万苦、付出巨大代价开辟出来的,是被实践证明了的符合中国国情、适合时代发展要求的正确道路。

——2014年9月30日,习近平在庆祝中华人民共和国成立65周年招待会上的讲话

方向决定道路,道路决定命运。中国特色社会主义不是从天上掉下来的,是党和人民历尽千辛万苦、付出巨大代价取得的根本成就。中国特色社会主义,既是我们必须不断推进的伟大事业,又是我们开辟未来的根本保证。

——2016年7月1日,习近平在庆祝中国共产党成立95周年大会上的讲话

道路问题直接关系党和人民事业兴衰成败。中国特色社会主义道路是党和人民历经千辛万苦、克服千难万险取得的宝贵成果。中国特色社会主义道路,开拓于中国人民共同奋斗,扎根于中华大地,是给中国人民带来幸福安宁的正确道路。无论遇到什么风浪,在坚持中国特色社会主义道路这个根本问题上都要一以贯之,决不因各种杂音噪音而改弦更张。

——2020年9月3日,习近平在纪念中国人民抗日战争暨世界反法西斯战争胜利75周年座谈会上的讲话

中国特色社会主义道路是实现社会主义现代化、创造人民美好生活的必由之路,中国特色社会主义理论体系是指导党和人民实现中华民族伟大复兴的正确理论,中国特色社会主义制度是当代中国发展进步的根本制度保障,中国特色社会主义文化是激励全党全国各族人民奋勇前进的强大精神力量。全党要更加自觉地增强道路自信、理论自信、制度自信、文化自信,既不走封闭僵化的老路,也不走改旗易帜的邪路,保持政治定力,坚持实干兴邦,始终坚持和发展中国特色社会主义。

——2017年10月18日,习近平在中国共产党第十九次全国代表大会上的报告

改革开放40年的实践启示我们:方向决定前途,道路决定命运。我们要把命运掌握在自己手中,就要有志不改、道不变的坚定。改革开放40年来,我们党全部理论和实践的主题是坚持和发展中国特色社会主义。在中国这样一个有着5000多年文明史、13亿多人口的大国推进改革发展,没有可以奉为金科玉律的教科书,也没有可以对中国人民颐指气使的教师爷。鲁迅先生说过:"什么是路?就是从没路的地方践踏出来的,从只有荆棘的地方开辟出来的。"中国特色社会主义道路是当代中国大踏步赶上时代、引领时代发展的康庄大道,必须毫不动摇走下去。

——2018年12月18日,习近平在庆祝改革开放40周年大会上的讲话

新中国成立70年来,中国发生了翻天覆地变化,其根本原因在于我们找到了一条符合中国国情、顺应时代潮流、得到人民群众拥护支持的正确道路,这就是中国特色社会主义。今天,中国人民充满高度自信,将坚定不移沿着这条道路走下去。

——2019年11月22日,习近平会见出席2019年"创新经济论坛"外方代表时强调

要在党史学习教育中做到学史明理,明理是增信、崇德、力行的前提。要从党的辉煌成就、艰辛历程、历史经验、优良传统中深刻领悟中国共产党为什么能、马克思主义为什么行、中国特色社会主义为什么好等道理,弄清楚其中的历史逻辑、理论逻辑、实践逻辑。要深刻领悟坚持中国共产党领导的历史必然性,坚定对党的领导的自信。要深刻领悟马克思主义及其中国化创新理论的真理性,增强自觉贯彻落实党的创新理论的坚定性。要深刻领悟中国特色社会主义道路的正确性,坚定不移走中国特色社会主义这条唯一正确的道路。

——2021年3月22日至25日,习近平在福建考察时的讲话

(资料来源:新华网2021-11-27,有删改)

四、当理想照进现实——如何处理理想与现实的矛盾

理想与现实之间,总是有一定的差距,理想的不现实,现实的又不够理想。而且,这种差距是动态的,在人生的不同时段以不同的形式表现出来,人永远也不可能一劳永逸地解决它,只能不断地解决它。

精讲理论

1. 科学把握理想与现实的辩证统一

理想与现实存在着对立的一面。应承认现实与理想是存在差距的,正是因为这种差距,人们才需要理想,理想才更具有感召力,人们才更需要付出努力去追求理想。在面对理想与现实的差距时,要实事求是地分析现实,既不回避矛盾,也不夸大问题;既不将错综复杂的现实完全理想化,又不为现实中存在的某些现象所迷惑。正如刘少奇在《论共产党员的修养》中所说:"我们改造世界,不能离开现实,不能不顾现实,更不能逃避现实,也不能向丑恶的现实投降。我们正视现实,认识现实,在现实中求得生存和发展,向丑恶的现实斗争,改造现实,逐步地达到我们的理想。"理想与现实又是统一的,一方面,现实中包含着理想的因素,孕育着理想的发展,在一定条件下,现实必定要转化为理想;另一方面,理想中也包含着现实,是现实的升华,脱离现实而谈理想,理想就会成为空想。要把理想变为现实,最根本的途径是实践。

2. 正确看待实现理想的长期性、艰巨性和曲折性

事物的发展是一个过程,是新事物代替旧事物的一个过程,是前进性与曲折性的统一。理想变为现实不是一蹴而就、一帆风顺的,往往会遭遇波澜和坎坷。在现实生活中,人们对于理想的美好有着充分的想象,而对于理想实现的艰难则往往估计不足。因此,在确立理想和实现理想的过程中,要充分认清实现理想的长期性、艰巨性与曲折性。一般来说,理想越是高远,它的实现过程就越复杂,需要的时间就越长。在 2021 年秋季学期中央党校(国家行政学院)中青年干部培训班开班式上,习近平总书记发表重要讲话并强调"年轻干部要牢记,坚定理想信念是终身课题,需要常修常炼,要信一辈子、守一辈子",深入阐释了坚定理想信念的长期性、艰巨性和重要意义。

3. 艰苦奋斗是实现理想的重要条件

习近平总书记指出:"我们党在革命、建设、改革各个历史时期都遇到了种种艰难险阻,我们的事业成功都是经过艰辛探索、艰苦奋斗取得的。""我们党之所以历经百年而风华正茂、饱经磨难而生生不息,就是凭着那么一股革命加拼命的强大精神。"有种观点认为"艰苦奋斗是老一辈的事,当代青年不需要艰苦奋斗"。这种观点在理论上是错误的,在实践中是有害的。无论发展到什么程度,艰苦奋斗的精神永远不能丢。党的十八大以来,习近平总书记多次强调要永葆艰苦奋斗本色,指出:"能不能坚守艰苦奋斗精神,是关系党和人民事业兴衰成败的大事。"艰苦奋斗精神为我们党永葆先进性和纯洁性、永远得到人民群众拥护、永远走在时代前列提供了有力思想支撑。习近平总书记在纪念五四运动 100 周年大会上的讲话中指出:"今天,我们的生活条件好了,但奋斗精神一点都不能少,中国青年永久奋斗的好传统一点都不能丢。在实现中华民族伟大复兴的新征程上,必然会有艰巨繁重的任务,必然会有艰难险阻甚至惊涛骇浪,特别需要我们发扬艰苦奋斗精神。奋斗不只是响亮的口号,而是要在做好每一件小事、完成每一项任务、履行每一项职责中见精神。奋斗的道路不会一帆风顺,往往荆棘丛生、充满坎坷。强者,总是从挫折中不断奋起、永不气馁。"

精选案例

青平:喜看稻菽千重浪　袁公身去侠骨存

2021 年 5 月 22 日 13 时 07 分,"杂交水稻之父"袁隆平先生在长沙逝世,享年 91 岁。这位毕生追求解决全人类温饱问题的时代巨匠,留下他的"禾下乘凉梦",在人间陨落。

西南大学袁隆平院士的雕像前,人们自发前来送花。有人掩面哭泣,有人立正敬礼,有人腰部不适仍坚持鞠躬。无数长沙市民雨中自发送别运送袁隆平先生的灵车。从湘雅医院驶向湖南杂交水稻研究中心,一路上灵车经过之处,过往车辆纷纷鸣笛送别,路人齐声高喊:"袁爷爷,一路走好……"网络上,网友真挚缅怀,"一日三餐,米香弥漫,饱食者当常忆袁公""我每天都会乖乖把饭吃光光的"……发自肺腑的感言道出痛惜与不舍。

对大多数年轻人来说,袁隆平是从教科书中走下来的名人,他实现了"用全球7%的耕地,养活全世界21%的人口"。

"我有两个梦,一个是超级稻长得比高粱还高,穗子有扫帚那么长,结的籽有花生那么大,叫作禾下乘凉梦。一个是杂交水稻覆盖全球梦。"后来,"禾下乘凉梦"是向亩产1200公斤攻关,不停地追求高产、更高产和高品质、更高品质;"覆盖全球梦"是希望杂交水稻在非洲各个国家发展起来,解决非洲的粮食安全问题。袁隆平院士奉献了一生,将这些看似遥不可及的梦一一实现。2020年,第三代杂交水稻早晚双季稻平均亩产达到1530.76公斤,再次刷新世界纪录。

央视《面对面》一段采访中,袁隆平讲述年轻时看到的饥饿场面后,主持人问:"您是不是特别害怕,这样的场景再次出现?"老爷子认真地重复了两遍:"不可能了,不可能了。"这位一生浸在稻田里,把功勋写在大地上的杂交水稻之父,让上亿人口摆脱了饥饿,让中国人端稳了自己的饭碗,是真正的耕耘者。

无数年轻人集体悼念国士,满屏热搜下我们看到当代年轻人的信仰。袁隆平院士曾寄语追梦的年轻人:"年轻人要为了理想而努力奋斗。"当代年轻人没有让他失望,他们深爱着这个国家,用实际行动接过历史的接力棒。在抗疫一线,他们与病毒生死较量;在偏远乡村,他们与村民共奔富裕;在工厂车间,他们与时间和质量赛跑……

侠之大者,为国为民,禾下乘凉的老人,在禾下睡着了。浩瀚银河中,被命名为"袁隆平星"的小行星8117仍在围绕太阳公转。历经半个世纪的水稻研究,袁隆平已经将梦的种子撒向了更远方。薪火相传,生生不息,无数个种子的梦也从此刻萌芽。他的事业需要我们继承,他的精神需要我们发扬,由他书写的历史也需要我们继续书写下去。这是对袁隆平院士的深情告慰,也是我们对未来的庄严宣誓。

(资料来源:中国青年报客户端,2021年5月23日,有改动)

🔑 案例点评

袁隆平原本是一名人民教师,国家连续三年的粮食短缺促使他把注意力聚焦到水稻研究上。然而,袁隆平的探索研究之旅并不顺利,其间还遭遇了多次打击。尽管如此,袁隆平并没有退缩,他不断转战试验场地,在全国各地建立多处杂交水稻试点,奔走于各省。袁隆平的杂交水稻技术不仅解决了中国亿万人的温饱问题,还为世界作出巨大贡献,成为"杂交水稻之父"。袁隆平目标的实现,关键在于他遇到困难不退缩、坚守理想、拥有坚持不懈的精神与决心。理想指引方向,信念决定成败。倘若袁隆平没有守住理想、坚持初心,也就没有杂交水稻研究的成功。大学生在求学期间,也要树立自己的理想信念,时刻谨记奋斗目标,铆足前进动力,为自己人生价值的实现奠定基础。

思考题:袁隆平院士曾说自己有两个梦想,这两个梦想都是什么?从袁隆平的追梦之路感悟理想信念的力量。

经典阅读

习近平：在庆祝中国共产主义青年团成立100周年大会上的讲话

共青团员们，青年朋友们，同志们：

青春孕育无限希望，青年创造美好明天。一个民族只有寄望青春、永葆青春，才能兴旺发达。

今天，我们在这里隆重集会，庆祝中国共产主义青年团成立100周年，就是要激励广大团员青年在实现中华民族伟大复兴中国梦的新征程上奋勇前进。

首先，我代表党中央，向全体共青团员和各级共青团组织、团干部，致以热烈的祝贺和诚挚的问候！

共青团员们、青年朋友们、同志们！

中华民族是历史悠久、饱经沧桑的古老民族，更是自强不息、朝气蓬勃的青春民族。在5000多年源远流长的文明历史中，中华民族始终有着"自古英雄出少年"的传统，始终有着"长江后浪推前浪"的情怀，始终有着"少年强则国强，少年进步则国进步"的信念，始终有着"希望寄托在你们身上"的期待。千百年来，青春的力量，青春的涌动，青春的创造，始终是推动中华民族勇毅前行、屹立于世界民族之林的磅礴力量！

青年的命运，从来都同时代紧密相连。1840年鸦片战争以后，中国逐步成为半殖民地半封建社会，国家蒙辱、人民蒙难、文明蒙尘，中华民族遭受了前所未有的劫难。一批又一批仁人志士为救国救民而苦苦追寻，一大批先进青年在"觉醒年代"纷纷觉醒。伟大的五四运动促进了马克思主义在中国的传播，拉开了新民主主义革命的序幕，也标志着中国青年成为推动中国社会变革的急先锋。

青春力量一经觉醒，先进思想一经传播，中华大地便迅速呈现出轰轰烈烈的革命新气象。在马克思列宁主义同中国工人运动的紧密结合中，中国共产党应运而生。中国共产党一经诞生，就把关注的目光投向青年，把革命的希望寄予青年。党的一大专门研究了建立和发展青年团作为党的预备学校的问题。1922年5月5日，在中国共产党直接关怀和领导下，中国共产主义青年团宣告成立。这在中国革命史和青年运动史上具有里程碑意义！

坚定不移跟党走，为党和人民奋斗，是共青团的初心使命。一百年来，在党的坚强领导下，共青团不忘初心、牢记使命，走在青年前列，组织引导一代又一代青年坚定信念、紧跟党走，为争取民族独立、人民解放和实现国家富强、人民幸福而贡献力量，谱写了中华民族伟大复兴进程中激昂的青春乐章。

新民主主义革命时期，共青团广泛传播马克思主义，用先进思想启迪青年觉醒、凝聚青春力量，团结带领广大团员青年踊跃投身反帝反封建的工人运动、农民运动、学生运动，积极参加党领导的革命武装，在打倒军阀、抗日救亡、推翻国民党反动统治的伟大斗争中冲锋陷阵，展现出不怕牺牲、浴血斗争的精神风貌。刀光剑影，枪林弹雨，广大团员青年对党忠贞不渝，经受住了生与死的考验，为中国革命胜利贡献了青春、建立了重要功勋！

社会主义革命和建设时期，共青团积极参与中华民族有史以来最为广泛而深刻的社会变革，组建青年突击队、青年垦荒队、青年扫盲队，开展学雷锋活动，团结带领广大团员青年激发"敢教日月换新天"的豪情，喊出"把青春献给祖国"的响亮口号，向科学进军，向困难进军，向荒原进军,展现出敢于拼搏、辛勤劳动的精神风貌。艰难困苦,千难万险,广大团员青年主动作为、勇挑重担,哪里最困难、哪里就有团的旗帜,哪里有需要、哪里就有团员青年的身影,为祖国建设贡献了青春、建立了重要功勋!

改革开放和社会主义现代化建设新时期,共青团适应党和国家工作中心战略转移,解放思想,锐意进取,广泛开展争当新长征突击手、"五讲四美三热爱"、希望工程、青年志愿者、青年文明号、保护母亲河等一大批青春气息浓烈的创造性活动,团结带领广大团员青年发出"团结起来、振兴中华"的时代强音,在现代化建设各条战线上勇立潮头,展现出敢闯敢干、引领风尚的精神风貌。革故鼎新,建设四化,广大团员青年勇作改革闯将,开风气之先,为改革开放和社会主义现代化建设贡献了青春、建立了重要功勋!

中国特色社会主义新时代,共青团积极投身伟大斗争、伟大工程、伟大事业、伟大梦想波澜壮阔的实践,坚持守正创新、踔厉奋发,全面深化自身改革,团结带领广大团员青年在脱贫攻坚战场摸爬滚打,在科技攻关岗位奋力攀登,在抢险救灾前线冲锋陷阵,在疫情防控一线披甲出征,在奥运竞技赛场奋勇争先,在保卫祖国哨位威武守护,在党和人民最需要的时刻冲得出来、顶得上去,展现出自信自强、刚健有为的精神风貌。"清澈的爱,只为中国",成为当代中国青年发自内心的最强音。伟大梦想,伟大使命,广大团员青年自觉担当重任,深入基层一线,让青春在实现中华民族伟大复兴的中国梦中绽放异彩,为党和国家事业取得历史性成就、发生历史性变革贡献了青春、建立了重要功勋!

时代各有不同,青春一脉相承。一百年来,中国共青团始终与党同心、跟党奋斗,团结带领广大团员青年把忠诚书写在党和人民事业中,把青春播撒在民族复兴的征程上,把光荣镌刻在历史行进的史册里。

历史和实践充分证明,中国共青团不愧为中国青年运动的先锋队,不愧为党的忠实助手和可靠后备军!

共青团员们、青年朋友们、同志们!

越是往前走、向上攀,越是要善于从走过的路中汲取智慧、提振信心、增添力量。一百年来,共青团坚定理想、矢志不渝,形成了宝贵经验。这是共青团面向未来、再立新功的重要遵循。

——百年征程,塑造了共青团坚持党的领导的立身之本。没有中国共产党,就没有中国共青团。共青团从诞生之日起,就以党的旗帜为旗帜、以党的意志为意志、以党的使命为使命,把坚持党的领导深深融入血脉之中,形成了区别于其他青年组织的根本特质和鲜明优势。听党话、跟党走始终是共青团坚守的政治生命,党有号召、团有行动始终是一代代共青团员的政治信念。历史充分证明,只有坚持党的领导,共青团才能团结带领青年前进,推动中国青年运动沿着正确政治方向前行。

——百年征程,塑造了共青团坚守理想信念的政治之魂。共青团把青年人组织起来,是在理想信念感召下坚定信仰的结合、科学主义的结合。团的一大就明确提出了建设共产主义社会的远大理想,亮出了社会主义的鲜明旗帜,在一代又一代青年心中点亮理想之灯、发出信念之光,这是共青团最根本、最持久的凝聚力。历史充分证明,只有始终高举共产主义、社会主义旗帜,共青团才能形成最为牢固的团结、锻造最有战斗力的组织,始终把青年凝聚在党的理想信念旗帜之下。

——百年征程,塑造了共青团投身民族复兴的奋进之力。党的奋斗主题就是团的行动方向。共青团紧扣党在不同历史时期的中心任务,团结带领广大团员青年积极投身人民群众的壮阔实践,在民族复兴征程上勇当先锋、倾情奉献,发挥生力军和突击队作用,使实现民族复兴成为中国青年运动一以贯之的恢弘主流。历史充分证明,只有牢牢扭住为中华民族伟大复兴而奋斗这一主题,共青团才能团结起一切可以团结的青春力量,唱响壮丽的青春之歌。

——百年征程,塑造了共青团扎根广大青年的活力之源。共青团历经百年沧桑而青春焕发,依靠的就是始终扎根广大青年,始终把工作重点聚焦在最广大的工农青年和普通青年群体,把心紧紧同青年连在一起,把青年人的心紧紧同党贴在一起。历史充分证明,只有不断从广大青年这片沃土中汲取养分、获取力量,共青团才能成为广大青年信得过、靠得住、离不开的贴心人。

共青团员们、青年朋友们、同志们!

在中国共产党坚强领导下,全国各族人民万众一心、齐心协力,胜利实现了第一个百年奋斗目标,在中华大地上全面建成了小康社会,正在意气风发向着全面建成社会主义现代化强国的第二个百年奋斗目标迈进。

实现中国梦是一场历史接力赛,当代青年要在实现民族复兴的赛道上奋勇争先。时代总是把历史责任赋予青年。新时代的中国青年,生逢其时、重任在肩,施展才干的舞台无比广阔,实现梦想的前景无比光明。在庆祝中国共产党成立100周年大会上,共青团员、少先队员代表响亮喊出"请党放心、强国有我"的青春誓言。这是新时代中国青少年应该有的样子,更是党的青年组织必须有的风貌。

在新的征程上,如何更好把青年团结起来、组织起来、动员起来,为实现第二个百年奋斗目标、实现中华民族伟大复兴的中国梦而奋斗,是新时代中国青年运动和青年工作必须回答的重大课题。共青团要增强引领力、组织力、服务力,团结带领广大团员青年成长为有理想、敢担当、能吃苦、肯奋斗的新时代好青年,用青春的能动力和创造力激荡起民族复兴的澎湃春潮,用青春的智慧和汗水打拼出一个更加美好的中国!

这里,我给共青团提几点希望。

第一,坚持为党育人,始终成为引领中国青年思想进步的政治学校。志存高远方能登高望远,胸怀天下才可大展宏图。火热的青春,需要坚定的理想信念。我们党用"共产主义"为团命名,就是希望党的青年组织永远站在理想信念的高地上,用党的科学理论武装青年,用党的初心使命感召青年,用党的光辉旗帜指引青年,用党的优良作风塑造青年。新时代的中国青年,更加自信自强、富于思辨精神,同时也面临各种社会思潮的现实影响,不可避免会在理想和现实、主义和问题、利己和利他、小我和大我、民族和世界等方面遇到思想困惑,更加需要深入细致的教育和引导,用敏锐的眼光观察社会,用清醒的头脑思考人生,用智慧的力量创造未来。共青团作为广大青年在实践中学习中国特色社会主义和共产主义的学校,要从政治上着眼、从思想上入手、从青年特点出发,帮助他们早立志、立大志,从内心深处厚植对党的信赖、对中国特色社会主义的信心、对马克思主义的信仰。要立足党的事业后继有人这一根本大计,牢牢把握培养社会主义建设者和接班人这个根本任务,引导广大青年在思想洗礼、在实践锻造中不断增强做中国人的志气、骨气、底气,让革命薪火代代相传!

第二,自觉担当尽责,始终成为组织中国青年永久奋斗的先锋力量。奋斗是青春最亮丽的底色,行动是青年最有效的磨砺。有责任有担当,青春才会闪光。青年是常为新的,最具创新热情,最具创新动力。党和人民事业发展离不开一代又一代有志青年的拼搏奉献。只有当青春同党和人民事业高度契合时,青春的光谱才会更广阔,青春的能量才能充分迸发。青年是社会中最有生气、最有闯劲、最少保守思想的群体,蕴含着改造客观世界、推动社会进步的无穷力量。

共青团要团结带领广大团员青年勇做新时代的弄潮儿,自觉听从党和人民召唤,胸怀"国之大者",担当使命任务,到新时代新天地中去施展抱负、建功立业,争当伟大理想的追梦人,争做伟大事业的生力军,让青春在祖国和人民最需要的地方绽放绚丽之花!

第三,心系广大青年,始终成为党联系青年最为牢固的桥梁纽带。共青团是党领导的群团组织,也是青年人自己的组织。团的最大优势在于遍布基层一线、深入青年身边。要紧扣服务青年的工作生命线,履行巩固和扩大党执政的青年群众基础这一政治责任,既把青年的温度如实告诉党,也把党的温暖充分传递给青年。要千方百计为青年办实事、解难事,主动想青年之所想、急青年之所急,充分依托党赋予的资源和渠道,为青年提供实实在在的帮助,让广大青年真切感受到党的关爱就在身边、关怀就在眼前!

第四,勇于自我革命,始终成为紧跟党走在时代前列的先进组织。对共青团来说,建设什么样的青年组织、怎样建设青年组织是事关根本的重大问题。"常制不可以待变化,一途不可以应无方,刻船不可以索遗剑。"共青团只有勇于自我革命,才能跟上时代前进、青年发展、实践创新的步伐。要把党的全面领导落实到工作的全过程各领域,走好中国特色社会主义群团发展道路,聚焦不断保持和增强政治性、先进性、群众性的目标方向,推动共青团改革向纵深发展。要敏于把握青年脉搏,依据青年工作生活方式新变化新特点,探索团的基层组织建设新思路新模式,带动青联、学联组织高扬爱国主义、社会主义旗帜,不断巩固和扩大青年爱国统一战线。要自觉对标全面从严治党经验做法,以改革创新精神和从严从实之风加强自身建设,严于管团治团,在全方位、高标准锻造中焕发出共青团昂扬向上的时代风貌!

"人生万事须自为,跬步江山即寥廓。"追求进步,是青年最宝贵的特质,也是党和人民最殷切的希望。新时代的广大共青团员,要做理想远大、信念坚定的模范,带头学习马克思主义理论,树立共产主义远大理想和中国特色社会主义共同理想,自觉践行社会主义核心价值观,大力弘扬爱国主义精神;要做刻苦学习、锐意创新的模范,带头立足岗位、苦练本领、创先争优,努力成为行业骨干、青年先锋;要做敢于斗争、善于斗争的模范,带头迎难而上、攻坚克难,做到不信邪、不怕鬼、骨头硬;要做艰苦奋斗、无私奉献的模范,带头站稳人民立场,脚踏实地、求真务实,吃苦在前、享受在后,甘于做一颗永不生锈的螺丝钉;要做崇德向善、严守纪律的模范,带头明大德、守公德、严私德,严格遵纪守法,严格履行团员义务。广大共青团员要认真接受政治训练、加强政治锻造、追求政治进步,积极向党组织靠拢,以成长为一名合格的共产党员为目标、为光荣。

长期以来,广大团干部发扬优良传统,认真履职尽责,为党的青年工作作出了重要贡献。团干部要铸牢对党忠诚的政治品格,高扬理想主义的精神气质,心境澄明,心力茁壮,让人迎面就能感受到年轻干部应有的清澈和纯粹。要自觉践行群众路线、树牢群众观点,同广大青年打成一片,做青年友,不做青年"官",多为青年计,少为自己谋。要培养担当实干的工作作风,不尚虚谈、多务实功,勇于到艰苦环境和基层一线去担苦、担难、担重、担险,老老实实做人,踏踏实实干事。要涵养廉洁自律的道德修为,心有所畏、言有所戒、行有所止,不断锤炼意志力、坚忍力、自制力,做一个一心为公、一身正气、一尘不染的人。

共青团员们、青年朋友们、同志们!

革命人永远是年轻。中国共产党立志于中华民族千秋伟业,百年恰是风华正茂。列宁曾经引用恩格斯的话说过:"我们是未来的党,而未来是属于青年的。我们是革新者的党,而总是青年更乐于跟着革新者走。我们是跟腐朽的旧事物进行忘我斗争的党,而总是青年首先投身到忘我斗争中去。"历史和现实都证明，中国共产党是始终保持青春特质的党，是永远值得青年人信赖和追随的党。

在实现中华民族伟大复兴的征程上，中国共产党是先锋队，共青团是突击队，少先队是预备队。入队、入团、入党，是青年追求政治进步的"人生三部曲"。中国共产党始终向青年敞开大门，热情欢迎青年源源不断成为党的新鲜血液。共青团要履行好全团带队政治责任，规范和加强少先队推优入团、共青团推优入党工作机制，着力推动党、团、队育人链条相衔接、相贯通。各级党组织要高度重视培养和发展青年党员，特别是要注重从优秀共青团员中培养和发展党员，确保红色江山永不变色。

李大钊说过："青年者，国家之魂。"过去、现在、将来青年工作都是党的工作中一项战略性工作。各级党委（党组）要倾注极大热忱研究青年成长规律和时代特点，拿出极大精力抓青年工作，做青年朋友的知心人、青年工作的热心人、青年群众的引路人。各级党组织要落实党建带团建制度机制，经常研究解决共青团工作中的重大问题，热情关心、严格要求团干部，支持共青团按照群团工作特点和规律创造性地开展工作。

共青团员们、青年朋友们、同志们！

早在两千多年前，孔子就说："后生可畏，焉知来者之不如今也？"青年之于党和国家而言，最值得爱护、最值得期待。青年犹如大地上茁壮成长的小树，总有一天会长成参天大树，撑起一片天。青年又如初升的朝阳，不断积聚着能量，总有一刻会把光和热洒满大地。党和国家的希望寄托在青年身上！

1937年，毛泽东同志为陕北公学成立题词时说："要造就一大批人，这些人是革命的先锋队。这些人具有政治远见。这些人充满着斗争精神和牺牲精神。这些人是胸怀坦白的，忠诚的，积极的，与正直的。这些人不谋私利，唯一的为着民族与社会的解放。这些人不怕困难，在困难面前总是坚定的，勇敢向前的。这些人不是狂妄分子，也不是风头主义者，而是脚踏实地富于实际精神的人们。中国要有一大群这样的先锋分子，中国革命的任务就能够顺利的解决。"今天，党和人民同样需要一大批这样的先锋分子，党中央殷切希望共青团能够培养出一大批这样的先锋分子。这是党的殷切期待，也是祖国和人民的殷切期待！

（资料来源：新华网 2022-05-10）

五、增强对实现中华民族伟大复兴的信心

习近平总书记在2021年7月1日庆祝中国共产党成立100周年大会上的讲话中指出："中国共产党一经诞生，就把为中国人民谋幸福、为中华民族谋复兴确立为自己的初心使命。一百年来，中国共产党团结带领中国人民进行的一切奋斗、一切牺牲、一切创造，归结起来就是一个主题：实现中华民族伟大复兴。"在100多年接续奋斗中，一代又一代中国共产党人不忘初心、牢记使命，团结带领人民为实现中华民族伟大复兴作出了卓越贡献，创造了中华民族发展史、人类社会发展史上的伟大奇迹。

 精讲理论

1.实现中华民族伟大复兴是中华民族近代以来最伟大的梦想

（1）中国梦的提出。

2012年11月29日，习近平总书记在国家博物馆参观《复兴之路》展览时，提出"实现中华

民族伟大复兴,就是中华民族近代以来最伟大的梦想。这个梦想,凝聚了几代中国人的夙愿,体现了中华民族和中国人民的整体利益,是每一个中华儿女的共同期盼"。中国梦,反映了近代以来一代又一代中国人的美好夙愿,揭示了中华民族的历史命运和当代中国的发展走向,指明了全党全国各族人民共同的奋斗目标。

2013年3月17日,习近平总书记在第十二届全国人民代表大会第一次会议上的讲话中指出:"中华民族具有5000多年连绵不断的文明历史,创造了博大精深的中华文化,为人类文明进步作出了不可磨灭的贡献。经过几千年的沧桑岁月,把我国56个民族、13亿多人紧紧凝聚在一起的,是我们共同经历的非凡奋斗,是我们共同创造的美好家园,是我们共同培育的民族精神,而贯穿其中的、更重要的是我们共同坚守的理想信念。"

(2)中国梦的内容。

在新的历史时期,中国梦的本质是国家富强、民族振兴、人民幸福。

中国梦是历史的、现实的,也是未来的。中国梦凝结着无数仁人志士的不懈努力,承载着全体中华儿女的共同向往,昭示着国家富强、民族振兴、人民幸福的美好前景。

中国梦是国家的、民族的,也是每一个中国人的。中国梦归根到底是人民的梦,必须紧紧依靠人民来实现,必须不断为人民造福。国家好、民族好,大家才会好。只有每个人都为美好梦想而奋斗,才能汇聚起实现中国梦的磅礴力量。

中国梦是我们的,更是青年一代的。中华民族伟大复兴终将在广大青年的接力奋斗中变为现实。

(3)实现中国梦的途径。

第一,实现中国梦必须走中国道路。这就是中国特色社会主义道路。这条道路来之不易,它是在改革开放40多年的伟大实践中走出来的,是在中华人民共和国成立70多年的持续探索中走出来的,是在对近代以来180多年中华民族发展历程的深刻总结中走出来的,是在对中华民族5000多年悠久文明的传承中走出来的,具有深厚的历史渊源和广泛的现实基础。中华民族是具有非凡创造力的民族,我们创造了伟大的中华文明,我们也能够继续拓展和走好适合中国国情的发展道路。全国各族人民一定要增强对中国特色社会主义的理论自信、道路自信、制度自信、文化自信,坚定不移沿着正确的中国道路奋勇前进。

第二,实现中国梦必须弘扬中国精神。这就是以爱国主义为核心的民族精神,以改革创新为核心的时代精神。这种精神是凝心聚力的兴国之魂、强国之魂。爱国主义始终是把中华民族坚强团结在一起的精神力量,改革创新始终是鞭策我们在改革开放中与时俱进的精神力量。全国各族人民一定要弘扬伟大的民族精神和时代精神,不断增强团结一心的精神纽带、自强不息的精神动力,永远朝气蓬勃迈向未来。

第三,实现中国梦必须凝聚中国力量。这就是全中国各族人民大团结的力量。中国梦是民族的梦,也是每个中国人的梦。只要我们紧密团结,万众一心,为实现共同梦想而奋斗,实现梦想的力量就无比强大,我们每个人为实现自己梦想的努力就拥有广阔的空间。生活在我们伟大祖国和伟大时代的中国人民,共同享有人生出彩的机会,共同享有梦想成真的机会,共同享有同祖国和时代一起成长与进步的机会。有梦想,有机会,有奋斗,一切美好的东西都能够创造出来。全国各族人民一定要牢记使命,心往一处想,劲往一处使,用我们的智慧和力量汇集起不可战胜的磅礴力量。

第四,实现中国梦必须坚持和平发展。我们将始终不渝走和平发展道路,始终不渝奉行互利共赢的开放战略,不仅致力于中国自身发展,也强调对世界的责任和贡献;不仅造福中国人民,而且造福世界人民。实现中国梦给世界带来的是和平,不是动荡;是机遇,不是威胁。实现中国梦,不仅造福中国人民,而且造福世界人民。

2.实现中华民族伟大复兴的中国梦是一项光荣而艰巨的事业

实现中华民族伟大复兴的中国梦是一项光荣而艰巨的事业,绝不是轻轻松松、敲锣打鼓就能实现的,必须经过一代又一代人付出更为艰巨、更为艰苦的努力。

中国共产党一经诞生,就把实现共产主义作为党的最高理想和最终目标,就把为中国人民谋幸福、为中华民族谋复兴确立为自己的初心使命。在中国共产党的正确领导下,无数仁人志士为了民族复兴不屈不挠、前仆后继,经过28年浴血奋战,打败日本帝国主义,推翻国民党反动统治,完成新民主主义革命,建立了中华人民共和国,彻底结束了旧中国半殖民地半封建社会的历史,彻底结束了旧中国一盘散沙的局面,彻底废除了列强强加给中国的不平等条约和帝国主义在中国的一切特权,实现了中国从几千年封建专制政治向人民民主的伟大飞跃。

新中国成立以后,中国共产党团结带领人民完成社会主义革命,确立社会主义基本制度,消灭一切剥削制度,推进社会主义建设,为当代中国一切发展进步奠定了根本政治前提和制度基础,为中国发展富强和中国人民富裕起来奠定了坚实基础,实现了中华民族由近代不断衰落到根本扭转命运、持续走向繁荣富强的伟大飞跃。

1978年12月党的十一届三中全会以来,中国共产党团结带领人民进行改革开放新的伟大革命,极大激发广大人民群众的创造性,极大解放和发展社会生产力,极大增强社会发展活力,人民生活显著改善,综合国力显著增强,国际地位显著提高。

党的十八大以来,以习近平同志为核心的党中央团结带领全国各族人民完成了脱贫攻坚、全面建成小康社会的历史任务,9899万农村贫困人口全部脱贫,832个贫困县全部摘帽,12.8万个贫困村全部出列,区域性整体贫困得到解决,完成了消除绝对贫困的艰巨任务,创造了又一个彪炳史册的人间奇迹,实现了中华民族从站起来、富起来到强起来的伟大飞跃。在脱贫攻坚工作中,数百万扶贫干部倾力奉献、苦干实干,同贫困群众想在一起、过在一起、干在一起,将最美的年华无私奉献给了脱贫事业,涌现出许多感人肺腑的先进事迹。35年坚守太行山的"新愚公"李保国,献身教育扶贫、点燃大山女孩希望的张桂梅,用实干兑现"水过不去、拿命来铺"誓言的黄大发,回乡奉献、谱写新时代青春之歌的黄文秀,扎根脱贫一线、鞠躬尽瘁的黄诗燕等同志,以及这次受到表彰的先进个人和先进集体,就是他们中的杰出代表。在脱贫攻坚斗争中,1800多名同志将生命定格在了脱贫攻坚征程上,生动诠释了共产党人为中国人民谋幸福、为中华民族谋复兴的初心使命。守岛卫国32年的王继才、舍身保护战友的杜富国、一辈子初心不改的张富清、为救火而捐躯的四川木里31名勇士,还有快递小哥、环卫工人、出租车司机……习近平总书记在新年贺词中屡屡点赞的普通奋斗者、追梦人,他们义无反顾的背影、心手相连的接力,汇聚成新时代中国的实现中华民族伟大复兴的巨大洪流、动人气象。

一百年来,中国共产党团结带领中国人民进行的一切奋斗、一切牺牲、一切创造,归结起来就是一个主题:实现中华民族伟大复兴。一部中国共产党的历史,就是中国共产党人为实现中华民族伟大复兴而不懈奋斗的历史。中国共产党始终是中华民族伟大复兴事业的推动者、引领者、实践者。

3.为实现中华民族伟大复兴的中国梦注入青春能量

党的二十大报告指出:"从现在起,中国共产党的中心任务就是团结带领全国各族人民全面建成社会主义现代化强国、实现第二个百年奋斗目标,以中国式现代化全面推进中华民族伟大复兴。"当前,党团结带领全国人民踏上了实现第二个百年奋斗目标新的赶考之路,实现中华民族伟大复兴进入了不可逆转的历史进程,2022—2027年是全面建设社会主义现代化国家开局起步的关键时期。立足现实,我国发展不平衡不充分问题仍然突出,重点领域关键环节改革任务仍然艰巨;新征程上,还有许多"雪山""草地"需要跨越,新的"娄山关""腊子口"需要征服,各种"黑天鹅""灰犀牛"需要应对。面对前所未有的世界之变、时代之变、历史之变,需要始终保持清醒的头脑,深入分析国际国内大势,科学把握机遇和挑战,更好统筹发展和安全,增强志气、骨气、底气,不信邪、不怕鬼、不怕压,既不走封闭僵化的老路,也不走改旗易帜的邪路,坚持以中国式现代化推进中华民族伟大复兴,把国家和民族发展放在自己力量的基点上,把中国发展进步的命运牢牢掌握在自己手中。

党的二十大报告指出,青年强,则国家强。当代中国青年生逢其时,施展才干的舞台无比广阔,实现梦想的前景无比光明。青年大学生要坚定不移听党话、跟党走,怀抱梦想又脚踏实地,敢想敢为又善作善成,立志做有理想、敢担当、能吃苦、肯奋斗的新时代好青年,让青春在全面建设社会主义现代化国家的火热实践中绽放绚丽之花。

新时代大学生要深刻领会习总书记的重要讲话和党的二十大精神,始终以"实"字当头、"干"字为先,在青春赛道上奋力奔跑,努力创造出经得起历史和人民检验的业绩,以实际行动为实现中华民族伟大复兴奉献智慧和力量。

精选案例

党史上,那些可爱的青年

电视剧《觉醒年代》中,李大钊、陈独秀、毛泽东、周恩来、陈延年、陈乔年、邓中夏、赵世炎……当这些先进分子和革命青年出现在屏幕上时,他们成为了当下最火的"青年",他们演绎的追求真理、燃烧理想的澎湃岁月,感动了无数人。

没有人永远年轻,却永远有人正年轻。百年党史上,永远不乏风华正茂的年轻人,怀揣一腔热血,投身到革命、建设与改革事业中。他们的青春与热血,铸就了今日之中国。

我们不妨把目光投射到这伟大的岁月中,看看那些可爱的青年人。

1920年春,浙江义乌分水塘村。

一个不到30岁的青年正在夜以继日地翻译,反复推敲字词语句。这时,他的母亲特意为儿子包了粽子改善伙食,并叮嘱他吃粽子时记得蘸红糖水。过会儿,母亲在外面喊着说:"你吃粽子要加红糖水,吃了吗?"他说:"吃了吃了,甜极了。"母亲推开门,却发现儿子嘴上全是墨水,手边的红糖水并未蘸动。

这位叫陈望道的青年,正在呕心沥血翻译《共产党宣言》。于是由此引出一句话:真理的味道非常甜。此书一经问世,即刻引起强烈反响,进步知识分子竞相购买、争相阅读,初版时刊印的1000册书很快便销售一空。截至1926年5月,由陈望道翻译的《共产党宣言》已重印达17版之多。

习近平总书记指出,100年前,陈望道同志翻译了首个中文全译本《共产党宣言》,为引导大批有志之士树立共产主义远大理想、投身民族解放振兴事业发挥了重要作用。

对革命事业忘我投入的,还有大批青年女性。

1947年,孟良崮战役打得正酣。山东蒙阴县六位20岁左右的女性,张玉梅、伊廷珍、杨桂英、伊淑英、冀贞兰、公方莲,她们出身苦寒,但她们英勇支前,为子弟兵送军粮、做军鞋、看护伤病员,置自己的生命于不顾。陈毅元帅把她们称作"沂蒙六姐妹"。

习近平总书记感慨地说,在沂蒙这片红色土地上,诞生了无数可歌可泣的英雄儿女,沂蒙六姐妹、沂蒙母亲、沂蒙红嫂的事迹十分感人。

新中国成立后,青年人是生力军。

1954年,北京展览馆工地,北京建工胡耀林等18名团员青年竖起了全国第一面青年突击队旗帜。胡耀林青年突击队成立后,原定478个工日才能完成的施工任务,仅用11个月就完成了。巍峨庄严的北京展览馆,至今仍挺立在繁华的西直门商业区,成为新中国建筑史上的一个奇迹。从那时起,"青年突击队"这个响亮的名字从火热的工地走向新中国建设的各行各业。

改革开放年代,青年人是生力军。

陆建新还记得,自己来到深圳那年正好18岁。那年,整个城市还都是矮小的房子。他参与建设了当时的中国第一高楼深圳国贸大厦,160米高。青年人的梦想是建设一座新城市,他陆续参与了多座深圳地标的建设,创下了多项纪录,成为了"深圳速度"的见证人。

新时代,青年人是生力军。

2016年,北京师范大学硕士毕业的黄文秀选择回到家乡,成为一名扎根基层的定向选调生。2018年,她奔赴偏远贫困的百坭村担任驻村第一书记,积极鼓励村民种植杉木、砂糖橘、枇杷等,发展本村产业,带动了88户418名贫困群众脱贫,贫困发生率由22.88%降至2.71%。2019年6月16日,黄文秀冒着暴雨连夜返回工作岗位。途中遭遇突发山洪不幸牺牲,年仅30岁。她被追授为"全国优秀共产党员""时代楷模""全国脱贫攻坚楷模"。

一代人有一代人的长征,一代人有一代人的担当。新时代中国青年正在担当起属于自己的时代责任。

时隔多年,他们的名字依然熠熠生辉。

中国青年铁骨铮铮,为党为国为家,无数青年人抛头颅洒热血,哪怕献出生命也无怨无悔。信仰的力量,让他们无所畏惧。他们如此年轻,却如此坚决。

1928年,年仅28岁的夏明翰,在身陷牢狱后仍坚贞不屈,在给妻子的家书中发出"坚持革命继吾志,誓将真理传人寰"的豪迈誓言,更是在英勇就义前留下了"砍头不要紧,只要主义真。杀了夏明翰,还有后来人"的千古绝唱。1929年,年仅34岁的刘仁堪,在就义前痛斥敌人,被敌人残忍地割下了舌头,他仍然用脚蘸着流下的鲜血写下"革命成功万岁"六个大字。1934年,年仅21岁的江善忠,为掩护红军伤病员,在敌人搜山中,把敌人引到三面绝壁的芒槌石顶峰,留下血书,"死到阴间不反水,保护共产党万万年"。1935年,年仅36岁的方志敏,牺牲前留下的铮铮誓言是,"敌人只能砍下我们的头颅,决不能动摇我们的信仰"。

赵世炎,参加过著名的"五四运动",也曾领导过震惊中外的上海三次工人大罢工,1927年,年仅26岁的他不幸被捕,壮烈牺牲。王良,参加过秋收起义,参与创建井冈山革命根据地,年纪轻轻即升任红四军军长,1932年,年仅27岁的他在率红四军奉命回师赣南根据地途中遭敌匪袭击,不幸壮烈牺牲。江竹筠,著名的"江姐",被捕后,关押于位于重庆的国民政府军统渣滓洞集中营,遭酷刑仍不屈服,拒不交出军统所要的中共地下党情报,1949年,年仅29岁的她壮烈牺牲于歌乐山电台岚垭刑场。王朴,22岁开始为党工作,因《挺进报》案件,重庆和川东地下党的组织遭到严重破坏,因叛徒出卖而被捕,面对酷刑和诱惑仍不为之所动,1949年,年仅28岁的他被敌人杀害于重庆大坪。陈然,曾任中共重庆地下党主办的《挺进报》特别支部书记并负责《挺进报》的秘密印刷工作,1949年,年仅26岁的他在重庆大坪壮烈牺牲。

雷锋,一个富有永恒魅力的名字。1962年,年仅22岁的他因公殉职。有人梳理雷锋日记,发现有100多处提到"人民","把有限的生命投入到无限的为人民服务之中去",他对自己抠门对别人大方,攒钱捐给灾区,送给有困难的战友,时常义务劳动,在火车上帮旅客端茶送水……1963年3月5日,毛泽东主席发出"向雷锋同志学习"的号召。

2018年9月28日,习近平总书记在辽宁抚顺调研时,向雷锋墓敬献花篮,参观了雷锋纪念馆。他说,雷锋是一个时代的楷模,雷锋精神是永恒的。每个时代都有每个时代的楷模。要实现中华民族的伟大复兴,还要不断闯关夺隘,需要不断涌现新的时代楷模。

王杰是20世纪60年代涌现出来的伟大共产主义战士,他为了保护身边12名民兵和人武干部的生命而光荣牺牲,成为全党全军全社会学习的模范。王杰牺牲时,年仅23岁。

2017年12月13日,习近平总书记到第71集团军视察时强调,王杰精神过去是、现在是、将来永远是我们的宝贵精神财富,要学习践行王杰精神,让王杰精神绽放新的时代光芒。

青年英杰数不胜数,在我们党领导人民进行革命、建设、改革的伟大历史进程中,总是青年英雄辈出。

中共一大召开时毛泽东是28岁,周恩来参加中国共产党时是23岁,邓小平参加旅欧中国少年共产党时是18岁。杨靖宇牺牲时是35岁,赵一曼牺牲时是31岁,江姐牺牲时是29岁,红三十四师师长陈树湘牺牲时是29岁,邱少云牺牲时是26岁,雷锋牺牲时是22岁,黄继光牺牲时是21岁,刘胡兰牺牲时只有15岁。守岛32年的王继才第一次登上开山岛时是26岁,航天报国的嫦娥团队、神舟团队平均年龄是33岁,北斗团队平均年龄是35岁。

2019年4月30日,习近平总书记在纪念五四运动100周年大会上的讲话中指出:"这样的青年英杰数不胜数!我们要用欣赏和赞许的眼光看待青年的创新创造,积极支持他们在人生中出彩,为青年取得的成就和成绩点赞、喝彩,让青春成为中华民族生气勃发、高歌猛进的持久风景,让青年英雄成为驱动中华民族加速迈向伟大复兴的蓬勃力量!"

当我们说起青年,通常说的是一群人,一群可爱、可歌可泣的人。

比如朝鲜战场上,杨根思、黄继光、邱少云这样的青年英雄背后,是30多万名英雄功臣和近6000个功臣集体。他们用胸膛堵枪眼,以身躯作人梯,抱起炸药包、手握爆破筒冲入敌群,忍饥受冻绝不退缩,烈火烧身岿然不动,敢于"空中拼刺刀"……谱写了惊天地、泣鬼神的雄壮史诗。

今年,是王伟烈士牺牲20周年。

2001年4月1日,一架美军EP-3侦察机在中国海南岛东南约70海里的专属经济区上空,与王伟驾驶的战斗机相撞,飞行员王伟跳伞,永远留在了海天之间。那年,他才33岁,留下了妻子和儿子。

今年清明时节,在浙江杭州东北郊的安贤陵园里,王伟烈士的铜像前,摆满了鲜花,还有国产航母、歼-20战斗机的模型。无数普通人来到他的雕像前,献花、静默、肃立,网上,纪念王伟的话题一度冲到热搜榜首。

(资料来源:人民网 2021-05-12,有删改)

案例点评

回顾1840年鸦片战争以后的近百年历史,中国是国家蒙羞、人民蒙难、文明蒙尘。无数仁人志士为了国家独立和民族复兴,甘愿抛头颅、洒热血。百年党史中为民族复兴前赴后继、英勇奋斗的青年英杰,是新时代大学生学习的榜样,广大青年要牢记习总书记的嘱托,肩负民族伟大复兴的历史重任,坚定不移地听党话、跟党走,赓续红色血脉,传承红色基因,坚定"四个自信",不断增强做中国人的志气、骨气、底气,用社会主义核心价值观培根铸魂,脚踏实地、埋头苦干,敢作敢为、善作善成,立志做有理想、敢担当、能吃苦、肯奋斗的新时代好青年,努力在青春的赛道上跑出当代青年的最好成绩,在实现中华民族伟大复兴的实践中绽放最美的青春。

 经典阅读

为中国人民谋幸福 为中华民族谋复兴

人类的梦想有多么伟大,历史的进程就有多么壮阔。

中国共产党一经诞生,就把为中国人民谋幸福、为中华民族谋复兴确立为自己的初心和使命。在这场百年奋进的接力前行中,以习近平同志为主要代表的新时代中国共产党人领导亿万中华儿女书写下恢宏史诗——

新时代的10年,中华大地上全面建成小康社会,第一个百年奋斗目标如期实现,中国人民正意气风发迈向全面建成社会主义现代化强国的第二个百年奋斗目标。

新时代的10年,中华民族迎来了从站起来、富起来到强起来的伟大飞跃,实现中华民族伟大复兴进入了不可逆转的历史进程,中国为推动人类和平发展事业作出重大贡献。

今日之中国,江山壮丽、人民豪迈、前程远大。

"推进伟大事业,必须坚持中国共产党领导,把党锻造得更加坚强有力。"

——旗帜鲜明坚持和加强党的全面领导,以前所未有的勇气和定力推进全面从严治党,开辟了管党治党兴党强党新境界

2022年2月6日,人民大会堂东大厅,习近平总书记同到访的阿根廷总统会见。

会见结束,陪同的阿根廷驻华大使牛望道上前一步,用中文一字一顿对习近平总书记说:"没有共产党,就没有新中国!"

这句中国人耳熟能详的话,在新时代又有了新的扩展:"没有中国共产党,就没有新中国,就没有中华民族伟大复兴。"

办好中国的事情,关键在党。

坚持和加强党的全面领导,坚持和加强党中央集中统一领导,这是党的十八大以来取得的最重要成就之一,也是党和国家事业取得历史性成就、发生历史性变革的坚强政治保证。

2022年1月6日,中南海怀仁堂,一个重要会议开了整整一天。

习近平总书记主持中央政治局常委会会议,听取全国人大常委会、国务院、全国政协、最高人民法院、最高人民检察院党组工作汇报,听取中央书记处工作报告。

自2015年起,这样的会议,每年年初都要进行。

"'治国犹如栽树,本根不摇则枝叶茂荣。'我们治国理政的本根,就是中国共产党的领导和我国社会主义制度。"习近平总书记深刻指出。

旗帜鲜明,强调"党政军民学,东西南北中,党是领导一切的",将中国共产党领导这一"中国特色社会主义最本质的特征"载入党章和宪法;

立柱架梁,在党中央组建和优化一系列决策议事协调机构,全面加强对治国理政工作的集

中统一领导；

建章立制，将党的领导融入意识形态工作、国有企业治理、高校领导体制、群团组织建设……

通过一系列创制性举措，横向到边、纵向到底的党的领导制度体系更加成熟定型，党中央真正成为坐镇中军帐的"帅"，车马炮各展其长，一盘棋大局分明，全党上下"如身使臂，如臂使指，叱咤变化，无有留难"。

在中国共产党历史展览馆里，抗疫专题展区引人关注。展区顶部，挂着一面面写着"党员突击队"的鲜红旗帜，诠释着打赢武汉保卫战的核心密码。

人们难以忘记：在这场没有硝烟的战争中，那罕见于大年初一召开的中央政治局常委会会议，那中央一声令下、三军星夜齐发、举国八方支援的动人场面，那直接开到县团级以上干部的17万人部署会，那10多天就拔地而起的火神山医院、雷神山医院……

淬火成钢，党旗高扬。

全党上下总动员，数百万党员干部奔赴脱贫攻坚主战场；践行大国承诺，如期安全圆满举办一届载入史册的冬奥盛会；无惧外部压力遏制，拿出"杀手锏"举措、攻克"卡脖子"难关……

今天，一个共识更加强烈：中国能，关键在于中国共产党能！中国共产党所具有的无比坚强领导力，是中国人民最可靠的主心骨！

2013年7月11日下午，河北西柏坡，细雨蒙蒙。

在党的群众路线教育实践活动中，习近平总书记来到这里。一间土坯房里，面对面围坐一块，总书记听取基层干部群众对反"四风"的意见建议。

"百姓生活在逐渐提高，为什么感觉和我们的距离反而有点远了？"有同志直言困惑。

听了大家的发言，习近平总书记谈及历史周期率的问题，面色凝重、意味深长："60多年过去了……党面临的'赶考'远未结束。"

曾经一段时期，不正之风和腐败问题相互交织，"四大考验"严峻复杂，"四种危险"尖锐深刻，我们党面临改革开放以来前所未有的挑战。

常怀远虑，居安思危。建设什么样的长期执政的马克思主义政党、怎样建设长期执政的马克思主义政党这一重大时代课题，始终萦绕在习近平总书记心头。

"打铁必须自身硬。"习近平总书记发出了振聋发聩的警示。

秉持"赶考"的清醒和坚定，中国共产党以全面从严治党的关键抉择，开启了浴火重塑的壮阔历程——

以政治建设引领全党团结统一，从中央八项规定切入激荡清风正气，刮骨疗毒夺取反腐败斗争压倒性胜利，坚持思想建党和制度治党同向发力，接续开展5次党内集中教育，形成比较完善的党内法规体系，完善党和国家监督体系，构建起一套行之有效的权力监督制度和执纪执法体系……

"打虎"无禁区。党的十八大以来，已有超过500名中管干部被立案审查调查。

"拍蝇"不手软。党的十九大以来，截至今年4月，全国共查处民生领域腐败和作风问题49.6万个，给予党纪政务处分45.6万人。

"猎狐"不止步。党的十九大以来，"天网行动"共追回外逃人员6900人，追回赃款327.86亿元，"百名红通人员"已有61人归案。

十年磨一剑。全面从严治党取得了历史性、开创性成就，产生了全方位、深层次影响，党经受深刻洗礼锻造而更加坚强,焕发出新的强大生机活力。

"我们党历史这么长、规模这么大、执政这么久,如何跳出治乱兴衰的历史周期率?"

2021年11月,在党的十九届六中全会上,习近平总书记作出响亮回答——

"毛泽东同志在延安的窑洞里给出了第一个答案,这就是'只有让人民来监督政府,政府才不敢松懈'。经过百年奋斗特别是党的十八大以来新的实践,我们党又给出了第二个答案,这就是自我革命。"

胸怀千秋伟业,恰是百年风华。

新时代中国共产党人通过自我革命,赢得了保持同人民群众的血肉联系、人民衷心拥护的历史主动,赢得了全党高度团结统一、走在时代前列、带领人民实现中华民族伟大复兴的历史主动。

"江山就是人民、人民就是江山,打江山、守江山,守的是人民的心。"

——**坚持以人民为中心的发展思想,人民生活全方位改善,人民群众的获得感、幸福感、安全感不断增强**

"人民对美好生活的向往,就是我们的奋斗目标。"2012年11月15日,履新伊始的习近平总书记,发出新时代中国共产党人的铮铮誓言。

治国有常,而利民为本。

跨入新时代新征程的中国,向着全面小康加速进发,必须跨越横亘于前的一系列重大挑战:社会主要矛盾历史性转化,"人民日益增长的美好生活需要",是衡量发展、评判工作的新标尺。

"不平衡不充分的发展"背后,有近1亿人生活在贫困线以下。这一群体若参与各国人口排名,能排进世界前20位,超过英法德等国家。

"我们不能一边宣布实现了全面建成小康社会目标,另一边还有几千万人口生活在扶贫标准线以下。"习近平总书记的话重若千钧。

岁月奔涌,从黄土地走来,从大队党支部书记到党和国家最高领导人,习近平总书记深谙国情,深深懂得人民的心。

"小康不小康,关键看老乡。"掷地有声的话里,是炽热的赤子之心,是行程万里的执着坚定。

2013年11月,湖南湘西花垣县,十八洞村。

"我是人民的勤务员。"拉着村民石拔三老人的手,习近平总书记的话直抵人心。

对人民最深的爱,化为最重的誓言、最硬的举措,打响一场人类历史上规模最大、力度最强的反贫困之战。

"五级书记同框"的照片刷屏了!

2020年4月,陕西平利县一处茶园,春雨初歇。习近平总书记沿着泥泞小路,向正在劳作的茶农们走来。在他身旁,是省、市、县、村级书记。

这是前所未有的组织动员:全国一盘棋,22个省区市向党中央立下"军令状",25.5万个驻村工作队、300多万名第一书记和驻村干部冲锋一线。

这是斩钉截铁的意志:"决不能落下一个贫困地区、一个贫困群众。"

这是真情流露的挂念:"我最牵挂的还是困难群众……"

这是疫情冲击关键时刻的坚毅:"党中央向全国人民作出的郑重承诺,必须如期实现,没有任何退路和弹性。"

天寒地冻的太行山深处,顶风冒雪看真贫;"瘠苦甲于天下"的甘肃中部,绕过九曲十八弯进农家……习近平总书记走过14个集中连片特困地区,50多次考察调研扶贫工作,以不停歇的脚步丈量着贫困角落。

一诺千金,不胜不还。

向深度贫困宣战!1997年,2008年,2016年,2020年,习近平四次踏访宁夏,亲自谋划推动闽宁协作,"山海情"隽永绵延,千千万万贫困家庭"挪穷窝""换穷业""拔穷根",命运得以改变。

阻断贫困代际传递!无论是在地方考察,还是在中央会议上,习近平总书记着重强调"扶贫先扶智,要更加注重教育脱贫""不要让孩子输在起跑线上"。

人民至上,初心不改。

对此,安徽金寨大湾村的陈泽申感同身受。每每回想起2016年4月习近平总书记前来看望自己的场景,他总是倍感温暖。如今,他家已摘掉"贫困帽",孙子大学毕业留在合肥工作,"孩子专门带我去大城市开眼界"。

对此,河北张北德胜村的徐海成共鸣强烈。5年多以前,在他家里,总书记同村民们一起算柴米油盐、商脱贫大计。现在他家已是种植大户,脱贫翻身,喜迁新居,"盼着总书记再到我家坐坐,我会给他念念新账本,晒晒成绩单"。

上下同欲者胜,以上率下者强!

彪炳史册的人间奇迹,辉映伟大的奋斗征程——

2021年2月25日,全国脱贫攻坚总结表彰大会上,习近平总书记庄严宣告,"我国脱贫攻坚战取得了全面胜利,现行标准下9899万农村贫困人口全部脱贫,832个贫困县全部摘帽,12.8万个贫困村全部出列"。

中华民族历史性告别绝对贫困,千年梦想今朝梦圆。

2021年7月1日,庆祝中国共产党成立100周年大会上,习近平总书记豪迈宣示,"经过全党全国各族人民持续奋斗,我们实现了第一个百年奋斗目标,在中华大地上全面建成了小康社会,历史性地解决了绝对贫困问题"。

"民亦劳止,汔可小康"的千古吟唱,穿越历史照进现实;全面小康的历史丰碑,矗立在新时代复兴之路上。

以人民为中心,出发点和落脚点都是人民幸福。

"有更好的教育、更稳定的工作、更满意的收入、更可靠的社会保障、更高水平的医疗卫生服务、更舒适的居住条件、更优美的环境……"习近平总书记深知人民的期盼。

10年来,累计实现城镇新增就业1.3亿人,基本医疗保险覆盖13.6亿人,基本养老保险覆盖超10亿人,人均预期寿命从74.8岁增长到78.2岁,一组组数字背后,无数笑颜绽放。

"厕所革命"、垃圾分类、清洁取暖、食品安全监管……一桩桩民生"小事",一次次成为改革聚焦的"大计"。涓滴汇流,让人民生活的幸福成色更足、更暖。

聚焦"美好生活需要",人民对民主、法治、公平、正义、安全、环境等方面要求日益增长。

"努力让人民群众在每一个司法案件中感受到公平正义。"

遵循习近平总书记重要指示,司法体制改革直击靶心,一批冤错案依法纠正,执法司法公信力不断提升,让公平正义的阳光照进人民心田。

人心向背定义"最大的政治",一段对话更显意味深长:

2021年春天,广西桂林毛竹山村。习近平总书记来到村民王德利家做客。

"总书记,您平时这么忙,还来看我们,真的感谢您。"

"我忙就是忙这些事,'国之大者'就是人民的幸福生活。"

殷殷初心如磐,时代答卷常新。

"我将无我,不负人民。"10年夙夜在公,真切炽热的人民情怀,凝成质朴无华、赤忱无比的告白——

"我们的目标很宏伟,但也很朴素,归根结底就是让全体中国人都过上更好的日子。"

"制度优势是一个国家的最大优势,制度竞争是国家间最根本的竞争。"

——着眼国家治理体系和治理能力现代化,推动全面深化改革纵深发展,中国特色社会主义制度更加成熟定型

在中国特色社会主义波澜壮阔的历史进程中,有两次"三中全会"注定是划时代的——

党的十一届三中全会开启了改革开放和社会主义现代化建设历史新时期。

党的十八届三中全会开启了全面深化改革、系统整体设计推进改革的新时代,开创了我国改革开放的全新局面。

2013年11月12日,人民大会堂。

习近平总书记亲自主持起草的《中共中央关于全面深化改革若干重大问题的决定》获得通过,全场掌声如潮。

全面深化改革,总目标指向"完善和发展中国特色社会主义制度,推进国家治理体系和治理能力现代化",彰显着新一代中国共产党人的制度自觉。

由此起笔,以习近平同志为核心的党中央绘就"中国之治"的宏伟蓝图——

党的十八届四中全会部署全面依法治国,同全面深化改革如鸟之两翼、车之两轮,破立结合、相得益彰;党的十九届四中全会作出13方面制度安排,系统描绘中国特色社会主义制度图谱。

从广东深圳到安徽小岗,从海南洋浦到上海浦东……习近平总书记倡导改革精神。

在新年贺词中号召"将改革进行到底",把集体学习课堂搬到中关村,带头起立向"改革先锋"鼓掌致敬……习近平总书记亲自领导改革、亲自推动改革。

2018年3月28日下午,中南海。

习近平总书记以中央全面深化改革委员会主任的身份主持召开中央全面深化改革委员会第一次会议。

会上,总书记从改革方法论的高度强调了党对全面深化改革统筹领导的重要性,并同大家一道逐一审议《关于深入推进审批服务便民化的指导意见》等10余份具体改革方案。

党的十八大以来,像这样的会议,习近平总书记主持召开了60多次,推动全面深化改革向纵深挺进,构建起制度建设的"四梁八柱"。

从党的建设,到经济、政治、文化、社会、生态文明……各领域全面深化改革大潮涌起,党的十八届三中全会提出的改革目标任务总体如期完成,各方面共推出2000多个改革方案。

经过几十年,容易的、皆大欢喜的改革已经完成了,剩下的都是难啃的硬骨头。

2018年2月,党的十九届三中全会审议通过深化党和国家机构改革的决定和方案。

党的机构罕见地纳入改革范畴;仅中央和国家机关层面,就有21个部级机构、58名班子正副职数被核减;一个国地税合并,精简近一半司局级机构……

当时看到这份改革方案,一位省委书记感叹:"力度之大超出预料,有些过去有共识但没做

成,有些过去想到了但做不成。"

明知山有虎,偏向虎山行。

早在启动之初,习近平总书记就定下了基调:"深化党和国家机构改革是要动奶酪的、是要触动利益的、也是真刀真枪的,是需要拿出自我革新的勇气和胸怀的。"

改革是一场革命,改的是体制机制,动的是既得利益。

深化农村土地制度改革,打破阻碍民营经济发展的各类"卷帘门""玻璃门""旋转门",力克群团"机关化、行政化、贵族化、娱乐化"……全面深化改革坚持问题导向,以重点突破带动整体推进。

一个国家制度和国家治理体系管不管用、有没有效,实践是最好的试金石,老百姓的体会最真切。

户籍制度改革破冰前行,脱胎于计划经济年代那堵"无形的墙"轰然倒地;100多万河长上岗,千万条江河从"没人管"到"有人管"、从"管不住"到"管得好";纠偏公立医院"以药养医",破解群众看病难、看病贵;发展全过程人民民主,让民意民智广泛纳入决策程序,更好实现人民当家作主……

冲破思想观念的束缚,突破利益固化的藩篱,10年来,许多领域实现历史性变革、系统性重塑、整体性重构,党和国家事业焕发出新的生机活力。

洞察时与势,统筹破与立,融通制与治。

"凡属重大改革都要于法有据。"这是习近平总书记的明确要求。

法律是治国理政最大最重要的规矩。

以习近平同志为核心的党中央坚持全面依法治国,对科学立法、严格执法、公正司法、全民守法作出顶层设计和重大部署。在习近平法治思想引领下,法治中国建设迈出坚实步伐,党运用法治方式领导和治理国家的能力显著增强,推动实现国家治理的深刻革命。

10年来,我们党统筹推进"五位一体"总体布局、协调推进"四个全面"战略布局,中国特色社会主义制度更加成熟更加定型,国家治理体系和治理能力现代化水平不断提高,为党和国家兴旺发达、长治久安打下了坚实的制度基础。

"必须把发展质量问题摆在更为突出的位置,着力提升发展质量和效益。"

——**立足新发展阶段、贯彻新发展理念、构建新发展格局,坚定不移推动高质量发展,为中华民族伟大复兴奠定更为坚实的物质基础**

2022年9月27日,"奋进新时代"主题成就展在北京展览馆开幕。中央综合展区,一艘"奇迹号"中国巨轮模型吸引了参观者的目光。

一叶叶"风帆"上鲜明的数字,标示出新时代10年中国经济"量"的跨越,更彰显"质"的提升:

国内生产总值从53.9万亿元上升到114.4万亿元,基础研究经费从499亿元增加到1817亿元,长征系列运载火箭实施发射240余次……

党的十八大以来,以习近平同志为核心的党中央,把握从"有没有"转向"好不好"的发展主动,领航中国经济巨轮驶入高质量发展新航道,推动经济发展质量变革、效率变革、动力变革。

指针拨回2012年。

经济增速下滑、环境污染频发、粗放发展难以为继……面对"发展起来以后的问题",习近平总书记进行了充分调研和深邃思考。

总书记强调:"我们党领导人民治国理政,很重要的一个方面就是要回答好实现什么样的发展、怎样实现发展这个重大问题。"

2012年12月,党的十八大后首次离京考察,习近平总书记来到广东,在广州主持召开了一场经济工作座谈会。

会上,来自广东的省市区镇各级干部代表和部分企业家纷纷发言,总书记一边认真听,一边仔细记,不时插话交流。

习近平总书记深刻指出:"面对错综复杂、快速变化的形势,我们要保持清醒头脑""加快推进经济结构战略性调整是大势所趋,刻不容缓。"

回京后不到一周,习近平总书记出席中央经济工作会议,强调"不能不顾客观条件、违背规律盲目追求高速度"。

2013年7月,在中央政治局常委会会议上指出我国经济处于"三期叠加"时期;同年12月,在中央经济工作会议上提出"新常态";2015年11月,在中央财经领导小组会议上部署供给侧结构性改革;2017年10月,在党的十九大上作出"我国经济已由高速增长阶段转向高质量发展阶段"重大判断;2020年4月,在中央财经委会议上提出构建新发展格局……

敏锐把握发展之变,总书记提出一系列新理念新思想新战略,在实践中形成了习近平经济思想,系统回答了新时代中国经济"怎么看""怎么干"等重大理论和实践问题。

理念是行动的先导。习近平经济思想中,新发展理念是最重要、最主要的。

2015年,"十二五"收官。主持起草"十三五"规划建议,习近平总书记一开始就提出,"首先要把应该坚持什么样的发展理念搞清楚"。

创新、协调、绿色、开放、共享的新发展理念在党的十八届五中全会上首次提出,全面开启了关系我国发展全局的深刻变革。

新发展理念中,创新居于首位。

习近平总书记深刻指出,创新能力不强,是"我国这个经济大个头的'阿喀琉斯之踵'"。

2014年5月23日,总书记在中国商飞公司考察时,曾登上C919大型客机展示样机,指出"把大飞机搞上去,起带动作用、标志性作用"。

2022年9月,C919大型客机取得型号合格证,将于年底交付首架飞机。总书记指出:"要有雄心壮志,世界科技巅峰我们都要奋勇攀登。"

北斗组网、嫦娥探月、天问探火……10年来,我国重大创新成果竞相涌现,科技创新能力不断增强,在全球创新指数排名中一路跃升至2022年的第十一位。

2016年伊始,一场深刻体现发展理念变革的座谈会在重庆召开。

"今天可能要让你们失望了,这次讨论的不是发展问题,而是保护的问题。"推动长江经济带发展座谈会上,习近平总书记开门见山。许多参会人员感觉"好像是泼了一盆冷水"。

2016年以来,习近平总书记前往长江上、中、下游调研,四次主持召开座谈会,深刻阐释长江经济带"共抓大保护、不搞大开发"的辩证关系和战略考量。

将生态文明建设纳入"五位一体"总体布局,把"绿水青山就是金山银山"写入党的十九大报告和党章,用最严格制度最严密法治保护生态环境……以习近平生态文明思想为指引,美丽中国建设迈出重大步伐。

创新成为第一动力,协调成为内生特点,绿色成为普遍形态,开放成为必由之路,共享成为根本目的,新发展理念引领中国经济迈上高质量发展的宽阔大道。

在推动高质量发展上闯出新路子,在构建新发展格局中展现新作为。

2022年7月12日,乌鲁木齐国际陆港区。习近平总书记站在一张巨大的地图前,久久凝视。

曾几何时,新疆是"路到头、人到头、水到头、电到头、田到头"的边境之地。如今,"钢铁驼队"中欧班列沿着昔日张骞凿空之路,将西北边陲变成开放前沿。

此次考察,习近平总书记进一步提出:"更好利用国际国内两个市场、两种资源,积极服务和融入新发展格局。"

构建以国内大循环为主体、国内国际双循环相互促进的新发展格局,是习近平总书记亲自谋划、把握未来发展主动权的战略性布局和先手棋。

加快建设全国统一大市场,构建现代化基础设施体系;设立雄安新区,打造京津冀、长三角、粤港澳大湾区三大高质量发展"动力源",擘画长江经济带发展、黄河流域生态保护和高质量发展"江河战略"……

黄河落天走东海,万里写入胸怀间。

一个个关键处落子、彼此连接成势,推动形成优势互补高质量发展的经济布局,为中华民族伟大复兴开辟广阔空间。

"时与势在我们一边!"习近平总书记作出这一重要论断,展现出我们迈入新发展阶段的定力和底气、决心和信心。

"当高楼大厦在我国大地上遍地林立时,中华民族精神的大厦也应该巍然耸立。"

——**意识形态领域形势发生全局性、根本性转变,全党全国各族人民文化自信明显增强,焕发出更为主动的精神力量**

"我以为,实现中华民族伟大复兴,就是中华民族近代以来最伟大的梦想。"

10年前,习近平总书记在国家博物馆参观《复兴之路》展览时深情有力的话语,激发出亿万中华儿女逐梦奋斗的壮志豪情。

人民有信仰,民族有希望,国家有力量。

擘画民族复兴的伟业宏图,习近平总书记思虑深远:"没有先进文化的积极引领,没有人民精神世界的极大丰富,没有民族精神力量的不断增强,一个国家、一个民族不可能屹立于世界民族之林。"

2019年金秋,党的十九届四中全会上,"坚持马克思主义在意识形态领域指导地位的根本制度"写入全会决定。

为国家立心、为民族立魂。

站在党和国家事业发展全局高度,习近平总书记把"建设具有强大凝聚力和引领力的社会主义意识形态"作为新时代坚持和发展中国特色社会主义的重大命题:

两次出席全国宣传思想工作会议,把意识形态工作视为"党的一项极端重要的工作";在延安文艺座谈会召开72年后再次召开文艺工作座谈会,强调文艺工作者要"认识自己所担负的历史使命和责任";主持召开党的新闻舆论工作座谈会,要求"把政治方向摆在第一位"……

10年来,习近平总书记就意识形态领域一系列根本性问题阐明原则立场,廓清理论是非,校正工作导向,为中华民族精神大厦夯实思想根基。

2022年9月30日上午,天安门广场庄严肃穆,人民英雄纪念碑巍然矗立。

肃立默哀、敬献花篮、整理缎带、缓步瞻仰……自设立烈士纪念日以来,每年这一天,习近平总书记都会出席向人民英雄敬献花篮仪式,无声的缅怀传递无穷的力量,风雨无阻、气壮山河。

天地英雄气,千秋尚凛然。

习近平总书记高度重视从英雄模范身上汲取砥砺奋进的精神力量,指出"一个有希望的民族不能没有英雄,一个有前途的国家不能没有先锋"。

首次阐释"坚持真理、坚守理想,践行初心、担当使命,不怕牺牲、英勇斗争,对党忠诚、不负人民"的伟大建党精神,系统概括中国共产党人的精神谱系……习近平总书记一系列原创性论述,点亮精神的天空。

为功勋模范颁发奖章,发挥典型引路作用;为老道德模范让座,躬身示范尊老敬老的传统美德;走进菁菁校园,叮嘱青少年"扣好人生第一粒扣子"……习近平总书记亲力亲为,带领全党全国人民厚植新时代中国文明沃土。

求木之长者,必固其根本;欲流之远者,必浚其泉源。

金秋时节,一项重大文化工程的最新进展吸引国人目光:以中华民族伟大复兴为主题、以思想史为基本线索的《复兴文库》出版发行。

"修史立典,存史启智,以文化人,这是中华民族延续几千年的一个传统。"习近平总书记亲自为丛书作序,发出"坚定历史自信、把握时代大势、走好中国道路"的时代强音。

泱泱中华,历史悠久,文明博大。习近平总书记深刻指出:"中华民族在几千年历史中创造和延续的中华优秀传统文化,是中华民族的根和魂。"

朱熹园中,感慨"如果没有中华五千年文明,哪里有什么中国特色?如果不是中国特色,哪有我们今天这么成功的中国特色社会主义道路?";三苏祠里,强调"要善于从中华优秀传统文化中汲取治国理政的理念和思维";莫高窟下,指出"只有充满自信的文明,才会在保持自己民族特色的同时包容、借鉴、吸收各种不同文明"……

党的十八大以来,习近平总书记鲜明提出坚定文化自信并将其纳入中国特色社会主义"四个自信",坚持把马克思主义基本原理同中国具体实际相结合、同中华优秀传统文化相结合,推动中华优秀传统文化创造性转化、创新性发展。

放眼新时代中华大地,收藏在博物馆里的文物、陈列在广阔大地上的遗产、书写在古籍里的文字日益走进人民群众心中,中华优秀传统文化跨越时空、历久弥新,在赓续传承中焕发出蓬勃的生机活力。

"'70后''80后''90后''00后',他们走出去看世界之前,中国已经可以平视这个世界了"……

2021年3月,习近平总书记在看望参加全国政协会议的医药卫生界、教育界委员时的这番话,拨动着无数国人的心弦,更是新时代以来中华儿女昂扬精神的生动写照。

历史之河奔腾向前,复兴气象壮阔恢宏。中国人民志气高昂、骨气坚定、底气充足,正以更加主动的精神力量,向着民族复兴的伟大目标勇毅前行。

"以'踏平坎坷成大道,斗罢艰险又出发'的顽强意志,应对好每一场重大风险挑战。"

——坚持底线思维和忧患意识,坚定信心、迎难而上,确保党和国家事业风雨无阻向前进

2022年8月16日,初秋时节。习近平总书记再赴东北考察,第一站走进位于锦州市的辽沈战役纪念馆。

纪念馆内,一封封决胜千里的电文,一张张弥漫硝烟的照片……再现着70多年前解放战争"大决战"的震撼场景。

"辽沈战役,这一战是决定命运的。攻克锦州,我们在这里进行了多么激烈英勇的战斗啊!"回望波澜壮阔的历史,习近平总书记深有感慨。

伟大的胜利,总要经过生死攸关的考验;伟大的事业,往往在千难万险中成就。

10年前,在主持起草党的十八大报告时,习近平同志就明确主张写入一个重大论断:"必须准备进行具有许多新的历史特点的伟大斗争。"

党的十八大以来,我国发展进入各种风险挑战不断积累甚至集中显露的时期,我们遭遇的风险挑战风高浪急,有时甚至是惊涛骇浪,各种风险挑战接踵而至,其复杂性严峻性前所未有。

以习近平同志为核心的党中央发扬伟大历史主动精神,以顽强的意志品质和高超的政治智慧,带领全党全国各族人民坚定信心、迎难而上,一仗接着一仗打,战胜各种可以预见和难以预见的风险挑战,确保中华民族伟大复兴历史进程不被迟滞甚至打断。

2020年,岁在庚子,一场世纪疫情来势汹汹。

这是新中国成立以来我国遭遇的传播速度最快、感染范围最广、防控难度最大的重大突发公共卫生事件。

武汉告急、湖北告急、全国形势严峻。在泰山压顶的危急时刻,习近平总书记坚定沉着、勇毅担当、科学应对:果断作出关闭离汉离鄂通道关键决策,号令举全国之力实施规模空前的生命大救援,指挥党政军民学、东西南北中抗疫大会战,统筹疫情防控和经济社会发展工作……

坚持"人民至上、生命至上",从刚出生的婴儿到百岁老人,每一个生命都得到全力呵护,最大限度保护人民生命安全和身体健康;坚持"疫情要防住、经济要稳住、发展要安全",统筹经济发展和疫情防控取得世界上最好的成果。

备豫不虞,为国常道。

2018年1月,在学习贯彻党的十九大精神专题研讨班开班式上,面对党内"关键少数",习近平总书记一口气列举了8个方面16个具体风险,其中就告诫全党"像非典那样的重大传染性疾病,也要时刻保持警惕、严密防范"。

2019年1月,中央党校省部班再次聚焦"坚持底线思维着力防范化解重大风险"这一主题,习近平总书记就防范化解政治、意识形态、经济、科技、社会、外部环境、党的建设等领域重大风险进一步作出深刻分析、提出明确要求。

"统筹发展和安全,增强忧患意识,做到居安思危,是我们党治国理政的一个重大原则。"

习近平总书记以深刻的忧患意识和深远的战略眼光,创造性提出总体国家安全观,将安全贯穿到党和国家工作各方面、全过程。

2021年,习近平总书记在地方考察调研期间,两次"临时停车"让人印象深刻——

5月在河南南阳,下车走进一处麦田察看小麦长势;9月在陕西榆林,到田间察看谷子、糜子、玉米长势。

仓廪实,天下安。

"看看世界上真正强大的国家、没有软肋的国家,都有能力解决自己的吃饭问题。"习近平总书记始终把粮食安全作为治国理政的头等大事。

从抓粮食安全到抓能源安全,从确保产业链供应链稳定到防范化解重大金融风险,始终坚持下先手棋、打主动仗,办好发展和安全两件大事,推动实现高质量发展和高水平安全的良性互动。

风云变幻中,保持"乱云飞渡仍从容"的战略定力;狭路相逢时,展现"独有英雄驱虎豹"的非凡气概。

从以建设性的态度开展经贸磋商,到以负责任的胸怀开展中美元首直接对话,从果断采取必要反制措施,到保持战略定力办好自己的事……习近平总书记带领全党全国各族人民发扬不信邪、不怕鬼的精神,坚决顶住外部极限施压遏制,有理有据有节开展斗争,既捍卫了国家和人民的根本利益,也赢得了国际社会的尊重和敬佩。

既有防范风险的先手,也有应对和化解风险挑战的高招。

2022年7月1日,香港会展中心,灯光璀璨,花团锦簇。

"这样的好制度,没有任何理由改变,必须长期坚持!"在庆祝香港回归祖国25周年大会暨香港特别行政区第六届政府就职典礼上,习近平总书记这样论及"一国两制"。话音未落,全场爆发出热烈掌声。

一个时期,受各种内外复杂因素影响,"反中乱港"活动猖獗,香港局势一度出现严峻局面。

建立健全香港维护国家安全的法律制度和执行机制、制定实施香港国安法、完善选举制度、落实"爱国者治港"原则……以习近平同志为核心的党中央审时度势,出台一系列事关根本和长远的举措,香港局势实现由乱到治的重大转折,正处在由治及兴的关键时期。

以习近平同志为核心的党中央始终掌握应对风险挑战的战略主动,敢于斗争、善于斗争,依靠顽强斗争打开了事业发展新天地。

强国必须强军,军强才能国安。面对风险挑战,人民军队始终是捍卫和平、维护安全的钢铁长城。

党的十八大以来,在习近平强军思想指引下,我们党紧紧扭住战斗力这个唯一的根本的标准,全面推进政治建军、改革强军、科技强军、人才强军、依法治军,人民军队体制一新、结构一新、格局一新、面貌一新,实现整体性革命性重塑,以更强大的能力、更可靠的手段捍卫国家主权、安全、发展利益。

"中国共产党是为中国人民谋幸福的政党,也是为人类进步事业而奋斗的政党。"

——统筹国内国际两个大局,开创中国特色大国外交新局面,为推动构建人类命运共同体、建设更加美好世界作出新的更大贡献

2022年9月,习近平总书记再次踏上中亚大地。

不约而同,出席上合组织撒马尔罕峰会的多国领导人纷纷同习近平谈及"一带一路"合作;不约而同,哈萨克斯坦总统、乌兹别克斯坦总统将本国最高荣誉勋章授予中国最高领导人。

9年前,习近平总书记在纳扎尔巴耶夫大学发表演讲,首次提出共建"丝绸之路经济带"倡议。

几年间,当连续两届"一带一路"国际合作高峰论坛在华举办、与会各国领导人接踵而至,当亚欧大陆上一个个经贸合作区拔地而起、一列列中欧班列穿梭往来时,国际社会赞叹"一带一路"倡议是"人类历史上最具雄心的经贸一体化计划"。

今天,中国与沿线国家货物贸易额累计约12万亿美元,同149个国家、32个国际组织签署了200多份合作文件;

今天,因为"一带一路",哈萨克斯坦的小麦卖到了东南亚,乌兹别克斯坦安格连—帕普铁路隧道建成通车,希腊比雷埃夫斯港重现生机,更多巴基斯坦民众在炎炎夏日吹上了电扇,塞内加尔干旱地区村民喝上了干净的水……

从历史深处走来的中国倡议,在中国同世界交融发展中,不断书写构建人类命运共同体的

大美诗篇。

放眼全球,百年变局叠加世纪疫情,单边主义保护主义甚嚣尘上,冷战思维强权政治阴魂不散,国际和地区形势错综复杂……世界进入新的动荡变革期,人类站在新的十字路口。世界怎么了、我们怎么办?这是习近平总书记一直思考的问题。

"人类生活在同一个地球村里,生活在历史和现实交汇的同一个时空里,越来越成为你中有我、我中有你的命运共同体。"2013年3月,党的十八大后习近平总书记首次出访,在莫斯科国际关系学院发表演讲,作出这样的重大论断。

10年来,在纽约联合国总部、日内瓦万国宫,习近平总书记系统阐述构建人类命运共同体理念内涵和目标路径,从中国人民和世界人民共同利益出发,高高举起引领时代潮流和人类前进方向的鲜明旗帜。

10年来,构建人类命运共同体被写入联合国决议、上合组织成员国元首宣言等一系列国际文件,在中国与世界的紧密互动中凝聚日益广泛的国际共识,汇集起日益强大的全球合力。

从北京出发,跨越高山大海,10年间,习近平总书记出访42次,足迹遍及五大洲69个国家;在国内,举办一系列重大主场外交活动,接待100多位来访的外国元首、政府首脑,疫情背景下又通过"云外交"同国际社会密切沟通。

推动构建总体稳定、均衡发展的大国关系框架;发展同周边国家睦邻友好关系;深化同发展中国家团结合作……在习近平外交思想指引下,中国特色大国外交全面推进,外交布局不断完善,建交国增至181个,建立伙伴关系的国家和地区组织达110多个,伙伴关系网络覆盖全球。

金秋,上海,第五届中国国际进口博览会准备工作如火如荼。这一由习近平总书记亲自谋划的全球首个以进口为主题的国家级展会,被外界誉为中国开放的"金色大门"。过去4年,习近平总书记每年在进博会开幕式上发表主旨演讲,向世界传递出"中国开放的大门只会越开越大"的强烈信号。

连年举办进博会、广交会、服贸会、消博会,统筹推进21个自贸试验区建设,高质量高标准建设海南自由贸易港,颁布实施外商投资法,区域全面经济伙伴关系协定生效实施……

海纳百川的开阔格局,基于"世界好,中国才能好;中国好,世界才更好"的深刻逻辑;弄潮涛头的勇毅担当源于"以人民之心为心、以天下之利为利"的深厚情怀。

2016年9月,杭州西子湖畔,习近平总书记在这里主持二十国集团领导人峰会。首次把发展问题置于全球宏观政策框架的突出位置、首次制定落实联合国2030年可持续发展议程行动计划、首次采取集体行动支持非洲和最不发达国家工业化……一个个"首次",在全球治理进程中镌刻下鲜明的中国印记。

促成国际货币基金组织份额改革落实,发起成立亚投行、新开发银行,设立丝路基金,中国在全球金融体系变革中的作用不断增强;无论是承诺"力争2030年前实现碳达峰、2060年前实现碳中和",还是开展新中国成立以来最大规模的全球紧急人道主义行动,中国用实际行动展现了大国应有的样子和责任担当。

当今世界既不太平也不安宁。在变乱交织的国际环境中,中国以稳固、坚实、可预期的姿态,为世界带来信心和力量。

旗帜鲜明推动建设开放型世界经济,成为"世界上推动贸易和投资自由化便利化的最大旗手";

提出全球发展倡议、全球安全倡议,受到国际社会广泛欢迎;

倡导平等、互鉴、对话、包容的文明观,弘扬全人类共同价值,推动不同文明交流对话、和谐共生……

德不孤,必有邻。

今天,习近平总书记提出的中国理念、中国方案正不断转化为全球公共产品。

外媒评价,中国提出的将本国利益与地区和全球利益相对接的理念在全球范围内得到广泛响应,这样的理念付诸行动,人类就向前迈出一大步。

"中国人民正意气风发向着全面建成社会主义现代化强国的第二个百年奋斗目标迈进。"

——牢牢把握新时代新征程党的中心任务,谋划新的思路、新的战略、新的举措,以中国式现代化推进中华民族伟大复兴

实现中华民族伟大复兴的征程中,每一次历史性跨越都意味着再一次出发。

我们党历来高度注重总结历史经验。在中国共产党成立100周年的重要时刻,习近平同志为核心的党中央决定,党的十九届六中全会重点研究全面总结党的百年奋斗重大成就和历史经验。

2021年11月召开的这次全会,通过了党的第三个历史决议。此时,党领导人民胜利实现第一个百年奋斗目标、全面建成小康社会,迈入全面建设社会主义现代化国家、向第二个百年奋斗目标进军的新发展阶段。

"进入新发展阶段,是中华民族伟大复兴历史进程的大跨越。"习近平总书记作出鲜明判断。

脱贫攻坚后全面推进乡村振兴,全面小康后促进全体人民共同富裕,新的跨越昭示未来。

将乡村振兴放在实现中华民族伟大复兴高度,习近平总书记强调"民族要复兴,乡村必振兴",提出"产业振兴是乡村振兴的重中之重""推动乡村文化振兴"等战略举措,让希望的田野更有希望。

"共同富裕路上,一个也不能掉队。"以习近平同志为核心的党中央把共同富裕摆在更加重要位置,将"全体人民共同富裕取得更为明显的实质性进展"纳入2035年基本实现社会主义现代化的远景目标。

目光长远,方能行稳致远。

"水网建设起来,会是中华民族在治水历程中又一个世纪画卷,会载入千秋史册。"

"西部留白太大了,将来也要补几笔,把美丽中国的交通勾画得更美。"

从国家水网到西部边疆铁路网,习近平总书记以志在千秋伟业的高瞻远瞩,擘画重大工程,为全面建设社会主义现代化国家打牢基础。

步入2022年,进入全面建设社会主义现代化国家新征程的关键时刻。

习近平总书记在全国两会上首次提出"五个必由之路"重大论断,阐述我国发展仍具有的"五个战略性有利条件",深刻揭示新时代我们为什么成功、未来我们怎样继续成功。

随后,习近平总书记展开密集考察调研,谋划新的思路、新的战略、新的举措——

4月海南,从打造中国特色自由贸易港到建设洋浦经济开发区,一再强调抓好实现中华民族伟大复兴的重大战略任务;

6月四川、湖北,走进创新型企业,提出"不断提升我国发展独立性、自主性、安全性,催生更多新技术新产业,开辟经济发展的新领域新赛道,形成国际竞争新优势";

7月新疆,深入学校、社区、农村等,强调"不断丰富和发展新时代党的民族理论,推进中华民族共同体基础性问题研究";

8月辽宁,对东北振兴念兹在兹,指出"我们对东北振兴充满信心、充满期待",党的二十大后要对东北振兴作出新的部署。

击鼓催征,踔厉奋发。

党的二十大将对全面建成社会主义现代化强国两步走战略安排进行宏观展望,重点部署未来5年的战略任务和重大举措,搞好这5年的发展对于实现第二个百年奋斗目标至关重要。

今年7月,省部级主要领导干部"学习习近平总书记重要讲话精神,迎接党的二十大"专题研讨班举行。

"必须高举中国特色社会主义伟大旗帜""必须坚持以中国式现代化推进中华民族伟大复兴""必须永葆'赶考'的清醒和坚定""要牢牢把握新时代新征程党的中心任务"……习近平总书记作出一系列重大论断,为开好党的二十大奠定了重要政治基础、思想基础、理论基础。

刚刚闭幕的党的十九届七中全会,分析了当前形势和任务,深入讨论了新时代新征程坚持和发展中国特色社会主义、全面建设社会主义现代化国家的若干重大问题,为召开党的二十大作了充分准备。

大道之行,壮阔无垠。

十年弹指一挥间,却在实现中华民族伟大复兴历史中写下波澜壮阔的恢宏篇章。习近平总书记以坚定信仰信念、鲜明人民立场、非凡政治智慧、顽强意志品质、强烈历史担当带领全党全国各族人民开创了中国特色社会主义新时代,开辟了马克思主义中国化新境界。

十年风雨兼程,十年砥砺奋进。新时代党和国家事业之所以能够取得历史性成就、发生历史性变革,根本在于习近平总书记掌舵领航,在于习近平新时代中国特色社会主义思想科学指引。

全党全军全国各族人民深切体会到,党确立习近平同志党中央的核心、全党的核心地位,确立习近平新时代中国特色社会主义思想的指导地位,对推进中华民族伟大复兴历史进程具有决定性意义,是赢得未来的根本政治保证。

新起点,再起航。

新时代新征程上,在以习近平同志为核心的党中央坚强领导下,风华正茂的中国共产党必将带领全国各族人民,为全面建设社会主义现代化国家、全面推进中华民族伟大复兴继续团结奋斗,继续赢得更加伟大的胜利和荣光!

(资料来源:人民网 2022-10-15)

六、坚持个人理想与社会理想的有机结合

大学生成长成才的必由之路,是坚持个人奋斗目标与国家、民族的奋斗目标相统一,把个人理想融入社会理想之中,在实现社会理想的实践中实现个人理想和价值。

1.基本概念

个人理想:是指处于一定历史条件和社会关系中的个体对于自己未来的物质、精神生活所产生的向往和追求。

社会理想:是指社会集体乃至社会全体成员的共同理想,即在全社会占主导地位的共同奋斗目标。

在整个理想体系中,社会理想是最根本、最重要的。

2.个人理想与社会理想的关系

个人理想与社会理想的关系实质上是个人与社会关系在理想层面的反映。个人与社会的关系是相互依存、相互制约、共同发展的。同样,个人理想与社会理想之间也是相互联系、相互影响、相互制约的。具体表现在以下两方面:

第一,个人理想以社会理想为指引。

个人理想的确立不能只凭个人的主观愿望,而要顺应社会发展的客观规律和趋势要求;个人理想的实现不仅是个人奋斗的事情,而且要担当时代赋予的社会责任和历史使命。从根本上说,个人理想是由社会理想规定的,个人理想只有同国家的前途、民族的命运相结合,个人的向往和追求只有同社会的需要和人民的利益相一致,才可能变为现实。

第二,社会理想是个人理想的汇聚和升华。

社会理想与个人理想密不可分。社会理想建立在广大社会成员的个人理想基础之上,社会理想的实现归根到底要靠全体社会成员的共同努力来实现,并体现在每个社会成员实现个人理想的具体实践中。

大学生对个人理想的追求和向往,不能脱离当代中国的社会现实。大学生要在社会理想的指引下,勇于追求个人理想,在实现社会理想的过程中努力实现个人理想。

精选案例

姜志容,期待你的归来!

2022年,姜志容在武汉城市职业学院外语学院学习期满,毕业前参加了专升本考试,考入湖北民族大学旅游管理本科专业。8月,姜志容收到录取通知书时,正在来凤履行全国大学生志愿服务西部计划志愿者的职责。

是进梦寐以求的大学校园继续深造,还是在基层岗位继续开展志愿服务?姜志容面临人生选择。

2022年11月,姜志容经过慎重考虑后向湖北民族大学递交了保留学籍的申请,她要全身心当好全国大学生志愿服务西部计划志愿者,在基层服务中放飞青春梦想,在社会实践中书写青春华章。

湖北民族大学大力支持她服务西部的选择,批准了她的申请。

作为一名家庭困难、励志奋斗、懂得感恩、立志回报社会的大学生,姜志容的事迹被人民日报、央视、长江日报、武汉晚报、腾讯网、新浪网等媒体报道。

"我想如曾经照亮我的人那样,去照亮其他人,国家所需也是我心之所向。"

姜志容是湖北应城人,姜志容的父母都是残障人士,在她读初二那年,她父亲因病去世。"爸爸身体不好,还经常起早贪黑地捡废品,当爸爸倒在地上时,我想去抬他,但是抬不动,那时候,我经常会哭。"姜志容回忆说。在去年,她的奶奶离开了她,妈妈也因生活无法自理住进了福利院。

在姜志容的成长和求学过程中处处充满着党和国家的温暖和关怀。"这么多年,是国家的精准扶贫政策、'雨露计划'、低保政策、残疾人补贴,还有国家奖学金、励志奖学金等各类奖励政策,让我能心无旁骛地完成学业。"她常常感叹,每次她打算放弃学业时,国家政策都会送到她跟前。

当地政府还出资将她家的土房修成了砖房,为让姜志容安心学习,当地好心人每年会对她进行资助,带着感恩之心的姜志容从中专一路读到大专,通过"专升本"考取了湖北民族大学旅游管理本科专业。

在从西部志愿汇平台和学校团委了解到西部计划后,姜志容于2022年6月10日参与选拔,并于6月14日以面试第一名的成绩被选拔确认为大学生志愿服务西部计划中的一员,7月26日正式前往来凤报到。因为自己经历过苦难,所以她相信自己在基层能够更加认真负责地对待工作,能够用心、用情地帮助那些和她有过相似经历的或是正在经历着苦难的孩子们。

2022年10月,还沉浸在奶奶去世悲伤里的姜志容听闻来凤因疫情实行城区管控的消息,立即投入工作,作为一名党员干部下沉社区,每天穿上防护服走访包保户,轮流参与核酸检测信息录入。"那一刻,我好像感觉自己突然长大。"姜志容回忆说。

"我也想将自己的'知青'岁月写在祖国大地上,以后回忆起来的时候,能够骄傲地嘴角上扬。"

姜志容在与老师们座谈交流时说道,自从参与了西部计划,她收获了一群很好的朋友,一行六人,都是西部计划的大学生志愿者,虽然大家来自不同的大学和省份,但是却无比团结,身在异乡也有了家一般的温暖。

姜志容目前是共青团来凤县委青少年发展与权益维护部的一名干事,工作中主要负责希望工程系列项目、基层团务工作、共青团县域改革工作以及乡村振兴工作等。在同一批西部计划志愿者中,姜志容问的问题最多,加班最多,只要是她接手的工作,她都会非常认真、负责地按时完成。同事文萌谈起她赞不绝口。

在2022年12月来凤县团代会的筹备工作中,为了确保会议资料准确周密,姜志容和同事互相配合,对照会议流程反复梳理材料,即使熬夜加班,她也没有任何一句抱怨的话,她很享受完成工作带来的成就感,"那种和志同道合的伙伴一起担起责任、团结协作的场景,让大家有非常深刻的印象,也因此让我们更加团结、更加默契"。

"善于沟通,虚心求教"是领导眼里的姜志容,"很坚强,很温暖"是同事们眼里的姜志容,在日常工作、生活中,姜志容的脸上始终洋溢着笑容,办公室里经常充满着她的笑声。

在姜志容的奶奶去世前的那段时间,她周末经常回家,同事们觉得她上班离家挺远,每周回家挺麻烦的,经常劝她没必要这样奔波。一开始,她只是笑一笑没有多说,直到她告诉同事自己奶奶的身体不好,想回去多陪陪奶奶。"我能很明显地感受到她的难过,真的很让人心疼。"姜志容的同事说。

"办公室在26楼,我很喜欢从这里看到的蓝天白云,还有朝阳、晚霞。"姜志容向老师们分享自己拍摄的夕阳,她说这些风景总能让她的心得到治愈。

"从来没有后悔成为西部计划志愿者的一员,因为自己淋过雨,所以我会更加努力地撑好这把伞,为更多身处困难的人遮风挡雨。"

"西部基层也需要有青年奔赴,我们青年得勇于做先锋、当闯将,为国家西部建设贡献自己的一份力量。"在向老师汇报自己半年多的志愿工作时,姜志容自豪地表示,自己身处的西部计划服务岗是一个非常有意义的岗位,对于她这种刚毕业的大学生是一次很好的锻炼机会。

除此之外,半年的工作也让她深刻意识到了学习的重要性,工作中的很多东西都是边学边做的,她认为自己的理论知识还不够扎实,需要"充电"。这一认识让姜志容更加坚定了不断学习、努力完成学业的决心,她很庆幸自己一路走来没有放弃学业。"只有学习更多的技能,丰富自己的内在,才能为祖国建设贡献更多的青春能量。"姜志容表示,在西部计划结束后,自己将回到学校,认真修完本科学业,并通过考研深造提升自身能力,更好地回馈社会。

世界以痛吻我
我却报之以歌
脚踏实地,不断积累
不忘初心,砥砺前行
从一个新的起点重新出发
保持这份热爱与坚持
开启下一段精彩的旅程

(资料来源:中国青年网2023-03-08,有删改)

案例点评

"其实一个人往前走,是很辛苦、很累的,可是国家却让我感受到我从未被放弃,我从来不是一个人,只要我想,即使没有钱,我也是可以读书的,也是可以追寻自己的理想的。"这一段话充分体现了姜志容对个人与社会、个人理想与社会理想关系的正确理解和深刻把握,因而她选择了"将自己的'知青'岁月写在祖国大地上",在社会实践中不断磨砺成才,也为祖国建设贡献出更多的青春能量。新时代大学生要以姜志容为榜样,正确处理个人与社会、个人理想和社会理想的关系,把自己的前途命运同国家民族的前途命运紧紧联系在一起,将"小我"融入"大我",把爱党爱国爱人民的热情转化为实实在在的行动,在实现中华民族伟大复兴的生动实践中放飞青春梦想,书写青春华章。

经典阅读

祖国需要,是他唯一的选择
——"共和国勋章"获得者张富清的故事

2022年12月20日23时15分,"共和国勋章"获得者、全国优秀共产党员、全国道德模范、"时代楷模"称号获得者、全国模范退役军人、"最美奋斗者"张富清同志,因病医治无效,在湖北武汉逝世,享年98岁。

"我是一个老兵,是党培养的人,我要永远听党话,永远跟党走。"张富清老人生病住院期间,曾这样说过。他的一生,也是这样做的。

70多年前,他是原西北野战军359旅718团2营6连战士,冒着枪林弹雨,炸掉敌人四个碉堡,战功卓著,是董存瑞式的战斗英雄。

60多年前,他退役转业,主动选择到湖北省最偏远的来凤县工作,为贫穷山区奉献一生。从此,赫赫战功被他埋在心底,只字不提。

88岁时,他左腿截肢,为了不给组织添麻烦,更为了让子女"安心为党和人民工作",装上假肢,顽强地站了起来。

他95岁,仍然坚持学习。他说:"人离休了,政治上思想上绝不能离休。"

只要祖国需要,必定勇往直前,深藏功名,不改本色,这就是老英雄张富清一生的写照。

(一)

张富清生于陕西省洋县。1948年3月,24岁的张富清参加中国人民解放军。"我从参加解放军起就觉得,共产党领导的这支队伍是真正为老百姓打天下的。也是从那时起,我一直想加入中国共产党。"

每一次战斗,张富清总是担任"突击队员"。"那时候,解放军的'突击队'就是'敢死队',是冲入敌阵、消灭敌军火力点的先头部队,伤亡最大。"

为什么报名参加突击队?他说"因为我是共产党员,党需要的时候,越是艰险,越要向前!为了党和人民,就是牺牲了,也是无比光荣的!"

1955年,张富清即将复员转业。"部队号召我们,到最艰苦的地方去,到最需要的地方去建设祖国。哪里最困难,我就去哪里。"张富清选择了湖北最偏远、最艰苦的地方之一,恩施土家族苗族自治州来凤县。

2018年12月3日,来凤县城。

来凤县委政法委干部张健全,小心翼翼地怀揣着一个包裹来到县人社局。彼时,县里正在按照上级统一安排,开展退役军人信息采集工作。

张健全带来的东西,是父亲张富清一生珍藏的宝贝。

"那是下午5点20分,我正准备下班。看到闪耀着光芒的勋章,我一下就被吸引住了。"对那天的情景,来凤县退役军人信息采集工作专班信息采集员聂海波记忆犹新。

在聂海波的注视下,张健全郑重地一一取出包裹里的物品——

一本立功证书,记录着张富清在解放战争时立下的战功:立军一等功一次,师一等功、二等功各一次,团一等功一次,两次获"战斗英雄"称号。

一份西北野战军的报功书,讲述着张富清"因在陕西永丰城战斗中勇敢杀敌",荣获特等功。

一枚西北军政委员会颁发的奖章,镌刻着"人民功臣"四个大字……

激动地看完张健全带来的材料,聂海波深感震撼:"没想到我们来凤还隐藏着这样一位战功赫赫的大英雄!"

(二)

"永丰战役带突击组,夜间上城,夺取敌人碉堡两个,缴机枪两挺,打退敌人数次反扑,坚持到天明。我军进城消灭了敌人。"

这是立功证书对张富清1948年11月参加永丰战役的记载。

发生在陕西蒲城的永丰之战,是配合淮海战役的一次重要战役。战况异常惨烈,"一夜之间换了八个连长"。

对那场艰苦卓绝的战斗,95岁的张富清仍历历在目。

张富清所在的连是永丰战役突击连。张富清又是突击连的突击班成员。27日夜,他和两名战友匍匐前进,扒着墙砖缝隙攀上城墙。张富清第一个跳下城墙,与围上来的敌人激战。

"我一转身,看见敌人将我围住了,就端起冲锋枪扫射,一下子打死七八个。"张富清说,交火的时候,他感觉到自己的头被猛砸了一下,消灭眼前的敌人后,手一摸,发现满脸都是血。原来,子弹擦着头顶飞过,把一块头皮掀了起来……

"打死七八个敌人后,我逼近碉堡,用刺刀在城墙底下刨了个洞,把我带的八颗手榴弹和一个炸药包码在一起,拉着了手榴弹,炸毁了碉堡……"

那一夜,张富清接连炸毁两座碉堡,缴获两挺机枪、数箱弹药。战斗中,他幸存下来,两个战友却从此杳无音讯……

因在战斗中表现英勇,张富清获得军甲等"战斗英雄"荣誉称号。

1948年3月参军,8月入党,在壶梯山、东马村、临皋、永丰城等战斗中都冲锋在前——这位陕西汉中小伙子历尽了九死一生。

(三)

陕西、新疆、北京、南昌、武汉……

几经辗转,1955年初,已是连职军官的张富清面临退役转业的人生转折。听说湖北西部恩施条件艰苦,急缺干部,他二话不说:"我可以去!"

听说来凤县是恩施最偏远、最困难的地区,没有丝毫犹豫,他又一口答应:"那我就去来凤。"

那是一个寒冷的冬天。从武汉动身,一路向西,再向西。恩施是湖北西部边陲,来凤更是边陲的边陲,怀着投身社会主义建设的憧憬,张富清来了。

"这里苦,这里累,这里条件差,共产党员不来,哪个来啊!"——带着一个共产党员的赤诚,张富清来了。

此后几十年,"人民功臣"张富清勤劳的身影,先后出现在粮食局、三胡区、卯洞公社、外贸局、建设银行……双脚却很少再迈出来凤。母亲去世,他也没能见上最后一面……

工作挑最苦最难的干,从不争名争利。张富清把余生献给了来凤,献给了这片曾经毫无关联的大山。

浴血奋战,战功卓著……自从到了来凤,过去的一切,都被张富清刻意尘封起来。

60多年,无论顺境逆境,张富清从不提自己的战斗功绩。证书和军功章被他藏在一个随身几十年的皮箱里,连儿女也不知情。

(四)

瞒得再紧,也瞒不过最亲的人。

妻子孙玉兰最清楚丈夫身上有多少伤。右身腋下,战争中被燃烧弹灼烧,黑乎乎一大片;头顶的伤疤至今依稀可见……

孙玉兰和张富清是同乡。战争期间及之后的几年,村里人都以为张富清已经不在人世了。1954年,张富清回了趟家乡,大家才知道,他还活着。

共青团员、妇女主任孙玉兰,和长自己11岁的张富清一见钟情。不久后,被爱情召唤的孙玉兰,追随张富清到了来凤。

这一来,就是一辈子。

20世纪60年代,为给国家减轻负担,担任三胡区副区长的张富清率先动员妻子从供销社的铁饭碗"下岗"。他的理由很简单:"国家困难,我首先要看看自己有没有占群众、公家的好处……要精简人员,首先从我自己脑壳开刀……"

同挚爱的人在一起,多苦都是甜。

夫妻俩生养了四个孩子。大女儿患病,至今未婚,常年在家靠母亲看护;小女儿是卫生院普通职员;两个儿子凭自己的本事上学、工作,从基层教师干起,一步步成长为县里的干部。

几个子女,没有一个在张富清曾经任职的单位上班。

如今,最小的儿子也快到退休年龄。形容自己眼中的父亲,张健全用了一个词:平凡。

从转业到离休,数十年如一日,张富清像一块砖头,哪里需要就往哪里搬。乐观、朴实、真诚……在大家的印象中,他就是这样一个平凡的人,和普通老百姓没什么差别。

（五）

张富清是"战斗英雄"的消息，在来凤迅速传开了。

不少人感到震惊。"只知道他当过兵，没想到他是那么大的英雄。"

有人感到不解。"别人没他那么大的功劳，还整天问组织要这要那。他老婆没有工作，大女儿又残疾，也没见他提什么要求。"

有人感到惋惜。"那么大的战功，如果当初留在武汉，早就成了高级干部。"

更多的人深受教育和感动。

那年，张富清要做眼部手术。术前，中国建设银行来凤支行行长李甘霖特意叮嘱，张老是离休干部，医药费全额报销，可以选好一些的晶体。但张富清听说同病房的农民病友用的是最便宜的，也选了最便宜的。

他说："我已经离休了，不能再为国家做什么，能节约一点是一点。"

衣服的袖口都烂了，还在穿；儿子给他买的新衣服，他叠得整整齐齐放在箱子里。

张富清的心里，几乎没有他自己。

"以前，只不过觉得他大我们一些，工作在我们前头；现在他从我面前过，我都要在心里默默向他致敬！"72岁的来凤县关心下一代工作委员会副主任张昌恩说。

（六）

在张富清简陋的家中，珍藏着一个打满了补丁的搪瓷缸。

一面是熠熠生辉的天安门、展翅飞翔的和平鸽；一面写着：赠给英勇的中国人民解放军——保卫祖国、保卫和平。孙玉兰说，这是丈夫最心爱的物件。

从1954年起，这个搪瓷缸就是张富清生活的一部分。如今，补了又补，不能再用，张富清就把它认真保存了起来。

20世纪80年代初，张富清一家搬到现在仍居住的建行宿舍。30多年过去了，楼上楼下、左邻右舍都已翻修一新，老两口的家还是老样子。

斑驳的墙壁，褪色的家具……虽然朴素，这个家整洁而充满生气。阳台上整齐地养着一排绿植，像是一队整装待发的战士。

面色红润，声音洪亮，精神矍铄——我们面前的张富清，仿佛不是一位90多岁的老人。近几年，他仍然坚持自己下楼买菜，有时还下厨给老伴炒几个菜。透过窗户，常常听到他爽朗的笑声……

1985年离休后，张富清一直保持着读书看报的习惯。他特别爱看《半月谈》。

卧室的写字台上，一本2016年版的《习近平总书记系列重要讲话读本》，被他翻阅得封皮泛白。

第110页的一段文字旁，做着标记——

"要不断改造主观世界、加强党性修养、加强品格陶冶，老老实实做人，踏踏实实干事，清清白白为官，始终做到对党忠诚、个人干净、敢于担当。"

（七）

战争年代不怕牺牲、出生入死，张富清靠的是一个党员的信仰——

"我一直按我入党宣誓的去做……满脑子都是要消灭敌人，要完成任务……所以也就不怕死了。"

和平时期淡泊名利、扎根大山,张富清为的是不负入党的誓言——

"和我并肩作战的战士,有几多(好多)都不在了。比起他们来,我有什么资格拿出立功证件去摆自己啊?!我有什么功劳啊?!"

讲起这些,这位95岁的老人声音颤抖,泪水溢满了眼眶。

英雄事迹传出后,有媒体闻讯而来。张富清拒绝接受采访。记者越来越多,没有办法,张健全只好骗父亲:"这是组织的要求!"张富清这才答应——身为一名共产党员,必须服从组织的安排。

张富清最欣慰的,是一家四代有六个党员。

考虑再三,让子女拿着立功证书去登记,出发点也是对党忠诚——

"党和国家开展退役军人信息采集工作,是一件大好事。如果我不如实向党报告,那就是对党不老实……"

(八)

时光回溯到2018年3月17日。

北京人民大会堂。十三届全国人大一次会议表决通过关于国务院机构改革方案的决定。

近一个月后,退役军人事务部正式挂牌。

组建退役军人事务部,是以习近平同志为核心的党中央着眼党和国家事业全局所作出的重大战略决策。

"军人是最可爱的人""不能让英雄流血又流泪"……随着退役军人管理保障工作有序开展,许多英雄事迹陆续被发掘出来。

九旬老兵张富清,不想给党、给国家、给军队添任何麻烦。不久前,在给曾经战斗部队的一封答谢信中,他情真意切地写道:

"希望你们坚决听党的话,坚决听从习主席指挥""心往一处想,劲往一处使,拧成一股绳……"

(九)

新疆军区某红军团,是张富清当年战斗的英雄部队。年轻的官兵,正紧紧围绕听党指挥、能打胜仗、作风优良的强军目标,学习老前辈张富清英雄事迹,立志做新时代革命军人。

3月2日,部队派员专程到来凤,探望老战士张富清。

是夜,平素内敛沉默的张健全抑制不住内心激动。眼含热泪,他写下深情的记录——

部队来人了

老兵心中掀起波澜

面对军装上的军徽

老兵用一条独腿坚强站立

缓缓举起右手

庄严地行上军礼

(资料来源:光明网2022-12-22,新华社2019-04-09,有删改)

第三节　实践教学篇

一、"筑梦新时代,放飞青春梦"实践教学

1.实践教学目的

通过微视频讲述和记录所读、所见、所闻,表达爱国之心、强国之愿、报国之志,激励自己坚定理想信念,筑梦新时代,在实现中国梦的实践中放飞青春梦想,书写人生华章。

2.实践教学主题

筑梦新时代,放飞青春梦。

3.实践教学过程

(1)参赛视频作品的艺术风格不限,要求作品内容思想健康、积极向上且有青春的气息,有一定的思想深度。内容充实、生动,重点突出,切合本次活动主题。

(2)作品要求:具有原创性,观念独特,形式新颖,勇于挑战表演和拍摄有较大难度的表现方式。主题鲜明,作品富有很强的感染力与表现力,无不良影响。为方便作品上传,提交格式为MP4。制作软件不限,参赛作品时长要求为3~5分钟。作品以普通话为主要发音语言,可以有少量方言、英语等,但需加上字幕,可插入背景音乐。

二、"读原著,悟真理"实践教学

1.实践教学目的

马列经典著作是我党的理论之源和信仰之本,深刻体现着马克思主义基本原理。大学生作为新时代青年的重要代表和社会主义事业的接班人,必须积极研读马列经典著作,拥有坚实的理论基础和坚定的理想信仰。移动互联网背景下,大学生研读马列经典著作的问题频出,现状不容乐观。这就要求必须针对问题提出相应的改进措施,以提升大学生研读马列经典著作的积极性。

2.实践教学主题

读原著,悟真理。

3.实践教学过程

以宿舍为单位,依据推荐书目确定宿舍的阅读书目,建议采取集体晨读、夜读等方式阅读经典。同时,各宿舍推荐选出1名优秀诵读者参与班级分享会。

三、"砥砺青春,我们正好"实践教学

1.实践教学目的

将当代中国发展的方向和道路与大学生的历史使命相结合,确立科学人生理想目标,通过参与此次活动,进一步坚定理想信念,志存高远、脚踏实地,像疫情防控中的"90后""00后"优秀青年那样,用臂膀扛起如山的责任,展现出青春激昂的风采,展现出中华民族的希望。

2.实践教学主题

砥砺青春,我们正好。

3.实践教学过程

(1)以"砥砺青春,我们正好"为主题,尽情发挥参赛选手的自身风采和演讲才能,鼓励他们以不同、新颖的角度和方式表达对青春的理解。

(2)作品要求:内容积极向上,主题鲜明,选材典型,能够体现当代要求与大学生的精神风貌;举止大方,口齿清楚,语音标准,表现自然。

四、"理想与现实"实践教学

1.实践教学目的

通过辩论的形式,考查大学生对理想信念的认知能力,引导大学生明确理想信念对人生的重要意义,深刻理解理想与现实的关系;引导大学生正确看待理想与现实的矛盾,脚踏实地、艰苦奋斗,将个人梦想和中国梦结合起来,坚定走中国特色社会主义道路,在实践中化理想为现实。

2.实践教学主题

当理想与现实发生冲突时,应该选择坚持理想还是面对现实?

3.实践教学过程

1)立论阶段

正方一辩开篇立论,3分钟。

反方一辩开篇立论,3分钟。

2)驳立论阶段

反方二辩驳对方立论,2分钟。

正方二辩驳对方立论,2分钟。

3)质辩环节

正方三辩提问反方一、二、四辩各一个问题,反方辩手分别应答。每次提问时间不得超过15秒,三个问题累计回答时间为1分30秒。

反方三辩提问正方一、二、四辩各一个问题,正方辩手分别应答。每次提问时间不得超过15秒,三个问题累计回答时间为1分30秒。

正方三辩质辩小结,1分30秒。

反方三辩质辩小结,1分30秒。

4)自由辩论环节

每方4分钟,由正方开始,双方交叉应答。

5)结辩环节

反方四辩总结陈词,3分钟。

正方四辩总结陈词,3分钟。

思考与练习

一、单选题

1. 理想是人们在（　　）中形成的、有实现可能性的、对未来社会和自身发展目标的向往与追求。
   A. 实践　　　　　B. 内心　　　　　C. 经验　　　　　D. 追求

2. 理想是人们的世界观、人生观和价值观在（　　）上的集中体现。
   A. 生活目标　　　B. 奋斗目标　　　C. 主观思想　　　D. 主观判断

3. 信念是认知、情感和（　　）的有机统一体，为人们矢志不渝、百折不挠地追求理想目标提供了强大的精神动力。
   A. 目标　　　　　B. 行为　　　　　C. 意志　　　　　D. 实践

4. 理想信念是人生发展的（　　）。在大学期间，大学生不仅要提高知识水平，增强实践才干，还要坚定崇高的理想信念。
   A. 外在激励　　　B. 内在动力　　　C. 心理动机　　　D. 生理基础

5. （　　）是实现理想的重要条件。
   A. 及时行乐　　　B. 艰苦奋斗　　　C. 随波逐流　　　D. 得过且过

6. 中国特色社会主义最本质的特征是（　　）。
   A. 共产党领导　　　　　　　　　　B. 共同富裕
   C. 社会主义民主　　　　　　　　　D. 人民代表大会制度

7. 《共产党宣言》于（　　）年问世。
   A. 1845　　　　　B. 1846　　　　　C. 1847　　　　　D. 1848

8. （　　）是实现社会主义现代化、指引中国人民创造自己美好生活的必由之路。
   A. 中国特色社会主义道路　　　　　B. 人民民主专政
   C. 共产党领导　　　　　　　　　　D. 扶贫攻坚

9. 理想与现实的关系是（　　）的。
   A. 对立　　　　　B. 统一　　　　　C. 对立统一　　　D. 既不对立也不统一

10. 个人理想的实现，必须以（　　）的实现为前提和基础。
    A. 父母的期望　　　　　　　　　　B. 眼前的利益
    C. 共产主义理想　　　　　　　　　D. 社会理想

二、多选题

1. 理想是人们在实践中形成的、有实现可能性的、对未来社会和自身发展目标的向往与追求，是人们的（　　）在奋斗目标上的集中体现。
   A. 世界观　　　　B. 人生观　　　　C. 价值观　　　　D. 宗教观

2. 改革开放以来我们取得一切成就和进步的原因是（　　）。
   A. 开辟了中国特色社会主义道路
   B. 形成了中国特色社会主义理论体系
   C. 确立了中国特色社会主义制度
   D. 发展了中国特色社会主义文化

3.马克思主义具有( )。

A.科学性和革命性的统一　　　　　　B.鲜明的实践品格

C.持久的生命力　　　　　　　　　　D.与时俱进的品质

4.大学生坚定马克思主义信仰,要( )。

A.学习和掌握马克思主义立场、观点和方法

B.确立正确的历史观和世界观

C.准确把握时代潮流

D.以科学的理想信念指引人生前进的道路和方向

5.理想的实现是一个过程,因为要考虑到实现理想的( )。

A.长期性　　　B.艰巨性　　　C.简单性　　　D.曲折性

6.中国梦让生活在这个时代的大学生与祖国人民一起共同享有( )。

A.人生出彩的机会　　　　　　　　　B.梦想成真的机会

C.同祖国一起成长与进步的机会　　　D.同时代一起成长与进步的机会

7.大学生要牢记( ),充分展现自己的抱负和激情,用勤劳的双手成就属于自己的人生精彩。

A.空谈误国、实干兴邦　　　　　　　B.志存高远

C.脚踏实地　　　　　　　　　　　　D.埋头苦干

8.下列哪几种人生价值取向是错误的?( )

A.以国家民族的命运为己任

B.以个人的荣华富贵为人生的理想

C.一切以自我为中心

D.天马行空、独来独往

9.在伦敦海格特公墓的马克思墓碑上,镌刻着马克思的一句名言:"哲学家们只是用不同的方式解释世界,而问题在于改变世界。"这鲜明地表明了( )。

A.马克思主义对哲学家的基本要求

B.马克思主义重视实践

C.哲学家的基本特点

D.以改造世界为己任的基本特征

10.中国共产党自诞生之日起,就把( )作为自己的初心和使命,并团结带领全国各族人民不懈奋斗,战胜各种艰难险阻,不断取得革命、建设、改革的伟大胜利。

A.为中华民族谋复兴

B.全心全意为人民服务

C.为中国人民谋幸福

D.实现中华民族伟大复兴的中国梦

三、判断题

1.理想是信念所指的对象,信念是理想实现的保障。( )

2.信仰是最高层次的信念,具有最大的统摄力。( )

3.理想和信念不是人类特有的精神现象。( )

4.中国特色社会主义是科学社会主义。( )

5.马克思主义是我们立党立国的根本指导思想。(　　)

6.共产主义的实现是个漫长的过程,共产主义几乎没有实现的可能。(　　)

7.个人理想的实现不需要以社会理想的实现为前提和基础。(　　)

8.人们常说理想很丰满,现实很骨感。因此理想与现实是对立的。(　　)

9.艰苦奋斗是老一辈的事儿,当代青年不需要艰苦奋斗。(　　)

10.诸葛亮说"志当存高远"。这里的志具有双重含义:一是对未来目标的向往;二是实现奋斗目标的顽强意志。(　　)

参考答案

第三章　继承优良传统　弘扬中国精神

【教学目标】

1.知识目标

系统掌握中国精神的丰富内涵与时代价值,深刻理解伟大建党精神是中国共产党的精神之源,了解中国共产党人的精神谱系,以及实现中国梦必须弘扬以爱国主义为核心的民族精神和以改革创新为核心的时代精神,科学把握新时代弘扬爱国主义精神的主要内容,理解维护祖国统一与民族团结的重要意义,引导大学生做新时代的忠诚爱国者和改革创新的生力军。

2.能力目标

引导大学生深刻理解中国精神的科学内涵,正确认识弘扬中国精神的时代价值,为其成长为堪当民族复兴大任的时代新人提供正确的精神指引,激发他们以昂扬的精神状态为实现中国梦而努力拼搏,用实际行动展现出弘扬中国精神的青春风采,领悟实现中国梦必须弘扬中国精神,并自觉为实现中国梦不懈奋斗。

3.素质目标

帮助大学生把自己的理想同祖国的前途、自己的人生同民族的命运紧密联系在一起,做新时代的忠诚爱国者,自觉反对历史虚无主义,树立正确的祖国观、民族观、文化观、历史观。

【教学重难点】

1.中国精神的丰富内涵。

2.建党精神的内涵及时代意义。

3.爱国主义的基本内涵。

4.坚持立足中国又面向世界。

5.当代大学生做改革创新生力军的途径。

【教学思路】

人无精神则不立,国无精神则不强。实现中华民族伟大复兴的中国梦,必须弘扬中国精神。这就是以爱国主义为核心的民族精神和以改革创新为核心的时代精神。当代大学生要努力做忠诚的爱国者和时代的奋进者,用实际行动展现出中国精神的青春风采。

【思维导图】

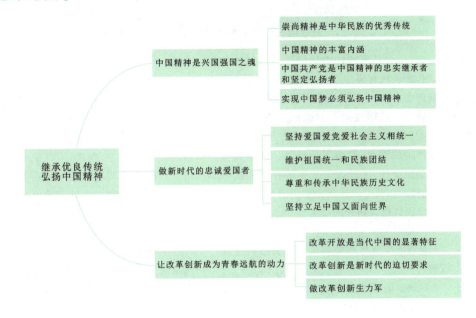

第一节　教学设计篇

一、中国精神是兴国强国之魂

本部分内容共有四方面：一是"崇尚精神是中华民族的优秀传统"，重点引导学生理解中国精神的起源与形成；二是"中国精神的丰富内涵"，重点引导学生理解伟大创造精神、伟大奋斗精神、伟大团结精神、伟大梦想精神是对中国精神的系统阐释；三是"中国共产党是中国精神的忠实继承者和坚定弘扬者"，重点帮助学生认识伟大建党精神是中国精神之源；四是"实现中国梦必须弘扬中国精神"，重点引导学生领悟实现中国梦必须弘扬以爱国主义为核心的民族精神和以改革创新为核心的时代精神。

教学环节	教师活动	学生活动	资源手段	设计意图
导入新课	1.提问：认真记录视频中出现的名字并思考他们的名字为什么闪亮。 2.播放视频：《闪亮的名字》。 3.总结他们身上都展示出了为国家不怕艰难、不畏牺牲的伟大中国精神，提出对学生的期望，并要求学生把自己的名字加在视频中出现的名字后面，鼓励引导学生从自身出发、将来让自己的名字也闪闪发光。	学生讨论交流，并将视频中出现的名字记录于课本68页	视频、观摩、讲授	使学生首先明确这些闪亮的名字背后的共同点是他们都是中国精神的杰出代表，并努力学习成为他们那样的中国人

续表

教学环节	教师活动	学生活动	资源手段	设计意图
讲授新课	**教学内容1.崇尚精神是中华民族的优秀传统**			
	提问:什么是精神?中华民族崇尚精神的优秀传统表现有哪些? 教师简述: 精神是人脑高度组织起来的产物,在哲学上是人们在改造世界的社会实践活动中通过人脑产生的观念、思想上的成果。精神具有极大的能动性,通过改造世界的社会实践活动,精神的东西可以转化为物质的东西。 中华民族崇尚精神的优秀传统表现在以下三个方面: 1.对物质生活与精神生活相互关系的独到理解; 2.对理想的不懈追求; 3.对品格养成的重视	1.组织学生分组讨论交流,寻找中国历史中体现崇尚精神的古诗词文化并派代表发言; 2.与老师一同总结	引导学生自主思考,在职教云进行头脑风暴,提交自己的答案	引导学生认识中国精神的重要性及历史由来,循序渐进,由简入难,帮助学生认识到在几千年的历史进程中,中国人民在长期奋斗中培育铸就了独特的中国精神,为中国发展和人类文明进步提供了强大精神动力
	教学内容2.中国精神的丰富内涵			
	教师简述:四个伟大精神传承了中华民族的宝贵精神基因,汲取了时代的丰厚精神滋养,是对中国精神内涵的系统阐释。它们是: (一)伟大创造精神 1.伟大思想巨匠。 我国产生了孔子、老子、孟子、墨子等闻名于世的伟大思想巨匠。 2.伟大科技文化成果。 四大发明、诗经楚辞、唐诗宋词等。 3.伟大文艺作品。 2021年河南春晚舞台上郑州歌舞剧院演出的舞蹈《唐宫夜宴》成功出圈,社交网络话题阅读量超2亿,好评如潮。该节目通过虚拟现实技术叠加了诸多历史文物的影像,让现实与虚拟交织,给观众带来了一场声色俱佳的大唐盛宴,成功地运用创新将中华民族的优秀传统文化展现得淋漓尽致,体现的正是我们伟大的创造精神。 4.伟大工程。 建设了万里长城、都江堰、大运河、故宫、布达拉宫等气势恢宏的工程。	1.提问:请同学们说说中国古代的"四大发明"和"新四大发明"。 2.播放视频《唐宫夜宴》,提问:请大家列举你所看到过的让你感动的体现中国伟大创造精神的事例。 3.提问:你去过中国的哪些名胜古迹?	在职教云发布讨论题,学生在职教云上作答,老师进行点评,帮助学生深入掌握知识点。 根据四个时期,在职教云平台上发布头脑风暴,让学生分别提交所反映的精神	通过观看视频、独立思考、讨论交流,让学生明白中国精神是中国在不同历史创造辉煌的源泉所在,也是今天凝聚14亿多民心实现中华民族伟大复兴梦的力量源泉,它将支撑着中华民族在中国共产党的带领下实现中华民族伟大复兴梦。中国共产党是中国精神的忠实继承者和坚定弘扬者。

续表

教学环节	教师活动	学生活动	资源手段	设计意图
讲授新课	（二）伟大奋斗精神 　　今天，中国人民拥有的一切，凝聚着中国人的聪明才智，浸透着中国人的辛勤汗水，蕴含着中国人的巨大牺牲。只要14亿多中国人民始终发扬这种伟大奋斗精神，就一定能够达到创造人民更加美好生活的宏伟目标！ （三）伟大团结精神 　　今天，中国取得的令世人瞩目的发展成就，更是全国各族人民同心同德、同心同向努力的结果。中国人民从亲身经历中深刻认识到，团结就是力量，团结才能前进，一个四分五裂的国家不可能发展进步。只要14亿多中国人民始终发扬这种伟大团结精神，就一定能够形成勇往直前、无坚不摧的强大力量！ （四）伟大梦想精神 　　中国人民百折不挠、坚忍不拔，以同敌人血战到底的气概、在自力更生的基础上光复旧物的决心、自立于世界民族之林的能力，为实现这个伟大梦想进行了180多年的持续奋斗。今天，中国人民比历史上任何时期都更接近、更有信心和能力实现中华民族伟大复兴。只要14亿多中国人民始终发扬这种伟大梦想精神，就一定能够实现中华民族伟大复兴！	4.合唱：《团结就是力量》。 5.用手机搜索查找答案		强调中国共产党是中国精神的忠实继承者和坚定弘扬者，阐述伟大建党精神是中国共产党的精神之源
	教学内容3.中国共产党是中国精神的忠实继承者和坚定弘扬者			
	教师简述：历史川流不息，精神代代相传。作为中国精神的忠实继承者和坚定弘扬者，一代又一代中国共产党人继承和弘扬中国精神，在长期奋斗中构建起中国共产党人的精神谱系，锤炼出鲜明的政治品格，极大丰富了中国精神的内涵。 　　首先，建党精神的内涵是坚持真理、坚持理想；践行初心、担当使命（为民谋幸福）；不怕牺牲、英勇斗争；对党忠诚，不负人民。 （一）坚持真理、坚守理想 　　中国共产党一经成立，就把马克思主义写在自己的旗帜上。中国共产党人一旦选择了马克思主义，就一以贯之、坚定不移地坚持它，发展它，维护它，从来没有动摇过、改变过。百余年来，中国共产党始终坚守共产			

续表

教学环节	教师活动	学生活动	资源手段	设计意图
讲授新课	主义、社会主义的理想信念,既锚定远大目标,又脚踏实地,在逆境中拼搏奋斗,在顺境中继续奋斗,以昂扬奋进的精神状态创造了无数人间奇迹。 (二)践行初心、担当使命 作为马克思主义政党,中国共产党摆脱了以往一切政治力量追求自身特殊利益的局限,一经诞生就把为中国人民谋幸福、为中华民族谋复兴确立为自己的初心使命。中国共产党的百年历史,就是一部践行初心、担当使命的历史。百余年来,中国共产党在腥风血雨中绝境重生,在惊涛骇浪中坚如磐石,在攻坚克难中创造奇迹,靠的就是始终不渝践行初心、担当使命的精神力量。 (三)不怕牺牲、英勇斗争 中国共产党在内忧外患中诞生、在历经磨难中成长、在攻坚克难中壮大,为了人民、国家、民族,为了理想信念,无论敌人如何强大、道路如何艰险、挑战如何严峻,中国共产党总是绝不畏惧、绝不退缩,不怕牺牲、百折不挠。百余年来,在应对各种困难挑战中,中国共产党锤炼了不畏强敌、不惧风险、敢于斗争、勇于胜利的风骨和品质。这是中国共产党最鲜明的特质和特点。中国共产党人用斗争和牺牲铸就了一座座革命英雄主义丰碑。 (四)对党忠诚、不负人民 全心全意为人民服务,这是中国共产党的根本宗旨。对党忠诚、永不叛党,这是党章对党员的基本要求。来自人民、依靠人民、为了人民,是百余年来,中国共产党的发展逻辑和胜利密码。中国共产党始终代表最广大人民根本利益,与人民有福同享、有难同当,紧紧依靠人民战胜一个又一个困难、取得一个又一个胜利。百余年来,中国共产党人忠实践行"随时准备为党和人民牺牲一切"的入党誓词,用忠诚和奉献生动诠释了"我将无我、不负人民"的崇高情怀。	请课代表分享:身边优秀共产党员的事迹 教师引导学生并结合教材(P77页)进行总结:结合中国历史的四个时期在中国共产党领导下中国人民创造的辉煌成就,在职教云平台上发布头脑风暴,让学生分别提交四段历史所反映出的中国精神	职教云提交答案	强调中国共产党是中国精神的忠实继承者和坚定弘扬者。 结合学生们角度的分享展示,引导学生自主思考,不但充分地发挥了学生的主体性,而且很快地吸引了学生的注意力,激发学生兴趣,活跃课堂气氛

续表

教学环节	教师活动	学生活动	资源手段	设计意图
讲授新课	其次,伟大建党精神是中国共产党人精神谱系的历史源头。伟大建党精神的形成是中国共产党人精神谱系的开篇。在不同的历史时期,中国共产党带领人民创造了一系列的伟大精神,构筑起了中国共产党人的精神谱系			
	教学内容 4.实现中国梦必须弘扬中国精神			
讲授新课	教师简述:中国精神是兴国强国之魂,实现中国梦必须弘扬中国精神: 1.凝聚民族复兴的磅礴伟力。 2.弘扬以爱国主义为核心的民族精神。 爱国主义的基本内涵:爱祖国的大好河山、爱自己的骨肉同胞、爱祖国的灿烂文化、爱自己的国家。 3.弘扬以改革创新为核心的时代精神。 树立突破陈规、大胆探索、敢于创造的思想观念,从不合实际、不合规律的观念和体制的束缚中解放出来,从错误和教条式的思想观念中解放出来。弘扬以改革创新为核心的时代精神。 培养不甘落后、奋勇争先、追求进步的责任感和使命感,以"落后就会挨打"的危机感和忧患意识自我警醒,以只争朝夕的奋发精神和竞争意识自我激励。弘扬以改革创新为核心的时代精神,保持坚忍不拔、自强不息、锐意进取的精神状态,有"敢啃硬骨头""敢涉险滩"的闯劲,有"咬定青山不放松"的韧劲,有"生命不息,奋斗不止"的拼劲	案例评析:《清澈的爱,只为中国》。 提问:认真学习是爱国吗?投笔从戎是爱国吗?作为当代大学生,你可以怎样爱国? 教师总结:"清澈的爱,只为中国。"这几条与卫国戍边英雄有关的新闻放在一起,让人热血涌动,感慨万千	讨论:我能为我的国家做什么?学生积极思考,发表个人意见,并在职教云上提交答案	利用视频,通过问题,引导学生自主思考,充分发挥学生的主体性,快速吸引学生的注意力,激发学生的兴趣,活跃课堂气氛
课堂小结	1.爱国是新时代中国强大起来的动力之源;爱国是一种精神,是一种力量,是一种担当。 2.爱国责无旁贷,爱国具体体现为爱祖国的大好河山、爱自己的骨肉同胞、爱祖国的灿烂文化、爱自己的国家,是包括你我在内的所有中国人应自觉自愿做到的			
课后作业	1.人无精神则不立,国无精神则不强。结合实际,谈谈为什么中国精神是兴国强国之魂。 2.寻找新时代中国让你感到震撼的文艺作品,并做好展示分享的准备			

二、做新时代的忠诚爱国者

本部分内容共有四方面:一是"坚持爱国爱党爱社会主义相统一",重点引导学生理解爱国主义的本质;二是"维护祖国统一和民族团结",重点引导学生旗帜鲜明反对分裂国家的图谋、破坏民族团结的言行;三是"尊重和传承中华民族历史文化",重点引导学生了解中华民族历史、传承中华民族历史基因;四是"坚持立足中国又面向世界",重点帮助学生正确处理立足中国与面向世界的辩证统一关系,共同推进人类文明发展进步。

教学环节	教师活动	学生活动	资源手段	设计意图
导入新课	提问思考:分析繁写的"国"字各组成部分的含义	学生讨论交流,上网查阅相关资料	鼓励学生主动举手回答或借助职教云"摇一摇"选人作答	使学生首先明确我们爱国要从了解"国"的真正含义开始
讲授新课	教学内容1.坚持爱国爱党爱社会主义相统一			
	(1)提问:教材第78页的案例《武汉人民感恩逆行英雄》中体现了怎样的爱国主义? 当代中国,爱国主义的本质就是坚持爱国和爱党、爱社会主义高度统一。我们爱的"国"是中国共产党领导的社会主义中国。 (2)何谓爱国?同学们对于爱国有什么新想法?我们为什么要爱国? 爱国主义的基本要求:拥护国家的基本制度,遵守国家的宪法法律,维护国家安全和统一,捍卫国家的利益,为国家繁荣发展贡献自己的力量。在现阶段,爱国主义主要表现为在中国共产党领导下,献身于建设新时代中国特色社会主义伟大事业,献身于实现中华民族伟大复兴的中国梦的实践,献身于促进祖国统一大业	(1)学生分组讨论交流并派代表发言; (2)与老师一同分析,参与讨论,了解爱国主义的具体表现	通过丰富的教学资源例如案例、视频,引导学生自主思考,在职教云进行头脑风暴	从爱国主义到我们新时代大学生如何做到理性爱国,循序渐进,由简入难,帮助学生认识到要努力做忠诚的爱国者和时代的奋进者
	教学内容2.维护祖国统一和民族团结			
	(1)展示内地女生撕"港独"海报和乱港分子黄之锋的图片,进行对比。 我们要始终准确把握"一国"和"两制"的关系:"一国"是根,根深才能叶茂;"一国"是本,本固才能枝荣。维护国家主权和领土完整、实现祖国完全统一是大势所趋、大义所在、民心所向。 (2)学生查看习近平在《告台湾同胞书》发表40周年纪念会上的讲话。 坚持一个中国原则,推进两岸合作交流,促进两岸同胞团结奋斗,坚决反对"台独"分裂势力及其分裂活动。 (3)展示案例:新时代铁路人榜样"大凉山上的索玛花"阿西阿呷。	(1)通过图片对比,学生思考不一样的行为对国家和社会产生的不同影响; (2)学生通过阅读,认识到国家实现统一的坚强决心、坚定意志和强大能力;	展现图片、案例和视频,引导学生积极思考,在职教云发布讨论题,学生在职教云上作答,老师进行点评,帮助学生深入掌握知识点	通过独立思考、讨论交流、案例解读,使学生明白国家统一和民族团结是中华民族根本利益所在,要求学生在日常生活中,对于分裂势力敢于亮剑、敢于发声

续表

教学环节	教师活动	学生活动	资源手段	设计意图
讲授新课	我们要铸牢中华民族共同体意识,加强各民族交往交流交融,促进各个民族像石榴籽那样紧紧抱在一起,共同团结奋斗、共同繁荣发展。要认清"藏独"和"疆独"等各种分裂主义势力的险恶用心和反动本质,坚持原则、明辨是非,不信谣、不传谣,不受分裂分子挑拨煽动,不参与违法犯罪活动,与破坏民族团结的行为作坚决斗争	(3)学生通过了解少数民族优秀典型人物,思考自己在促进民族团结进步事业上如何贡献自己的力量		
	教学内容 3.尊重和传承中华民族历史文化			
讲授新课	(1)案例展示:讲解汉服背后的中华优秀传统文化。 中华优秀传统文化是中华民族的精神命脉,其中蕴含着中华民族世世代代形成和积累的思想营养和实践智慧。中华文化独一无二的理念、智慧、气度、神韵,增添了中国人民和中华民族内心深处的自信和自豪,我们必须尊重和传承中华民族历史文化,以时代精神激活中华优秀传统文化的生命力,不断推进中华优秀传统文化创造性转化和创新性发展。 (2)案例展示:丑化英雄人物邱少云。 新时代大学生要树立大历史观和正确党史观,坚决反对"历史虚无主义",准确把握党的历史发展的主题主线、主流本质,深刻领悟中国共产党为什么"能"、马克思主义为什么"行"、中国特色社会主义为什么"好"的历史逻辑、理论逻辑、实践逻辑,真正理解历史、把握历史,增强历史自觉和历史自信	(1)学生思考:汉服的种类有哪些?学生上台展示穿上汉服之后的行、坐等姿态并谈谈是如何看待当下汉服的流行的。 (2)学生小组讨论这种现象发生的主要原因	图片、案例相结合,学生上台表演	从学生的兴趣点汉服入手,吸引学生的注意力,引导学生自觉传承中华优秀传统文化;同时通过案例帮助学生意识到网络并非法外之地,我们要注意影响,在网络上谨言慎行

续表

教学环节	教师活动	学生活动	资源手段	设计意图
	教学内容4:坚持立足中国又面向世界			
讲授新课	案例展示:构建人类命运共同体的中国实践。例如抗击全球疫情、为全球生态环境贡献中国智慧等。 人类命运共同体理念植根于源远流长的中华文明和波澜壮阔的中国外交实践,契合世界各国人民求和平、谋发展、促合作、要进步的真诚愿望和崇高追求,有着适应时代发展深刻丰富的内涵。合作与共赢是核心;责任共担与利益共享是基本原则;包容与可持续发展是目标	让学生回答,除了案例中所提到的中国做法,我们国家还在哪些方面展现了大国担当	案例展示,让学生在职教云抢答	考查学生日常对时事政治的关注度,帮助学生从国际角度和人类命运角度把握住中国始终是世界和平的建设者、全球发展的贡献者、国际秩序的维护者
课堂小结	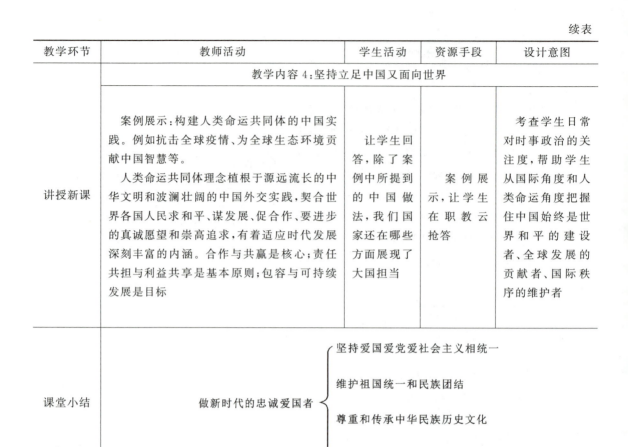			
课后作业	阅读《中华人民共和国英雄烈士保护法》,谈谈你最喜欢的一位英雄。 阅读方志敏《可爱的中国》一文,结合实际,谈谈如何做新时代的爱国者			

三、让改革创新成为青春远航的动力

本部分内容共有三方面:一是"改革开放是当代中国的显著特征",重点引导学生明确改革开放的重要性;二是"改革创新是新时代的迫切要求",重点帮助学生掌握创新对时代发展的重要推动作用;三是"做改革创新生力军",重点帮助学生掌握增强创新创造的能力和本领。

教学环节	教师活动	学生活动	资源手段	设计意图
导入新课	呈现案例"星空中绽放的'紫丁香'——记哈尔滨工业大学紫丁香学生微纳卫星团队"。提问:这个团队取得伟大成就的原因是什么?他们身上体现了什么样的精神?	学生思考,在职教云做讨论题	职教云APP,案例讲授	调动学生的积极性,激发学生的思考,导入"改革创新"的主题

续表

教学环节	教师活动	学生活动	资源手段	设计意图
讲授新课	**教学内容1.改革开放是当代中国的显著特征**			
	播放视频:《改革开放40年的伟大成就》。 提问:为什么中国实现了跨越式发展? (1)变革和开放总体上是中国的历史常态; (2)改革开放是当代中国最鲜明的特色; (3)创新是改革开放的生命	学生分组交流,派代表上台写出答案	视频、案例,小组讨论发言	通过视频、图片增强学生的直观感受,让学生上台动笔写,强化其对知识的理解
	教学内容2.改革创新是新时代的迫切要求			
	案例展示:"'领跑者'的完美转变——华为自主创新之路","奋斗者号是中国研发的万米载人潜水器"。 (1)创新是推动人类社会发展的重要力量; (2)创新能力是当今国际竞争新优势的集中体现; (3)改革创新是赢得未来的必然要求	学生上网查阅国家最新创新成果,在职教云讨论区发言	案例、视频、职教云APP	使学生了解国家自主创新的成果,认识到创新对于国家发展和自身发展的重要性
	教学内容3.做改革创新生力军			
	展示案例"中国'互联网+'大学生创新创业大赛"。提问:为什么大学生创新创业大赛参与人数越来越多?这说明了什么? (1)树立改革创新的自觉意识; (2)增强改革创新的能力本领	学生思考问题并发言	案例讲授,引发思考	鼓励学生思考:作为新时代的大学生,如何走在改革创新的时代前列?如何将青春梦与中国梦结合起来?
课堂小结	让改革创新成为青春远航的动力 { 改革开放是当代中国的显著特征 / 改革创新是新时代的迫切要求 / 做改革创新生力军			
课后作业	1.阅读文献:中共中央文献研究室,《习近平关于科技创新论述摘编》,中央文献出版社,2016年版。 2.在职教云上完成作业。 3.预习下节课内容			

第二节 学习辅导篇

一、中国精神

中国精神是指生发于中华文化传统,在现代中华民族复兴历程中,特别是在近些年中国快速崛起、应对重大自然灾害及抗击新冠肺炎疫情的过程中所形成的具有民族动员、聚集及感召效应的精神及气象,是实现中华民族伟大复兴的强大精神支撑和精神动力。伟大创造精神、伟大奋斗精神、伟大团结精神、伟大梦想精神是对中国精神内涵的系统阐述。

精讲理论

1.民族精神的动力源泉是伟大创造精神

伟大创造精神是国家活力的源泉,是中华民族最鲜明的禀赋,它体现在"辛勤劳作、发明创造"之中。它让中国甩掉积贫积弱的帽子,让奇迹在中华大地上不断涌现。中华文明在人类文明史上享有的举世景仰的崇高地位,与中华民族的伟大创造精神紧密相关。从闻名于世的诸子百家等思想巨匠、影响世界的四大发明等科技成果,到震撼人心的文化遗存、气势恢宏的伟大工程,再到今天中华民族站起来、富起来、强起来的历史性飞跃,这些都是中国人民伟大创造精神带来的。

中华民族的伟大创造精神不仅带来了中国的快速发展,也为解决人类问题贡献了中国智慧、中国理念、中国方案。中华民族创造的"中国方案"是一种新世界观、新价值观和新方法论,是把世界作为一个整体、把人类作为一个整体而进行的理论创造与实践创造。比如"天人合一""和而不同""生生不息"等思想,可以为人类解决当下面临的许多问题提供思路和途径。

2.民族精神的基石是伟大奋斗精神

伟大奋斗精神是国家发展的底气,是中华民族披荆斩棘、战胜困难、走向胜利的重要法宝,它体现在"革故鼎新、自强不息"之中。它让中国从亡国灭种的边缘走到繁荣昌盛的今天,让中国人民不断刷新自己的美好生活。只有奋斗才能推动历史进步。人类社会取得的所有物质文明和精神文明成果,都是人们不懈奋斗的结晶。千百年来,中华民族以辛勤汗水和聪明才智建设着自己的家园,让我们拥有了今天来之不易的一切。只有奋斗才能创造历史性成就。改革开放40多年来,依靠"撸起袖子加油干"的奋斗精神,中国人民取得了全方位的、开创性的成就,创造了举世瞩目的丰功伟绩,对民族复兴、国家进步、社会发展产生了重大而又深远的影响。只有奋斗才能开创新时代。新时代是奋斗者的时代,每一个人都是新时代的见证者、开创者和建设者。宏伟蓝图靠坚实的脚步才能变为现实,充满艰难险阻的前进道路靠顽强拼搏才能变为通途。

3.民族精神的纽带是伟大团结精神

中国自古以来就是一个多民族国家,多元的中华民族的形成,不仅仅是因为有着共同的地缘和生活环境,更重要的是共同的历史地理把不同民族密不可分地联结在一起,各民族在相互交流中不断学习,在相互交融中不断发展,最初的团结统一的意识发展成为维护中华民族整体利益的共识。这种伟大的团结精神,无论是在祖国顺利发展的时期,还是在祖国面临生死存亡的危急关头,都在捍卫国家权益和维护民族尊严中发挥着重大的作用。今天,全国各族人民"团结一心、同舟共济"是中华民族伟大复兴的保障。我们要继续弘扬伟大团结精神,使各民族同呼吸、共命运、心连心的光荣传统代代相传,筑牢各族人民共同维护祖国统一、维护民族团结、维护社会和谐的钢铁长城,让每个中华儿女都能共享祖国繁荣发展的成果。

4.民族精神的支柱是伟大梦想精神

伟大梦想精神是国家强盛的支柱,是中华民族历经磨难而屹立不倒、克服险阻而坚毅前行的精神支撑,它体现在"心怀梦想、不懈追求"之中。中华民族是拥有伟大梦想的民族,自古以来,不论条件多么艰苦,环境多么严酷,中华儿女都能生生不息、奋斗不止,创造出灿烂的中华文明。究其原因,就在于中国人民心怀梦想、不懈追求。

于敏、申纪兰、孙家栋、李延年、张富清、袁隆平、黄旭华、屠呦呦、钟南山被授予"共和国勋章";南仁东、董建华、于漪、王蒙、王有德等28人获授国家荣誉称号。这些闪亮的名字,值得我们永远铭记,他们与时代同行、砥砺奋进,为共和国的事业鞠躬尽瘁,不朽的"中国精神"将永远激励着我们。在中国精神的指引下,创造了一个又一个中国奇迹,习近平总书记有言:"伟大事业孕育伟大精神,伟大精神引领伟大事业。"脱贫攻坚精神赓续传承了伟大长征精神。全党全国全社会团结一心,英勇奋斗,坚决战胜前进道路上的一切困难和风险,不断夺取坚持和发展中国特色社会主义新的更大的胜利!今天,我们要敬仰英雄、学习英雄,忠诚担当、砥砺前行,用实际行动为实现第二个百年奋斗目标、实现中华民族伟大复兴的中国梦贡献力量,共同谱写新时代中华人民共和国的壮丽凯歌。

精选案例

苏翊鸣:志存高远 勇敢追梦

2008年,一个4岁的吉林男孩站上了比自己高出一截的雪板,爱上了滑雪……14年后,北京冬奥会单板滑雪赛场上,黑衣少年,踏板而行,风驰电掣,飞腾翻转,摘金夺银,光荣绽放。北京首钢滑雪大跳台"雪飞天"、张家口云顶滑雪公园坡面障碍技巧赛道"雪长城"共同闪亮他的名字——苏翊鸣。

热爱,是最好的老师

苏翊鸣自幼活泼好动,每到冬季,他常在雪地上一玩一整天。后来,他跟着爱好滑雪运动的父母上雪场后就爱上了滑雪。为了挤出更多的时间练习滑雪,他从不睡懒觉,习惯了迅速完成好学校作业就去滑雪,即便受伤进了医院也不忘琢磨滑雪。虽对滑雪挚爱如此,但那时他还没有什么高远的目标,对于8岁的苏翊鸣来说,滑雪只是一项每天都想玩,而且玩得非常开心的业余爱好。爱着滑雪,伴着单板,他一天天成长,亲身见证着中国冰雪运动设施设备的日趋完善、参与群体的逐步扩大,感受着祖国的日益强大。

机遇,为青春插上梦想的翅膀

2015年7月31日,马来西亚吉隆坡国际奥委会第128次全会上,北京携手张家口获得2022年第24届冬奥会举办权。11岁的少年,很想代表中国参加冬奥会,站上"家门口"的冬奥赛场为祖国和自己争取荣誉。他的大胆想法得到了父母的支持。目标明确后,他便放下其他事情,把全部课余时间都投入了滑雪,从此逐步走上了专业运动员不断追求突破极限的道路。如今,回想当年的决定,他说:"那时我只是一个单板爱好者,离世界顶级运动员差距真是太大了!

现在想起来,这个梦想确实有些大胆。"但是,"年轻人一定要找到自己的目标,付出最大的努力去追求梦想"。面对伟大时代赋予的机遇,苏翊鸣没有错过。

努力,是苏翊鸣口中的高频词

专业运动员所说的努力,意味着常人难以想象的付出。自律、刻苦,是教练和队友对他的评价。在驻训基地,每天第一个上山的是他,最晚收工的也是他。业余滑友一块雪板能用几年,而苏翊鸣的雪板最高损坏频率是一周4块,他的训练强度可见一斑。为了突破"反脚内转1260"这个薄弱动作,他苦练了几个月才使自己满意。为什么要死盯这么一个难度系数并不高的动作?苏翊鸣的回答是:"满意的标准只有自己最清楚,没办法说出来,从起跳到落地有很多不同的细节,外观看起来只是一部分,更重要的一部分是大脑的思考。如果思路并不是那么清晰,我不会满意,即使教练满意了,我还是会继续重来。"这种执着、这种内生的高标准严要求,为他日后一步步突破1440、1620、1800、1980等一系列更高难度动作奠定了扎实的基础。充分的自信帮助他在比赛中全神贯注于动作的完成,而不受赛场复杂因素的干扰,达到真正去享受比赛的境界。

幸运,源于团队强大的支持

单板大跳台是一项极限运动,整个场地高度一般有40~50米,运动员落地时身体会承受巨大的冲击力,平时还需要长期高强度的力量训练、体能训练、气垫训练……危险系数很高。加入国家集训队后,苏翊鸣在国内外参加了一系列高强度训练和高水平比赛。国家体育总局一方面为运动员提供一流的训练比赛硬件保障,另一方面聘请外籍知名教练给予悉心指导,快速提升训练水平。同时,国家体育总局还注重国家队运动员、教练员的思想政治教育和心理疏导,建立起从物质到精神全方位的保障体系。在训练和参赛过程中,苏翊鸣也受过伤,曾经有半年时间要靠轮椅代步,几乎结束了他的职业运动生涯,但最终在团队的协助下,他得以幸运地重回赛场。对此,苏翊鸣深有感触:"我特别幸运,特别荣幸背后有祖国这么强大的支持,正是因为有了这种支持,我才不会有更多别的想法,可以心无杂念,才能够百分之百地去专注我想完成的事情,这样也能让我取得更好的成绩。"

荣誉,归于伟大的祖国

摘金夺银,实现了为国家争取荣誉的愿望,苏翊鸣激动不已,情不自禁写信给习近平总书记,不仅汇报自己的成绩,而且感谢总书记曾经对他和队友的嘱托。他清楚记得,习近平总书记在冬奥备战阶段来到他们的训练地点,"他叮嘱我们要志存高远,到世界竞技舞台上去展现中国新一代青少年风采。我一直把这句话铭记在心"。收到总书记的回信后,他更加感动:"没有祖国,就不会有今天的我,如果不是祖国强大,我国冰雪运动不可能在短时间内实现跨越式发展。也正是有了3亿人参与冰雪运动,相信未来会涌现出更多的年轻人为国争光。""我一定要尽自己最大的努力,继续为国争光,取得最好的成绩,这也是我一直以来的梦想。"

"如果你有一个明确的目标,你付出自己的一切朝着这个目标努力,总有一天会达到。"这是苏翊鸣的生活信条。目前,他还是一名高中生,在滑雪运动之外,还有很多人生理想和目标等着他去实现。北京冬奥会结束后,苏翊鸣热情参与公益活动:吉林暴发疫情,他立刻以个人名义向吉林捐赠1万件防护服;冰雪项目国家队公益服务计划,他积极参与;在"双奥石景山 冰雪向未来"群众性冰雪活动中,他和队友们一起讲述冬奥故事、与青少年互动;在北京冬奥公园"中国冰雪冠军林"里,他种下国槐和白皮松。他说:"我希望让大家看到我积极、阳光的一面,看到我对于梦想的追求,去感召更多的青少年一起追求梦想,发挥出我们的动力和灵感。"

(资料来源:《思想政治工作研究》杂志,2022年第5期,有改动)

案例点评

"没有祖国,就不会有今天的我,如果不是祖国强大,我国冰雪运动不可能在短时间内实现跨越式发展。也正是有了3亿人参与冰雪运动,相信未来会涌现出更多的年轻人为国争光。"这不仅是苏翊鸣夺金后的肺腑之言,也是新时代中国无数青年人成就自我、实现梦想之后的心里话。一方面,有国才有家,只有祖国强大了才能给国民以尊严和安稳的生活,才能为国民提供实现梦想的条件。另一方面,一个国家的强大离不开每个国民脚踏实地地在各自擅长的领域为国争光。一代人有一代人的责任,中国精神代代相传,才造就了中国的强大。生活在新时代的中国青年人更应胸怀祖国,将青春梦想与国家的强大紧密相连,继承和发扬中国精神,为祖国的繁荣富强贡献自己的一份力量。

经典阅读

习近平关于中国精神的重要论述摘编

实现中国梦必须弘扬中国精神。这就是以爱国主义为核心的民族精神,以改革创新为核心的时代精神。这种精神是凝心聚力的兴国之魂、强国之魂。爱国主义始终是把中华民族坚强团结在一起的精神力量,改革创新始终是鞭策我们在改革开放中与时俱进的精神力量。全国各族人民一定要弘扬伟大的民族精神和时代精神,不断增强团结一心的精神纽带、自强不息的精神动力,永远朝气蓬勃迈向未来。

——2013年3月17日在第十二届全国人民代表大会第一次会议上的讲话

我一来到这里就想起了革命战争年代可歌可泣的峥嵘岁月。在沂蒙这片红色土地上,诞生了无数可歌可泣的英雄儿女,沂蒙六姐妹、沂蒙母亲、沂蒙红嫂的事迹十分感人。沂蒙精神与延安精神、井冈山精神、西柏坡精神一样,是党和国家的宝贵精神财富,要不断结合新的时代条件发扬光大。

——2013年11月24日至28日在山东考察时的讲话

焦裕禄同志是人民的好公仆,是县委书记的榜样,也是全党的榜样。亲民爱民、艰苦奋斗、科学求实、迎难而上、无私奉献的焦裕禄精神,过去是、现在是、将来仍然是我们党的宝贵精神财富,永远不会过时。生命有限,很多英雄模范人物崇高精神的形成过程也是有限的,但形成了一种宝贵精神财富,是一个永恒的定格。焦裕禄精神,同井冈山精神、延安精神、雷锋精神、红旗渠精神等都是共存的。任何一个民族都需要有这样的精神构成其强大精神力量,这样的精神无论时代发展到哪一步都不会过时。

——2014年3月18日在河南省兰考县委常委扩大会议上的讲话

延安是革命圣地。延安时期是我们党领导的中国革命事业从低潮走向高潮、实现历史性转折的时期。老一辈革命家和老一代共产党人在延安时期留下的优良传统和作风,培育形成的以坚定正确的政治方向、解放思想实事求是的思想路线、全心全意为人民服务的根本宗旨、自力更生艰苦奋斗的创业精神为主要内容的延安精神,是我们党的宝贵精神财富。我在延川生活期间,对延安精神有切身感悟,当年每到一次延安,心里都充满崇敬和激动。这次再到延安,仍让我深受教育。今天,全面从严治党要继续从延安精神中汲取力量。

——2015年2月15日在陕西考察工作结束时的讲话

遵义会议作为我们党历史上一次具有伟大转折意义的重要会议,在把马克思主义基本原理同中国具体实际相结合、坚持走独立自主道路、坚定正确的政治路线和政策策略、建设坚强成熟的中央领导集体等方面,留下宝贵经验和重要启示。我们要运用好遵义会议历史经验,让遵义会议精神永放光芒。

——2015年6月16日至18日在贵州调研时的讲话

井冈山是中国革命的摇篮。井冈山斗争的伟大实践,对中国革命道路的探索和抉择、对中国共产党和人民军队成长具有关键意义。井冈山时期留给我们最为宝贵的财富,就是跨越时空的井冈山精神。井冈山精神,最重要的方面就是坚定信念、艰苦奋斗、实事求是、敢闯新路、依靠群众、勇于胜利。对弘扬井冈山精神,毛泽东同志、邓小平同志、江泽民同志、胡锦涛同志都提出了明确要求。今天,我们要结合新的时代条件,让井冈山精神放射出新的时代光芒。

——2016年2月3日在江西考察工作结束时的讲话

长征这一人类历史上的伟大壮举,留给我们最可宝贵的精神财富,就是中国共产党人和红军将士用生命和热血铸就的伟大长征精神。

伟大长征精神,就是把全国人民和中华民族的根本利益看得高于一切,坚定革命的理想和信念,坚信正义事业必然胜利的精神;就是为了救国救民,不怕任何艰难险阻,不惜付出一切牺牲的精神;就是坚持独立自主、实事求是,一切从实际出发的精神;就是顾全大局、严守纪律、紧密团结的精神;就是紧紧依靠人民群众,同人民群众生死相依、患难与共、艰苦奋斗的精神。

伟大长征精神,是中国共产党人及其领导的人民军队革命风范的生动反映,是中华民族自强不息的民族品格的集中展示,是以爱国主义为核心的民族精神的最高体现。

人无精神则不立,国无精神则不强。精神是一个民族赖以长久生存的灵魂,唯有精神上达到一定的高度,这个民族才能在历史的洪流中屹立不倒、奋勇向前。伟大长征精神,作为中国共产党人红色基因和精神族谱的重要组成部分,已经深深融入中华民族的血脉和灵魂,成为社会主义核心价值观的丰富滋养,成为鼓舞和激励中国人民不断攻坚克难、从胜利走向胜利的强大精神动力。

——2016年10月21日在纪念红军长征胜利80周年大会上的讲话

空间实验室飞行任务启动以来,我们坚持自力更生、自主创新,突破了一大批核心和关键技术,首次实现我国航天员中期在轨驻留,为建设航天强国奠定了坚实基础。我们尊重和积极调动广大航天科技工作者的创造精神,锻炼和培养了一支能够站在世界航天科技前沿、勇于开拓创新的高素质人才队伍特别是青年才俊。我们注重传承优良传统,发扬特别能吃苦、特别能战斗、特别能攻关、特别能奉献的载人航天精神,彰显了坚定的中国特色社会主义道路自信、理论自信、制度自信、文化自信,为坚持和发展中国特色社会主义增添了强大精神力量。

——2016年12月20日在会见天宫二号和神舟十一号载人飞行任务航天员及参研参试人员代表时的讲话

来到这里深受感动、深受教育。我们党的每一段革命历史,都是一部理想信念的生动教材。全党同志一定要不忘初心、继续前进,永远铭记为民族独立、人民解放抛头颅洒热血的革命先辈,永远保持中国共产党人的奋斗精神,永远保持对人民的赤子之心,努力为人民创造更美好、更幸福的生活。

——2017年6月21日至23日在山西考察工作时的讲话

55年来,河北塞罕坝林场的建设者们听从党的召唤,在"黄沙遮天日,飞鸟无栖树"的荒漠沙地上艰苦奋斗、甘于奉献,创造了荒原变林海的人间奇迹,用实际行动诠释了绿水青山就是金山银山的理念,铸就了牢记使命、艰苦创业、绿色发展的塞罕坝精神。他们的事迹感人至深,是推进生态文明建设的一个生动范例。

——2017年8月对河北塞罕坝林场建设者感人事迹作出的重要指示

从纪念馆奠基那一刻起,我就一直想着落成后要来看一看,今天如愿以偿了,确实深受教育和鼓舞。在浙江工作期间,我曾经把"红船精神"概括为开天辟地、敢为人先的首创精神,坚定理想、百折不挠的奋斗精神,立党为公、忠诚为民的奉献精神。我们要结合时代特点大力弘扬"红船精神"。

——2017年10月31日在瞻仰上海中共一大会址和浙江嘉兴南湖红船时的讲话

王杰"在荣誉上不伸手,在待遇上不伸手,在物质上不伸手",这"三不伸手"是一面镜子,共产党员都要好好照照这面镜子。一不怕苦、二不怕死是血性胆魄的生动写照,要成为革命军人的座右铭。王杰精神过去是、现在是、将来永远是我们的宝贵精神财富,要学习践行王杰精神,让王杰精神绽放新的时代光芒。

——2017年12月13日在视察第71集团军时的讲话

经济特区要成为改革开放的试验平台。创办经济特区是我国改革开放的重要方法论,是经过实践检验推进改革开放行之有效的办法。先行先试是经济特区的一项重要职责,目的是探索改革开放的实现路径和实现形式,为全国改革开放探路开路。只有敢于走别人没有走过的路,才能收获别样的风景。经济特区要勇于扛起历史责任,适应国内外形势新变化,按照国家发展新要求,顺应人民新期待,发扬敢闯敢试、敢为人先、埋头苦干的特区精神,始终站在改革开放最前沿,在各方面体制机制改革方面先行先试、大胆探索,为全国提供更多可复制可推广的经验。

——2018年4月13日在庆祝海南建省办经济特区30周年大会上的讲话

雷锋是时代的楷模,雷锋精神是永恒的。实现中华民族伟大复兴,需要更多时代楷模。我们既要学习雷锋的精神,也要学习雷锋的做法,把崇高理想信念和道德品质追求转化为具体行动,体现在平凡的工作生活中,作出自己应有的贡献,把雷锋精神代代传承下去。

——2018年9月25日至28日在东北三省考察并主持召开深入推进东北振兴座谈会时的讲话

重庆是一块英雄的土地,有着光荣的革命传统。毛泽东同志在这里进行了决定中国前途命运的重庆谈判,周恩来同志领导中共中央南方局在这里同反动势力展开了坚决斗争,邓小平同志在这里领导中共中央西南局进行了大量开创性工作。重庆涌现了大批大义凛然、高风亮节的共产党人,如信仰坚定、不怕牺牲的赵世炎等人,英勇善战、屡建功绩的王良等人,坚贞不屈、永不叛党的江竹筠、王朴、陈然等人,严守纪律、勇于牺牲的战斗英雄邱少云,等等。解放战争时期,众多被关押在渣滓洞、白公馆的中国共产党人,经受住种种酷刑折磨,不折不挠、宁死不屈,为中国人民解放事业献出了宝贵生命,凝结成"红岩精神"。重庆要运用这些红色资源,教育引导广大党员、干部坚定理想信仰,养成浩然正气,增强"四个意识",坚定"四个自信",做到"两个维护",始终在政治立场、政治方向、政治原则、政治道路上同党中央保持高度一致。

——2019年4月17日在重庆考察工作结束时的讲话

五四运动以全民族的力量高举起爱国主义的伟大旗帜。五四运动,孕育了以爱国、进步、民主、科学为主要内容的伟大五四精神,其核心是爱国主义精神。爱国主义是我们民族精神的核心,是中华民族团结奋斗、自强不息的精神纽带。五四运动时,面对国家和民族生死存亡,一批爱国青年挺身而出,全国民众奋起抗争,誓言"国土不可断送、人民不可低头",奏响了浩气长存的爱国主义壮歌。

历史深刻表明,爱国主义自古以来就流淌在中华民族血脉之中,去不掉,打不破,灭不了,是中国人民和中华民族维护民族独立和民族尊严的强大精神动力,只要高举爱国主义的伟大旗帜,中国人民和中华民族就能在改造中国、改造世界的拼搏中迸发出排山倒海的历史伟力!

——2019年4月30日在纪念五四运动100周年大会上的讲话

井冈山精神和苏区精神,承载着中国共产党人的初心和使命,铸就了中国共产党的伟大革命精神。这些伟大革命精神跨越时空、永不过时,是砥砺我们不忘初心、牢记使命的不竭精神动力。

——2019年5月22日在江西考察工作结束时的讲话

新中国是无数革命先烈用鲜血和生命铸就的。要深刻认识红色政权来之不易,新中国来之不易,中国特色社会主义来之不易。西路军不畏艰险、浴血奋战的英雄主义气概,为党为人民英勇献身的精神,同长征精神一脉相承,是中国共产党人红色基因和中华民族宝贵精神财富的重要组成部分。我们要讲好党的故事,讲好红军的故事,讲好西路军的故事,把红色基因传承好。

——2019年8月19日至22日在甘肃考察时的讲话

60年前,党中央作出石油勘探战略东移的重大决策,广大石油、地质工作者历尽艰辛发现大庆油田,翻开了中国石油开发史上具有历史转折意义的一页。60年来,几代大庆人艰苦创业、接力奋斗,在亘古荒原上建成我国最大的石油生产基地。大庆油田的卓越贡献已经镌刻在伟大祖国的历史丰碑上,大庆精神、铁人精神已经成为中华民族伟大精神的重要组成部分。

——2019年9月26日致大庆油田发现60周年的贺信

"西迁精神"的核心是爱国主义,精髓是听党指挥跟党走,与党和国家、与民族和人民同呼吸、共命运,具有深刻现实意义和历史意义。要坚持党对高校工作的全面领导,坚持立德树人,建设高素质教师队伍,努力培养更多一流人才。

——2020年4月20日至23日在陕西考察时的讲话

党中央在延安13年,形成了伟大的延安精神。延安精神培育了一代代中国共产党人,是我们党的宝贵精神财富。要坚持不懈用延安精神教育广大党员、干部,用以滋养初心、淬炼灵魂,从中汲取信仰的力量、查找党性的差距、校准前进的方向。

要用延安精神净化政治生态。政治生态好,干部队伍就会风清气正、心齐气顺,社会风气就会积极向上、充满正能量。政治生态不好,各种歪风邪气就会冒出来。

——2020年4月23日在陕西考察工作结束时的讲话

50年前,"东方红一号"卫星发射成功,我在陕北梁家河听到这一消息十分激动。当年,你们发愤图强、埋头苦干,创造了令全国各族人民自豪的非凡成就,彰显了中华民族自强不息的伟大精神。老一代航天人的功勋已经牢牢铭刻在新中国史册上。不管条件如何变化,自力更生、艰苦奋斗的志气不能丢。新时代的航天工作者要以老一代航天人为榜样,大力弘扬"两弹一星"精神,敢于战胜一切艰难险阻,勇于攀登航天科技高峰,让中国人探索太空的脚步迈得更稳更远,早日实现建设航天强国的伟大梦想。

——2020年4月23日给参与"东方红一号"研制发射任务的老科学家的回信

山西也是具有光荣革命传统的地方,是八路军总部所在地,是抗日战争主战场之一,建立了晋绥、晋察冀、晋冀鲁豫抗日根据地,平型关大捷、百团大战等闻名中外,太行精神、吕梁精神是我们党宝贵的精神财富。这些都要充分挖掘和利用,以丰富多彩的历史文化、红色文化资源为山西发展提供精神力量。

——2020年5月12日在山西考察工作结束时的讲话

中国人民在抗日战争的壮阔进程中孕育出伟大抗战精神,向世界展示了天下兴亡、匹夫有责的爱国情怀,视死如归、宁死不屈的民族气节,不畏强暴、血战到底的英雄气概,百折不挠、坚忍不拔的必胜信念。伟大抗战精神,是中国人民弥足珍贵的精神财富,将永远激励中国人民克服一切艰难险阻、为实现中华民族伟大复兴而奋斗。

——2020年9月3日在纪念中国人民抗日战争暨世界反法西斯战争胜利75周年座谈会上的讲话

在这场同严重疫情的殊死较量中,中国人民和中华民族以敢于斗争、敢于胜利的大无畏气概,铸就了生命至上、举国同心、舍生忘死、尊重科学、命运与共的伟大抗疫精神。

——2020年9月8日在全国抗击新冠肺炎疫情表彰大会上的讲话

人无精神则不立,国无精神则不强。唯有精神上站得住、站得稳,一个民族才能在历史洪流中屹立不倒、挺立潮头。同困难作斗争,是物质的角力,也是精神的对垒。伟大抗疫精神,同中华民族长期形成的特质禀赋和文化基因一脉相承,是爱国主义、集体主义、社会主义精神的传承和发展,是中国精神的生动诠释,丰富了民族精神和时代精神的内涵。我们要在全社会大力弘扬伟大抗疫精神,使之转化为全面建设社会主义现代化国家、实现中华民族伟大复兴的强大力量。

——2020年9月8日在全国抗击新冠肺炎疫情表彰大会上的讲话

科学成就离不开精神支撑。科学家精神是科技工作者在长期科学实践中积累的宝贵精神财富。新中国成立以来,广大科技工作者在祖国大地上树立起一座座科技创新的丰碑,也铸就了独特的精神气质。去年5月,党中央专门出台了《关于进一步弘扬科学家精神加强作风和学风建设的意见》,要求大力弘扬胸怀祖国、服务人民的爱国精神,勇攀高峰、敢为人先的创新精神,追求真理、严谨治学的求实精神,淡泊名利、潜心研究的奉献精神,集智攻关、团结协作的协同精神,甘为人梯、奖掖后学的育人精神。广大科技工作者要肩负起历史赋予的科技创新重任。

——2020年9月11日在科学家座谈会上的讲话

在波澜壮阔的抗美援朝战争中,英雄的中国人民志愿军始终发扬祖国和人民利益高于一切、为了祖国和民族的尊严而奋不顾身的爱国主义精神,英勇顽强、舍生忘死的革命英雄主义精神,不畏艰难困苦、始终保持高昂士气的革命乐观主义精神,为完成祖国和人民赋予的使命、慷慨奉献自己一切的革命忠诚精神,为了人类和平与正义事业而奋斗的国际主义精神,锻造了伟大抗美援朝精神。

伟大抗美援朝精神跨越时空、历久弥新,必须永续传承、世代发扬。

——2020年10月23日在纪念中国人民志愿军抗美援朝出国作战70周年大会上的讲话

大力弘扬劳模精神、劳动精神、工匠精神。"不惰者,众善之师也。"在长期实践中,我们培育形成了爱岗敬业、争创一流、艰苦奋斗、勇于创新、淡泊名利、甘于奉献的劳模精神,崇尚劳动、热爱劳动、辛勤劳动、诚实劳动的劳动精神,执着专注、精益求精、一丝不苟、追求卓越的工匠精神。劳模精神、劳动精神、工匠精神是以爱国主义为核心的民族精神和以改革创新为核心的时代精神的生动体现,是鼓舞全党全国各族人民风雨无阻、勇敢前进的强大精神动力。

——2020年11月24日在全国劳动模范和先进工作者表彰大会上的讲话

"人生天地间,长路有险夷。"世界上没有哪个党像我们这样,遭遇过如此多的艰难险阻,经历过如此多的生死考验,付出过如此多的惨烈牺牲。一百年来,在应对各种困难挑战中,我们党锤炼了不畏强敌、不惧风险、敢于斗争、勇于胜利的风骨和品质。这是我们党最鲜明的特质和特点。在一百年的非凡奋斗历程中,一代又一代中国共产党人顽强拼搏、不懈奋斗,涌现了一大批视死如归的革命烈士、一大批顽强奋斗的英雄人物、一大批忘我奉献的先进模范,形成了井冈山精神、长征精神、遵义会议精神、延安精神、西柏坡精神、红岩精神、抗美援朝精神、"两弹一星"精神、特区精神、抗洪精神、抗震救灾精神、抗疫精神等伟大精神,构筑起了中国共产党人的精神谱系。我们党之所以历经百年而风华正茂、饱经磨难而生生不息,就是凭着那么一股革命加拼命的强大精神。

这些宝贵精神财富跨越时空、历久弥新,集中体现了党的坚定信念、根本宗旨、优良作风,凝聚着中国共产党人艰苦奋斗、牺牲奉献、开拓进取的伟大品格,深深融入我们党、国家、民族、人民的血脉之中,为我们立党兴党强党提供了丰厚滋养。

——2021年2月20日在党史学习教育动员大会上的讲话

嫦娥五号任务的圆满成功,标志着探月工程"绕、落、回"三步走规划圆满收官,是发挥新型举国体制优势攻坚克难取得的又一重大成就,是航天强国建设征程中的重要里程碑,对我国航天事业发展具有十分重要的意义。17年来,参与探月工程研制建设的全体人员大力弘扬追逐梦想、勇于探索、协同攻坚、合作共赢的探月精神,不断攀登新的科技高峰,可喜可贺、令人欣慰。探索浩瀚宇宙是人类的共同梦想,要推动实施好探月工程四期,一步一个脚印开启星际探测新征程。要继续发挥新型举国体制优势,加大自主创新工作力度,统筹谋划,再接再厉,推动中国航天空间科学、空间技术、空间应用创新发展,积极开展国际合作,为增进人类福祉作出新的更大贡献。

——2021年2月22日在会见探月工程嫦娥五号任务参研参试人员代表并参观月球样品和探月工程成果展览时的讲话

伟大事业孕育伟大精神,伟大精神引领伟大事业。脱贫攻坚伟大斗争,锻造形成了"上下同心、尽锐出战、精准务实、开拓创新、攻坚克难、不负人民"的脱贫攻坚精神。脱贫攻坚精神,是中国共产党性质宗旨、中国人民意志品质、中华民族精神的生动写照,是爱国主义、集体主义、社会主义思想的集中体现,是中国精神、中国价值、中国力量的充分彰显,赓续传承了伟大民族精神和时代精神。全党全国全社会都要大力弘扬脱贫攻坚精神,团结一心,英勇奋斗,坚决战胜前进道路上的一切困难和风险,不断夺取坚持和发展中国特色社会主义新的更大的胜利!

——2021年2月25日在全国脱贫攻坚总结表彰大会上的讲话

党的伟大精神和光荣传统是我们的宝贵精神财富,是激励我们奋勇前进的强大精神动力。当今中国正处于实现中华民族伟大复兴关键时期,国家强盛、民族复兴需要物质文明的积累,更需要精神文明的升华,决不能丢掉革命加拼命的精神,决不能丢掉谦虚谨慎、戒骄戒躁、艰苦奋斗、勤俭节约的传统,决不能丢掉不畏强敌、不惧风险、敢于斗争、敢于胜利的勇气。全党同志要用党在百年奋斗中形成的伟大精神滋养自己、激励自己,以昂扬的精神状态做好党和国家各项工作。

——2021年6月25日在十九届中央政治局第三十一次集体学习时的讲话

今天受到表彰的"七一勋章"获得者,就是各条战线党员中的杰出代表。在他们身上,生动体现了中国共产党人坚定信念、践行宗旨、拼搏奉献、廉洁奉公的高尚品质和崇高精神。

——坚定信念,就是坚持不忘初心、不移其志,以坚忍执着的理想信念,以对党和人民的赤胆忠心，把对党和人民的忠诚和热爱牢记在心目中、落实在行动上，为党和人民事业奉献自己的一切乃至宝贵生命，为党的理想信念顽强奋斗、不懈奋斗。

心中有信仰，脚下有力量。全党同志都要把对马克思主义的信仰、对中国特色社会主义的信念作为毕生追求，永远信党爱党为党，在各自岗位上顽强拼搏，不断把为崇高理想奋斗的实践推向前进。

——践行宗旨，就是对人民饱含深情，心中装着人民，工作为了人民，想群众之所想，急群众之所急，解群众之所难，密切联系群众，坚定依靠群众，一心一意为百姓造福，以为民造福的实际行动诠释了共产党人"我将无我、不负人民"的崇高情怀。

江山就是人民，人民就是江山。全党同志都要坚持人民立场、人民至上，坚持不懈为群众办实事做好事，始终保持同人民群众的血肉联系。

——拼搏奉献，就是把许党报国、履职尽责作为人生目标，不畏艰险、敢于牺牲，苦干实干、不屈不挠，充分展示了共产党人无私无畏的奉献精神和坚忍不拔的斗争精神。

越是伟大的事业，越是充满挑战，越需要知重负重。全党同志都要保持"越是艰险越向前"的英雄气概，保持"敢教日月换新天"的昂扬斗志，埋头苦干、攻坚克难，努力创造无愧于党、无愧于人民、无愧于时代的业绩。

——廉洁奉公，就是保持共产党人艰苦朴素、公而忘私的光荣传统，从不以功臣自居，不计较个人得失，不贪图享受，守纪律、讲规矩，生动体现了共产党人应有的道德风范。

共产党人拥有人格力量，才能赢得民心。全党同志都要明大德、守公德、严私德，清清白白做人、干干净净做事，做到克己奉公、以俭修身，永葆清正廉洁的政治本色。

"七一勋章"获得者都来自人民、植根人民，是立足本职、默默奉献的平凡英雄。他们的事迹可学可做，他们的精神可追可及。他们用行动证明，只要坚定理想信念、坚定奋斗意志、坚定恒心韧劲，平常时候看得出来、关键时刻站得出来、危难关头豁得出来，每名党员都能够在民族复兴的伟业中为党和人民建功立业！

——2021年6月29日在"七一勋章"颁授仪式上的讲话

一百年前，中国共产党的先驱们创建了中国共产党，形成了坚持真理、坚守理想，践行初心、担当使命，不怕牺牲、英勇斗争，对党忠诚、不负人民的伟大建党精神，这是中国共产党的精神之源。

一百年来，中国共产党弘扬伟大建党精神，在长期奋斗中构建起中国共产党人的精神谱系，锤炼出鲜明的政治品格。历史川流不息，精神代代相传。我们要继续弘扬光荣传统、赓续红色血脉，永远把伟大建党精神继承下去、发扬光大！

——2021年7月1日在庆祝中国共产党成立100周年大会上的讲话

二、伟大的建党精神

伟大建党精神是坚持真理、坚守理想，践行初心、担当使命，不怕牺牲、英勇斗争，对党忠诚、不负人民。2021年9月，党中央批准了中央宣传部梳理的第一批纳入中国共产党人精神谱系的伟大精神，建党精神就是其中之一。

精讲理论

习近平总书记在庆祝中国共产党成立100周年大会上的重要讲话中指出："一百年前，中国共产党的先驱们创建了中国共产党，形成了坚持真理、坚守理想，践行初心、担当使命，不怕牺牲、英勇斗争,对党忠诚、不负人民的伟大建党精神,这是中国共产党的精神之源。"党的二十大报告中强调:"弘扬以伟大建党精神为源头的中国共产党人精神谱系,用好红色资源,深入开展社会主义核心价值观宣传教育,深化爱国主义、集体主义、社会主义教育,着力培养担当民族复兴大任的时代新人。"伟大建党精神,内涵丰富、意境深远、跨越时空、历久弥新。弘扬伟大建党精神,对于新时代推进党的建设新的伟大工程、坚持和发展中国特色社会主义伟大事业,具有重大现实意义和深远历史意义。

1.伟大建党精神形成的基础和条件

伟大建党精神,是中国共产党先驱在20世纪20年代探索救国救民道路中创造的宝贵精神财富,是马克思主义基本原理同中国具体实际相结合、同中华优秀传统文化相结合产生的宝贵精神财富,凝聚着中国共产党人的初心和使命,激励着中国共产党人不断开拓前行。

民族复兴历史任务是伟大建党精神形成的时代背景。中华民族是世界上伟大的民族,有着5000多年源远流长的文明历史,为人类文明进步作出了不可磨灭的贡献。但1840年鸦片战争以后,中国逐步沦为半殖民地半封建社会:西方列强纷至沓来,强迫中国割地、赔款,攫取种种特权;腐朽的清政府日益成为外国资本主义统治中国的工具,卖国无能,扼杀中国生机。帝国主义和中华民族的矛盾,封建主义和人民大众的矛盾,成为近代中国社会的主要矛盾。从那时起,实现中华民族伟大复兴,就成为中国人民和中华民族最伟大的梦想;争取民族独立、人民解放和实现国家富强、人民幸福,就成为中国人民的两大历史任务。正是在这个伟大的时代主题下,伟大建党精神所蕴含的各个因素开始孕育、形成,并在不断的斗争中丰富、发展。

马克思列宁主义是伟大建党精神形成的理论来源。十月革命一声炮响,给中国送来了马克思列宁主义。陷于彷徨和苦闷中的中国人民由此看到了解决中国问题的出路和希望,一批赞成俄国十月社会主义革命道路、具有初步共产主义思想的先进分子开始在中国出现。1919年五四运动爆发,中国工人阶级开始以独立的姿态登上政治舞台,显示出强大力量,马克思主义也开始在中国广泛传播。中国先进分子集合在马克思主义旗帜下,积极投身群众斗争实践,到工人中调查生活、宣传革命、办学校、办工会。随着马克思主义在中国的进一步传播,与中国工人运动相结合,推动了伟大建党精神的萌发。

伟大建党活动是伟大建党精神形成的实践基础。"南陈北李,相约建党。"在共产国际帮助下,中国先进分子组织马克思学说研究会等,成立了共产党早期组织。他们致力于研究宣传马克思主义,同反马克思主义思潮展开论战,组织工人群众,筹建社会主义青年团。1921年7月,中国共产党第一次全国代表大会在上海召开,一个以马克思列宁主义为行动指南的、完全新式的无产阶级政党诞生。中国共产党成立后,迅速领导各地党组织开展劳工运动和党团建设。1922年7月党的二大召开,制定党的民主革命纲领,诞生第一部党章,健全中央领导机构,标志着中国共产党创建工作顺利完成。中国共产党的创建过程,在实践中建立了党的组织,在精神上形成了伟大建党精神。

中华优秀传统文化是伟大建党精神形成的文化土壤。没有中华文化繁荣兴盛,就没有中华民族伟大复兴。在5000多年文明发展中孕育的中华优秀传统文化,是中华民族的精神命脉。崇仁爱、重民本、守诚信、讲辩证、尚和合、求大同等思想,自强不息、敬业乐群、扶正扬善、扶危济困、见义勇为、孝老爱亲等传统美德,形成了中华民族独特的思想理念和道德规范。中国先进分子以国家兴亡为己任,郑重选择和广泛传播马克思主义真理,激活了中华优秀传统文化的生命力,为伟大建党精神的形成提供了丰富的文化和精神滋养。

2.伟大建党精神的深刻内涵

习近平总书记在庆祝中国共产党成立100周年大会上的重要讲话中,首次提出并阐述了伟大建党精神的深刻内涵和重大意义。伟大建党精神,是对中国共产党先驱心路历程的高度概括,既有历史的穿透力,又有精神的感召力,既有理论的引领力,又有实践的指导力,构成一个逻辑严密、内在统一的有机整体。

坚持真理、坚守理想,就是坚持马克思主义的科学真理,坚守共产主义远大理想和中国特色社会主义共同理想。这是对中国共产党人理想信念和价值追求的集中表达。中国共产党是用马克思主义武装起来的政党,马克思主义是中国共产党人理想信念的灵魂。中国先进分子从俄国十月革命看到了"世界人类全体的新曙光",感受到"真理的味道非常甜",建立起了马克思主义信仰。毛泽东同志提出:"主义譬如一面旗子,旗子立起了,大家才有所指望,才知所趋赴。"党的一大确定党的名称为"中国共产党",明确"革命军队必须与无产阶级一起推翻资本家阶级的政权","承认无产阶级专政,直到阶级斗争结束","消灭资本家私有制"等。这表明,中国共产党从一开始就坚持以马克思主义为行动指南,旗帜鲜明地把社会主义和共产主义规定为自己的奋斗目标。对马克思主义的信仰,对社会主义和共产主义的信念,始终是共产党人经受住任何考验的精神支柱。习近平总书记指出:"中国共产党为什么能,中国特色社会主义为什么好,归根到底是因为马克思主义行!"中国共产党人坚持真理、坚守理想,不断推进马克思主义中国化时代化,指导中国人民不断推进伟大社会革命,深刻改变了近代以后中华民族发展的方向和进程,深刻改变了中国人民和中华民族的前途和命运,深刻改变了世界发展的趋势和格局。

践行初心、担当使命,就是坚持为中国人民谋幸福、为中华民族谋复兴的初心和使命。这是对中国共产党人历史责任和时代使命的集中表达。中国共产党作为中国最先进的阶级——工人阶级的政党,不仅代表着工人阶级的利益,而且代表着中国人民和中华民族的利益。党的二大指出,党的最高纲领是实现社会主义、共产主义,现阶段的纲领,即最低纲领是打倒军阀,推翻国际帝国主义的压迫,统一中国为真正的民主共和国。党的二大决议案对全体党员提出要求:"个个党员不应只是在言论上表示是共产主义者,重在行动上表现出来是共产主义者。"中国共产党始终将初心融入血脉,把使命扛在肩上,紧紧依靠人民,在腥风血雨中一次次绝境重生,在攻坚克难中不断从胜利走向胜利。习近平总书记指出:"从石库门到天安门,从兴业路到复兴路,我们党近百年来所付出的一切努力、进行的一切斗争、作出的一切牺牲,都是为了人民幸福和民族复兴。"中国共产党人践行初心、担当使命,团结带领中国人民进行革命、建设、改革,中华民族迎来了从站起来、富起来到强起来的伟大飞跃,实现中华民族伟大复兴进入了不可逆转的历史进程。

不怕牺牲、英勇斗争,就是始终保持斗争精神、顽强意志、优良作风,毫无畏惧地面对一切困难和挑战,坚定不移地开辟新天地。这是对中国共产党人精神风范和意志品质的集中表达。中国共产党是"无产阶级的先锋军,为无产阶级奋斗,和为无产阶级革命的党",始终把"实行社会革命"作为根本政治目的。共产党员是"特殊材料制成的人",不惧"为他所信仰的主义而死"。毛泽东同志说:"从古以来,中国没有一个集团,像共产党一样,不惜牺牲一切,牺牲多少人,干这样的大事。"习近平总书记指出:"在应对各种困难挑战中,我们党锤炼了不畏强敌、不惧风险、敢于斗争、勇于胜利的风骨和品质。"在革命性锻造中,中国共产党人焕发出强大生机活力,始终走在时代前列,成为全国人民的主心骨,成为坚强领导核心。

对党忠诚、不负人民,就是无条件地对党的信仰忠诚、对党组织忠诚、对党的理论和路线方针政策忠诚,始终坚持全心全意为人民服务的根本宗旨。这是对中国共产党人政治担当和人民立场的集中表达。党的一大纲领明确规定党员的条件是:"凡承认本党纲领和政策,并愿成为忠实党员的人。"中国共产党始终代表最广大人民根本利益,没有任何自己特殊的利益。党的二大决议案指出,中国共产党是"为无产群众奋斗的政党",既然要组成一个做革命运动的、大的群众党,就不能忘了两个重大的律:"党的一切运动都必须深入到广大的群众里面去。""党的内部必须有适应于革命的组织与训练。"习近平总书记指出:"全国广大共产党员要始终在党爱党、在党为党,心系人民、情系人民,忠诚一辈子,奉献一辈子。"中国共产党人始终保持同人民群众最密切的联系,实现了由小到大、由弱到强的发展壮大,团结带领人民根本改变了中国人民和中华民族的前途和命运。

3.伟大建党精神是中国共产党人精神谱系的历史源头和高度凝练

习近平总书记指出:"一百年来,中国共产党弘扬伟大建党精神,在长期奋斗中构建起中国共产党人的精神谱系,锤炼出鲜明的政治品格。"正确认识伟大建党精神与中国共产党人精神谱系的关系,特别是从党的百年奋斗历程中深刻认识伟大建党精神的地位和作用,是理解把握伟大建党精神是中国共产党精神之源的关键所在。

伟大建党精神是中国共产党人精神谱系的历史源头。树高千尺有根,水流万里有源。伟大建党精神是在创建中国共产党的伟大实践中形成的。党的创建是中国共产党奋斗征程的起点,伟大建党精神的形成是中国共产党人精神谱系的开篇。在百年接续奋斗中,中国共产党弘扬伟大建党精神,团结带领人民创造了一系列伟大成就,铸就了一系列伟大精神。新民主主义革命时期,中国共产党团结带领人民浴血奋战、百折不挠,推翻了"三座大山",建立了中华人民共和国,铸就了井冈山精神、长征精神、遵义会议精神、延安精神、西柏坡精神等。社会主义革命和建设时期,党团结带领人民自力更生、发愤图强,确立了社会主义基本制度,推进了社会主义建设,铸就了抗美援朝精神、红旗渠精神、大庆精神和铁人精神、雷锋精神、焦裕禄精神、"两弹一星"精神等。改革开放和社会主义现代化建设新时期,党团结带领人民解放思想、锐意进取,开创、坚持、捍卫、发展了中国特色社会主义,铸就了特区精神、抗洪精神、抗击"非典"精神、载人航天精神、抗震救灾精神等。中国特色社会主义新时代,党团结带领人民自信自强、守正创新,推动党和国家事业取得历史性成就、发生历史性变革,铸就了探月精神、新时代北斗精神、伟大抗疫精神、脱贫攻坚精神等。这一系列伟大精神,是伟大建党精神这一"源头"在不同历史时期的"活水"涌流,是中国共产党在完成不同历史任务中弘扬伟大建党精神的具体表现,共同构筑起中国共产党人的精神谱系。

伟大建党精神是中国共产党人精神谱系的高度凝练。历史川流不息,精神代代相传。中国共产党在不同历史时期铸就的一系列伟大精神,既各有侧重、各具特点,又从不同方面体现了伟大建党精神的基本内涵。比如,井冈山精神的主要内容是坚定信念、艰苦奋斗,实事求是、敢闯新路,依靠群众、勇于胜利;延安精神的主要内容是坚定正确的政治方向,解放思想、实事求是的思想路线,全心全意为人民服务的根本宗旨,自力更生、艰苦奋斗的创业精神;大庆精神和铁人精神的主要内容是爱国、创业、求实、奉献;"两弹一星"精神的主要内容是热爱祖国、无私奉献、自力更生、艰苦奋斗、大力协同、勇于登攀;特区精神的主要内容是敢闯敢试、敢为人先、埋头苦干;抗洪精神的主要内容是万众一心、众志成城、不怕困难、顽强拼搏、坚韧不拔、敢于胜利;抗击"非典"精神的主要内容是万众一心、众志成城、团结互助、和衷共济、迎难而上、敢于胜利;伟大抗疫精神的主要内容是生命至上、举国同心、舍生忘死、尊重科学、命运与共;脱贫攻坚精神的主要内容是上下同心、尽锐出战、精准务实、开拓创新、攻坚克难、不负人民。这一系列伟大精神的主要内容,都蕴含着伟大建党精神的基本内涵,充分表明伟大建党精神既在创建中国共产党的实践中形成,又在党的百年光辉历史中发扬光大;既是中国共产党人精神谱系的历史源头,也是中国共产党人精神谱系的高度凝练。

伟大建党精神是贯穿中国共产党人精神谱系的红色血脉。"石可破也,而不可夺坚;丹可磨也,而不可夺赤。"伟大建党精神集中体现了中国共产党的性质宗旨、优良作风和伟大品格,深刻揭示了中国共产党最鲜明的特质和特点,充分展示了中国共产党人精神谱系的本质内容和精神实质,是贯通中国共产党人精神谱系的一条红线,是中国共产党不断发展壮大的基因密码。

坚持真理、坚守理想,深刻揭示了中国共产党思想先进、信仰坚定的鲜明特质,展现了党的强大思想优势。中国共产党之所以能够完成近代以来各种政治力量不可能完成的艰巨任务,就在于始终把马克思主义这一科学理论作为行动指南,不断开辟马克思主义中国化新境界;之所以能够经受一次次挫折而又一次次奋起,就在于始终把实现共产主义作为远大理想和崇高追求,理想之光不灭,信念之光不灭。

践行初心、担当使命,深刻揭示了中国共产党初衷不改、本色依旧的鲜明特质,展现了党的强大政治优势。中国共产党始终把自己的前途命运同中国人民和中华民族的前途命运紧密联系在一起,为争取民族独立、人民解放和实现国家富强、人民幸福不懈奋斗。中国共产党团结带领人民进行的一切奋斗、一切牺牲、一切创造,归结起来就是一个主题:实现中华民族伟大复兴。

不怕牺牲、英勇斗争,深刻揭示了中国共产党意志顽强、作风优良的鲜明特质,展现了党的强大精神优势。中国共产党始终保持"为有牺牲多壮志,敢教日月换新天"的大无畏奋斗精神,在中国革命、建设、改革的各个时期,不畏强敌、不惧风险、敢于斗争、勇于胜利,创造了一个又一个人间奇迹。世界上没有哪个党像中国共产党这样,遭遇过如此多的艰难险阻,经历过如此多的生死考验,付出过如此多的惨烈牺牲。

对党忠诚、不负人民,深刻揭示了中国共产党品德高尚、情系人民的鲜明特质,展现了党的强大道德优势。一代又一代中国共产党人为党和人民的事业顽强拼搏、不懈奋斗,涌现了一大批视死如归的革命烈士、一大批顽强奋斗的英雄人物、一大批忘我奉献的先进模范,以实际行动诠释了共产党人对党无限忠诚,对人民无限热爱。

4.在新时代弘扬伟大建党精神

"人无精神则不立,国无精神则不强。"伟大建党精神已深深融入党、国家、民族、人民的血脉和灵魂,成为中华民族精神的丰富滋养,是民族精神和时代精神的重要组成部分,是党和国家的宝贵精神财富。继承弘扬伟大建党精神,必将成为激励全党全国人民迈进新征程、奋进新时代,不断攻坚克难、从胜利走向胜利的强大精神动力。

弘扬伟大建党精神,切实学懂弄通做实习近平新时代中国特色社会主义思想,坚定信仰信念信心。坚定理想信念,坚守共产党人精神追求,始终是共产党人安身立命的根本。理论兴则党兴,思想强则党强。新时代弘扬伟大建党精神,就要用习近平新时代中国特色社会主义思想这一当代中国马克思主义、21世纪马克思主义武装全党、教育人民,走好新时代新征程,实现第二个百年奋斗目标。

弘扬伟大建党精神,推进新时代党的建设新的伟大工程,坚守共产党人的初心和使命。初心和使命是激励中国共产党人不断前进的根本动力。新时代弘扬伟大建党精神,就要把不忘初心、牢记使命作为加强党的建设的永恒课题,作为全体党员干部的终身课题,把党的自我革命推向深入,坚决清除一切弱化党的先进性、损害党的纯洁性的因素,坚决防范一切违背初心和使命、动摇党的根基的危险,把党建设成为始终走在时代前列的马克思主义执政党。

弘扬伟大建党精神,勇于进行具有许多新的历史特点的伟大斗争,随时准备为党和人民牺牲一切。中华民族伟大复兴,绝不是轻轻松松、敲锣打鼓就能实现的,前进之路必然有各种风险考验甚至会遇到惊涛骇浪,必须时刻进行具有许多新的历史特点的伟大斗争。新时代弘扬伟大建党精神,就要弘扬不怕牺牲精神,在关键时刻挺身而出,敢于担当作为,敢于动真碰硬,敢于创新,甘于奉献,为了集体利益舍弃个人利益,不断夺取伟大斗争新胜利。

弘扬伟大建党精神,真正把对党忠诚作为共产党人首要的政治品质,始终把人民放在心中最高位置。中国共产党的力量来自党员对党的事业的忠诚,来自党员贯彻执行党的路线方针政策的自觉性、坚定性。新时代弘扬伟大建党精神,就要增强"四个意识"、坚定"四个自信"、做到"两个维护",牢记"国之大者",始终在思想上、政治上、行动上同以习近平同志为核心的党中央保持高度一致。始终同人民想在一起、干在一起,从最困难的群众入手,从最突出的问题抓起,从最现实的利益出发,不断实现人民对美好生活的向往。

 精选案例

当代中国大学生,实干担重任

中央宣传部、教育部近日联合宣传发布 2022 年"最美大学生"先进事迹。从科研平台,到世界舞台;从奥运赛场,到维和战场,10 名来自各地各领域的"最美大学生",用青春写下闪亮答卷。

他们中,有人醉心科研,勇攀高峰。来自太原理工大学的王煜尘,28 岁的年纪,已经 3 次入选中国南极科考队,成为中国极地科考史上在站时间最长的大学生。搭建我国南极内陆首个无人值守的空间物理设备状态观测系统,完成我国最南纬度磁层与电离层耦合观测任务;改进自供能图像采集设备,创造北极高纬度浮冰区光学监测设备最长自主观测纪录……在南北两极,王煜尘的探索仍在继续。2020 年 12 月 4 日,中国量子计算原型机"九章"研制成功。作为核心技术骨干之一,中国科学技术大学博士生邓宇皓对自己能参与推动中国量子物理研究倍感光荣。科研之余,邓宇皓还多次开展科普讲座,联合发起、组织"青年半月谈"等线上科学论坛活动。他希望有越来越多的人投身量子物理的迷人世界。

他们中,有人自强不息,乘风破浪。拥有悦耳的嗓音,却不幸因病截肢——在西北师范大学学习播音与主持艺术的赵德煜,用奋斗弥补生命中的不完美。"不断试探自己能力的最高顶点。"参赛、调研、社会实践、志愿服务……克服身体缺陷,赵德煜从未停止行动的步伐,获得国家级荣誉 8 项,省级荣誉 9 项。一名世界花艺大师,居然对花粉严重过敏。曲折的故事,却是第 46 届世界技能大赛花艺项目中国国家队教练组唯一的"00 后"成员、上海应用技术大学学生陆亦炜的真实经历。因为热爱,所以无畏。19岁时,陆亦炜获第45届世界技能大赛花艺项目世界冠军。如今,他又在为推广中国花艺文化而努力。作为2022年"最美大学生"中年龄最大的一位,中国人民大学新闻学院博士生周晓辉的人生厚重多彩:本科期间参军入伍,参加抗洪抢险荣立三等功;退役后创办"一号哨位"新媒体传播军旅文化,多次组织拥军爱军志愿活动;回到学校攻读博士学位,被选拔为北京冬残奥会火炬手……"我将以专业特长继续为强军事业贡献自己的一份力量。"青春的远征上,周晓辉壮心不已。

他们中,有人勇担大任,不负人民。张雨霏,家喻户晓的东京奥运会两金两银获得者,也是东南大学体育系硕士生。赛场上,她摘金夺银、分秒必争;赛场外,她热心公益事业,关注青少年教育。3岁接触游泳,17岁打破青年世界纪录,23岁成为奥运冠军。正备战杭州亚运会和巴黎奥运会的张雨霏,还将继续丰满自己耀眼的履历。

为国争光是服务人民,挺身而出也是服务人民。贵州警察学院学生王金磊,用行动诠释警察本色。2021年1月,王金磊冒险独自解救一名因车祸被困群众;同年8月,酷暑下他爬入车底救助一名老人。作为一名预备禁毒警察,他在见习期间就协助侦办吸贩毒案件5起,协助抓获吸贩毒人员11名。

他们中,还有人代表中国,沟通世界。2022年2月,清华大学博士生刘迪波被国际奥委会主席巴赫亲自授予奥林匹克徽章。他在冬奥会期间提供细腻服务,用热情向世界传递友谊之光。成为北京冬奥志愿者前,刘迪波还是清华大学博士生讲师团金牌讲师。他激情洋溢、深入浅出地讲述乡村振兴、人民文艺、清华校史,两年时间里,共开展了50余次宣讲,累计覆盖校内外11000余人次。

音乐是世界共通的语言。中央音乐学院硕士生曾韵对此有着切身感受。作为一名土生土长的青年古典音乐演奏家,他与他手中的国产圆号每每让世界惊艳,已获得13项国际大赛荣誉。2022年,曾韵被任命为柏林国家歌剧院管弦乐团圆号首席,成为中国本土培养的、担任国际一流乐团管乐首席的第一人。

巾帼不让须眉。中国第20批赴黎巴嫩维和部队的人员中有4名蓝盔女兵,苏州经贸职业技术学院专科生戴正勤便是其中一员。服役5年间,她成为出色的扫雷手,获"四有"优秀士兵等荣誉;执行任务之余,她积极与当地妇女儿童交流。她说:"我们不仅是雷场上的蓝盔战士,也是架起与当地妇女儿童沟通桥梁的使者。"

青年者,人生之王,人生之春,人生之华也。以"最美大学生"为代表,中国学子正在青春的赛道上奋力奔跑,跑出当代青年的最好成绩。

(资料来源:新华社 2023-03-30,有删改)

案例点评

党的二十大报告指出:"青年强,则国家强。当代中国青年生逢其时,施展才干的舞台无比广阔,实现梦想的前景无比光明。""修身、齐家、治国、平天下"是古人给我们留下的,这与当代的社会主义核心价值观、建党精神不谋而合。坚持真理、坚守信念,践行初心、担当使命,不畏牺牲、勇于斗争,对党忠诚、不负人民,从不同的方面阐述了共产党的精神,这些精神同样适用于大学生应有的素养,高素养综合型人才不仅仅需要高超的专业技能,更需要具有正确的价值观念、立场坚定的政治素养。新时代的大学生,是有思想、有能力的社会新人,应保持着"求真精神",为心中理念而战,运用马克思主义理论武装自己,为中国发展献出自己应尽的力量。现在的中国岁月静好,但仍有艰巨的使命等着青年人去完成,所以今天更应继承和发扬建党精神。

 经典阅读

从百年党史中感悟共产党人的精神谱系

习主席在庆祝中国共产党成立100周年大会上深刻指出:"一百年来,中国共产党弘扬伟大建党精神,在长期奋斗中构建起中国共产党人的精神谱系,锤炼出鲜明的政治品格。"通过认真学习深切感到,中国共产党人的精神谱系,从伟大建党精神开启,涵盖党在百年非凡奋斗历程中孕育形成的众多伟大革命精神,这些伟大革命精神虽然带有不同的时代印记,但始终具有一脉相承的共同特质和品格,已经融入中国共产党人的血脉和灵魂,成为我们践行初心使命、开创美好未来的精神火炬。

坚定信仰、对党忠诚——理想的力量。从诞生时只有50多名党员,发展成为拥有9500多万名党员的世界第一大执政党,中国共产党一路走来,坚定的理想信念始终是革命事业取得胜利的重要保证,是共产党人精神谱系的核心要素。不管是井冈山精神、长征精神,还是延安精神、西柏坡精神、红岩精神等,在共产党人胸中涌动的是革命理想高于天的赤胆忠心。他们面对高官厚禄不为所动、面对铁窗酷刑毫不畏惧、面对艰难困苦决不退缩,高喊"头可断、血可流,主义不能丢""试看将来的环球,必是赤旗的世界""敌人只能砍下我们的头颅,决不能动摇我们的信仰""生为真理生、死为真理死"等铮铮誓言,用信仰之力战胜了邪恶,用理想之光驱散了黑暗。学习感悟共产党人的精神谱系,就要进一步增强对马克思主义、共产主义的信仰,增强对中国特色社会主义的信念,增强对实现中华民族伟大复兴的信心,不断增强"四个意识"、坚定"四个自信"、做到"两个维护",贯彻军委主席负责制,一切行动听从党中央、中央军委和习主席指挥。

牢记初心、为民服务——宗旨的力量。中国共产党一经诞生,就把为中国人民谋幸福、为中华民族谋复兴确立为自己的初心使命,并始终成为共产党人精神谱系的重要精神内核。1944年,毛泽东同志在张思德追悼会上发表了《为人民服务》的讲演,指出"我们这个队伍完全是为着解放人民的,是彻底地为人民的利益工作的。"党领导人民打土豪、分田地,开展抗日战争、赶走日本侵略者,推翻蒋家王朝、建立新中国,是为人民根本利益而斗争;党领导人民开展社会主义革命和建设、改变一穷二白的国家面貌,实行改革开放、推进社会主义现代化建设,同样是为人民根本利益而奋斗。党的优秀儿女在为党分忧、为国尽责、为民奉献中升华人生境界,涌现出焦裕禄、雷锋、王杰等无数优秀党员楷模。"江山就是人民,人民就是江山。"党的十八大以来,党中央坚持把人民对美好生活的向往作为奋斗目标,组织开展了声势浩大的脱贫攻坚人民战争,团结带领人民实现了第一个百年奋斗目标,在中华大地上全面建成了小康社会,历史性地解决了绝对贫困问题。学习感悟共产党人的精神谱系,就要牢记初心使命,坚持全心全意为人民服务的根本宗旨,践行以人民为中心的发展思想,同人民想在一起、干在一起,永远做人民的服务员。

敢于斗争、敢战能胜——革命的力量。一不怕苦、二不怕死,浴血奋战、百折不挠,焕发革命加拼命的强大精神力量,是共产党人精神谱系的鲜明特质。在波澜壮阔的抗美援朝战争中,面对武装到牙齿的强大对手,面对恶劣残酷的战场环境,英雄的中国人民志愿军始终发扬祖国和人民利益高于一切的爱国主义精神和革命英雄主义精神,以"钢少气多"力克"钢多气少",谱写了惊天地、泣鬼神的雄壮史诗。这一仗打出了国威军威,拼来了山河无恙,锻造了伟大的抗美援朝精神。中国特色社会主义进入新时代,我们党团结带领人民进行具有许多新的历史特点的伟大斗争,有效应对重大挑战、抵御重大风险、克服重大阻力、解决重大矛盾,党和国家事业取得历史性成就、发生历史性变革。学习感悟共产党人的精神谱系,必须增强忧患意识,始终居安思危,立足"两个大局",统筹发展和安全,敢于斗争、善于斗争,逢山开道、遇水架桥,勇于战胜一切风险挑战。

自力更生、艰苦创业——奋斗的力量。自力更生、艰苦创业是我们党的传家宝和精神密码,也是共产党人精神谱系的重要组成部分。我们党的百年历史,也是一部自力更生、艰苦创业的奋斗史。广大党员在不同历史时期奋斗在南泥湾、北大荒、大庆油田、红旗渠,谱写了自力更生、艰苦创业的壮丽史诗。党的十八大以来,习主席多次强调要发扬奋斗精神,鲜明提出要永远保持建党时中国共产党人的奋斗精神。学习感悟共产党人的精神谱系,就要大力弘扬伟大奋斗精神,以永远在路上的赶考姿态,艰苦奋斗、不懈奋斗、砥砺奋斗、接续奋斗,不负时代、不负韶华,创造无愧于时代、无愧于人民的业绩。

依靠人民、众志成城——团结的力量。集中力量办大事、团结人民向前进,是社会主义制度的显著优势,也是共产党人精神谱系的一个突出特点。在革命战争年代,我们党紧紧依靠人民、团结一致、攻坚克难、无往不胜。土地革命战争时期,开展"人民的游击战争",粉碎了敌人的多次"围剿",人民群众是党和人民军队的铜墙铁壁;抗日战争时期,坚持兵民是胜利之本,实行"全国人民总动员的完全的民族革命战争",让日本侵略者陷入人民战争的汪洋大海;解放战争时期,动员人民群众踊跃拥军支前,淮海战役的胜利是靠老百姓用小车推出来的,渡江战役的胜利是靠老百姓用小船划出来的。在社会主义建设时期特别是改革开放以来,在抵御重大灾难过程中,团结就是力量、团结就能胜利,铸就了抗洪精神、抗震救灾精神、抗疫精神等伟大精神,都是爱国主义、集体主义、社会主义思想的集中体现,是中国精神、中国价值、中国力量的充分彰显。学习感悟共产党人的精神谱系,必须紧紧依靠人民群众,团结带领人民群众,把人民群众蕴藏的智慧和力量激发出来,万众一心、众志成城,汇聚起实现中华民族伟大复兴的磅礴力量。

不怕牺牲、勇于献身——奉献的力量。在共产党人精神谱系中,牺牲奉献的精神品质始终放射出耀眼夺目的璀璨光芒。从长期革命、建设、改革的奋斗实践到进入新时代,我们党创立形成的井冈山精神、长征精神、延安精神、西柏坡精神、脱贫攻坚精神等革命精神,无一不包含着牺牲奉献的精神内核;我们党的队伍中所涌现的刘胡兰、雷锋、王进喜、焦裕禄、孔繁森、杨善洲等一大批英雄模范,也无不诠释着牺牲奉献的伟大。我们党的入党誓词明确提出,"随时准备为党和人民牺牲一切"。据统计,新中国成立时我们党有448.8万名党员,而此前为革命牺牲的、可以查到姓名的党员就达370多万名。新时代要有新气象,须臾离不开牺牲奉献。学习感悟共产党人的精神谱系,要把许党报国、履职尽责作为人生目标,发扬"为有牺牲多壮志,敢教日月换新天"的大无畏气概,不畏艰险、敢于牺牲,清正廉洁、克己奉公,用忘我的奋斗书写壮丽人生。

敢为人先、勇攀高峰——创新的力量。自主创新、超越突破的创新精神,是共产党人精神谱系中具有活力的组成部分。广大科技工作者秉持航天报国、科技强国的使命情怀,在陌生领域从无到有进行全新探索,在高端技术空白地带白手起家,铸就了"两弹一星"精神。20世纪五六十年代,面对帝国主义核威慑、核讹诈,我们党果断作出研制"两弹一星"的战略决策。一大批科技工作者把个人理想与祖国命运紧紧联系在一起,干惊天动地事、做隐姓埋名人,克服了各种难以想象的艰难险阻,突破了一个又一个技术难关,取得了中华民族为之自豪的"两弹一星"伟大成就。从"两弹一星"到载人航天、北斗组网、嫦娥探月,再到火星探测……半个多世纪以来,伴随着长征火箭的一次次呼啸升空,浩渺苍穹的"中国星",也由寥若晨星变为繁星灿烂。学习感悟共产党人的精神谱系,就要走自主创新之路,勇于攀登科技高峰,完善国家创新体系,加快建设科技强国,实现高水平科技自立自强。

百年奋斗,长河浩荡。一代代共产党人的革命精神,犹如熠熠火焰,照亮我们党跋山涉水的征程。在不同历史时期产生的这些伟大革命精神,尽管内涵不尽相同,但其本质内容和精神实质是相通的、统一的、一致的。除了以上列举的关键词,还有解放思想、锐意进取、坚持真理、修正错误,顾全大局、严守纪律,敢闯敢干、敢为人先……这些都是各种革命精神的内核和基本要素。伟大建党精神成为贯穿中国共产党人精神谱系的一条红线,是党的各种精神的高度概括和凝练。今天,我们要从中国共产党的精神之源吸收营养、汲取力量,再接再厉、接续奋斗,在新的征程上创造新的辉煌。

(资料来源:人民网 2021-07-16)

三、爱国主义的基本内涵

爱国主义是中华民族的优良传统,它深深地扎根在中华民族的伟大民族精神之中,贯穿了中国历史的发展进程。爱国主义体现了人们对自己祖国的深厚感情,揭示了个人对祖国的依存关系,是人们对自己家园以及民族和文化的归属感、认同感、尊严感与荣誉感的统一。

> **精讲理论**

1. 爱国主义是人们对自己祖国的深厚感情

这种深厚感情表现为一种朴素的自然感情,它是源于个人对故土的自然风物、文化传统、历史血缘的眷恋,在世代生活实践中自然产生,经过历史的积淀,深刻地渗透在人们的心灵深处而巩固起来的。这种深厚感情的产生基础是"个人对祖国的依存关系",而感情的具体内涵是"归属感、认同感、尊严感和荣誉感的统一"。

2. 爱国主义是调节个人与祖国之间关系的道德要求、政治原则和法律规范

爱国主义是一个国家在长期历史发展过程中传承下来的民族思想观念的精华。一方面,它是一种道德规范;另一方面,新时代的爱国主义还是团结全国各族人民的政治基础和衡量每个人政治态度的重要政治原则,是我国宪法法律规定的重要法律规范。在历史发展的进程中,爱国主义被社会文化传统不断褒扬和强化,形成个体共同遵守的道德准则,决定着人们行为的取舍。爱国主义精神使个人利益自觉自愿服从国家利益,对国家命运的关注始终高于对个人命运的关注。作为道德规范,爱国主义依赖于社会舆论、传统习俗以及人们的内心体验,要求人们以是否符合爱国主义的要求作为判断行为是非善恶的标准。但道德是一种自律性的规范,当现实生活里出现一些丑恶现象靠社会舆论、传统习俗以及人们的内心信念都无法约束时,我们就必须发挥法律的强制作用,引导公民履行爱国义务,对有损国家利益的违法犯罪行为依法进行处罚,为爱国主义提供强有力的法律保障。

3. 爱国主义是民族精神的核心

中华民族精神的内容十分丰富,包括团结统一、爱好和平、勤劳勇敢、自强不息等,爱国主义是民族精神的核心,是贯穿中华民族历史发展的一条主线,是民族精神最鲜明的主题。爱国主义是中华民族千百年延续不绝的对自己祖国最朴素、最深厚的崇高感情，集中体现了中华民族的整体风貌和精神特质，体现了全国人民共同的价值追求。它具有强大的凝聚力和向心力。今天，在实现中国梦的征程上，爱国主义仍然是一面伟大的精神旗帜。

精选案例

用血性担当续写"清澈的爱"

男儿有志挥金戈，戎马青春数风流。在今年参军报国的年轻身影中，有两个特别引人关注：烈士肖思远的弟弟肖荣基，刚刚年满18周岁，毅然保留学籍，预报名应征；"卫国戍边英雄团长"祁发宝所在团退役士兵华小龙，二次入伍再进藏。

此前，有两则新闻同样引发热议：烈士王焯冉的表弟盛冠杰，怀揣表哥的军装照应征入伍；烈士陈祥榕的姐姐陈巧钗，穿上"孔雀蓝"加入文职方阵。

"清澈的爱，只为中国。"这几条与"卫国戍边英雄"有关的新闻放在一起，让人热血涌动，感慨万千。我们不会忘记，在那场外军蓄意挑起的边境斗争中，我边防官兵宁洒热血、不失寸土，英勇作战、奋不顾身，4名官兵壮烈牺牲。

祖国山河终无恙，守边护边志更坚。如今，加勒万河谷恢复了平静，"大好河山，寸土不让"8个大字巍然耸立，"宁将鲜血流尽，不失国土一寸"的铿锵誓言响彻边关，"一不怕苦、二不怕死"的铁血精神融入官兵血脉。

英雄回眸应笑慰，报国自有后来人。一批批热血青年踏着烈士的足迹，义无反顾走进军营，捍卫着英雄鲜血染红的国土，肩负起英雄誓死践行的使命，用血性担当续写"清澈的爱"。这是红色基因的传承，这是精神血脉的赓续。

"跟着共产党，万里征途上，握紧手中枪，前赴后继为人民，迎着胜利向前方。"敢于牺牲是革命军人的本色，无惧牺牲、勇往直前是人民军队战无不胜的重要法宝。黄继光牺牲后，弟弟黄继恕走上朝鲜战场，而后黄家子孙有16人参军入伍，无数个"黄继光"争当英雄传人。正是"父送子，妻送郎，兄弟一同上战场"的接续奋斗、一往无前，续写了中国革命从胜利走向胜利的壮阔画卷。

有人说："安全感所带来的自由选择的权利，是一个国家赋予年轻人最好的礼物。"安全感来自哪里？来自强大的祖国，来自巩固的国防，更来自一代代热血青年听从召唤、赓续传统、矢志报国的决心意志。新时代青年虽然远离硝烟战火，沐浴和平阳光，但"男儿本当为国去，不惜碧血染黄沙"的报国情怀从未消减。

广东省揭阳市青年黄弘，家中曾有9人当过兵，今年他放弃读博机会携笔从戎。"共和国勋章"获得者黄旭华院士听闻这一消息，给同乡黄弘回信，勉励他和全村青年参军入伍、报效国家。前辈的言传身教，家人的谆谆教诲，引导和激励着当代青年青春献军营、热血卫家国。

"一寸边关一寸血，七尺男儿有胆魄""我为祖国赴汤蹈火，主权尊严誓不丢，血洒边关永不悔"……歌曲《清澈的爱，只为中国》唱出了戍边将士的澎湃心声，也唱出了全体官兵的雄心壮志。续写"清澈的爱"，不是一句空谈，既需要"苟利国家生死以"的抱负、"何须马革裹尸还"的血性，更需要"泰山压顶不弯腰"的担当、"不教胡马度阴山"的本领。一批批热血青年怀揣梦想、逐梦军营，精武强能、建功立业，钢铁长城必定坚不可摧，万里河山必定安然无恙。

（资料来源：《解放军报》，2022年04月18日）

案例点评

"清澈的爱,只为中国。"这几条与"卫国戍边英雄"有关的新闻放在一起,让人热血涌动,感慨万千。祖国的大好河山,自己的骨肉同胞,民族的灿烂文化,都是同我们的国家联系在一起的,我们每个人的发展也都时刻同国家的发展进步紧密关联。中华民族的发展史,就是一部中华儿女的爱国奋斗史。以爱国主义为核心的民族精神,为中国人民克服艰难险阻,实现中华民族伟大复兴提供了不竭精神力量。中国精神充满着坚韧不拔、正气凛然、拼搏奋斗、不畏牺牲的气质,是中华民族生生不息的力量源泉。

经典阅读

在北京冬奥会、冬残奥会总结表彰大会上的讲话

(2022年4月8日)

习近平

同志们,朋友们:

历经7年艰辛努力,北京冬奥会、冬残奥会胜利举办,举国关注,举世瞩目。中国人民同各国人民一道,克服各种困难挑战,再一次共创了一场载入史册的奥运盛会,再一次共享奥林匹克的荣光。

事实再次证明,中国人民有意愿、有决心为促进奥林匹克运动发展、促进世界人民团结友谊作出贡献,而且有能力、有热情继续作出新的更大的贡献!

北京冬奥会、冬残奥会的成功举办,凝结着各条战线人们的辛勤付出和智慧汗水。北京冬奥组委同北京市、河北省、国家体育总局、中国残联紧密合作,广大冬奥建设者、工作者、志愿者牢记党和人民的重托,满怀为国争光的壮志,在各自岗位上真诚奉献、默默耕耘,涌现出一大批作出突出贡献的先进集体和先进个人。

今天,我们在这里隆重集会,总结北京冬奥会、冬残奥会的经验,表彰突出贡献集体和突出贡献个人,弘扬北京冬奥会、冬残奥会筹办举办过程中培育的崇高精神,激励全党全国各族人民为实现第二个百年奋斗目标、实现中华民族伟大复兴的中国梦而努力奋斗!

同志们、朋友们!

中国人历来言必信、行必果。确保北京冬奥会、冬残奥会如期安全顺利举办,确保"两个奥运"同样精彩,是中国人民向国际社会作出的庄严承诺。

7年来,在党中央坚强领导下,各有关部门、各省区市团结协作、攻坚克难,北京携手张家口作为主办城市尽锐出战、全力投入,同国际奥委会、国际残奥委会等国际体育组织紧密合作,克服新冠肺炎疫情等各种困难挑战,向世界奉献了一届简约、安全、精彩的奥运盛会,全面兑现了对国际社会的庄严承诺,北京成为全球首个"双奥之城"。

——冬奥赛事精彩纷呈,国际社会积极评价。四场开闭幕式精彩纷呈,人类命运共同体的主题贯穿始终,中华文化和冰雪元素交相辉映,体现了自然之美、人文之美、运动之美,诠释了新时代中国可信、可爱、可敬的形象。三个赛区一流的场馆设施,严谨专业的赛事组织,温馨周到的服务,赢得参赛各方一致好评。赛事吸引了全球数十亿观众观赛,成为收视率最高的一届冬奥会!

——爱国情怀充分彰显，汇聚起实现中华民族伟大复兴的强大力量。北京冬奥会、冬残奥会是中国人民爱国热情的激扬展示。海内外中华儿女热情关注、大力支持这场在中国举办的冬奥盛会，纷纷为冬奥健儿加油喝彩、为伟大祖国加油喝彩。赛场上，我国体育健儿不畏强手、顽强拼搏、为国争光，五星红旗高高飘扬，每一位中华儿女都倍感荣光。一位护旗手说："我站在奥运会的升旗台，心中满满的自豪感，想到祖国如今的繁荣昌盛是多么来之不易，那是一种说不出的骄傲与热爱，泪水就夺眶而出了……"巧妙蕴含中华文化的冬奥场馆，活泼敦厚的"冰墩墩"，喜庆祥和的"雪容融"，扑面而来的中国年味儿，香喷喷的豆包……，"冬奥梦"和"中国梦"精彩交织。饱含圆融和合等中国理念的开闭幕式，构思独到，匠心独运，二十四节气、黄河之水、中国结、迎客松、折柳寄情、雪花主题歌……，听障演员的圆舞曲、手语版国歌、盲童合唱团的歌声、视障运动员的点火……，这些意蕴隽永的场面在人们心中留下了美轮美奂、直击人心的深刻印象，激发了海内外中华儿女万众一心、接续奋斗的昂扬激情！

——"三亿人参与冰雪运动"成为现实，人民群众获得感显著增强。北京冬奥会、冬残奥会的筹办举办推动了我国冰雪运动跨越式发展，冰雪运动跨过山海关，走进全国各地，开启了中国乃至全球冰雪运动新时代。筹办以来，我们建设了一大批优质的冰雪场地设施，举办了一系列丰富多彩的群众性冰雪赛事活动，人民群众参与热情持续高涨，参与人数达到3.46亿，冰天雪地成为群众致富、乡村振兴的"金山银山"。冬奥筹办举办全面促进了社会事业发展，残疾人人权得到更好保障，广大群众生活更加丰富多彩！

——冬奥遗产成果丰硕，实现成功办奥和区域发展双丰收。北京冬奥会、冬残奥会筹办举办对国家发展特别是京津冀协同发展具有强有力的牵引作用。我们把冬奥筹办举办作为推动京津冀协同发展的重要抓手，区域交通更加便捷，生态环境明显改善，产业联动更加紧密，公共服务更加均衡。"冰丝带"、"雪飞天"、"雪游龙"、"雪如意"等冬奥场馆精彩亮相，成为造福人民的优质资产！

——疫情防控精准有效，确保了冬奥安全顺利。在全球新冠肺炎疫情大流行背景下，我们把全部参与者的健康放在第一位，坚持"外防输入、内防反弹"，通过严格实施防控措施，有力保障了各方人员健康。赛时期间，闭环内阳性比例仅为0.45%，所有阳性人员都得到了有效治疗和良好照顾，没有发生聚集性、溢出性疫情，城市防控动态清零。中国的防疫政策再次经受住了考验，为全球抗疫和举办国际重大活动提供了有益经验。有的外国运动员表示："如果疫情应对也有金牌，中国应该得到一枚。"这枚金牌属于全体办奥人员！

——团结合作走向未来，为人类战胜挑战作出了中国贡献。奥林匹克运动承载着人类对和平、团结、进步的美好追求。在世界百年变局加速演进、人类社会遭遇各种挑战的形势下，奥林匹克大家庭成员不远万里来华共襄盛举，团结友好的"朋友圈"、"伙伴群"越扩越大。外国运动员在回国时恋恋不舍地说："我会在飞机上哭的，我要哽咽了，爱你们。""我肯定会把生命中最美好的冬奥回忆带回家。"北京冬奥会、冬残奥会的成功举办，促进了不同文明交流互鉴，为推动全球团结合作、共克时艰发挥了重要作用，也为动荡不安的世界带来了信心和希望，向世界发出了"一起向未来"的时代强音！

同志们、朋友们！

冬奥7年艰辛，奋斗铸就辉煌。北京冬奥会、冬残奥会筹办举办是在异常困难的情况下推进的，全部参与者坚持"一刻也不能停，一步也不能错，一天也误不起"，付出了艰苦卓绝的努力。广大冬奥建设者发扬工匠精神，打造了巧夺天工、世界一流的场馆设施。广大办赛人员严谨专业完成赛事组织工作,为运动员创造了良好比赛条件。广大赛会服务保障人员热情周到服务,工作时间表是迎着星星来、顶着星星走,为参赛各方带去春天般的温暖。广大医疗防疫人员筑起牢不可破的安全屏障,守护了参赛各方健康。广大城市保障人员用心守护城市的每一处角落,用最高标准保障了赛事和城市顺畅运行。广大人民解放军指战员、武警部队官兵、公安干警和消防救援队伍指战员承担急难险重任务,圆满完成了安全保卫等工作。广大文艺工作者、科技工作者、设计工作者、新闻工作者、外事工作者、气象工作者以及其他各条战线上的全体工作人员团结一心,通力合作,坚守各自岗位,默默奉献付出,出色完成了各项任务。广大志愿者用青春和奉献提供了暖心的服务,向世界展示了蓬勃向上的中国青年形象。闭环内数万名工作人员,舍家忘我,坚守数月,展现了感动人心的精神风貌和责任意识。同志们深情地表示:"为了冬奥圆满成功,困难再多也嚼嚼咽了,一切付出与奉献都值得。"祖国和人民为你们的辛勤付出、取得的优异成绩感到自豪!

7年来,我国广大运动员、教练员牢记党和人民嘱托,争分夺秒、刻苦训练,在冬奥赛场上敢打敢拼、超越自我,胜利完成各项比赛任务。中国体育代表团首次全项参赛,勇夺冬奥会9枚金牌、15枚奖牌和冬残奥会18枚金牌、61枚奖牌,创造了我国参加冬奥会、冬残奥会的历史最好成绩!我国广大运动员、教练员以实际行动落实拿道德金牌、风格金牌、干净金牌的要求,诠释了奥林匹克精神和中华体育精神,实现了运动成绩和精神文明双丰收,为党和人民赢得了荣誉!

广大冬奥会、冬残奥会的参与者们,用辛勤付出、坚强毅力、巨大勇气,以强烈的责任感、使命感、荣誉感,出色完成了各项工作任务,创造了无愧于祖国、无愧于人民、无愧于时代的光辉业绩!

在这里,我代表党中央、国务院和中央军委,向受到表彰的突出贡献集体和突出贡献个人,表示热烈的祝贺!向为北京冬奥会、冬残奥会筹办举办作出突出贡献的全体建设者、工作者、志愿者,向广大运动员、教练员,向人民解放军指战员、武警部队官兵、公安干警和消防救援队伍指战员,致以崇高的敬意!向热情支持北京冬奥会、冬残奥会的广大香港同胞、澳门同胞、台湾同胞和海外华侨华人,表示衷心的感谢!

在筹办举办过程中,国际奥委会、国际残奥委会以及奥林匹克大家庭、残奥大家庭成员对我们的工作给予了积极帮助,各国政府和人民、国际友好人士给予了大力支持,许多国家领导人、国际组织负责人亲自来华出席有关活动。来自世界各地的体育健儿在赛场上相互尊重、彼此激励、突破极限,在激情的比赛中完美演绎了"更快、更高、更强——更团结"的奥林匹克格言和"勇气、决心、激励、平等"的残奥价值观。北京冬奥会、冬残奥会是一场和平友谊的盛会、一场团结合作的盛会、一场鼓舞世界的盛会!

在这里,我谨代表中国政府和14亿多中国人民,向国际奥委会、国际残奥委会以及奥林匹克大家庭、残奥大家庭成员,向世界各国各地区的朋友们,表示衷心的感谢!向在北京冬奥会、冬残奥会上奋勇争先的各国体育健儿们,表示崇高的敬意!

同志们、朋友们!

成就源于奋斗,胜利来之不易。回顾7年来不平凡的筹办举办历程,我们不仅在奋斗中收获了成功的喜悦,也在奋斗中收获了丰厚的精神财富,收获了弥足珍贵的经验,值得我们倍加珍惜、发扬光大。

第一,坚持党的集中统一领导。党中央高度重视北京冬奥会、冬残奥会,成立冬奥会工作领导小组,从国家层面统筹力量、协调推进筹办工作。筹办之初,党中央就明确提出绿色、共享、开放、廉洁的办奥理念。面对严峻复杂的全球疫情,在全面分析国内外形势特别是疫情影响基础上,作出"顺利举办即成功"的科学判断,提出"简约、安全、精彩"的办赛要求。广大党员、干部牢记初心使命,以行动践行了"急难险重任务,我在第一线"的誓言。事实充分证明,中国共产党是我们成就伟业最可靠的主心骨,只要始终不渝坚持党的领导,就一定能够战胜前进道路上的任何艰难险阻,就一定能够办成我们想办的任何事情!

第二,坚持集中力量办大事。冬奥筹办是一项复杂的系统工程。在党中央坚强领导下,冬奥会工作领导小组和18个专项工作议事协调机构搭建起冬奥筹办的四梁八柱,北京冬奥组委、北京市、河北省与中央部门、各省区市、人民解放军和武警部队、企业、高校院所等方面紧密合作、全力攻坚,社会各界和人民群众热情参与,共同完成了各阶段筹办任务。在赛时阶段,战略指挥、运行指挥、场馆运行的三级工作体系把各方力量统筹起来,凝聚起强大工作合力。我国社会主义制度非凡的组织动员能力、统筹协调能力、贯彻执行能力,我国坚实的经济实力、科技实力、综合国力,为成功办奥提供了强有力的底气和最坚实的保障!

第三,坚持主动防范应对各种风险挑战。在世界百年未有之大变局叠加新冠肺炎世纪疫情背景下举办冬奥会、冬残奥会,面临的风险挑战前所未有。我们坚持底线思维、问题导向,增强忧患意识,把防范化解风险挑战摆在突出位置,把困难估计得更充分一些,把风险思考得更深入一些,下好先手棋,打好主动仗。我们全方位梳理排查各领域、各环节风险点,建立常态化工作机制,不断发现问题,及时研究解决,积极妥善应对,确保了赛事安全顺利举办。

第四,坚持办赛和服务人民、促进发展相结合。北京冬奥会、冬残奥会的成功不仅在于赛事的成功,更在于通过筹办举办冬奥会、冬残奥会带动了各方面建设,为经济社会发展带来了深远的积极影响。我们坚持冬奥成果人民共享,通过推广普及冰雪运动带动全民健身走向纵深,通过产业发展助力脱贫攻坚,通过提升公共服务水平改善人民生活品质,让人民身心更健康、就业更充分、生活更美好,实现共同参与、共同尽力、共同享有。一位北京市民说:"我们都是普普通通的老百姓,让普通老百姓展示,是显示中国人站起来了,中国向世界展示中国强大了。"

同志们、朋友们!

伟大的事业孕育伟大的精神,伟大的精神推进伟大的事业。北京冬奥会、冬残奥会广大参与者珍惜伟大时代赋予的机遇,在冬奥申办、筹办、举办的过程中,共同创造了胸怀大局、自信开放、迎难而上、追求卓越、共创未来的北京冬奥精神。

——胸怀大局,就是心系祖国、志存高远,把筹办举办北京冬奥会、冬残奥会作为"国之大者",以为国争光为己任,以为国建功为光荣,勇于承担使命责任,为了祖国和人民团结一心、奋力拼搏。

——自信开放,就是雍容大度、开放包容,坚持中国特色社会主义道路自信、理论自信、制度自信、文化自信,以创造性转化、创新性发展传递深厚文化底蕴,以大道至简彰显悠久文明理念,以热情好客展现中国人民的真诚友善,以文明交流促进世界各国人民相互理解和友谊。

——迎难而上,就是苦干实干、坚韧不拔,保持知重负重、直面挑战的昂扬斗志,百折不挠克服困难、战胜风险,为了胜利勇往直前。

——追求卓越,就是执着专注、一丝不苟,坚持最高标准、最严要求,精心规划设计,精心雕琢打磨,精心磨合演练,不断突破和创造奇迹。

——共创未来,就是协同联动、紧密携手,坚持"一起向未来"和"更团结"相互呼应,面朝中国发展未来,面向人类发展未来,向世界发出携手构建人类命运共同体的热情呼唤。

同志们、朋友们！

7年磨一剑，砥砺再出发。北京冬奥会、冬残奥会是在全党全国各族人民向第二个百年奋斗目标迈进的关键时期举办的重大标志性活动。我们要积极谋划、接续奋斗，管理好、运用好北京冬奥遗产。

北京冬奥会、冬残奥会既有场馆设施等物质遗产，也有文化和人才遗产，这些都是宝贵财富，要充分运用好，让其成为推动发展的新动能，实现冬奥遗产利用效益最大化。要继续推动冰雪运动普及发展，强化战略规划布局，建设利用好冰雪场地设施，发展冰雪产业，丰富群众冰雪赛事活动，把群众冰雪运动热情保持下去。要充分挖掘利用北京冬奥文化资源，坚定文化自信，更加自信从容传播中国声音、讲好中国故事。要弘扬人道主义精神，尊重和保障人权，完善残疾人社会保障制度和关爱服务体系，促进残疾人事业全面发展，支持和鼓励残疾人自强不息，正像一位视障运动员在赛场上所说："我看不清世界，但我想让世界看到我。"要在全社会广泛弘扬奉献、友爱、互助、进步的志愿精神，更好发挥志愿服务的积极作用，促进社会文明进步。要弘扬奥林匹克精神，发挥奥林匹克促进人类和平发展的重要作用，为人类文明进步贡献更多中国智慧和中国力量。

成功筹办举办北京冬奥会、冬残奥会，极大激发了亿万人民的体育热情，极大推动了我国体育事业发展。我们要坚持以增强人民体质、提高全民族身体素质和生活质量为目标，高度重视并充分发挥体育在促进人的全面发展中的重要作用，继续推进体育改革创新，加强体育科技研发，完善全民健身体系，增强广大人民群众特别是青少年体育健身意识，增强我国竞技体育的综合实力和国际竞争力，加快建设体育强国步伐。

同志们、朋友们！

圆梦冬奥会，一起向未来。让我们更加紧密地团结在党中央周围，发扬北京冬奥精神，以更加坚定的自信、更加坚决的勇气，向着实现第二个百年奋斗目标奋勇前进，向着实现中华民族伟大复兴的中国梦奋勇前进！

（资料来源：新华网 2022-04-08）

四、尊重和传承中华民族历史文化

习近平总书记在党的十九大报告中指出，"文化是一个国家、一个民族的灵魂。文化兴国运兴，文化强民族强"。文化对于国家的兴旺、民族的发展具有重大作用。习近平总书记深刻认识到中华优秀传统文化的价值与意义，并将其作为治国理政的重要思想文化资源，深刻阐释了中华优秀传统文化是中华民族的根与魂，是最深厚的国家文化软实力，是中国特色社会主义根植的沃土，是我们坚定文化自信的力量源泉。

精讲理论

1.中华优秀传统文化是中华民族的根与魂

在中华五千年的历史长河中，无数中华儿女努力劳作、奋进拼搏，创造了源远流长、博大精深的中华优秀传统文化，为中华民族的生生不息、发展壮大提供了强大的精神支撑。中华优秀传统文化中的思想观念、人文精神、道德规范、意志品质等不仅承载着先辈们的智慧精髓，更是滋养当代中国人精神世界、提振当代中国人精神力量的源头活水和不竭动力。尊重中华优秀传统文化，就是尊重中华民族的历史根脉与精神追求，就是尊重中华儿女的勤劳奋斗与实践探索，就是尊重中国人的不懈追求与文化需要。抛弃中华优秀传统文化,我们将成为无源之水、无本之木。习近平总书记指出,"抛弃传统、丢掉根本,就等于割断了自己的精神命脉""历史和现实都表明,一个抛弃了或者背叛了自己历史文化的民族,不仅不可能发展起来,而且很可能上演一场历史悲剧"。

中华优秀传统文化是中华民族独特的精神标识。习近平总书记在2014年文艺工作座谈会上谈到德国哲学家雅斯贝尔斯的"轴心时代",指出当时古代希腊、古代中国、古代印度等文明都产生了伟大的思想家,他们提出的思想原则塑造了不同文化传统,并一直影响着人类生活。中华优秀传统文化自"轴心时代"至今,依然焕发着生机活力、从未中断,究其根源在于中华优秀传统文化强大的感召力、吸引力和影响力。中华优秀传统文化以其和合共生、天下大同的发展理念,求同存异、兼容并包的处事方法,振兴中华、民族复兴的爱国情怀,惠民利民、安民富民的人文精神等,在世界文明的历史进程中独树一帜,是中华民族的宝贵精神财富。

2.中华优秀传统文化是最深厚的国家文化软实力

文化软实力是相较于经济、政治、军事、科技等硬实力而言的,是一国基于文化而具有的凝聚力、生命力与发展动力,以及在国际文化交流中由此产生的吸引力和影响力。伴随着经济全球化、政治多极化、文化多元化的时代潮流,和平与发展成为当今世界的主题。暴力、强权等硬实力的比拼不再是解决国际问题与冲突的唯一途径,主权国家之间的博弈不敢也不愿轻易诉诸武力,而是由经济、军事等硬实力领域转向了文化软实力的竞争。文化软实力成为国与国竞争的重要方式,成为国家综合国力的重要组成部分。因此,提升我国文化软实力迫在眉睫,充分发挥中华优秀传统文化在提升国家文化软实力中的作用更是责无旁贷、刻不容缓。

习近平总书记指出:"提高国家文化软实力,要努力展示中华文化独特魅力。在5000多年文明发展进程中,中华民族创造了博大精深的灿烂文化,要使中华民族最基本的文化基因与当代文化相适应、与现代社会相协调,以人们喜闻乐见、具有广泛参与性的方式推广开来,把跨越时空、超越国度、富有永恒魅力、具有当代价值的文化精神弘扬起来,把继承传统优秀文化又弘扬时代精神、立足本国又面向世界的当代中国文化创新成果传播出去。"中华优秀传统文化作为中华民族的根脉与灵魂,是新时代中国特色社会主义文化发展的深厚基础,是推动中华文化"走出去"的不竭动力。"国民之魂,文以化之;国家之神,文以铸之。"中华优秀传统文化越来越成为中华民族凝聚力与创造力的源泉,越来越成为国家发展、民族自强的重要支撑,也越来越成为提升中国国际地位必不可少的因素。基于此,深入挖掘中华优秀传统文化的历史价值,促进中华优秀传统文化与当代文化、现代社会相协调,积极主动实施文化"引进来"与"走出去",不仅有利于中国特色社会主义文化的繁荣兴盛,更有利于增强综合国力、提升国际地位、传播中华文化、彰显中国形象。

3.中华优秀传统文化是中国特色社会主义根植的沃土

在马克思看来,人类任何新的创造,都是在"直接碰到的、既定的、从过去承继下来的"条件和环境下进行的,而不是凭空想象或拿来主义。在中国特色社会主义的探索过程中,我们首先遇到的条件和环境是中国的现实国情和独特的文化传统,因而我们在面临"什么是社会主义、怎样建设社会主义"的时代课题时,这一既定的实际情况决定了我们既不能照抄照搬"苏联模式",也不能完全借鉴"西方模式",而必须切合中国的现实国情,遵循独特的中华文化传统优势,总结国内外发展的经验教训,最终选择了中国特色社会主义。习近平总书记指出:"中国特色社会主义植根于中华文化沃土、反映中国人民意愿、适应中国和时代发展进步要求,有着深厚历史渊源和广泛现实基础。"

具体来说,从道路的角度看,习近平总书记指出,"独特的文化传统,独特的历史命运,独特的基本国情,注定了我们必然要走适合自己特点的发展道路"。中国特色社会主义道路的选择与发展不仅要立足于中华优秀传统文化所形成的既定历史基础,而且中华优秀传统文化中兼收并蓄、实事求是、革故鼎新等精神品质也为中国特色社会主义道路的选择和发展提供了启迪。从理论的角度看,中国特色社会主义理论体系就是坚持马克思主义基本原理与中国的具体实际相结合,与中华优秀传统文化基因相结合的产物。正是马克思主义理论与中华优秀传统文化的精神品质、价值追求等高度契合,从而使其在中国落地生根,实现了马克思主义中国化。从制度的角度看,中国特色社会主义制度的发展,必须充分考虑中国传统、文化积淀等因素的基础性作用,加强对中华优秀传统文化的挖掘和阐发,并通过中华优秀传统文化的创造性转化、创新性发展,为中国特色社会主义制度建设提供良好思想文化环境。从文化的角度看,党的十九大报告指出,"中国特色社会主义文化,源自于中华民族五千多年文明历史所孕育的中华优秀传统文化,熔铸于党领导人民在革命、建设、改革中创造的革命文化和社会主义先进文化"。中国特色社会主义文化积淀着中华民族最深沉的精神追求,是激励全党全国各族人民奋勇前进的强大精神力量。其中,中华优秀传统文化无疑具有本源性地位,革命文化和社会主义先进文化则是中国共产党在领导人民进行革命、建设和改革的伟大实践中的时代表达。

4.中华优秀传统文化是坚定文化自信的力量源泉

坚定文化自信,推动社会主义文化繁荣兴盛,是习近平新时代中国特色社会主义思想的重要内容与现实旨归。随着经济全球化的发展,国际文化交流日益频繁,文化软实力竞争日益加剧,由此引发的文化霸权主义与文化安全问题日益凸显。习近平总书记深刻认识到建立文化自信的重大意义。他多次指出,"要坚定中国特色社会主义道路自信、理论自信、制度自信,说到底是要坚定文化自信","文化自信,是更基础、更广泛、更深厚的自信,是更基本、更深沉、更持久的力量。坚定文化自信,是事关国运兴衰、事关文化安全、事关民族精神独立性的大问题"。讲文化自信,要有充分的理由和充足的底气。中华优秀传统文化是我们坚定文化自信的根本文化资源与力量源泉。中华优秀传统文化承载着中华民族5000多年文明历史传统,包含着中华民族最基本的、共同的价值追求,它不仅是中华民族生生不息、发展壮大的根脉和灵魂,也为人类文明进步、世界文明多元作出了卓越贡献。在中华优秀传统文化的基础上,我们应时代需要,与中国实际结合,创造性地发展出昂扬向上的革命文化和生机勃勃的社会主义先进文化,共同构成激励全党全国各族人民奋勇前进、共同实现中华民族伟大复兴中国梦的强大精神支撑。这是我们坚定文化自信的不竭动力。

面对当前文化安全问题凸显,国际上西方文化霸权主义的影响,充分发挥中华优秀传统文化的独特优势,促进中华优秀传统文化的创造性转化与创新性发展,推动中华优秀传统文化积极"走出去"至关重要。习近平总书记指出:"要讲清楚中华优秀传统文化的历史渊源、发展脉络、基本走向,讲清楚中华文化的独特创造、价值理念、鲜明特色,增强文化自信和价值观自信。"一方面,要在执中鉴西、贯通中外的实践中积极树立文化自信。中华优秀传统文化要在保持自身独特性的同时,积极吸收借鉴国外一切优秀文化,博采众长、兼收并蓄,在国际文化交流中彰显中华文化的包容与创新。另一方面,通过加强自身文化建设,增强民族文化自信心与自豪感。将中华优秀传统文化资源置于当代世界文化语境下加以重新挖掘与开发,积极主动地推动中华优秀传统文化走向世界,传播中国声音,讲述中国故事,彰显中华文明对世界文明发展的有益贡献。

5.反对"历史虚无主义"

(1)随着社会的进步与发展,一些人打着所谓"重评"历史的幌子,否定近现代中国革命史、中国共产党历史和中华人民共和国历史,抹黑英雄、诋毁革命领袖,从根本上否定马克思主义的指导地位和中国走向社会主义的历史必然性,否定中国共产党的领导。习近平总书记在党史学习教育动员大会上强调:"要旗帜鲜明反对历史虚无主义,加强思想引导和理论辨析,澄清对党史上一些重大历史问题的模糊认识和片面理解,更好正本清源、固本培元。"

(2)新时代大学生要树立大历史观和正确党史观,准确把握党的历史发展的主题主线、主流本质,深刻领悟中国共产党为什么"能"、马克思主义为什么"行"、中国特色社会主义为什么"好"的历史逻辑、理论逻辑、实践逻辑,真正理解历史、把握历史,增强历史自觉和历史自信,自觉传承中华民族辉煌的历史文化。

精选案例

案例一:2020年,账号@辣笔小球发布诋毁英烈的时政有害内容,依据《微博社区公约》相关规定对该账号予以禁言一年处罚。

2020年6月,在和悍然越线挑衅的印军交涉和激烈斗争中,团长祁发宝身负重伤,营长陈红军、战士陈祥榕、战士肖思远、战士王焯冉英勇牺牲。中央军委授予祁发宝"卫国戍边英雄团长"荣誉称号,追授陈红军"卫国戍边英雄"荣誉称号,给陈祥榕、肖思远、王焯冉追记一等功。根据网友此前截图,账号@辣笔小球在其微博发布内容,诋毁英烈,妄称"阵亡的不仅仅只有4人",诋毁在边境斗争中身负重伤的团长祁发宝。

案例二:2018年,一篇题为《在武力胁迫下,乡亲们颤抖着,铡死了刘胡兰》的文章再次被人翻出来热炒,这篇文章被人在网上反复拿出来作为证据,认为是乡亲们迫于当时国民党的压力铡死了刘胡兰。该文作者为阿忆,本名周忆军,男,北京大学副教授,曾在中央电视台、凤凰卫视担任主持人。

查阅权威的史馆资料可知,刘胡兰当年正是因为叛徒的出卖,被国民党抓获。面对威迫利诱,她没有任何的犹豫,慷慨赴死。这些历史,均有亲历者的珍贵证词,然而,却被一个副教授的所谓"口述"轻易扭曲变形,令人无法理解。刘胡兰同志牺牲后被追认为中国共产党正式党员。毛主席亲笔题词——"生的伟大,死的光荣!"高度赞扬了刘胡兰同志伟大而光荣的一生。

案例点评

祖国是人民最坚实的依靠,英雄是民族最闪亮的坐标。崇尚英雄才会产生英雄,争做英雄才能英雄辈出。习近平总书记指出:"一个有希望的民族不能没有英雄,一个有前途的国家不能没有先锋。"任何民族和国家如果没有英雄人物所代表的价值追求,就不可能有自己的精神坐标和前进力量。英雄的身影历历在目,英雄的荣誉岂能诋毁,舆论有底线、法律有底线,任何抹黑英雄的行为都将受到人们的鄙弃,付出应有的代价。

思考题:作为当代大学生,我们可以怎样传承和弘扬中华民族优秀传统文化?

经典阅读

《长津湖》点燃我们的爱国情怀

自2021年9月30日上映以来,迄今中国电影史上投资和制作规模最大的一部电影《长津湖》火爆了电影市场,也点燃了观众的爱国情怀。无论在线上线下,这部电影都引起人们的热议,成为影响全社会的文化现象。截至2021年10月14日,该片累计票房已突破44亿元,并刷新了国产电影多项纪录。

1.体现无坚不摧的英雄气概

专家指出,《长津湖》表现的中国人民志愿军的爱国主义精神、革命英雄主义精神和革命乐观主义精神,与以往国产抗美援朝题材电影《英雄儿女》《铁道卫士》《奇袭》《打击侵略者》等是一脉相承的。

《长津湖》气势恢宏,以全景式、快节奏的叙事方式,再现了抗美援朝战争中最为惨烈的长津湖之战:中美两国精锐部队——中国人民志愿军第九兵团与美国海军陆战一师展开了一场武器装备对比悬殊的战斗。志愿军战士服装单薄、武器简陋、饥肠辘辘,在零下三四十摄氏度的严寒中,冒着美军猛烈的空袭和炮击,以令人难以置信的意志力、无坚不摧的英雄气概,殊死战斗,使长津湖战役成为朝鲜战场的重要拐点。影片呈现了那段可歌可泣的历史,颂扬了71年前中国人民志愿军以"钢少气多"的军魂捍卫国家主权荣誉的英雄气概,激荡着爱国主义的动人情怀。

在176分钟的片长里,冰雕连、杨根思、冻土豆……很多真实的历史细节一一闪过,让年轻观众了解并铭记这段历史,体会到今天和平幸福生活的来之不易。

2.艺术形象引发观众共情

《长津湖》以七连这群英雄儿女为切口,来展现规模宏大、波澜壮阔的长津湖战役乃至抗美援朝战争这个大主题。

专家指出,该片非常注重人物形象和人物性格的塑造。头脑冷静、战斗和指挥能力兼备的七连主心骨、连长伍千里;叛逆倔强、从乡村野孩子快速成长为神投手的新兵伍万里;阳光乐观、笑口常开的战士余从戎;有谋略、懂英文、活得精细的上海籍指导员梅生;超期服役、培养了全连一代代战士的老炮手雷公;沉默寡言、外冷内热的神枪手平河……影片以虚构的七连英雄群像作为主线,以真实的历史人物,如决策援朝的毛泽东、带兵出征的彭德怀、战前动员的宋时轮作为辅线,虚实结合、时空交错,突出了我军高层的运筹帷幄、决胜千里。吴京、易烊千玺、胡军、段奕宏、朱亚文、李晨、韩东君、唐国强等演员塑造了鲜活饱满的人物,为角色与观众的共情奠定了很好的基础。

3.高科技打造战争视听奇观

在《长津湖》200天的拍摄周期中,先后有1.2万人参与前后期工作,群演达7万人。该片以文献记录式全景叙事表现抗美援朝战争,没有用一个资料镜头,而是用实拍和现代技术手段来呈现和还原历史。林超贤和徐克导演的武戏,借助电影高科技和特效技术,打造了战争视听奇观,历史感厚重,场面生猛。

专家指出,《长津湖》在技术上达到了中国历史题材影片的新高度。惊心动魄的仁川登陆、兴南港撤退、乱石滩轰炸以及半山民宅遭遇战等段落,场面宏大、设计精巧,长镜头和快切镜头的使用,展现了战斗的刻不容缓;大量手持摄影和快节奏剪辑使人仿佛身临其境。炮火连天的特效场景营造出战场血肉纷飞的残酷性,震撼人心。有些特写镜头也很出彩。如炸信号塔时,我军狙击手一枪打中正在绳索上滑行的炸药包,特写慢镜头展现了子弹穿过炸药包到点燃炸药包的整个过程,细腻精妙。

"抗美援朝这样一个历史上的壮举,能够由我们这些人呈现在银幕上,是一件光荣的事情。"陈凯歌说。尽管一些观众以"爱之深,责之切"的态度,指出影片存在着进入长津湖段落较慢、某些细节与史实不符、结尾仓促等缺点,使有的专家感到影片"离高峰还差一口气,离经典电影还差一个典型人物",但无法否认影片在思想、艺术及制作上的光芒与价值。"胸中有大义,心里有人民,肩头有责任,笔下有乾坤。"《长津湖》是一部辉煌的战争史诗,一部直击观者心灵深处的雄壮颂歌。观众当能从这部电影获得情感滋养,吸取面对当下挑战的精神力量,从并不遥远的历史中寻找到信仰之源。

(资料来源:《人民日报海外版》,2021年10月15日07版,有改动)

五、坚持立足中国又面向世界

当今世界,各国的贸易往来更加频繁,文化交流不断加深,世界正在变成一个"地球村"。弘扬新时代的爱国主义,要求我们正确处理立足中国与面向世界的辩证统一关系,既尊重各国的历史特点、文化传统和各国人民选择的发展道路,又要求同存异,共同推进人类文明发展进步。

精讲理论

1. 维护国家发展主体性

当今世界,国家仍然是民族存在的最高组织形式,是国际社会活动中的独立主体。党的百年奋斗成功道路是党领导人民独立自主探索开辟出来的,马克思主义的中国篇章是中国共产党人依靠自身力量实践出来的,贯穿其中的一个基本点就是中国的问题必须从中国基本国情出发,由中国人自己来解答。

2. 自觉维护国家安全

国家安全是指一个国家不受内部和外部的威胁、破坏而保持稳定有序的状态。安全是发展的前提,发展是安全的保障,国家安全问题事关国家安危和民族存亡,大学生要增强国家安全意识,切实履行维护国家安全的义务。

习近平总书记在党的二十大报告中指出:"我们贯彻总体国家安全观,国家安全领导体制和法治体系、战略体系、政策体系不断完善,在原则问题上寸步不让,以坚定的意志品质维护国家主权、安全、发展利益,国家安全得到全面加强。共建共治共享的社会治理制度进一步健全,民族分裂势力、宗教极端势力、暴力恐怖势力得到有效遏制,扫黑除恶专项斗争取得阶段性成果,有力应对一系列重大自然灾害,平安中国建设迈向更高水平。"

(1)首先,确立总体国家安全观。在国家安全形势越来越复杂的今天,必须坚持总体国家安全观,坚持国家利益至上,以人民安全为宗旨,以政治安全为根本,以经济安全为基础,以军事、文化、社会安全为保障,以促进国际安全为依托,走出一条中国特色国家安全道路。同时既注重外部安全,又重视内部安全;既注重国土安全,又重视国民安全;既重视传统安全,又重视非传统安全;既重视发展问题,又重视安全问题。

(2)其次,增强国防意识,履行维护国家安全的义务。我国宪法明确规定:"保卫祖国、抵抗侵略是中华人民共和国每一个公民的神圣职责。"大学生既是社会主义现代化建设的有用人才,也是国防建设的后备人才,必须具有很强的国防观念和忧患意识,自觉接受国防和军事方面的教育训练,积极履行国防义务,同时大学生应自觉遵守国家安全法律,履行维护国家安全的法律义务。

3. 推动构建人类命运共同体

人类命运共同体理念植根于源远流长的中华文明和波澜壮阔的中国外交实践,契合世界各国人民求和平、谋发展、促合作、要进步的真诚愿望和崇高追求,有着适应时代发展的深刻丰富的内涵。我们要共同建设一个持久和平、普遍安全、共同繁荣、开放包容、清洁美丽的世界,这是全人类的共同利益和共同价值追求。面向世界,推动构建人类命运共同体,要有更加宽广的世界胸怀和全球视野,为维护人类共同利益、推动人类文明发展进步提供中国智慧,始终做世界和平的建设者、全球发展的贡献者、国际秩序的维护者。

大道至简,实干为要。习近平总书记指出:"构建人类命运共同体,关键在行动。"共同构建人类命运共同体,习近平总书记指出应从这五个方面做出努力:第一,坚持对话协商,建设一个持久和平的世界。大国要尊重彼此核心利益和重大关切,管控矛盾分歧,努力构建不冲突不对抗、相互尊重、合作共赢的新型关系。第二,坚持共建共享,建设一个普遍安全的世界。世上没有绝对安全的世外桃源,一国的安全不能建立在别国的动荡之上,他国的威胁也可能成为本国的挑战。各方应该树立共同、综合、合作、可持续的安全观。第三,坚持合作共赢,建设一个共同繁荣的世界。发展是第一要务,适用于各国。各国要同舟共济,而不是以邻为壑。要维护世界贸易组织规则,支持开放、透明、包容、非歧视性的多边贸易体制,构建开放型世界经济。第四,坚持交流互鉴,建设一个开放包容的世界。人类文明多样性是世界的基本特征,也是人类进步的源泉。文明没有高下、优劣之分,只有特色、地域之别。不同文明要取长补短、共同进步,让文明交流互鉴成为推动人类社会进步的动力、维护世界和平的纽带。第五,坚持绿色低碳,建设一个清洁美丽的世界。我们要倡导绿色、低碳、循环、可持续的生产生活方式,平衡推进2030年可持续发展议程,不断开拓生产发展、生活富裕、生态良好的文明发展道路。

精选案例

为构建人类命运共同体汇聚起"蓝色力量"

中国是一个陆地大国,也是一个海洋大国,有着约1.8万公里大陆海岸线、约1.4万公里岛屿岸线、约300万平方公里主张管辖海域,海洋资源丰饶富集。从同周边邻国积极探讨开展海上渔业合作和资源共同开发、设立多个亚洲合作基金为地区海上合作提供动力,到提出共建21世纪海上丝绸之路倡议、积极促进沿线国家互联互通和经济融合发展;从支持配合国际社会打击各种非法渔业活动、有效实施伏季休渔政策,到与多个国家在海洋环保、防灾减灾、应对气候变化、蓝碳、海洋酸化、海洋垃圾治理等方面开展交流与合作,中国始终是海洋可持续发展的推动者、全球海洋治理的建设者、国际海洋秩序的维护者,致力于同各国一道打造和平海洋、合作海洋、美丽海洋。

(资料来源:人民网 2022-05-03,节选)

案例点评

为人民谋幸福、为民族谋复兴、为世界谋大同,是中国共产党矢志不渝的追求。面向未来,以习近平新时代中国特色社会主义思想为指引,坚定站在历史正确的一边、站在人类进步的一边,担当作为、善作善成,人类只有一个地球,人类也只有一个共同的未来。面对共同挑战,人类只有和衷共济、和合共生这一条出路,在疫情面前,在全球环境问题面前,中国始终同世界各国携手并肩、同舟共济。

书写构建人类命运共同体新篇章(命运与共)
——写在习近平主席发表《共同构建人类命运共同体》主旨演讲5周年之际

回望历史长河,每当人类文明之舟行驶到关键交汇口,伟大的思想总能如航标、如灯塔,指引人们前进的方向。

2017年1月18日,习近平主席在日内瓦出席"共商共筑人类命运共同体"高级别会议,并发表题为《共同构建人类命运共同体》的主旨演讲,主张共同推进构建人类命运共同体伟大进程,坚持对话协商、共建共享、合作共赢、交流互鉴、绿色低碳,建设一个持久和平、普遍安全、共同繁荣、开放包容、清洁美丽的世界。

5年来,在现实的映照下,共同构建人类命运共同体的主张,愈发闪现出真理的光芒。

中国智慧照亮人类发展前程

2017年1月18日傍晚,日内瓦万国宫大会厅,800多位各国代表、各界名流齐聚一堂。

其时,世界多极化、经济全球化深入发展,社会信息化、文化多样化持续推进,新一轮科技革命和产业革命正在孕育成长,各国相互联系、相互依存,全球命运与共、休戚相关。同时,人类也正处在一个挑战层出不穷、风险日益增多的时代。世界经济增长乏力,金融危机阴云不散,发展鸿沟日益突出,兵戎相见时有发生,冷战思维和强权政治阴魂不散,恐怖主义、难民危机、重大传染性疾病、气候变化等非传统安全威胁持续蔓延。

人类面临何去何从的抉择,世界期待中国答案。

"中国方案是:构建人类命运共同体,实现共赢共享。"宏伟的愿景、深邃的思考、诚恳的话语,站在人类历史发展进程的高度,习近平主席以大国领袖的责任担当,准确把握国际形势的深刻变化,明确提出——"坚持对话协商,建设一个持久和平的世界""坚持共建共享,建设一个普遍安全的世界""坚持合作共赢,建设一个共同繁荣的世界""坚持交流互鉴,建设一个开放包容的世界""坚持绿色低碳,建设一个清洁美丽的世界"。

47分钟的演讲,30多次热烈掌声。到关键处,几乎一句一次掌声。演讲结束时,观众起立致敬,掌声经久不息。

领导力、塑造力、影响力,是国际媒体对习近平主席主旨演讲的核心印象。路透社评价,习近平主席在特殊历史时刻展现了中国的"领导力";新加坡《联合早报》说,习近平主席日内瓦之行,既表明中国对联合国与多边主义的坚定支持,更是为全球治理体系变革指明前行的方向。

"当下正值全人类面临重大挑战的时刻,您的真知灼见让我们意识到,必须确保所有国家团结起来,共同打造人人受益、可持续的未来。"第七十一届联大主席汤姆森感慨,中国所倡导的构建人类命运共同体理念,是"人类在这个星球上的唯一未来"。

2017年2月10日,联合国社会发展委员会第五十五届会议协商一致通过"非洲发展新伙伴关系的社会层面"决议,构建人类命运共同体理念首次被写入联合国决议。3月17日,这一理念被载入安理会决议;3月23日,被载入联合国人权理事会决议;11月2日,被写入联大两份安全决议……

5年来,构建人类命运共同体被写入党的十九大报告,载入党章和宪法,多次被写入联合国、上海合作组织等多边机制重要文件,其深远影响正在持续扩大,并随着中国和世界的共同发展进一步彰显。

5年来，从双边合作到多边共识，从线下到线上，习近平主席在多个场合深入阐释这一理念，人类命运共同体的回声在全球激荡，引发共鸣。

联合国秘书长古特雷斯称赞，中国已成为多边主义的重要支柱，"我们践行多边主义的目的，就是要建立人类命运共同体"。

"我清晰记得习近平主席提出的一系列富有远见卓识的理念和主张。在世界经济艰难复苏、逆全球化暗流涌动、保护主义甚嚣尘上的今天，构建人类命运共同体理念尤其振奋人心，受到人们普遍欢迎。"国际道路运输联盟秘书长翁贝托·德·布雷托表示，习近平主席提出的这一理念，为改善全球治理和加强国际合作提供了指南，为人类应对日益严峻的全球挑战提供了可行的路线图。

国际贸易中心前执行主任冈萨雷斯认为，在当今国际治理体系面临分化挑战之时，人类命运共同体理念是对国际合作共赢传递的强烈信心。

法国前总理拉法兰表示，习近平主席提出构建人类命运共同体的伟大设想，坚持多边主义、平等对话，"为世界朝着更包容、更高效和更优质的方向发展提出了一个合理可行的解决方案"。

中国实践推动全球共同发展

大道至简，实干为要。构建人类命运共同体，关键在行动。

5年来，在构建人类命运共同体理念指引下，中国用自身的发展为其他国家提供新机遇，合奏出一曲美美与共的恢宏乐章。

2021年7月1日，习近平总书记庄严宣告实现第一个百年奋斗目标，在中华大地上全面建成小康社会。改革开放以来，中国7.7亿农村贫困人口摆脱贫困，占同期全球减贫人口70％以上，提前10年实现《联合国2030年可持续发展议程》减贫目标。

中国式现代化道路，创造了人类文明新形态，拓展了发展中国家走向现代化的途径，给世界上那些既希望加快发展又希望保持自身独立性的国家和民族提供了全新选择；一个改革开放不断深化的中国，在高质量发展的新征程上步伐铿锵，为世界带来更多机遇：

——近年来，中国经济对世界经济增长贡献率稳定在30％以上。中国已成为120多个国家和地区的主要贸易伙伴。

——中国连续5年缩减外资准入负面清单，放宽金融、汽车等多领域市场准入；出台全国首张跨境服务贸易负面清单；举办广交会、消博会、服贸会、进博会等高水平对外开放展会；实施区域全面经济伙伴关系协定，正式申请加入全面与进步跨太平洋伙伴关系协定、数字经济伙伴关系协定……

——今年1月10日、1月12日，中国分别与尼加拉瓜和叙利亚签署"一带一路"合作谅解备忘录。至此，中国已与147个国家、32个国际组织签署200余份共建"一带一路"合作文件。从挥洒"大写意"到细绘"工笔画"，共建"一带一路"已成为各方共商共建共享的和平之路、繁荣之路、开放之路、绿色之路、创新之路、文明之路，绘就中国与世界共同发展、共同进步的和美画卷。

在这幅画中，中国菌草走向世界，在脱贫、治沙、畜牧、发电等领域释放巨大潜力；耕种中国杂交水稻的非洲农民忙碌收获，实现了吃饱饭、更吃好饭的梦想；中老铁路逢山开路、遇水架桥，助力老挝实现由"陆锁国"向"陆联国"转变；智利车厘子、秘鲁青提飞入中国寻常百姓家，南半球的农夫笑得合不拢嘴，北半球的冬季变得更加有滋有味；中欧班列铺画出78条运行线路，通达欧洲23个国家的180座城市，物流配送网络覆盖亚欧大陆全境……

"经济全球化时代,各国的利益越来越紧密地联系在一起。"法国巴黎第八大学教授皮埃尔·皮卡尔将法文版《习近平谈治国理政》摆在办公桌上的显眼位置,以便常常翻阅。在他看来,构建人类命运共同体是中国为维护人类和平与福祉所提出的重要倡议,也是人类历史上最重要的哲学思想之一。

"肯取势者可为人先,能谋势者必有所成。"大时代需要大格局,大格局呼唤大胸怀。从"本国优先"的角度看,世界是狭小拥挤的,时时都是"激烈竞争";从命运与共的角度看,世界是宽广博大的,处处都有合作机遇。构建人类命运共同体,是人类应对全球性挑战的必由之路,是增进各国人民福祉的光明大道。

中国方案书写大国担当

当前,百年变局和世纪疫情交织叠加,世界进入动荡变革期,不稳定性不确定性显著上升。人类社会面临的治理赤字、信任赤字、发展赤字、和平赤字有增无减,实现普遍安全、共同发展依然任重道远。同时,世界多极化趋势没有根本改变,经济全球化展现出新的韧性,维护多边主义、加强沟通协作的呼声更加强烈。世界人民对和平发展合作共赢的期待更加强烈。

"世界各国风雨同舟、团结合作,才能书写构建人类命运共同体的新篇章。"在二○二二年新年贺词中,习近平主席如是展望。

实现第一个百年奋斗目标、开启向第二个百年奋斗目标进军新征程的中国,始终坚持把中国人民的利益同世界人民的利益统一起来,致力于同各国携手推动构建人类命运共同体,为解决人类当前所面临的重大问题,为建设持久和平、普遍安全、共同繁荣、开放包容、清洁美丽的世界,贡献更多中国智慧、中国方案、中国力量。

——中国始终坚持多边主义,主张大国要有大国的样子,要展现更多责任担当。习近平主席在博鳌亚洲论坛2021年年会开幕式上指出,国际上的事应该由大家共同商量着办,世界前途命运应该由各国共同掌握,不能把一个或几个国家制定的规则强加于人,也不能由个别国家的单边主义给整个世界"带节奏"。世界要公道,不要霸道。新年伊始,中、俄、美、英、法五个核武器国家领导人共同发表《关于防止核战争与避免军备竞赛的联合声明》。中国积极倡导"核战争打不赢也打不得"理念,并为五国采取共同行动发挥了有力引领作用。

——中国始终坚持和国际社会共同抗击新冠肺炎疫情,以实际行动为人类健康构筑"免疫长城",为发展中国家撑起"健康之盾"。截至目前,中国累计向120多个国家和国际组织提供超过20亿剂新冠疫苗。得益于中国的大力支持,广大发展中国家获得了防护效果好且能够负担得起的疫苗。

——中国始终坚持和国际社会共同应对环境挑战,推动建立公平有效的全球应对气候变化机制,实现更高水平的全球可持续发展。习近平主席在领导人气候峰会上呼吁:"面对全球环境治理前所未有的困难,国际社会要以前所未有的雄心和行动,勇于担当,勤力同心,共同构建人与自然生命共同体。"中国宣布,二氧化碳排放力争于2030年前达到峰值,努力争取2060年前实现碳中和;中国坚定支持和落实气候变化《巴黎协定》,推动制定"2020年后全球生物多样性框架",成立昆明生物多样性基金,支持发展中国家生物多样性保护事业,完善全球环境治理。

——中国始终尊重和保护文明多样性,强调通过文明交流对话推动和平共处、和谐共生。"应对共同挑战、迈向美好未来,既需要经济科技力量,也需要文化文明力量。"习近平主席呼吁各国人民张开怀抱,彼此理解,求同存异。推动构建人类命运共同体,不是以一种制度代替另一种制度,不是以一种文明代替另一种文明,而是不同社会制度、不同意识形态、不同历史文化、不同发展水平的国家在国际事务中利益共生、权利共享、责任共担,形成共建美好世界的"最大公约数"。

"一个国家、一个民族对世界和人类作出的贡献不仅在于创造了多少物质,还在于提出了什么理念。"希腊前总统帕夫洛普洛斯赞赏习近平主席提出的世界文明观、共建"一带一路"倡议和构建人类命运共同体理念,高度评价中国支持多边主义,在国际上重信守诺,"这体现了古老的中华文明智慧和中国作为一个负责任大国的历史担当"。

"人类命运共同体理念富有远见和深刻内涵,传达了巨大的希望。"美国库恩基金会主席罗伯特·库恩认为,强调人类命运共同体理念正当其时,构建人类命运共同体是"全世界共同的伟大愿景","要把这一愿景变成现实,需要世界各地充满善意的人们共同努力"。

世界命运应该由各国共同掌握,国际规则应该由各国共同书写,全球事务应该由各国共同治理,发展成果应该由各国共同分享。世界的未来一定是人类命运共同体的未来——它植根于源远流长的中华文明和波澜壮阔的中国外交实践,契合各国求和平、谋发展、促合作、要进步的真诚愿望和崇高追求,有着深刻丰富的理论内涵。中国相信,只要坚定信心携手同行,必能让和平的薪火代代相传,让发展的动力源源不断,让文明的光芒熠熠生辉。

(资料来源:人民网 2022-01-17)

六、改革创新

习近平总书记说过,改革开放是党和人民大踏步赶上时代的重要法宝,是坚持和发展中国特色社会主义的必由之路,是决定当代中国命运的关键一招,也是决定实现"两个一百年"奋斗目标、实现中华民族伟大复兴的关键一招。

精讲理论

1.改革开放是当代中国的显著特征

回望历史,变革和开放总体上是中国的历史常态,正是这种变革和开放精神,使中华文明成为人类历史上唯一一个绵延5000多年至今未曾中断的灿烂文明。改革开放是党在新的历史条件下领导人民进行的新的伟大革命,是决定当代中国命运的关键抉择。创新是改革开放的生命,改革开放创造的奇迹不是天上掉下来的,而是来自中国共产党和中国人民的理论创新、实践创新、制度创新、文化创新以及各方面创新。改革开放之所以获得巨大成功,关键在于创新。创新是贯穿改革开放始终的一条主线、红线、生命线,是改革开放的生命。

2.改革创新是新时代的迫切要求

纵观人类发展历史,创新始终是一个国家、一个民族发展的重要力量,也始终是人类社会进步的重要力量。不创新不行,创新慢了也不行。如果我们不识变、不应变、不求变,就可能陷入战略被动,错失发展机遇,甚至错过整整一个时代。当前,我国已由高速发展转向高质量发展。创新是推动人类社会发展的重要力量。特别是18世纪以来,世界发生了几次重大科技革命,如近代物理学诞生、蒸汽机和机械、电力和运输、相对论和量子论、电子和信息技术发展等。在此带动下,世界经济发生多次产业革命,如机械化、电子化、自动化、信息化。每一次科技和产业革命都深刻改变了世界发展面貌和力量格局。从某种意义上说,创新决定着世界政治经济力量对比的变化,也决定着各国各民族的前途和命运。

创新能力是当今国际竞争新优势的集中体现。"在激烈的国际竞争中,惟创新者进,惟创新者强,惟创新者胜。当今世界,谁牵住了科技创新这个'牛鼻子',谁走好了科技创新这步先手棋,谁就能占领先机、赢得优势。"改革创新是我国赢得未来的必然要求。当前,全球新一轮科技革命和产业变革正在孕育兴起,谁在创新上先行一步,谁就能拥有引领发展的主动权。坚持创新发展,是我们分析近代以来世界发展历程特别是总结我国改革开放成功实践得出的结论,是我们应对发展环境变化、增强发展动力、把握发展主动权,更好引领新常态的根本之策。要坚持科技是第一生产力、人才是第一资源、创新是第一动力,深入实施科教兴国战略、人才强国战略、创新驱动发展战略,开辟发展新领域新赛道,不断塑造发展新动能新优势。只有全面深化改革,在全社会积极营造鼓励大胆创新、勇于创新、包容创新的良好氛围,才能把创新驱动的新引擎全速发动起来,为我国经济社会发展提供前所未有的强劲动力。

3.当代大学生做改革创新生力军的途径

(1)树立改革创新的自觉意识。

第一,增强改革创新的责任感。改革创新表现为一种不甘落后、奋勇争先、追求进步的责任感。大学生要以时不我待、只争朝夕的紧迫感投身改革创新的实践,服务人民,奉献社会,实现人生价值。第二,树立敢于突破成规的意识。要创新,就要有强烈的创新意识,凡事要有打破砂锅问到底的劲头,敢于质疑现有定论,勇于开拓新的方向,攻坚克难,追求卓越,不唯上、不唯书、只唯实,这是大学生在学习与实践中创新创造的重要前提。第三,树立大胆探索未知领域的信心。创新就是要走前人没有走过的路,"路漫漫其修远兮",最需要"上下而求索"的勇气。青年应该是常为新、敢创造的,理当锐意创新创造,不等待、不观望、不懈怠,勇做改革创新的生力军。

习近平总书记在党的二十大报告中指出:"深入实施人才强国战略。培养造就大批德才兼备的高素质人才,是国家和民族长远发展大计。功以才成,业由才广。坚持党管人才原则,坚持尊重劳动、尊重知识、尊重人才、尊重创造,实施更加积极、更加开放、更加有效的人才政策。"

(2)增强改革创新的能力本领。

第一,夯实创新基础。改革创新之所以能够推陈出新,一个重要的原因就在于改革创新者具有扎实的专业知识基础。大学生作为改革创新的生力军,应从扎实系统的专业知识学习起步和入手,而不能好高骛远,空谈改革创新。第二,培养创新思维。创新思维与守旧思维的区别在于:守旧思维往往求同、模仿,创新思维则注重求异、批判而不甘落入窠臼和俗套;守旧思维被动回答问题,创新思维善于发现问题;守旧思维往往机械、线性、封闭,创新思维则灵活而开放,发散而多维。大学生在专业学习与社会实践中应当自觉培养创新思维,勤于思考,善于发现,勇于创新。第三,投身改革创新实践。当代大学生应当在全面深化改革的伟大实践中发扬改革创新精神,增强改革创新的意识,锤炼改革创新的意志,提高改革创新的能力,勇做改革创新的实践者和生力军。大学生应当珍惜人生中最具创新创造活力的宝贵时期,有敢为人先、开拓进取的锐气,有逢山开路、遇河架桥的意志,在创新创造中不断积累经验、取得成果、演绎精彩。

精选案例

"奋斗者"号身上的"黑科技"

那个在海底下潜10909米的"奋斗者"回来了。

2020年11月28日,"奋斗者"号载人潜水器深海试验返航仪式在海南三亚举行。这位凯旋的"奋斗者"受到了热烈欢迎。

"奋斗者"号怎么这么牛气,能够"一口气"下潜到海底10000多米？它到底穿着什么样的装备,才能不惧海底高压、高腐蚀的极端环境？在深潜地球最深处时,3位潜航员还向全国观众分享了他们的心情,又是怎样做到的？

下面,我们就来扒一扒"奋斗者"号的那些"高精尖"技术装备。

它有聪明的大脑和一双灵活的手

说起这位"奋斗者",就不得不谈它的控制系统,也就是它的"大脑"。"奋斗者"号的"大脑"由中国科学院沈阳自动化研究所精心打造。

深海一片漆黑,地形环境高度复杂,"奋斗者"号的"大脑"必须实现高精度航行控制,不然就可能有"触礁"风险。

为此,研究人员克服了深渊复杂环境下大惯量载体多自由度航行操控、系统安全可靠运行等技术难题,"奋斗者"号的"指挥中心"实现了在线智能故障诊断、基于在线控制分配的容错控制以及海底自主避碰等功能,提高了潜水器的"智商"和安全性。

"同时,我们设计的神经网络优化算法,能够让'奋斗者'号在海底自动匹配地形巡航、定点航行以及悬停定位。其中,水平面和垂直面航行控制性能指标,达到国际先进水平。"中国科学院沈阳自动化研究所研究员、"奋斗者"号副总设计师赵洋说。

同时,研究人员还为"奋斗者"号装上了一双高度灵活有力的"手"。

"潜水器使用了我们研发的两套主从伺服液压机械手开展万米作业,每套手有7个关节,可实现6个自由度运动控制,持重能力超过60公斤,能够覆盖采样篮及前部作业区域,具有强大的作业能力。"中国科学院沈阳自动化研究所水下机器人研究室副主任张奇峰说。

这双手在深渊海底顺利完成了岩石、生物抓取及沉积物取样器操作等精准作业任务,填补了我国应用全海深液压机械手开展万米作业的空白。

身披战甲"钛"厉害

这位"奋斗者"之所以能够不惧海底高压、高腐蚀的极端环境,是因为它的战甲"钛"厉害。

载人舱是全海深载人潜水器的核心关键部件,是人类进入万米深海的硬件保障和安全屏障,标志着一个国家载人潜水器的技术水平。"奋斗者"号的载人舱球形外壳由中国科学院金属研究所牵头研制。

研究团队解决了若干钛合金基础科学问题,攻克了载人舱材料、成形、焊接等一系列关键技术瓶颈。

"我们独创的新型钛合金材料Ti62A成功解决了载人舱材料所面临的强度、韧性和可焊性等难题。"中国科学院金属研究所研究员、全海深载人潜水器载人舱项目负责人杨锐说。

以往深潜器主要使用Ti64材料,在万米海深的极端压力条件下,按照载人舱的目标尺寸和厚度要求,这种材料在强度、韧性等指标上目前已不能达标。

为此,"我们首次提出一种新型的合金设计方案,并据此设计实现了一种全新的钛合金显微结构,在此基础上发明了具有良好热加工成形和焊接成形性能的钛合金Ti62A,在韧性和可焊性与Ti64合金相当的前提下大幅度提升了强度,从而成功解决了载人舱球壳的材料难题。"杨锐说。

事实上,钛合金材料存在固有的尺寸效应,即尺寸和厚度越大,其均匀性和力学性能的稳定性就越难保证。但这又是其应用于深海极端高压环境必须跨越的障碍。

经过攻关,研究人员通过设计材料微观组织及其获取工艺,成功克服了钛合金的尺寸效应。

直播万米海底世界有保障

"亲爱的观众们,万米的海底妙不可言,希望我们能够通过'奋斗者'的画面向大家展示万米的海底。"

2020年11月10日8时12分,"奋斗者"号成功坐底世界最深处马里亚纳海沟,3位潜航员第一时间通过水声通信系统向全国观众直播了他们所看到的万米海底世界。

相较于前两代的"蛟龙"号与"深海勇士"号载人潜水器,"奋斗者"号的声学系统实现了完全国产化,这个系统由中国科学院声学研究所牵头研制。

"'奋斗者'号的声学系统突破了全海深难关,技术指标更高,在整个海试过程中表现优秀,为全海深范围内的持续巡航作业提供了可靠的技术保障。"中国科学院声学研究所高级工程师、"奋斗者"号副总建造师、主任设计师、潜航员刘烨瑶说。

水声通信是"奋斗者"号与母船"探索一号"之间沟通的唯一桥梁,实现了潜水器从万米海底至海面母船的文字、语音及图像的实时传输。

此外,由声学多普勒测速仪和定位声呐及惯性导航等设备所集成的组合导航系统,为"奋斗者"号的巡航作业提供了高精度的水下定位导航。

在11月16日的下潜作业中,借助组合导航系统和声呐设备,"奋斗者"号潜航员仅用了半小时便成功取回了此前布放在万米海底的3个水下取样器,成功实现"海底捞针",并通过水声通信机将取样画面回传至母船。

(资料来源:央广网 2020-11-30,有改动)

经典阅读

奔跑在奋发有为的赛道上
——中国国际"互联网+"大学生创新创业大赛8年综述

4月的山城重庆,迎来了一批敢闯会创的年轻力量,第八届中国国际"互联网+"大学生创新创业大赛冠军争夺赛4月9日在重庆大学举行。本届大赛自2022年4月启动以来,共有来自国内外111个国家和地区的4554所院校的340万个项目、1450万名学生报名参赛,参赛人数首次突破千万。

累计943万个团队、3983万名大学生参赛……创办8年来,中国国际"互联网+"大学生创新创业大赛已经成为我国深化创新创业教育改革的重要平台,为许多有理想、有本领、有担当的青年插上创新创业的"翅膀"。

赋能乡村振兴　传承红色精神

累计有98万个创新创业项目精准对接农户255万余户、企业6.1万余家,签订合作协议7万余项。

2017年8月,参加第三届中国"互联网+"大学生创新创业大赛"青年红色筑梦之旅"的大学生收到了习近平总书记的回信,总书记勉励他们扎根中国大地了解国情民情,用青春书写无愧于时代、无愧于历史的华彩篇章。

参赛者兰雨潇对总书记的话语仍然记忆犹新:"创业是一个困难而又漫长的过程,总书记的鼓励让我们坚定信念,我们定当志存高远、奋勇向前。"

为鼓励更多青年学子走出实验室,走进革命老区、贫困地区和城乡社区,接受思想教育、加强实践锻炼,大赛自2017年开设"青年红色筑梦之旅"赛道。从延安到古田、从井冈山到西柏坡……5年来,共有177万支团队、813万名大学生积极投身于革命老区乡村振兴中。

获得第六届大赛金奖的贵州大学"博士村长"项目开创了产业振兴、造血扶贫的崭新模式,将科研与扶贫有机融合,扶贫足迹遍布整个贵州,下乡服务上万次,真正做到"把论文写在祖国大地上"。

"村里的乡亲们,是朋友也是同事!"疫情防控期间,电子科技大学的"沈厅筑梦家庭农场"项目通过新媒体平台直播带货,创新"红旅"赛道精准扶贫模式,一个月内帮助果农销售柑橘超1500万公斤,增加岗位6万人次,实现销售收入增长5倍。

各地各高校依托"青年红色筑梦之旅"赛道,结合红色资源优势开展了形式多样的活动。

从井冈山老区走出的"百年好合"项目,针对井冈山旅游胜地和当地林地多的特点,打造了"大百合生态农业+旅游"的产业模式,为当地带来了良好的经济效益和社会效益。如今,项目团队负责人赵延宽创办了自己的公司,继续为革命老区贡献力量。

据介绍,截至去年8月,累计有98万个创新创业项目精准对接农户255万余户、企业6.1万余家,签订合作协议7万余项。"红旅"已成为一堂融合了党史学习教育、创新创业与乡村振兴的"思政金课",助力更多青年学子为脱贫攻坚、乡村振兴贡献青春力量。

紧跟时代需求　贡献青春力量

涌现诸多紧跟前沿科技、瞄准国家重大战略需求的项目。

"我们团队研发的头盔运用了点阵结构缓冲层,较中国队上一代雪车头盔减重了500~700克,安全性能提升25.1%。"东莞理工学院研究的拓扑优化智能运动头盔已在2022年北京冬奥会中被中国雪车队使用。这支由多个学院、不同专业学生组成的新工科复合型学科交叉团队,用4年时间打破国外技术封锁,实现国产化转型。

"让我国运动员在参加自己国家举办的冬奥会时能戴上国产头盔,这不仅仅是综合国力的体现,也是我们自信的体现。"项目成员钟宇航道出了众多创新创业学子的心声。

南昌大学中科光芯——硅基无荧光粉发光芯片、天津大学心脉联衢——全球首款体内可视化小口径人工血管、北京理工大学研制的我国首套卫星通信阵列参数矩阵并行测量仪……这些成果,都来自中国国际"互联网+"大学生创新创业大赛。

8年来,大赛涌现出许多紧跟前沿科技、瞄准国家重大战略需求的项目。纵观其中,有不少涵盖学科交叉和跨行业创新,体现了大数据、云计算、人工智能等新一轮工业革命重点领域的最新成果。

从课堂教学到实践教学再到服务国家经济发展,8年来,大赛以赛促教、以赛促学、以赛促创,形成了创新创业教育的新模式。把创新创业教育融入人才培养全过程,高校重任在肩。有高校负责人介绍:"学校通过设置创新创业学分、开展多学科交叉融合创新创业项目等方式,助力学生创新创业,努力培养更多拔尖创新人才和团队。"

以赛促学、以赛促教、以赛促创,大赛带动了高等教育人才培养范式的变革。据介绍,本届大赛进一步突出育人功能,强化"四新"引领,面向新一轮科技革命和产业变革,正式设置产业赛道,提升大学生的创新精神、创业意识和创新创业能力。

产业出题、高校揭榜、学生答题、同题共答。8年来,"互联网＋"大赛架起了教育端与产业端深度融合的桥梁枢纽,有力提升了学生解决实际问题的能力,有效推动了大学生更高质量的创业就业。激励广大青年学生把"青春梦""创新创业梦"融入伟大的中国梦。

加强国际交流　构建开放平台

本届大赛吸引国外107个国家和地区的1340所学校、7944个项目、25260人报名参赛。

"'互联网＋'对我来说是一次改变人生的经历,也让我了解到中国是一片研究环境科学的沃土。"上届大赛季军、来自英国的威廉作为海外选手代表,在本届大赛同期活动——世界青年大学生创业论坛上分享自己的参赛感受,如今,他正在清华大学环境学院攻读博士学位。

自第三届大赛首次设立国际赛道,到第六届大赛首次以国际命名,越来越多海外创新青年会聚于此。"互联网＋"赛事国际化程度逐年提升,大赛成为增进世界大学生交流沟通的桥梁纽带及世界大学生青春追梦、共创未来的重要平台。

除中国高校外,本届大赛共吸引国外107个国家和地区的1340所学校、7944个项目、25260人报名参赛,与2021年相比,参赛项目数和参赛人数分别增长44％和62％。规模增长的同时,参赛项目也"含金量"十足,牛津大学、剑桥大学、哈佛大学等世界百强大学共有2873个项目报名参赛,达到国际项目总数的37％。大赛成为世界大学生高度关注、广泛参与的创新创业赛事国际品牌,有力促进了不同国家、不同文化、不同肤色大学生创新创业的跨时空交流。

在本届大赛挺进冠军争夺战的六强团队中,两支国外队伍也呈现了亮眼的项目成果:苏黎世联邦理工学院(瑞士)带来的智子科技-电源自动化设计软件平台,实现从需求到样机的研发全自动化,将电源研发成本降低一半、周期缩短一半;卡内基梅隆大学(美国)开发的临床级直肠癌诊疗评估一体化AI系统,可用于直肠癌手术术前决策与手术规划等。

大赛冠军争夺赛期间还举办了第四届教学大师奖、杰出教学奖和创新创业英才奖颁奖典礼,首届世界青年大学生创业论坛,大学生创新创业成果展等同期活动,邀请创新创业教育知名专家学者、优秀企业家代表、历届大赛冠军以及海外名校代表等共同参与并交流经验。

8年来,从20万大学生到3983万大学生,从5万个团队到943万个团队,中国国际"互联网＋"大学生创新创业大赛记录着当代大学生奋发有为、昂扬向上的故事,让青春在创新创业中闪光。(记者:闫伊乔)

(资料来源:人民网2023-04-10,有改动)

第三节　实践教学篇

一、"爱国是情怀更是信仰"实践教学

1.实践教学目的

为深入学习贯彻党的十九届六中全会精神和全国两会精神,落实习近平总书记对建设教育强国、实现高等教育内涵式发展的深刻阐述,结合"中国共产党建党100周年"重要讲话精神,引导青年学子肩负起社会责任和历史责任,以青春奋进的姿态迎接新时代的到来。经研究,决定

开展"请党放心强国有我"爱国主义主题教育系列活动。

2.实践教学主题

以爱国主义为题材,以"请党放心强国有我"为主题,举行爱我中华文艺会演活动,通过文艺作品传递中华情,致敬革命先辈,鼓励创新创意,精心打造文化校园。

3.实践教学过程

"请党放心强国有我"爱国主义主题教育系列活动以诗词竞赛、学习活动、志愿服务、文艺展演、观看系列影片为主要内容,展现高校学子良好精神风貌。

通过主题班会教育、参访革命纪念馆、观看《长津湖》《金刚川》《八佰》《山海情》等影视作品,追寻红色革命记忆,以"请党放心强国有我"为主题,重温党的历史上爱国人士的先进事迹,共话峥嵘岁月,重燃爱国情怀。通过主题征文教育,组织开展"请党放心强国有我"主题征文比赛,围绕爱国、团结、奋进、责任、青春、理想等精神,紧密联系当代大学生思想、学习、工作和生活实际,书写爱国精神,抒发爱国情怀,唤醒责任担当,传递青年力量。

二、"大学生创新创业过程中求实和创新哪个更重要"实践教学

1.实践教学目的

改革创新精神的实践教育重点,可以培养大学生的思想认知和思维能力,故选择大专辩论赛这种实践方式,通过思想的碰撞和思维的辩论,来强化学生的创新理念和思维意识。

2.实践教学主题

"大学生创新创业过程中求实和创新哪个更重要"辩论。

3.实践教学过程

1)立论环节

正方一辩立论,阐述本方观点,时间为3分钟。

反方一辩立论,阐述本方观点,时间为3分钟。

2)驳论环节

反方二辩针对正方立论观点进行反驳,时间为2分钟。

正方二辩针对反方立论观点进行反驳,时间为2分钟。

3)攻辩环节

攻辩环节提问方只能问,回答方只能答,不得反问。

正方三辩提问反方一、二、四辩各一个问题,反方辩手分别应答。每次提问时间不得超过15秒,三个问题累计回答时间为1分30秒。

反方三辩提问正方一、二、四辩各一个问题,正方辩手分别应答。每次提问时间不得超过15秒,三个问题累计回答时间为1分30秒。

攻辩小结:正方四辩进行小结,时间为1分30秒;反方四辩进行小结,时间为1分30秒。

4)自由辩论环节

每方4分钟,由正方开始,双方交叉应答。

5)结辩环节

反方陈词,时间为3分钟。

正方陈词,时间为3分钟。

思考与练习

一、单选题

1.爱国主义是调节个人和祖国之间关系的道德要求、政治原则和( )。
   A.内心信念　　　　B.法律规范　　　　C.自觉行为　　　　D.传统美德

2.在当代中国,爱国主义首先体现在( )。
   A.对社会主义中国的热爱
   B.对人民群众的热爱
   C.对港澳台同胞和海外侨胞的热爱
   D.对马克思主义的热爱

3.2013年10月21日,习近平在欧美同学会成立100周年庆祝大会上发表重要讲话,希望留学生坚守爱国主义精神,继承和发扬留学报国的光荣传统,做爱国主义的坚守者和传播者,自觉使个人成功的果实结在爱国主义这棵常青树上。检验一个人对祖国忠诚程度的试金石是( )。
   A.对人民群众感情的深浅程度　　　　B.对祖国灿烂文化的热爱程度
   C.对祖国大好河山的依赖程度　　　　D.对整个民族利益的认同程度

4.国家安全是指一个国家不受内部和外部的威胁、破坏而保持稳定有序的状态。当前,我国国家安全内涵和外延比历史上任何时候都要丰富,时空领域比历史上任何时候都要宽广,内外因素比历史上任何时候都要复杂,必须坚持总体的国家安全观,其宗旨是( )。
   A.经济安全　　　　B.政治安全　　　　C.人民安全　　　　D.国际安全

5.王安石《游褒禅山记》中有:"而世之奇伟、瑰怪、非常之观,常在于险远,而人之所罕至焉,故非有志者不能至也。"这句话表明,若想树立改革创新的自觉意识,我们应该( )。
   A.树立突破陈规陋习的自觉意识
   B.树立大胆探索未知领域的信心和勇气
   C.树立以创新创造为目标的走向
   D.增强改革创新的能力本领

6.在五千多年的历史发展中,中华民族形成了以( )为核心的伟大民族精神。
   A.集体主义　　　　B.爱国主义　　　　C.唯物主义　　　　D.个人主义

7.我们要大力弘扬的时代精神是当代中国人民精神风貌的集中写照,是激发社会创造活力的强大力量。其核心是( )。
   A.国际主义　　　　B.集体主义　　　　C.改革创新　　　　D.开拓进取

8.李大钊曾写下"铁肩担道义,妙手著文章"的警句。这句话表明,若想树立改革创新的自觉意识,我们应该( )。
   A.树立突破陈规陋习的自觉意识
   B.树立大胆探索未知领域的信心和勇气
   C.树立以创新创造为目标的走向
   D.增强改革创新的责任感

9.构建人类命运共同体的理念源于中国,属于世界,是(　　)的交响协奏。
　　A.中美两国　　　　　　　　　　B.中俄两国
　　C.中国与欧洲　　　　　　　　　D.中国与世界

10.爱国主义在不同的历史时代和文化背景下,总有着不同的内涵。在我国新民主主义革命时期,爱国主义主要表现在致力于推翻帝国主义、封建主义和官僚资本主义的反动统治,把黑暗的旧中国改造成光明的新中国。在现阶段,爱国主义主要表现在献身于建设和保卫社会主义现代化事业,献身于促进祖国统一大业。这体现了(　　)。
　　A.爱国主义是历史的、抽象的　　　B.爱国主义是历史的、具体的
　　C.爱国主义是客观的、抽象的　　　D.爱国主义是主观的、具体的

二、多选题

1.改革创新主要包括(　　)。
　　A.理论创新　　　B.文化创新　　　C.制度创新　　　D.科技创新

2.新时期的爱国主义是(　　)。
　　A.爱祖国与爱社会主义的统一
　　B.爱祖国与参与经济全球化的统一
　　C.爱祖国与弘扬时代精神的统一
　　D.爱祖国与弘扬民族精神的统一

3.爱国主义体现了人民群众对自己祖国的深厚感情,反映了个人对祖国的依存关系,是人们对自己故土家园、民族和文化的归属感、认同感、尊严感与荣誉感的统一。在我国,爱国主义(　　)。
　　A.既是道德要求,又是法律规范
　　B.既继承了优良传统,又具有时代特征
　　C.体现了与爱社会主义的一致性
　　D.体现了与拥护祖国统一的一致性

4.在建设中国特色社会主义的过程中,坚持爱国主义就必须坚持(　　)。
　　A.改革开放　　　B.民族主义　　　C.民族自尊　　　D.民族虚无主义

5.爱国主义是(　　)。
　　A.一种对祖国热爱的情感　　　　　B.一种社会意识和精神力量
　　C.中华民族特有的一种道德品质　　D.一种人生道德规范和价值导向

6.伟大建党精神是中国共产党的精神之源,以下属于伟大建党精神的有(　　)。
　　A.坚持真理、坚守理想　　　　　　B.践行初心、担当使命
　　C.不怕牺牲、英勇斗争　　　　　　D.对党忠诚、不负人民

7.中华民族传统美德是指从中华民族历史上流传下来的中华民族道德文明的精华,是中华民族精神的集中体现,主要包括(　　)。
　　A.爱国奉献,以天下为己任　　　　B.勤劳勇敢,追求自由解放
　　C.求真务实,敬重诚实守信　　　　D.推崇仁爱,强调人际和谐

8.爱祖国这种深厚的感情集中表现为(　　)。
　　A.对祖国的河山、文化、历史、优良传统以及人民的热爱
　　B.关心祖国的前途和命运,把个人命运同祖国命运紧密地联系在一起

C.强烈的民族自豪感、自尊心和自信心

D.为争取祖国的独立、统一、富强而英勇奋斗乃至牺牲的精神

9.做新时代的忠诚爱国者必须坚持（　　）。

A.爱党爱国爱社会主义相统一　　　　B.维护祖国统一和民族团结

C.立足中国又面向世界　　　　　　　D.抛弃传统的历史文化

10.习近平总书记指出,我们总结和吸取历史教训,目的是以史为鉴、更好前进。以下关于历史的观点,正确的有（　　）。

A.历史是一面镜子　　　　　　　　B.历史是一位智者

C.历史是最好的教科书　　　　　　D.历史是最好的清醒剂和营养剂

三、判断题(对的打√,错的打×)

1.实现中国梦必须弘扬中国精神,中国精神是凝聚中国力量的精神纽带。（　　）

2.时代精神与民族精神都是一个民族赖以生存发展的精神支撑。（　　）

3.爱国主义的基本要求是爱自己的美好前程。（　　）

4.实现中华民族伟大复兴的中国梦是当代中国爱国主义的鲜明主题。（　　）

5.经济全球化不等于全球政治、文化一体化。（　　）

6.一个中国原则是两岸关系的政治基础。（　　）

7.创新始终是推动人类社会发展的重要力量。（　　）

8.夯实创新基础就是要蛮干、坐论创新。（　　）

9.维护国家安全与大学生无关。（　　）

10.新时代的大学生要将弘扬创新精神贯穿于实践中、体现在行动上。（　　）

参考答案

第四章　明确价值要求　践行价值准则

【教学目标】

1.知识目标

掌握社会主义核心价值观的基本内容及其特征。

2.能力目标

引导学生正确认识社会主义核心价值观,能以社会主义核心价值观作为自己的行动指南。

3.素质目标

引导和帮助大学生充分认识青年价值取向的重要性,自觉把社会主义核心价值观作为自己的价值追求。

【教学重难点】

1.社会主义核心价值观的丰富内涵。

2.社会主义核心价值观的显著特征。

3.深刻理解社会主义核心价值观理论。

4.社会主义核心价值观自信从何而来。

【教学思路】

本章以培养担当民族大任的时代新人为着眼点,集中进行社会主义核心价值观教育,从价值维度对中国特色社会主义本质属性进行阐述。

【思维导图】

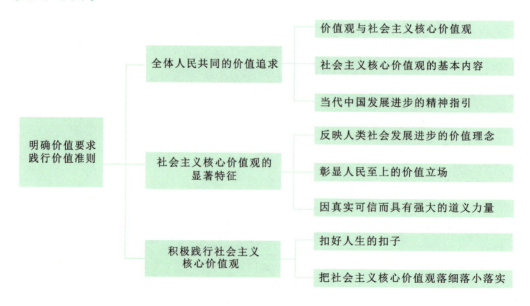

第一节　教学设计篇

一、全体人民共同的价值追求

"全体人民共同的价值追求"主要阐述价值观、核心价值观、社会主义核心价值观的概念,社会主义核心价值观的基本内容以及社会主义核心价值观的重大意义。这一节教学重点应突出 24 字社会主义核心价值观的内涵,帮助学生分三个层面掌握社会主义核心价值观的核心要义。同时,让学生明确培育和践行社会主义核心价值观是当代中国进步的精神指引,意义重大。

教学环节	教师活动	学生活动	资源手段	设计意图
导入新课	通过中西方面对疫情的不同态度,重点强调,面对疫情中国之所以不同,是因为我们固守的核心价值观不同。引发学生思考:什么是核心价值观?作为中国人,你觉得核心价值观有什么用?然后,着重讲述核心价值观的重要性,由此导入本节教学	回答教师提问	职教云、视频资料	引起学生的学习兴趣,促使学生对社会主义核心价值观进行思考
讲授新课	教学内容 1.价值观与社会主义核心价值观			
	首先,介绍什么是价值、价值观与核心价值观,强调核心价值观的重要性。然后,具体讲解什么是社会主义核心价值观,并在此基础上详细阐明社会主义核心价值观和社会主义核心价值体系的辩证关系	理论学习	音频资料	使学生明确价值观、核心价值观、社会主义核心价值观的概念,了解社会主义核心价值观和社会主义核心价值体系的关系
	教学内容 2.社会主义核心价值观的基本内容			
	结合图片、案例、视频等素材分三个层面详细讲述社会主义核心价值观的基本内容。明确社会主义核心价值观所倡导的富强、民主、文明、和谐、自由、平等、公正、法治、爱国、敬业、诚信、友善的丰富内涵	职教云讨论、作业	案例、视频资料	使学生对社会主义核心价值观的基本内容有一个全面的认识

续表

教学环节	教师活动	学生活动	资源手段	设计意图
教学内容3.当代中国发展进步的精神指引				
讲授新课	此部分内容主要是讲清楚培育和践行社会主义核心价值观的意义,即社会主义核心价值观是坚持和发展中国特色社会主义的价值遵循、提高国家文化软实力的迫切要求、推进社会团结奋进的"最大公约数"。尤其是2018年3月,十三届全国人大一次会议通过宪法修正案,把国家倡导社会主义核心价值观正式写入宪法,进一步凸显了社会主义核心价值观的重大意义	理论学习、讨论	案例资料	使学生认识到培育和践行社会主义核心价值观意义重大而深远
课堂小结	教师呈现本节课教学小结的内容,使学生认识到,社会主义核心价值观是当代中国精神的集中体现,是中国特色社会主义道路、理论、制度、文化的价值表达,凝结着全体人民共同的价值追求。青年大学生要深刻理解社会主义核心价值观的基本内容和重大意义			
课后作业	设计"你会怎样表达对社会主义核心价值观的喜爱"的具体方案,并在职教云上分享			

二、社会主义核心价值观的显著特征

"社会主义核心价值观的显著特征"主要讲述社会主义核心价值观彰显出的独特而强大的价值观优势,即反映人类社会发展进步的价值理念、彰显人民至上的价值立场、因真实可信而具有强大的道义力量。

教学环节	教师活动	学生活动	资源手段	设计意图
导入新课	通过案例《为何中国政府肯下血本在西方国家绝不做的"亏本买卖"上?》引发学生思考,然后,强调这些项目都是由中国的国有企业来承担的。它们做这些项目是赔钱的,但是能给中国的老百姓带来巨大的社会经济利益,"下血本"在西方国家做不到的"亏本买卖"上,都是"中国特色社会主义"在发挥优势。以此导入本节教学	职教云讨论	案例	引起学生的学习兴趣,促使学生对坚定价值观自信进行思考
教学内容1.反映人类社会发展进步的价值理念				
讲授新课	教师可结合丰富的图片素材和相关案例,详细讲述社会主义核心价值观具有超越以往一切社会核心价值观的先进性,它集中体现了社会主义的本质属性,扎根于中华优秀传统文化的土壤,吸收借鉴了一切人类优秀文化的先进价值,是反映人类社会发展进步的价值理念	理论学习、回答问题	案例、图片	使学生深刻领会社会主义核心价值观是反映人类社会发展进步的价值理念

续表

教学环节	教师活动	学生活动	资源手段	设计意图
讲授新课	教学内容 2.彰显人民至上的价值立场			
	首先,通过播放视频《一百年,一切为了人民》,强调人民是我们党执政的最深厚基础和最大底气,人民立场是社会主义核心价值观的根本立场,社会主义核心价值观坚持人民历史主体地位,代表最广大人民的根本利益,反映最广大人民的价值诉求。然后,以新冠肺炎疫情中坚持人民至上、生命至上的价值导向为例,强调鲜明的人民性使得社会主义核心价值观具有强大的感召力	职教云讨论	视频	使学生认识到社会主义核心价值观彰显人民至上的价值立场
	教学内容 3.因真实可信而具有强大的道义力量			
	本部分主要讲解社会主义核心价值观与以往价值观的一个重要区别在于其真实性。以民主选举制度为例,通过对比中国特色社会主义民主和西方民主制度,让学生明确中国的民主制度是用来解决人民需要解决的问题的。在此基础上,引导学生认清西方"普世价"的实质。最后,教师强调中国共产党、中华人民共和国、中华民族是最有理由自信的,并要求学生坚定社会主义核心价值观自信	理论学习、回答问题	案例、图片	使学生理解社会主义核心价值观强大的道义力量
课堂小结	教师呈现本节课教学小结的内容,使学生认识到,社会主义核心价值观体现了社会意识形态的本质要求,以其先进性、人民性和真实性站在人类道义制高点上,充分彰显独特而强大的价值观优势			
课后作业	创编"我心中的核心价值观"			

三、积极践行社会主义核心价值观

"积极践行社会主义核心价值观"主要阐明青年大学生应该如何培育和践行社会主义核心价值观。建议教师在讲授过程中重点强调践行社会主义核心价值观对于实现中华民族伟大复兴、引导大学生顺利成才的重大意义,使学生对社会主义核心价值观加深认识和理解,并增强践行的自觉性和主动性。

教学环节	教师活动	学生活动	资源手段	设计意图
导入新课	通过引用2014年5月4日习近平总书记在北京大学师生座谈会上的讲话,提出"为什么要对青年讲述社会主义核心价值观?"这个问题,阐明社会主义核心价值观的重要性,以此导入本节教学	在职教云APP上回答问题	音频	引起学生的学习兴趣,促使学生对如何践行社会主义核心价值观进行思考
讲授新课	教学内容1.扣好人生的扣子			
	本部分内容主要是讲清楚大学生树立正确价值观的重要性。教师先通过案例《"堪当大任"彰显最持久最深层的中国力量》强调人生的扣子从一开始就要扣好,正确的价值观能够引导大学生把人生价值追求融入国家和民族事业,努力成为中国特色社会主义事业的合格建设者和可靠接班人。然后,要求大学生努力把核心价值观的要求变成日常的行为准则,形成自觉奉行的信念理念,并身体力行将其推广到全社会去	头脑风暴	视频、案例	使学生了解正确价值观引领的重要性
	教学内容2.把社会主义核心价值观落细落小落实			
	首先,通过播放视频,让学生明确要切实做到勤学、修德、明辨、笃实,使社会主义核心价值观成为一言一行的基本遵循。然后,教师结合图片、案例等素材对勤学、修德、明辨、笃实进行具体讲解,要求新时代大学生努力掌握马克思主义理论,深化对社会主义核心价值观的认知认同,将社会主义核心价值观转化为人生的价值准则,把所学知识内化于心,努力掌握为祖国、为人民服务的真才实学	讨论、头脑风暴	图片、案例、视频	使学生认识到在培育和弘扬社会主义核心价值观的过程中要切实做到勤学、修德、明辨、笃实

续表

教学环节	教师活动	学生活动	资源手段	设计意图
课堂小结	教师呈现本章教学小结的内容,使学生认识到,社会主义核心价值观是当代中国精神的集中体现,是中国特色社会主义道路、理论、制度、文化的价值表达,凝结着全体人民共同的价值追求。社会主义核心价值观体现了社会意识形态的本质要求,以其先进性、人民性和真实性站在人类道义制高点上,充分彰显独特而强大的价值观优势。青年大学生要按照践行和弘扬社会主义核心价值观的具体要求和努力方向,从一开始就把人生的扣子扣好,在落细、落小、落实社会主义核心价值观下功夫,切实做到勤学、修德、明辨、笃实,使社会主义核心价值观成为日常的行为准则,并身体力行将其推广到全社会去			
课后作业	请学生思考并回答"你会怎样表达对社会主义核心价值观的喜爱?",给出具体方案,并将成果上交给任课教师			

第二节 学习辅导篇

一、社会主义核心价值观的发展历程

党的十八大提出,要倡导富强、民主、文明、和谐,倡导自由、平等、公正、法治,倡导爱国、敬业、诚信、友善,积极培育和践行社会主义核心价值观。这是中国共产党凝聚全党全社会价值共识作出的重要论断。社会主义核心价值观的提出,鲜明确立了当代中国的核心价值理念,生动展现了中国共产党和中华民族高度的价值自觉与价值自信。

精讲理论

社会主义核心价值观的发展形成,经历了一个长期探索的过程。中国共产党培育和践行社会主义核心价值观的发展轨迹,经历了新民主主义革命时期、社会主义建设时期和改革开放时期三个阶段。

1. 新民主主义革命时期核心价值观的发展

"社会主义"作为我国新民主主义革命的目标,其价值观念和理想追求,必然贯穿于新民主主义始终。在一定意义上,"社会主义"必然成为我国新民主主义革命时期培育和践行核心价值观的主体内容。

我们党建立之初,就提出反对压迫、反对剥削、反对专制,建立一个"独立、自由、民主、统一和富强的新中国"的新民主主义纲领。这是新民主主义时期核心价值观的最集中的表达。为了实现党的最高纲领,党的二大提出在当时历史条件下的最低纲领:消除内乱,打倒军阀,建设国内和平;推翻国际帝国主义的压迫,达到中华民族完全独立;统一中国为真正的民主共和国。毛泽东提出了"建立一个独立、自由、民主、统一和富强的新中国"的新民主主义纲领,深刻、集中、高度地体现了近代以来中华民族面临的两大历史任务,针对性强,价值指向明确,是新民主义

时期核心价值观的最集中的表达。

马克思主义及其中国化理论体系是新民主主义时期培育核心价值观的指导思想和理论基石。我们党成立以后,运用马克思列宁主义的基本原理,具体分析了中国民主革命的时代背景、中国社会的性质和各阶级的状况,解决了中国革命的性质、对象、领导、动力以及中国革命的道路问题,取得了新民主主义革命的胜利。我们党经过对"什么是马克思主义、怎样坚持马克思主义"的艰辛探索,最终确立了马克思主义的指导地位。

"为人民服务"是新民主主义革命时期核心价值观的根本内容和精神动力。1944年9月8日,毛泽东在张思德烈士追悼会上作了《为人民服务》的讲演,第一次从理论上深刻阐明了为人民服务的思想。毛泽东说,我们的共产党和共产党所领导的队伍,是为着解放人民的,是彻底地为人民的利益工作的。"为人民服务"的根本宗旨和价值取向,为整个新民主主义革命提供了强大的精神动力。

推翻"三座大山"、最终建立社会主义是新民主主义革命的目标和核心价值观的实践主题。整个新民主主义革命的历史任务,就是推翻帝国主义、官僚资本主义和封建主义"三座大山",中国共产党领导中国人民进行新民主主义革命的目的是最终走向社会主义,建立人民共和国。

抗日战争时期,毛泽东写下了《纪念白求恩》《为人民服务》等光辉著作,号召共产党员加强共产主义道德修养;在党的七届二中全会上,我们党提出要继续保持谦虚谨慎、不骄不躁的优良传统和艰苦奋斗的优良作风。

2.社会主义建设时期核心价值观的发展

新中国的建立,标志着我们党胜利地完成了国家独立、民族解放第一大历史任务。之后,我们党开始了从新民主主义革命向社会主义建设的伟大历史转变。社会主义基本政治制度、基本经济制度的确立和以马克思主义为指导思想的社会主义意识形态的确立,为社会主义核心价值体系建设奠定了政治前提、物质基础和文化条件。

马克思列宁主义、毛泽东思想得到广泛深入传播。党只有把马克思列宁主义、毛泽东思想作为行动指南,才能认识和掌握事物的发展规律,才能树立坚定的信念和必胜的信心,始终站在革命运动和建设事业的前头,带领工人阶级和广大人民群众建设有中国特色的社会主义,完成社会主义初级阶段的历史任务,并最终实现共产主义。

面对旧中国的贫穷落后和一穷二白,我们党把走向繁荣富强作为国家建设的最主要目标,在社会主义工业化基础上,我们党于1964年12月提出了建设"四个现代化"的社会主义强国的宏伟战略目标,成为一面动员、凝聚、鼓舞全党全国各族人民团结奋斗的伟大精神旗帜。

我们党广泛开展了以爱国主义、社会主义、集体主义和为人民服务为主要内容的社会主义思想道德建设。在全社会道德领域除旧布新,涌现出了雷锋、王进喜、焦裕禄等一批社会主义道德的先进典型,在全国形成了爱祖国、爱人民、爱劳动、爱科学、爱社会主义和服从大局、艰苦奋斗、廉洁奉公等优良社会风气。

从新中国建立至改革开放前,我们党带领全国人民展开了全面建设社会主义的伟大实践,建立了比较完整的工业体系和国民经济体系,"两弹一星"事业取得了举世瞩目的成就;培育了独立自主、自力更生、不怕困难、勇于攀登的精神品质,培育了雷锋精神、"两弹一星"精神、红旗渠精神等民族精神和时代精神的典范。

3.改革开放时期核心价值观的发展

改革开放以来,我国社会主义意识形态建设不断进行新的探索,提出了从建设社会主义核心价值体系到以"三个倡导"为内容,积极培育和践行社会主义核心价值观的重要论断和战略任务。

坚持马克思主义最新理论成果的指导思想和中国特色社会主义的共同理想。坚持把马克思主义与改革开放和我国社会主义建设伟大实践相结合,科学继承了毛泽东思想,创立了邓小平理论、"三个代表"重要思想、科学发展观等马克思主义中国化最新成果,马克思主义在意识形态领域的指导地位不断巩固。

提出社会主义道德建设的价值目标和价值规范,同时提出"四有"人才的价值理念。2001年9月,中共中央印发《公民道德建设实施纲要》,提出社会主义道德建设的价值目标和价值规范:要坚持以为人民服务为核心,以集体主义为原则,以爱祖国、爱人民、爱劳动、爱科学、爱社会主义为基本要求,以社会公德、职业道德、家庭美德为着力点。在全社会大力倡导"爱国守法、明礼诚信、团结友善、勤俭自强、敬业奉献"的基本道德规范,努力提高公民道德素质,促进人的全面发展,培养一代又一代有理想、有道德、有文化、有纪律的社会主义公民。

建立社会主义核心价值体系,为我国价值工程建设搭建了"四梁八柱"。在社会主义核心价值体系中,马克思主义中国化的最新成果是社会主义核心价值体系的灵魂;中国特色社会主义共同理想是社会主义核心价值体系的主题;以爱国主义为核心的民族精神和以改革创新为核心的时代精神是社会主义核心价值体系的精髓;社会主义荣辱观是社会主义核心价值体系的基础。这四个方面的内容为我国价值工程建设搭建了"四梁八柱"。

提炼出"三个倡导"的社会主义核心价值观。2012年11月,中共十八大报告明确提出"三个倡导",即"倡导富强、民主、文明、和谐,倡导自由、平等、公正、法治,倡导爱国、敬业、诚信、友善",这是对社会主义核心价值观的最新概括。这24字价值观是社会主义核心价值体系这个核心中的核心,分为国家、社会和公民个人三个层面。

2013年12月,中共中央办公厅印发《关于培育和践行社会主义核心价值观的意见》,明确提出,以"三个倡导"为基本内容的社会主义核心价值观,与中国特色社会主义发展要求相契合,与中华优秀传统文化和人类文明优秀成果相承接,是我们党凝聚全党全社会价值共识作出的重要论断。

精选案例

面前是漫天山火,身后是万家灯火

这个世界上有一种英雄主义,叫作"明知山有火,偏向火山行"。这片土地有一种千古传承,叫作"赴汤蹈火"。

有一张图,一边是赤黄的山火炎炎,一边是绵延不绝的冰蓝色头灯,这不是欧美大片的海报,而是现实中国一隅的殊死对抗,救援人员顶着夜色与酷热,以肉体凡胎面对自然的浩劫,谱写了属于中国的"冰与火之歌"。

同样让每一个国人都异常感动的,还有与消防员并肩作战的山城子民。由许多"90后""00后"组成的"摩托大军",浩浩荡荡地在山里走千骑,为前线的消防战士送上物资。山里每走一段路,都有成堆的矿泉水和补给品,都是摩托仔们一车车拉上来的。本着"不走空趟"的精神,下山

时摩托大军还会捎上消防员,被网友称为山火救援现场最热血的组合。一位"00后"志愿者3天4夜只睡了16个小时,却因为一句"重庆崽儿特别棒"的夸赞,如同打了鸡血一般不肯后退。一位"女娃儿"在被告知不让上山后,换了一个志愿点,戴起头盔、藏起头发,终于如愿以偿。

我们无比尊重那些"逆行者",但当个个奋勇、人人逆行时,逆行便成为顺势的大潮。我们也许会用英雄和凡人来做区分,可英雄本就是凡人,有时往前一步就成了英雄,人人往前一步,人人都是英雄。

2022年8月26日8时30分,经过大家齐心协力,重庆森林火灾各处明火已全部扑灭,全面转入清理看守阶段。此次救援的最大成就是无人员伤亡和无重要设施损失。看着那轮缓缓上升的朝日,救援现场"胜利啦"的欢呼声响彻山麓。大自然有其残酷、凶狠的一面,可在人性光辉和英雄气概的面前,敬畏与无畏是可以并行的。

甘肃、云南、四川等地森林消防救援人员紧急赶赴现场联合作战;自发的志愿者肩挑背扛把冰水送给一线消防员;餐厅的老板娘给救援队准备送餐时在厨房不停吆喝"肉多装点";加油站免费为"摩托大军"加油;摩托车店主免费外借价格不菲的越野摩托车用于救灾;还有出租车司机拒收志愿者车费……正是这全民以守家护园为己任、一方有难八方支援的精神,写就了一段段英雄的故事,这英雄气,铸就了最坚实的防火墙。

从两年前江城的"武汉伢",到如今山城的"重庆崽儿",普罗大众用自己的侠肝义胆和奉献精神,一同守卫着祖国的大好河山,一同谱写着当代的英雄气概。两年前,武汉挺过封城,彼此相约"来年春天,一起赏樱",当下重庆灭了山火,彼此相约"明年春天,上山种树"。

(资料来源:青年报 2022-08-29)

案例点评

面对肆虐的山火,森林消防救援队伍冲在一线、昼夜鏖战,一次次挺身而出、一场场连续奋战,构筑起万众一心抵御火灾的牢固防线。从他们身上,我们看到顽强的意志、不服输的血性,看到保卫家园的赤子情怀。在危难关头和紧急时刻,每一个普通人内心迸发出的家国情怀,是中国人最朴素而深沉、最广泛而强大的情感,也是我们代代传承、赓续绵延的精神传统。这种蕴含于人民之中的打不垮、压不倒的英雄气概,构成了我们战胜一切艰难险阻的底气。

经典阅读

习近平关于社会主义核心价值观的十个基本思路

在习近平总书记治国理政思想体系中,关于培育和践行社会主义核心价值观思想是一个重要方面。认真学习习近平总书记关于社会主义核心价值观的一系列重要论述,正确把握他关于培育和践行社会主义核心价值观的基本思路,对进一步推进新时期社会主义核心价值观建设、提升中国文化软实力、建设社会主义文化强国,具有十分重要的现实意义和深远的历史意义。

习近平关于培育践行社会主义核心价值观的思想内涵丰富,博大精深。在这里我们将其概括归纳为十个方面的基本思路。

1.重要意义论

培育和践行社会主义核心价值观,是我们党立足推进中国特色社会主义伟大事业、实现中华民族伟大复兴中国梦的全局作出的重大决策。习近平在视察北京大学同师生座谈时指出:

"我国是一个有着13亿多人口、56个民族的大国,确立反映全国各族人民共同认同的价值观'最大公约数',使全体人民同心同德、团结奋进,关乎国家前途命运,关乎人民幸福安康",为此他强调必须"把培育和弘扬社会主义核心价值观作为凝魂聚气、强基固本的基础工程"。

以"三个倡导"为主要内容的社会主义核心价值观是马克思主义道德价值理论中国化的重要成果,积极培育和践行社会主义核心价值观,是用马克思主义中国化理论成果武装全党、教育人民的重要内容,是加强党的意识形态工作、推进社会主义精神文明建设的重要举措,尤其是在当前社会群体思想多样和价值多元的条件下,积极培育和践行社会主义核心价值观对促进国家主流价值观的形成和凝聚全党全国人民团结奋斗的共同思想基础具有重要作用。

2. 重要地位论

习近平在中央政治局第十三次集体学习时指出:"核心价值观是文化软实力的灵魂、文化软实力建设的重点。这是决定文化性质和方向的最深层次要素。一个国家的文化软实力,从根本上说,取决于其核心价值观的生命力、凝聚力、感召力。"培育和弘扬核心价值观,有效整合社会意识,是社会系统得以正常运转、社会秩序得以有效维护的重要途径,也是国家治理体系和治理能力的重要方面。

建设中国特色社会主义、实现中华民族伟大复兴的中国梦,既包括发展物质文明这一"硬实力",同时也包括发展精神文明这一"软实力"。当今世界,文化软实力越来越成为民族凝聚力和创造力的重要源泉,越来越成为综合国力和国际竞争力的重要因素。谁拥有强大的文化软实力,谁就能够在激烈的国际竞争中赢得主动。文化软实力包含的内容很多,如文化传统、价值观念、民族素质、国民精神等,核心价值观是文化软实力的"基本内核",离开这个"基本内核",文化软实力就等于失去了灵魂。

3. 基本内容论

社会主义核心价值观的基本内容是党的十八大首次提出来的,十八大报告明确指出,倡导富强、民主、文明、和谐,倡导自由、平等、公正、法治,倡导爱国、敬业、诚信、友善,积极培育和践行社会主义核心价值观。中共中央办公厅印发的《关于培育和践行社会主义核心价值观的意见》明确指出:"富强、民主、文明、和谐是国家层面的价值目标,自由、平等、公正、法治是社会层面的价值取向,爱国、敬业、诚信、友善是公民个人层面的价值准则,这24个字是社会主义核心价值观的基本内容,为培育和践行社会主义核心价值观提供了基本遵循。"以"三个倡导"为基本内容的社会主义核心价值观,与中国特色社会主义发展要求相契合,与中华优秀传统文化和人类文明优秀成果相承接,是我们党凝聚全党全社会价值共识作出的重要论断,它回答了我们要建设什么样的国家、建设什么样的社会、培育什么样的公民的重大问题。

4. 思想渊源论

中华文化源远流长,积淀着中华民族最深层的精神追求,代表着中华民族独特的精神标识。习近平强调指出,培育和弘扬社会主义核心价值观必须立足中华优秀传统文化。要认真汲取中华优秀传统文化的思想精华和道德精髓,大力弘扬以爱国主义为核心的民族精神和以改革创新为核心的时代精神,深入挖掘和阐发中华优秀传统文化讲仁爱、重民本、守诚信、崇正义、尚和合、求大同的时代价值,使中华优秀传统文化成为涵养社会主义核心价值观的重要源泉。

今天我们提倡和弘扬社会主义核心价值观,必须从中华优秀传统文化和传统价值观中汲取丰富营养,否则就不会有生命力和影响力。因为中华优秀传统文化已经成为中华民族的基因,植根在中国人内心,并潜移默化地影响着中国人的思想方式和行为方式。中华文化强调"天行健,君子以自强不息""大道之行也,天下为公";强调"民惟邦本""天人合一""和而不同";强调"天下兴亡,匹夫有责";强调"君子喻于义""君子坦荡荡";强调"言必信,行必果""人而无信,不知其可也";强调"仁者爱人""与人为善""己所不欲,勿施于人""老吾老以及人之老,幼吾幼以及人之幼";强调"扶贫济困";等等。像这样的思想和理念,不论过去还是现在,都有其永不褪色的时代价值。对这些优秀传统文化和价值理念,我们须坚持古为今用、推陈出新的原则,有鉴别地加以对待,有扬弃地予以继承,并结合中国特色社会主义伟大实践,实现其创造性转化和创新性发展。

5. 培育目标论

习近平在中央政治局第十三次集体学习时强调:"要通过教育引导、舆论宣传、文化熏陶、实践养成、制度保障等,使社会主义核心价值观内化为人们的精神追求,外化为人们的自觉行动"。在这里,他指明了培育社会主义核心价值观的重要目标和主要目的。核心价值观是人们的精神支柱,也是行动向导。要振奋起人们的精气神、增强全民族的精神纽带,就必须积极培育社会主义核心价值观,铸就自立于世界民族之林的中国精神。在当今中国,要想实现"两个一百年"的奋斗目标,实现中华民族伟大复兴的中国梦,必须构建全体国民广泛的价值共识和共同的价值追求,通过把社会主义核心价值观"内化于心,外化于行",来不断巩固全党全国各族人民团结奋斗的共同思想基础,凝聚起实现中华民族伟大复兴中国梦的强大精神力量。

6. 培育原则论

培育和践行社会主义核心价值观,还要自觉遵循和把握一条重要原则,那就是习近平所指出的,必须注意把我们所提倡的核心价值观与人们的日常生活紧密联系起来,在落细、落小、落实上下功夫。中共中央办公厅印发的《关于培育和践行社会主义核心价值观的意见》强调指出:要"坚持联系实际,区分层次和对象,加强分类指导,找准与人们思想的共鸣点、与群众利益的交汇点,做到贴近性、对象化、接地气"。这需要把核心价值观融入各行各业的实际工作,形成一种使各行各业工作与核心价值观建设同频共振、同向同行的强大正效应;把核心价值观融入人民群众的日常生活,使核心价值观宣传教育达到"百姓日用而不知"的效果;把核心价值观融入政策制度、法律法规的制定实施过程中,充分发挥政策、法规的导向和约束作用,形成真正有利于培育和践行社会主义核心价值观的政策支持和法律保障。

7. 培育重点论

培育社会主义核心价值观是全社会的共同责任,需要全体社会成员的广泛参与。但是从培育重点和难点的角度来说,必须抓住两个重点群体:一是党员干部群体。干部是群众的领头羊,干部带了头群众才能有劲头。广大党员干部特别是领导干部必须在培育和践行社会主义核心价值观方面以身作则、率先垂范,以自己的模范行动和人格力量去感召群众、引领风尚。二是广大青少年群体。习近平指出:"青年的价值取向决定了未来整个社会的价值取向,而青年又处在价值观形成和确立的时期,抓好这一时期的价值观养成十分重要。"为此,培育社会主义核心价值观须从小抓起、从学校抓起,切实把社会主义核心价值观纳入国民教育总体规划,形成家庭、社会与学校携手育人的强大合力。

8. 培育载体论

培育和践行社会主义核心价值观必须有针对性地设计载体、搭建平台,不断提高工作的吸引力和实效性。一是运用先进典型宣传。常言说得好:榜样的力量是无穷的。这些年,重大典型、道德楷模、最美人物、身边好人等宣传产生了非常好的效果,尤其是中央电视台连续十多年开展的"感动中国人物年度评选"活动,在全社会产生了极大反响,形成了良好的社会影响。二是运用电影、电视、戏曲等文艺表现形式,充分发挥好文化、文艺的教育功能,推出更多更好的优秀文艺作品,开展丰富多彩的价值观教育主题文化活动。三是通过建立和规范一些礼仪制度,开展有庄严感的典礼,如升国旗仪式、成人仪式、入党入团入队入学仪式等,同时利用重大纪念日、祭奠日、民族传统节日等开展有教育意义的纪念活动,通过这些有效载体弘扬主流价值观念,传递社会正能量。四是发挥好公益广告宣传的作用,实践证明这也是传播社会主义核心价值观的一种有效载体,具有很好的传播力和感染力。五是充分运用现代技术手段,充分运用微博、微信、微视、微电影等方式,根据"微时代"媒体传播的新特点,努力在"微"字上下功夫,不断扩大社会主义核心价值观网上传播和宣传力度。

9.培育方法论

培育和践行社会主义核心价值观还必须结合新的社会实际不断创新方式方法。一是宣传引导方法,即通过新闻媒体的新闻报道、访谈节目、专题节目等多种途径,把社会主义核心价值观的基本要求贯穿到日常形势宣传、成就宣传、主题宣传、典型宣传之中,以此引领社会舆论取向;二是活动引领方法,即通过学雷锋志愿服务活动、群众性精神文明创建活动等多种活动形式,积极推进文明城市、文明村镇、文明单位、文明家庭等创建活动,不断提升公民文明素质和社会文明程度;三是以文化人方法,即习近平说的"努力用中华民族创造的一切精神财富来以文化人、以文育人",通过强化对优秀传统文化思想价值的挖掘,使中华优秀传统文化发挥其怡情养志、涵育文明的作用,成为涵养社会主义核心价值观的重要源泉。

10.培育环境论

培育和践行社会主义核心价值观需要营造一种良好的社会氛围和环境。习近平总书记指出:"要利用各种时机和场合,形成有利于培育和弘扬社会主义核心价值观的生活情景和社会氛围,使核心价值观的影响像空气一样无所不在、无时不有。"为了实现这一目标,要构建好有利于弘扬社会主义核心价值观的良好政策导向,确保我们出台的各项经济社会政策和重大改革措施都符合社会主义核心价值观的要求;充分发挥法律的规范、引导、保障和促进作用,注重把社会主义核心价值观的相关要求上升为具体法律规定,形成有利于培育和践行社会主义核心价值观的良好法治环境;把践行社会主义核心价值观融入制度建设和治理实践中,努力形成科学有效的诉求表达机制、利益协调机制和权益保障机制,最大限度地完善激励机制,褒奖善行义举,使整个社会形成激浊扬清、抑恶扬善的道德风尚,形成扶正祛邪、公平正义的良好风气,引导全体公民自觉做良好道德风尚的建设者,做社会文明进步的推动者。

(资料来源:人民网 2015-04-07)

二、社会主义核心价值观的基本内涵

党的十八大报告强调指出:"倡导富强、民主、文明、和谐,倡导自由、平等、公正、法治,倡导爱国、敬业、诚信、友善,积极培育和践行社会主义核心价值观。"这一论述明确了社会主义核心价值观的基本理念和具体内容,指出了社会主义核心价值体系建设的现实着力点,是对社会主义核心价值体系建设的新部署、新要求。正确理解社会主义核心价值观的内涵,深刻把握积极培育和践行社会主义核心价值观的重要性,对于推进社会主义核心价值体系建设,用社会主义核心价值体系引领社会思潮、凝聚社会共识,具有重要的理论意义和实践意义。

核心价值观是社会核心价值体系基本理念的统一体,直接反映核心价值体系的本质规定性,贯穿于社会核心价值体系基本内容的各个方面。社会主义核心价值观是社会主义核心价值体系最深层的精神内核,是现阶段全国人民对社会主义核心价值观具体内容的"最大公约数"的表述,具有强大的感召力、凝聚力和引导力。党的十八大报告关于社会主义核心价值观的表述,对社会主义核心价值体系基本内容进行了凝练,是重要理论创新成果。

1.国家层面

"富强、民主、文明、和谐",是我国社会主义现代化国家的建设目标,也是从价值目标层面对社会主义核心价值观基本理念的凝练,在社会主义核心价值观中居于最高层次,对其他层次的价值理念具有统领作用。富强即国富民强,是社会主义现代化国家经济建设的应然状态,是中华民族梦寐以求的美好夙愿,也是国家繁荣昌盛、人民幸福安康的物质基础。民主是人类社会的美好诉求。我们追求的民主是人民民主,其实质和核心是人民当家作主。它是社会主义的生命,也是创造人民美好幸福生活的政治保障。文明是社会进步的重要标志,也是社会主义现代化国家的重要特征。它是社会主义现代化国家文化建设的应有状态,是对面向现代化、面向世界、面向未来的,民族的科学的大众的社会主义文化的概括,是实现中华民族伟大复兴的重要支撑。和谐是中国传统文化的基本理念,集中体现了学有所教、劳有所得、病有所医、老有所养、住有所居的生动局面。它是社会主义现代化国家在社会建设领域的价值诉求,是经济社会和谐稳定、持续健康发展的重要保证。

2.社会层面

"自由、平等、公正、法治",是对美好社会的生动表述,也是从社会层面对社会主义核心价值观基本理念的凝练。它反映了中国特色社会主义的基本属性,是我们党矢志不渝、长期实践的核心价值理念。自由是指人的意志自由、存在和发展自由,是人类社会的美好向往,也是马克思主义追求的社会价值目标。平等指的是公民在法律面前一律平等,其价值取向是不断实现实质平等。它要求尊重和保障人权,人人依法享有平等参与、平等发展的权利。公正即社会公平和正义,它以人的解放、人的自由平等权利的获得为前提,是国家、社会应然的根本价值理念。法治是治国理政的基本方式,依法治国是社会主义民主政治的基本要求。它通过法治建设来维护和保障公民的根本利益,是实现自由平等、公平正义的制度保证。

3.个人层面

"爱国、敬业、诚信、友善",是公民基本道德规范,是从个人行为层面对社会主义核心价值观基本理念的凝练。它覆盖社会道德生活的各个领域,是公民必须恪守的基本道德准则,也是评价公民道德行为选择的基本价值标准。爱国是基于个人对自己祖国依赖关系的深厚情感,也是调节个人与祖国关系的行为准则。它同社会主义紧密结合在一起,要求人们以振兴中华为己任,促进民族团结、维护祖国统一、自觉报效祖国。敬业是对公民职业行为准则的价值评价,要求公民忠于职守,克己奉公,服务人民,服务社会,充分体现了社会主义职业精神。诚信即诚实守信,是人类社会千百年传承下来的道德传统,也是社会主义道德建设的重点内容,它强调诚实劳动、信守承诺、诚恳待人。友善强调公民之间应互相尊重、互相关心、互相帮助,和睦友好,努力形成社会主义的新型人际关系。

精选案例

张定宇:以"渐冻之躯"铸起战疫铜墙铁壁

2019年底,一场突如其来的新冠肺炎疫情在湖北武汉肆虐开来。

12月29日,首批患者转入武汉市金银潭医院,这家传染病专科医院一时间成为"离炮火最近的战场"。

时任金银潭医院院长的张定宇面临着前所未有的挑战。医院门口排着渴望生命的长队,医院内医疗物资告急,连轴转的医护人员也都累得精疲力竭。"还要继续收病人吗?"张定宇的心里做着激烈的斗争。

"多收治一个病人,就是多帮助一个家庭。"他下定决心,"作为一名共产党员、医院院长、一名医生,无论哪个身份,在这危急时刻,都没理由后退半步,必须坚决冲上去!"

这一冲便很难停下来。迅速隔离病患、开辟专门病区、完成清洁消毒、紧急调配设备物资人员……那段时间,张定宇每天都要忙到凌晨,好几个夜晚,凌晨两点刚躺下,四五点又起来继续工作。

就在他日夜忙碌在抗疫一线时,同为医务人员的妻子程琳确诊,在另一家医院的重症监护病房治疗。铮铮铁汉因没顾得上妻子的安危,眼泪忍不住往下淌:"很内疚,我也许是好医生,但不是好丈夫。"

在与病毒较量的同时,张定宇还要与自己身体的病痛做斗争。早在2018年,他确诊患上渐冻症,双腿萎缩。高强度的工作让他的身体亮起了红灯,他踩着高低不平的脚步、拖着"渐冻"之躯在医院来回穿梭,有几次差一点摔倒。

"搞快点,搞快点,这个事情一哈(一下)都等不得,马上就搞!"即便腿脚不利索,张定宇还是忍着疼痛靠前指挥。在这场抗疫中,他率领金银潭医院600多名医护,在援鄂医疗队的帮助下,救治了2800余名患者,其中不少为重症、危重症患者。

"身体状况都这样了,为何还这么拼?"面对别人的不解,张定宇回应:"我必须跑得更快,才能跑赢时间,把重要的事情做完。"

因为在疫情防控中的突出贡献,2020年9月,在全国抗击新冠肺炎疫情表彰大会上,张定宇被授予"人民英雄"勋章;2021年2月,身患绝症坚守抗疫一线的他入选"感动中国2020年度人物"。

(资料来源:光明网 2021-09-08,有删改)

案例点评

"多收治一个病人,就是多帮助一个家庭。""作为一名共产党员、医院院长、一名医生,无论哪个身份,在这危急时刻,都没理由后退半步,必须坚决冲上去!"在危难之际,张定宇奋勇向前,义无反顾,他心里想的是国家的安危、人民的安全以及作为医生的职责,唯独没有考虑他自己,这就是张定宇——一个爱国又敬业者的价值取向。为了解决医学难题,他决定捐赠遗体,把自己的一切全部奉献给祖国,献给他挚爱的医学事业。广大青年学生,培育和践行社会主义核心价值观,要以张定宇为榜样,向张定宇学习,向人民英雄张定宇致敬!

经典阅读

《人民日报》定义核心价值观 12 词

人生需要信仰驱动,社会需要共识引领,国家需要价值导航。24 字社会主义核心价值观,勾画的正是人生奋斗的梦想之舵、中华民族的精神之钙、当代中国的兴国之魂。

富强:国之脊梁

富强好比国之脊梁,挺起国家的腰杆,护卫民众的福祉。旧中国积贫积弱,备受列强欺凌,实现国家富强和人民富裕,成为近代以来中华儿女最强烈、最执着的愿望追求。

我们倡导的富强,是人民共同富裕和国家繁荣强盛的有机统一,是和平发展与共享共赢的崭新模式。"贫穷不是社会主义""两极分化也不是社会主义",社会主义的优越性不仅体现在最终能够创造比资本主义更发达的生产力,更体现在让发展成果更多更公平地惠及全体人民。"中国现在不称霸,将来强盛起来也永远不称霸。"我们追求的富强,不崇尚弱肉强食的丛林法则,不认同"国强必霸"的陈旧逻辑,而是希望与世界各国和睦相处、和谐发展,共谋和平、共享和平。

民主:国之经络

民主如同国之经络,疏通国家的肌体,协调政治的机能。作为一种政治实践、价值理念,人民民主是社会主义的生命,没有民主就没有社会主义,就没有社会主义现代化。

我们倡导的民主,是真实的民主,没有门槛,不受财产、地位、民族、性别、宗教等因素限制,使每个人都享有平等的政治权利;是广泛的民主,绝不以牺牲多数人利益为代价来保护少数人的利益,同时又尊重和照顾少数人,充分反映和协调各方面的意愿和利益;是高效的民主,既真切全面地反映人民意愿,又致力于尽快形成统一意志、统一行动,以解决实际问题;是丰富的民主,不仅有选举民主,还有协商民主、基层民主,保证人民依法实行民主选举、民主决策、民主管理、民主监督。

文明:国之大厦

文明就像国之大厦,凝结民族的追求,铸就国家的强盛。"观乎人文,以化成天下",正是薪火相传的文明火种,孕育了泱泱中华五千年文明古国。"国家是文明社会的概括。"文明折射国家发展的境界、社会进步的状态。

我们倡导的文明,是以道路选择、理论指引、制度建构,追求全方位的发展与进步。坚持以人为本的核心理念,让物质文明、政治文明、精神文明、生态文明和制度文明有机统一;坚持开放包容的创新姿态,将古今中外一切优秀文明成果兼收并蓄。既不推崇"西方文明至上论",也不搞"历史虚无主义";既不妄自尊大,也不妄自菲薄。

和谐:国之气血

和谐好比国之气血,为社会补给能量,给国家增强活力。天人合一、协和万邦、和而不同,和谐蕴含了中国人的生存智慧,体现着中国人的精神基因,也昭示着中国人的社会理想。

我们倡导的和谐,是人与人、人与社会、人与自然的有机统一。和谐的中国,是民主与法治相统一、公平与效率相统一、活力与秩序相统一、人与自然相统一的社会主义国家。和谐的中国,秉持世界持久的和平理想,心系人类繁荣的共同命运,担当永续发展的历史责任。

自由：社会活力之源

自由是社会活力之源，也是社会主义的价值理想。人的自由全面发展，是社会主义区别于其他社会形态的本质属性。

我们倡导的自由，不是少数人的、形式上的、虚伪的自由，而是绝大多数人的、实质上的、真实的自由；不是凌驾于社会利益之上的、绝对的个人自由，而是受到法律和规范制约、权利和义务对等的自由；不是超越发展阶段和现实承受能力的自由，而是与一定的经济社会发展条件相适应的自由。社会主义的自由，不只是追求物质生活的改善，更重要的是保证人民充分享有发展自我、实现自我的机会，使每个人都能人生出彩、梦想成真。

平等：社会和谐稳定压舱石

平等是社会和谐稳定的压舱石，它标注了调整社会关系的基本尺度。"王侯将相，宁有种乎？"在中国这样一个曾经有过几千年封建专制制度的社会，对平等的渴望和呼唤，是人心深处最为激越的力量。

我们倡导的平等，是兼顾效率与公平的平等，不是"不患寡而患不均"的绝对平均主义；是实实在在的平等，不是落在法律字面上的"形式上的平等"。要让人人都能公平行使社会权利、履行社会义务、分享社会成果，政治上平等参与、经济上共同富裕、文化上共建共享，同祖国和时代一起成长进步。

公正：捍卫权利的天平

公正是捍卫权利的天平，它是衡量社会发展的价值准绳。古往今来，人类追求的幸福生活，只能建立在公平正义的基础之上。社会主义正是在资本主义不公正的废墟上诞生的，公正作为社会主义社会的内在要求，集中体现着社会主义的制度优越性和道义感召力。

我们倡导的公正，不只是强调机会平等和程序正义的公正，而是兼顾结果正义，体现在社会生活各个领域、各个层次、各个方面的公正。社会主义社会的各项制度安排，是要将最广大人民的根本利益作为出发点和落脚点，在社会发展过程中尽最大努力实现人民的愿望、满足人民的需要、维护人民的根本利益。

法治：社会保障之盾

法治是社会保障之盾，也是现代政治文明的核心。只有当法治成为治国理政的基本方式，自由、平等、公正才会有安全的避风港。

我们倡导的法治，不是片面强调司法独立、推行三权分立，更不是对资本主义法治理念的照抄照搬，而是立足中国的社会现实和文化传统，坚持党的领导、人民当家作主、依法治国的有机统一。社会主义法治，不是广场上的雕塑、柜子里的花瓶，而是运用人民赋予的权力，体现人民意志、保护人民权益，让法治成为国家长治久安、社会安定有序、人民安居乐业的坚强柱石。

爱国：民族精神的核心

爱国是民族精神的核心，它建立起公民与祖国最牢固的情感纽带。"谁不属于自己的祖国，那么他也就不属于人类。"中华民族有着深厚的爱国主义传统。对祖国的忠诚和热爱，是每一个公民的起码道德，也是中华民族最深沉的文化基因。

我们倡导的爱国，就是把个人价值的实现同推动国家的繁荣发展对接，把人生意义的提升同增进最广大人民的福祉相连，不断加深对祖国悠久历史、灿烂文化的认同，不断增强做中国人的骨气和底气；就是让个人梦想与国家梦想紧密结合，把我们的国家建设好，把我们的民族发展好。

敬业:职业道德的灵魂

敬业是职业道德的灵魂,它为个人安身立命奠定基础,为社会发展进步注入活力。正是依靠敬业奉献,中华民族创造了灿烂的文明。敬业乐业的民族,必定是令人肃然起敬的民族;缺乏敬业精神的社会,难免被人诟病和轻蔑。

我们倡导的敬业,就是要增强事业心和责任感,追求崇高的职业理想,激发积极进取的奋斗热情,秉持认真负责的职业态度,锻造严谨细致的工作作风;就是要让敬业成为实现梦想的动力之源,以那么一股子干劲、拼劲、闯劲,续写中国奇迹,靠辛勤劳动、诚实劳动、创造性劳动,开创美好未来。

诚信:公民道德的基石

诚信是公民道德的基石,既是做人做事的道德底线,也是社会运行的基本条件。现代社会不仅是物质丰裕的社会,也应是诚信有序的社会;市场经济不仅是法治经济,也应是信用经济。"人而无信,不知其可也。"失去诚信,个人就会失去立身之本,社会就失去运行之轨。

我们倡导的诚信,就是要以诚待人、以信取人,说老实话、办老实事、做老实人。激发真诚的人格力量,以个人的遵信守诺,构建言行一致、诚信有序的社会;激活宝贵的无形资产,以良好的信用关系,营造"守信光荣、失信可耻"的风尚,增强社会的凝聚力和向心力。

友善:公民德行的光谱

友善是公民德行的光谱,它为人际关系注入正能量,为社会和谐提供润滑剂。现代社会与传统社会的显著区别,就是人与人的交往突破了血缘地域的限制,构建起一个"陌生人社会"。在这样的社会里,"人人为我、我为人人"的亲善、互助、友爱变得尤为珍贵。

我们倡导的友善,是爱心的外化,是与人为善、与物为善。善待亲人以构建和谐家庭关系,善待他人以构建和谐人际关系,善待万物以形成和谐自然生态。"己所不欲,勿施于人""四海之内皆兄弟",广聚爱心,乐善好施,让世界充满爱,是友善的理想境界。

(资料来源:人民资讯2021-10-29,有删改)

三、培育和践行社会主义核心价值观的重大意义

培育和践行社会主义核心价值观,是有效整合我国社会意识、凝聚社会价值共识、防范和化解社会矛盾、聚合磅礴之力的重大举措,是保证我国经济社会沿着正确的方向发展、实现中华民族伟大复兴的价值支撑,意义重大而深远。2018年3月,十三届全国人大一次会议通过宪法修正案,把国家倡导社会主义核心价值观正式写入宪法,进一步凸显了社会主义核心价值观的重大意义。

 精讲理论

1. 坚持和发展中国特色社会主义的价值遵循

马克思主义提出在生产力高度发展和生产资料公有制的基础上,建立真正实现人人平等的公平正义的社会,是迄今为止人类最先进、最广泛的价值追求。这也正是体现社会主义核心价值观先进性、感召力之所在。社会主义核心价值观,集中体现了马克思主义所倡导的价值理念,是中国特色社会主义的根本价值导向。在全社会大力弘扬社会主义核心价值观,明确中国特色社会主义事业到底追求什么、反对什么,要朝着什么方向走、不能朝什么方向走,坚守我们的价

值观立场,坚定中国特色社会主义的道路自信、理论自信、制度自信、文化自信,为社会的有序运行、良性发展提供明确价值准则,保证中国特色社会主义事业始终沿着正确方向前进,是中国特色社会主义的铸魂工程。

2. 提高文化软实力的迫切要求

一个国家的文化软实力,从根本上说,取决于其核心价值观的生命力、凝聚力、感召力。当今世界,文化越来越成为综合国力竞争的重要因素,成为经济社会发展的重要支撑,文化软实力越来越成为争夺发展制高点、道义制高点的关键所在。文化软实力的竞争,本质上是不同文化所代表的核心价值观的竞争。培育和践行社会主义核心价值观,有利于增进国际社会对中国的理解,扩大中华文化的影响力,展示社会主义中国的良好形象;有利于增强社会主义意识形态的竞争力,掌握话语权,赢得主动权,逐步打破西方的话语垄断、舆论垄断,维护国家文化利益和意识形态安全,不断提高我们国家的文化软实力。

3. 推进社会团结奋进的"最大公约数"

历史和现实一再表明,只有建立共同的价值目标,一个国家和民族才会有赖以维系的精神纽带,才会有统一的意志和行动,才会有强大的凝聚力、向心力。在复杂的社会变革中,思想领域日趋多元多样多变,各种思潮此起彼伏,各种观念相互碰撞,不同价值取向并存,所有这些表现出来的是具体利益、观念、观点之争,但折射出来的是价值观的分歧。我国是一个有着14亿多人口、56个民族的大国,确立反映全国各族人民共同认同的价值观"最大公约数",使全体人民同心同德、团结奋进,关乎国家前途命运,关乎人民幸福安康。培育和践行社会主义核心价值观,能够在具体利益矛盾、各种思想差异之上最广泛地形成价值共识,有效引领整合纷繁复杂的社会思想意识,有效避免利益格局调整可能带来的思想对立和混乱,形成团结奋斗的强大精神力量。

精选案例

"反恐尖刀"王刚

"生而一千年不死,死而一千年不倒,倒而一千年不朽",这是人们对"沙漠英雄树"的礼赞。"为西陲永固,你生死无畏;为塞柳长青,你铁心无悔",这是"中国武警十大忠诚卫士"颁奖典礼给予王刚的赞词。

他是赴汤蹈火、冲锋陷阵的"八一勋章"获得者,他是牢记使命、勇往直前的"最美奋斗者",他是心系群众、爱民为民的"好巴郎"……他就是被誉为"反恐尖刀"的武警新疆总队副参谋长王刚。

入伍32年,王刚一直奋战在反恐战斗前沿。任中队长时,他圆满完成捕歼战斗;任大队长时,他多次带领官兵完成抓捕战斗;任副支队长时,他指挥官兵成功处置多起暴恐事件;任支队长时,他指挥官兵打赢了高原山地围剿战斗……先后经历15次生死战斗,荣获15枚军功章,2017年被中央军委授予"八一勋章",2019年荣膺"最美奋斗者"称号,2021年被评为第八届全国道德模范。

1991年,18岁的王刚参军入伍,新兵下连被分到了炊事班。他抓住一切机会苦练军事技能。1年后,王刚从炊事班转入战斗班,参加支队军事比武,摘得"全能训练标兵"。从普通战士成为特战队员,从中队长、大队长成为支队长,王刚始终以高标准要求自己。刚任支队长时,已

40多岁的王刚立下誓言："要求大家达标的训练课目，我首先坚决做到！"一个月后，王刚与官兵共同参加考核，所考课目全部优秀。从此，一股训练热潮在支队兴起。当年年底，支队摘得了武警部队"军事训练一级达标单位"的桂冠。

"看我的""跟我来"是王刚常说的话。一次战斗中，王刚带领特战队员搜索时，突然传来几声枪响。王刚在提醒队友的同时，下了死命令："你们只能跟在我身后，任何人不能超过我！"清脆的枪声此起彼伏，王刚始终匍匐在队伍的最前面，第一个冲向山洞，第一个近身投掷催泪弹。"有这样的领导带我们上战场，心里就有底气。"回想起那场战斗，代理排长王永强感慨地说。

"能打仗、打胜仗是军人的'必答题'，而不是'选择题'，无论作战环境如何，都要敢打敢冲。"王刚深知，唯有在复杂环境中练兵，才能练出血性胆气，练出过硬本领。他把侦察训练设在人员密集复杂的居民区，把攀登训练设到难度和危险系数更高的山崖上，把捕歼训练红蓝双方带到深山野林中，在陌生艰苦环境和一次次挑战极限中逼着官兵练就过硬功夫。

王刚生在边疆、长在边疆，对这片土地爱得深沉。2003年，巴楚县发生7.2级地震，王刚带领官兵紧急驰援。余震不断，险情频发，王刚左腿不慎被砸伤，他简单包扎一下，又重返救灾现场。搜救人员、转移物资、搭建帐篷……整整13个昼夜，王刚奋战在灾情最严重的地方，被驻地群众称作"永不疲倦的好巴郎"。

任支队长后，王刚积极响应党中央兴边富民、精准扶贫的号召，帮助贫困群众发家致富。阿克苏市尤喀克英巴扎村缺少技术人员、资金匮乏，王刚就组织官兵帮助贫困户开展家庭养殖，帮助村里开办果酱厂，拓展扶贫产业。如今，尤喀克英巴扎村集体经济收入翻番，15户贫困户全部脱贫。王刚还多次组织技术人员到伊宁市苏勒阿勒玛塔村帮扶，助力开办刺绣纺织工厂，让村民凭借哈萨克族传统的柯赛绣手艺脱贫致富。

2022年初，作为全国人大代表，王刚赴京参会前认真梳理过去一年的工作，并在此基础上，反复思考如何推动虚拟现实、大数据、区块链等前沿科技在训练领域广泛应用，如何借助智慧靶场、兵棋推演、人机对抗等训练系统推动特战训练转型升级……"今天，打赢制胜的能力标准已经发生了深刻变化。我们将以强烈的政治意识、使命意识和忧患意识，带领官兵在强军兴军新征程上精武强能，确保完成各种急难险重任务。"王刚说。

（资料来源：光明网 2023-08-06，有删改）

案例点评

历史和现实一再表明，只有建立共同的价值目标，一个国家和民族才会有赖以维系的精神纽带，才会有统一的意志和行动，才会有强大的凝聚力、向心力，才能维护安定团结的良好局面。在复杂的社会变革中，思想领域日趋多元多样多变，各种思潮此起彼伏，各种观念相互碰撞，不同价值取向并存，表现出来的是具体利益、观念、观点之争，但折射出来的是价值观的分歧。我国是一个有着14亿多人口，56个民族的大国，确立反映全国各族人民共同认同的社会主义核心价值观，才能凝聚全国各族人民团结奋进的"最大公约数"。生在边疆、长在边疆的王刚，在反恐战斗的前沿，以实际行动践行社会主义核心价值观，维护了国家的安定团结。新时代大学生该如何在复杂的社会环境中培育和践行社会主义核心价值观呢？

树立社会主义核心价值观，习近平这些话要牢记

党的十八大以来，以习近平同志为核心的党中央高度重视培育和践行社会主义核心价值观。习近平曾这样总结24字社会主义核心价值观：富强、民主、文明、和谐是国家层面的价值要求，自由、平等、公正、法治是社会层面的价值要求，爱国、敬业、诚信、友善是公民层面的价值要求。这个概括，实际上回答了我们要建设什么样的国家、建设什么样的社会、培育什么样的公民的重大问题。

国家富强，民族复兴，最终要体现在千千万万个家庭都幸福美满上，体现在亿万人民生活不断改善上。千家万户都好，国家才能好，民族才能好。

——2018年2月14日，习近平在2018年春节团拜会上的讲话

中国共产党领导的多党合作和政治协商制度，既强调中国共产党的领导，也强调发扬社会主义民主。政治协商、民主监督、参政议政，就是这种民主最基本的体现。

——2018年3月4日，习近平在看望参加政协会议的民盟致公党无党派人士侨联界委员时的讲话

我们要立足中国，面向现代化、面向世界、面向未来，巩固马克思主义在意识形态领域的指导地位，发展社会主义先进文化，加强社会主义精神文明建设，把社会主义核心价值观融入社会发展各方面，推动中华优秀传统文化创造性转化、创新性发展，不断提高人民思想觉悟、道德水平、文明素养，不断铸就中华文化新辉煌。

——2018年5月4日，习近平在纪念马克思诞辰200周年大会上的讲话

一个好的社会，既要充满活力，又要和谐有序。社会建设要以共建共享为基本原则，在体制机制、制度政策上系统谋划，从保障和改善民生做起，坚持群众想什么、我们就干什么，既尽力而为又量力而行，多一些雪中送炭，使各项工作都做到愿望和效果相统一。

——2015年5月，习近平在浙江调研时的讲话

我们要随时随刻倾听人民呼声、回应人民期待，保证人民平等参与、平等发展权利，维护社会公平正义，在学有所教、劳有所得、病有所医、老有所养、住有所居上持续取得新进展，不断实现好、维护好、发展好最广大人民根本利益，使发展成果更多更公平惠及全体人民，在经济社会不断发展的基础上，朝着共同富裕方向稳步前进。

——2013年3月17日，习近平在第十二届全国人民代表大会第一次会议上的讲话

我们提出要努力让人民群众在每一个司法案件中都感受到公平正义，所有司法机关都要紧紧围绕这个目标来改进工作，重点解决影响司法公正和制约司法能力的深层次问题。要坚持司法为民，改进司法工作作风，通过热情服务，切实解决好老百姓打官司难问题，特别是要加大对困难群众维护合法权益的法律援助。

——2013年2月23日，习近平主持中共中央政治局第四次集体学习时的讲话

当前，中国正在建设中国特色社会主义法治体系，推进全面依法治国，坚持依法治国、依法执政、依法行政共同推进，坚持法治国家、法治政府、法治社会一体建设，全面推进科学立法、严格执法、公正司法、全民守法，营造法治化、国际化、便利化的营商环境，建设社会主义法治国家。

——2018年5月25日,习近平向第十三次上海合作组织成员国最高法院院长会议致贺信

各类企业都要把守法诚信作为安身立命之本,依法经营、依法治企、依法维权。法律底线不能破,偷税漏税、走私贩私、制假贩假等违法的事情坚决不做,偷工减料、缺斤短两、质次价高的亏心事坚决不做。

——2016年3月4日,习近平在看望出席全国政协十二届四次会议民建、工商联界委员并参加联组讨论时的讲话

你们要注意培养追求真理、报效祖国的志向,爱祖国、爱人民、爱劳动、爱科学、爱社会主义,时刻把祖国和人民放在心中,从小听党的话、跟着党走,努力做祖国和人民需要的好孩子,做祖国和人民事业发展的接班人。

——2015年6月1日,习近平在北京人民大会堂会见中国少年先锋队第七次全国代表大会全体代表时的讲话

世界上最难的事情,就是怎样做人、怎样做一个好人。要做一个好人,就要有品德、有知识、有责任,要坚持品德为先。你们现在都是小树苗,品德的养成需要丰富的营养、肥沃的土壤,这样才能茁壮成长。现在把自己的品德培育得越好,将来人就能做得越好。要学会做人的准则,就要学习和传承中华民族传统美德,学习和弘扬社会主义新风尚,热爱生活,懂得感恩,与人为善,明礼诚信,争当学习和实践社会主义核心价值观的小模范。

——2015年6月1日,习近平在北京人民大会堂会见中国少年先锋队第七次全国代表大会全体代表时的讲话

认真汲取中华优秀传统文化的思想精华和道德精髓,大力弘扬以爱国主义为核心的民族精神和以改革创新为核心的时代精神,深入挖掘和阐发中华优秀传统文化讲仁爱、重民本、守诚信、崇正义、尚和合、求大同的时代价值,使中华优秀传统文化成为涵养社会主义核心价值观的重要源泉。

——2014年2月24日,习近平在中共中央政治局第十三次集体学习时的讲话

对突出的诚信缺失问题,既要抓紧建立覆盖全社会的征信系统,又要完善守法诚信褒奖机制和违法失信惩戒机制,使人不敢失信、不能失信。对见利忘义、制假售假的违法行为,要加大执法力度,让败德违法者受到惩治、付出代价。

——2016年12月9日,习近平在十八届中共中央政治局第三十七次集体学习时的讲话

核心价值观是文化软实力的灵魂、文化软实力建设的重点。这是决定文化性质和方向的最深层次要素。一个国家的文化软实力,从根本上说,取决于其核心价值观的生命力、凝聚力、感召力。培育和弘扬核心价值观,有效整合社会意识,是社会系统得以正常运转、社会秩序得以有效维护的重要途径,也是国家治理体系和治理能力的重要方面。历史和现实都表明,构建具有强大感召力的核心价值观,关系社会和谐稳定,关系国家长治久安。

——2014年2月24日,习近平在主持中共中央政治局第十三次集体学习时发表讲话

价值观是人类在认识、改造自然和社会的过程中产生与发挥作用的。不同民族、不同国家由于其自然条件和发展历程不同,产生和形成的核心价值观也各有特点。一个民族、一个国家的核心价值观必须同这个民族、这个国家的历史文化相契合,同这个民族、这个国家的人民正在进行的奋斗相结合,同这个民族、这个国家需要解决的时代问题相适应。世界上没有两片完全相同的树叶。一个民族、一个国家,必须知道自己是谁,是从哪里来的,要到哪里去,想明白了、想对了,就要坚定不移朝着目标前进。

核心价值观，承载着一个民族、一个国家的精神追求，体现着一个社会评判是非曲直的价值标准。

核心价值观，其实就是一种德，既是个人的德，也是一种大德，就是国家的德、社会的德。国无德不兴，人无德不立。如果一个民族、一个国家没有共同的核心价值观，莫衷一是，行无依归，那这个民族、这个国家就无法前进。

实现我们的发展目标，实现中国梦，必须增强道路自信、理论自信、制度自信，"千磨万击还坚劲，任尔东南西北风"。而这"三个自信"需要我们对核心价值观的认定作支撑。

核心价值观的养成绝非一日之功，要坚持由易到难、由近及远，努力把核心价值观的要求变成日常的行为准则，进而形成自觉奉行的信念理念。不要顺利的时候，看山是山、看水是水，一遇挫折，就怀疑动摇，看山不是山、看水不是水了。无论什么时候，我们都要坚守在中国大地上形成和发展起来的社会主义核心价值观，在时代大潮中建功立业，成就自己的宝贵人生。

——2014年5月4日，习近平在北京大学师生座谈会上发表重要讲话

核心价值观是一个民族赖以维系的精神纽带，是一个国家共同的思想道德基础。如果没有共同的核心价值观，一个民族、一个国家就会魂无定所、行无依归。为什么中华民族能够在几千年的历史长河中生生不息、薪火相传、顽强发展呢？很重要的一个原因就是中华民族有一脉相承的精神追求、精神特质、精神脉络。

我们要在全社会大力弘扬和践行社会主义核心价值观，使之像空气一样无处不在、无时不有，成为全体人民的共同价值追求，成为我们生而为中国人的独特精神支柱，成为百姓日用而不觉的行为准则。要号召全社会行动起来，通过教育引导、舆论宣传、文化熏陶、实践养成、制度保障等，使社会主义核心价值观内化为人们的精神追求、外化为人们的自觉行动。

——2014年10月15日，习近平在文艺工作座谈会上发表重要讲话

社会主义核心价值观是凝聚人心、汇聚民力的强大力量。弘扬以伟大建党精神为源头的中国共产党人精神谱系，用好红色资源，深入开展社会主义核心价值观宣传教育，深化爱国主义、集体主义、社会主义教育，着力培养担当民族复兴大任的时代新人。推动理想信念教育常态化制度化，持续抓好党史、新中国史、改革开放史、社会主义发展史宣传教育，引导人民知史爱党、知史爱国，不断坚定中国特色社会主义共同理想。用社会主义核心价值观铸魂育人，完善思想政治工作体系，推进大中小学思想政治教育一体化建设。坚持依法治国和以德治国相结合，把社会主义核心价值观融入法治建设、融入社会发展、融入日常生活。

——2022年10月16日，习近平在中国共产党第二十次全国代表大会上的报告

四、坚定社会主义核心价值观自信

树立文化自信，努力建设社会主义文化强国，提高我国文化软实力，是中国特色社会主义进入新时代的一个至关重要的命题。核心价值观是文化软实力的灵魂和文化软实力建设的重点，是决定文化性质和方向的最深层次要素。一个国家的文化软实力，从根本上说取决于其核心价值观的生命力、凝聚力、感召力。

精讲理论

树立中国特色社会主义文化自信，首先必须坚定社会主义核心价值观自信。我国宪法明确规定国家倡导社会主义核心价值观。党的十九大报告和十九大通过的《中国共产党章程》都明

确提出要培育和践行社会主义核心价值观。只有对社会主义核心价值观充满自信,深化理论认知、增进情感认同、强化自觉奉行,才能在实践中更加笃定地践行,进而不断地增进中国特色社会主义文化自信。

1. 社会主义核心价值观自信,源自其实践性和科学性

从根本上说,一种价值观能否被价值主体坚信,取决于价值观自身的品格和特性。社会主义核心价值观自信,来源于社会主义核心价值观正确反映了中国特色社会主义建设成功实践的优秀品格。党的十八大提出的社会主义核心价值观,是党中央在广泛调研的基础上,坚持社会主义核心价值观必须反映中国特色社会主义伟大实践创造、必须依据改革开放以来广大人民群众的切身实践体验这一基本原则,吸纳社会各方的意见和建议,融汇哲学、社会科学诸多学科的理论智慧提炼而成的。依据一直以来我国社会主义现代化国家建设的目标追求和在实践中积累的基本经验,我们把中国特色社会主义国家的基本价值理念凝练为"富强、民主、文明、和谐";依据改革开放以来特别是党的十六届六中全会以来,党领导全国人民建设社会主义和谐社会的伟大实践和基本遵循,我们把中国特色社会主义社会的基本价值理念凝练为"自由、平等、公正、法治";依据党不断加强社会主义道德建设的历史经验,尤其是2001年中央印发《公民道德建设实施纲要》以来我国公民道德建设领域取得的突破性进展,我们把社会主义公民的基本价值理念凝练为"爱国、敬业、诚信、友善"。

作为社会主义意识形态本质体现的社会主义核心价值观,是从价值的维度对中国特色社会主义本质属性的把握,是用基本价值理念的形态对中国特色社会主义建设实践的反映,其科学性及其被认同的程度只有在它所反映的实践中才能得到印证。改革开放40多年来,我们坚持走中国特色社会主义道路,在复杂的国内外形势下,抓住和用好了我国发展的战略机遇期,我国的综合国力、人民的生活水平、国际竞争力和国际影响力都迈上了新台阶,彰显了中国特色社会主义的巨大优越性和强大生命力。中国特色社会主义建设,离不开社会主义核心价值观的支撑和引领,同时中国特色社会主义建设的成功经验,也是对社会主义核心价值观正确性、可信性的检验,为当今中国核心价值观自信提供了坚实的实践基础和科学依据。

2. 社会主义核心价值观自信,源自其民族性和时代性

中华民族在几千年的历史发展中积淀了博大精深的优秀文化传统,形成了富有特色的思想体系,体现了中国人的知识智慧和理性思辨。这是我们国家和民族的精神血脉和独特优势,是社会主义先进文化的本源,也是培植中国特色社会主义的沃土,它同社会主义核心价值观一脉相承,是社会主义核心价值观的固有之本,具有涵养社会主义核心价值观的特殊功能和重要作用。习近平总书记指出:"要加强对中华优秀传统文化的挖掘和阐发,使中华民族最基本的文化基因与当代文化相适应、与现代社会相协调,把跨越时空、超越国界、富有永恒魅力、具有当代价值的文化精神弘扬起来。要推动中华文明创造性转化、创新性发展,激活其生命力,让中华文明同各国人民创造的多彩文明一道,为人类提供正确精神指引。"这为我们继承和弘扬中华优秀传统文化,积极培育和践行社会主义核心价值观,提供了思想引导和基本遵循。

在加强中华优秀传统文化教育的实践中,我们既要反对文化复古主义,反对"历史虚无主义",反对资产阶级、封建主义的腐朽文化;又要坚持继承和弘扬中华优秀传统文化与学习国外优秀文化成果相结合,与中国共产党人在革命、建设和改革时期进行文化建设的基本经验相结合,在建设中国特色社会主义的伟大实践中,为带有中华民族精神印记的基本价值理念赋予鲜活的时代内容。这样,21世纪的社会主义核心价值观,就会融汇于人类价值文明之中,既反映

中国特色社会主义的根本价值诉求，又体现人类共同的美好向往。

3.社会主义核心价值观自信，源自其人民性和创新性

社会主义核心价值观，属于哲学社会科学范畴，是运用马克思主义基本观点和立场研究价值问题的学问，是21世纪中国马克思主义的重要内容。习近平总书记强调："坚持以马克思主义为指导，是当代中国哲学社会科学区别于其他哲学社会科学的根本标志，必须旗帜鲜明加以坚持。"以马克思主义为指导的社会主义核心价值观具有人民性，它把人的自由全面发展作为最高价值诉求，其出发点和落脚点是实现好、维护好、发展好最广大人民的根本利益。社会主义核心价值观直接服务于富强、民主、文明、和谐的社会主义现代化国家建设，其最终的价值目标是实现共产主义，这是社会主义核心价值观区别于资本主义核心价值观的根本所在，也是社会主义核心价值观优越于其他"主义"核心价值观的集中体现。同时，马克思主义强调"问题是时代口号"。因此，创新性也是社会主义核心价值观的鲜明品格，它坚持问题导向，回应时代呼唤，为我国发展和我们党执政面临的重大理论和实践问题贡献了正确思路和有效办法，提供了价值力量的支撑。

新形势下，坚定社会主义核心价值观自信，要揭示社会主义核心价值观所反映的中国特色社会主义的特殊价值诉求，从根本上把社会主义核心价值观同资本主义核心价值观区别开来，使人们在心灵深处认知认同社会主义核心价值观的中国特色、中国气派和中国风格，认知认同社会主义核心价值观的先进性、科学性和崇高性。

精选案例

为何中国政府肯下血本在西方国家绝不做的"亏本买卖"上？

这篇源于国外版知乎上的一个问题的文章，不仅解答了很多人心中长久以来的一个疑惑，而且可能会颠覆以往你对中国的认知。有人问：如果中国有那么多钱给其他国家投资，那为什么不用这些钱来发展中国的贫困地区呢？回答这个问题的是剑桥大学的一位博士，他回答了"14亿中国人是如何喂饱自己的？"

我们来看看中国为了发展这几个贫困省份，都做了些什么。

1.甘肃省

它的一面是寒冷的青藏高原，一面是寸草不生的戈壁沙漠。这样的地方根本不适合人类居住，可是偏偏有人住在了这里。住在这里，想种庄稼是很难的，因为这个地方几乎没有降雨。即便你奇迹般地种出了小麦，那也得开车5个小时才能到最近的城市去卖。中国政府为了解决这个问题，都做了些什么呢？在"十三五"规划中，中央政府投入了大量资金在这些山谷间建设了高速公路、铁路和桥梁。重点是，政府建的不是"5级"桥梁，而是"50级"的桥梁。在这样的桥上通行，你不需要上上下下一会踩油门一会踩刹车，可以全程保持120 km/h的速度。建这样的桥当然很贵，但是考虑到卡车、火车和汽车因此而节省的燃油成本，它其实是很划算的。另外，即便有些地方已经有了"5级"公路，但是中国政府依然想在这些公路旁边再建"50级"的高速公路。因为这些高速公路可以让卡车和汽车司机以更快的速度、更短的路程到达同样的目的地，从而大大节省燃油和时间成本。2019年，甘肃省"50级"高速公路的长度超过了4242 km，是印度全部高速公路总长度的将近3倍！在"十四五"规划中，中国政府承诺要让甘肃省每一个地级市都通上高速公路和高速铁路。为什么"50级"铁路、公路、桥梁这么重要呢？因为有了它们，当地的农民就能以更快的速度、更低的成本把自己的粮食运到最近的城市。而粮食经销商也能够找到更远地方的买家,卖出更高的价格。

2.云南和贵州省

云南和贵州穷的原因是同一个,所以放在一起讨论。板块运动使得印度次大陆不断"挤压",导致云贵地区的山越来越高、河流和峡谷越来越深,就像人脸上的皱纹一样。那里的人就住在这些"皱纹"中间的地带,被高耸的山脉和幽深的峡谷所包围。除了飞机,你很难进出这些地方,修路更是几乎不可能。想去另一个地方,你得翻越好几座大山。坐直升机你得打电话,但是你又没钱买手机。就算买得起手机,也没有信号。中国政府带着坚定的决心,遇山开山,遇水修桥,为云贵地区的人民建起了一条又一条和外界连通的路:贵州六盘水的北盘江大桥(全世界最高的桥)、云南宣威市的普利特大桥、云南丽江的金安大桥、贵州的鸭池河大桥,等等。当你看到云南和贵州的高速网络时,不要觉得这一切都是理所当然的。想想那里的地形,不是高山就是峡谷,你知道建这个高速网络有多难吗?即便是那些最偏远的村庄,都有4G基站。在4G方面,全世界没有任何一个国家可以和中国相提并论,包括美国、英国、日本这样的发达国家。得益于4G网络的覆盖,云南和贵州的农民足不出户,就能和外部世界沟通。4G缩短了他们和世界的距离。此外,云南和贵州的发展,离不开水力发电。全世界最大的那些水坝和发电厂,大多数都位于云南和贵州,它们为中国贡献了30%的水力发电。

3.广西

广西存在着地理环境上的"先天性"劣势。广西最大的问题在于它所有的分支河流,都是向东流的而不是向南汇入大海。这就导致广西所有的船运活动都必须经过广州和香港。而且,尽管广西省会南宁距离海边只有100公里,但是所有船只必须向东行驶1000公里才能进入大海。这一点给广西的国际船运增加了巨大的成本。由于成本高,因此很多企业不愿意去广西投资,广西也很难吸引到人才。

怎么解决这个问题呢?建运河!在"十三五"规划中,广西壮族自治区提出在平塘河和钦江河之间建一条全长20公里的平陆运河。这条运河修的话需要很多钱,但是如果建成的话,将会大大促进广西的经济发展。因为有了这条河,船只就可以运输更多的货物,穿过广西大部分的河流网络,最终解决广西船运成本高的问题。

通过以上这些内容,大家能看到,中国最穷的4个省份正在持续发展。中国政府的对内投资远远高于对外国的投资。最重要的是,上述这些项目,全都是由中国的国有企业来承担的。它们做这些项目是赔钱的,但是却能给中国的老百姓带来巨大的社会经济利益。这就是"中国特色社会主义"。这也是为什么这些项目,美国、澳洲、欧洲一些国家做不到,甚至想都不敢想的原因。

(资料来源:中国日报网 2019-05-21,有删改)

案例点评

一座座高耸入云的桥梁、一条条宽阔平坦的道路在偏远地区、云雾峡谷之间的建成,不仅是中国经济实力、科技实力的彰显,也体现了中国人民对"更富强、更自由、更平等、更公正……"的不懈追求,诠释了中国的价值底色。剑桥大学的这位博士强调,大多数项目都是由中国国企主导修建的,这样做实际上是"亏本的买卖",但却给老百姓带来巨大的社会效益。这些在西方国家做不到的"亏本买卖"之所以能在中国做成,都是因为"中国特色社会主义"在发挥优势!

> 经典阅读

价值观自信从何而来

所谓价值观自信，乃是指一个民族、国家对自身价值追求的坚定信仰、执着坚守和自觉实践。价值观自信是一个国家文化软实力的核心内容，是综合国力的重要组成部分，是一个民族文化心理成熟的重要标志，也是民族自尊心、自信心和自豪感的集中体现。缺乏价值自信的国家不可能成为真正意义上的现代强国。

但是，价值观自信不是无条件的，自信当有自信的理由和底气。我们的价值观自信从何而来呢？

社会主义核心价值观根源是马克思主义的价值追求，脱胎于中华文化的沃土，内生于当代中国的历史性实践，契合于当今世界的发展潮流，具有深刻的理论基础、文化基础、实践基础和世界视野。

价值观自信来自马克思主义所占领的科学和道德的双重高地

马克思主义从不掩饰自己的价值追求，那就是：追求社会的公平正义，追求全人类的解放，追求每个人的自由全面发展。社会主义核心价值观本质上属于马克思主义核心价值观，是马克思主义核心价值观的当代中国形态。

当代中国的价值自信首先源于马克思主义站在了社会科学的制高点上。马克思主义以无可辩驳的事实和不容置疑的逻辑揭示了人类社会的发展规律，为人类社会的发展，为全人类的解放，指明了正确的方向，第一次破解了"历史之谜"，奠定了一座至今难以企及的思想高峰。今天的世界正按照马克思所描述的发展轨迹前进，全球化的进展正在继续为马克思主义作"注脚"。"马克思"仍然是这个时代无法绕过的巨大身影。

当代中国的价值自信还在于马克思主义站在了道义的制高点上。马克思主义矢志不移地追求社会的公平正义，将每个人的自由全面发展写在了自己的旗帜上。马克思毕其一生研究人类社会发展的规律，目的是批判资本主义，埋葬资本主义！只要这个世界上还存在剥削、压迫、不平等，马克思就永远活在劳动人民和一切追求进步的正直人士的心里，马克思主义就始终是人们追求解放的一面旗帜！

马克思主义的正确指引构成价值观自信的深刻基础。有了马克思主义，社会主义核心价值观就有了引领和整合复杂社会思想意识的强大力量。

价值观自信来自中华文化的丰厚滋养

每一个社会的核心价值观都有其固有的文化根脉。作为世界上唯一未曾断裂的文明，中华文明构成社会主义核心价值观的文化基础，是涵养社会主义核心价值观的精神宝库。作为一个生长于五千多年文明沃土中的古老国度，中国没有理由成为一个物质崛起、精神塌陷的跛脚国家，没有理由成为失去精神自我、四处漂泊的流浪国家，更没有理由成为依附西方、寄人篱下的"香蕉共和国"。一言以蔽之，中国拥有五千多年的文明传承，比世界上任何一个国家都有理由、有自信支撑起我们国家的文化自信。

中华文化是中华民族区别于其他民族的独特标识，有了她，任凭光阴流转、万年飞度，任凭风云变幻、时局危艰，中华民族始终没有迷失精神自我，始终挺立起骄傲的脊梁。中华文化是中国儿女的独特精神世界，是亿万华人须臾不可分离的精神家园，一想到她，四海为家的中华儿女就有了安身立命之所，飘零世界的中华儿女就有了归家的感觉。

中华民族五千多年的厚重文化足以支撑起当代中国人的价值观自信。正如习近平总书记所说："我们生而为中国人，最根本的是我们有中国人的独特精神世界，有百姓日用而不觉的价值观。"社会主义核心价值观具有鲜明的内生特质和遗传惯性，它根植于中华文化的沃土，潜藏于中华民族的文化血脉之中，是中华传统文化优质基因的当代复活和崭新呈现。

价值观自信来自中国道路的巨大成功

中国道路的成功构成价值观自信的实践基础。中国道路不是西方模式的复制品，中国道路有其自身的特殊元素，中国特色的价值理念就是其内核。解码中国道路的成果不能忽略价值维度。

改革开放以来，中国走出了一条与西方完全异质，却更加成功的现代化之路，为自己赢得了世界的尊重，也给全世界奉献了诸多具有普遍价值的中国智慧。中国道路的巨大成功，不是共产党人的自我吹嘘，而是实践给出的答案。中国经济连续40年中高速增长，现已成为当之无愧的全球经济发展的重要引擎，这不能不说明我们的道路是成功的，体制是有效的，不能不说明这条道路的内核——价值观是正确的。中国在西方的夹击中求生存，"千磨万击还坚劲，任尔东西南北风"，真可谓"风景这边独好"。难道中国道路的巨大成功还不足以撑起我们的价值观自信？

价值观自信来自对人类文明的吸收借鉴

自信不等于自大。价值观自信本质上应该是一种兼收并蓄、从容吐纳的自信。能不能正视自身文化的弱点，敢不敢包容外来文明的优长，正是判断一个国家是否自信的表现。

现代西方的核心价值观是人类文明史上的一朵奇葩，同封建社会的核心价值观比较起来，是历史上的一大进步。以平等谦逊的心态对待西方，以西方为镜鉴反观自我，目的不是让自己变成西方。保持自身的好，吸收西方的好，将自己的好与西方的好相加，结果一定比西方更好！

社会主义核心价值观不是封闭的而是开放的。开放不仅意味着向历史开放、向实践开放，也包括向西方开放。自文艺复兴和启蒙运动以来，追求自由、民主、平等、法治、人权的洪流发端于西方，席卷全球。社会主义核心价值观不是逆潮流而动，而恰恰体现了世界发展进步的潮流；不是背离人类文明的基本共识，而恰恰吸收了人类文明的积极成果；不是抛弃了世界人民的价值追求，而恰恰反映了不同文明所承载的共同价值。社会主义核心价值观是以中国的方式呈现出来的世界文明成果，是抹上了中国色彩、添加了中国元素的人类价值追求。

（资料来源：光明网 2019-09-22，有删改）

五、积极践行社会主义核心价值观

青年是引风气之先的社会力量。正如习近平总书记所说，青年的价值取向决定了未来整个社会的价值取向，而青年又处在价值观形成和确立的时期，抓好这一时期的价值观养成十分重要。这就像穿衣服扣扣子一样，如果第一粒扣子扣错了，剩余的扣子都会扣错。人生的扣子从一开始就要扣好。

精讲理论

正确的价值观能够引导大学生把人生价值追求融入国家和民族事业，始终站在人民大众立场，同人民一道拼搏、同祖国一道前进，服务人民、奉献社会，努力成为中国特色社会主义事业的合格建设者和可靠接班人。青年要从现在做起、从自己做起，使社会主义核心价值观成为自己的基本遵循，并身体力行大力将其推广到全社会。

广大青年把社会主义核心价值观落细、落小、落实,要在以下四点上下功夫。

1. 要勤学,下得苦功夫,求得真学问

知识是树立社会主义核心价值观的重要基础。大学生正处于学习的黄金时期,要把学习作为一种精神追求、一种生活方式,以韦编三绝、悬梁刺股的毅力,以凿壁借光、囊萤映雪的劲头,努力扩大知识半径,既读有字之书,也读无字之书,砥砺道德品质,练就过硬本领。要努力掌握马克思主义理论,形成正确的世界观和科学的方法论,深化对社会主义核心价值观的认知认同。大学生要注重把所学知识内化于心,形成自己的见解,既有专攻,又要博览,努力掌握为祖国、为人民服务的真才实学,让勤于学习、敏于求知成为青春远航的动力。

2. 要修德,加强道德修养,注重道德实践

"德者,本也。"蔡元培曾经说过:"若无德,则虽体魄智力发达,适足助其为恶。"德是首要,是方向,一个人只有明大德、守公德、严私德,其才方能用得其所。修德,既要立意高远,又要立足平实。要立志报效祖国、服务人民,这是大德,养大德者方可成大业。同时,还得从做好小事、修好小节起步,"见善则迁,有过则改",踏踏实实修好大德、公德、私德,学会劳动、学会勤俭,学会感恩、学会助人,学会谦让、学会宽容,学会自省、学会自律。

3. 要明辨,善于明辨是非,善于决断选择

培育和践行社会主义核心价值观,要增强自己的价值判断力和道德责任感,辨别什么是真善美、什么是假恶丑,自觉做到常修善德、常怀善念、常做善举。当前,在一些领域和一些人当中,价值判断没有了界限、丧失了底线,甚至以假乱真、以丑为美、以耻为荣。大学生要善于明辨是非,善于判断选择,旗帜鲜明地弘扬真善美、贬斥假恶丑,澄清模糊认识,匡正失范行为,自觉做良好道德风尚的建设者、社会文明进步的推动者。

4. 要笃实,扎扎实实干事,踏踏实实做人

道不可坐论,德不能空谈。于实处用力,做到知行合一,核心价值观才能内化为人们的精神追求,外化为人们的自觉行动。《礼记》中有:"博学之,审问之,慎思之,明辨之,笃行之。"有人说:"圣人是肯做工夫的庸人,庸人是不肯做工夫的圣人。"青年有着大好机遇,关键是要迈稳步子、夯实根基、久久为功。心浮气躁,朝三暮四,学一门丢一门,干一行弃一行,无论学习还是创业,都是最忌讳的。"天下难事,必作于易;天下大事,必作于细。"成功的背后,永远是艰辛努力。青年要把艰苦环境作为磨炼自己的机遇,把小事当作大事干,一步一个脚印往前走。滴水可以穿石。只要坚忍不拔、百折不挠,成功就一定在前方等你。

核心价值观的养成绝非一日之功,要坚持由易到难、由近及远,进而形成自觉奉行的信念理念。新时代大学生要将社会主义核心价值观转化为人生的价值准则,勤学以增智、修德以立身、明辨以正心、笃实以为功,在激扬青春、开拓人生、奉献社会的进程中书写无愧于时代的壮丽篇章。

> **精选案例**

到祖国最需要的地方绽放青春

2020年6月,中国石油大学(北京)克拉玛依校区送别了首批435名毕业生,其中118人选择到新疆基层工作。7月7日,习近平总书记给这些毕业生回信,肯定他们到边疆基层工作的选择,并寄语广大高校毕业生志存高远、脚踏实地,不畏艰难险阻,勇担时代使命,把个人的理想追求融入党和国家事业之中,为党、为祖国、为人民多作贡献。

"志不求易者成,事不避难者进。"基层是青年淬炼成长的试验场,是他们磨砺青春的理想国。实现中华民族伟大复兴的中国梦需要一代一代青年矢志奋斗,118名赴新疆基层工作的毕业生生逢其时、肩负重任。这些年轻人的职业选择,诠释了当代青年的理想信念与家国情怀,让青春之花绽放在祖国最需要的地方。

基层为青年提供最丰富的实践资源。一位资源勘查专业的毕业生说,他需要常到野外一线进行地质勘查,掌握不同区域、不同剖面下的地质现象,进而判断地下油气储藏。毕业以后,第一份工作是留在大城市还是到基层发展,常常成为大学生职业规划的难题。应该说这个问题没有"标准答案",但对于那些有志于在实践中发挥专业特长、积累一手经验的年轻人来说,基层无疑是合适的选择。

基层为青年放飞想象力、创造力提供了一片沃土。许多伟大的发明创造,都来自基层工作产生的灵感与经验。中国农业大学师生40多年扎根河北曲周,把论文写在大地上,"科技小院"探索了一条人与土地和谐共荣之路。不少科研工作者感慨,在书斋里突破不了的瓶颈,在实验室里发现不了的问题,能在复杂的基层环境中找到攻克线索,让新技术得到更全面的检验。

基层是最好的磨刀石,能为年轻人积累受用一生的宝贵财富。2019年"最美基层高校毕业生"、北京大学硕士宗立冬,参加工作以后一直扎根宁夏基层乡镇,工作角色不断变化,服务基层群众的热情一如既往。"改造世界的原点就是要认识当下的中国,而认识中国最好的切入点就是深入基层。"这句铿锵有力的誓言,是当代中国青年认识世界、改变世界的有力遵循。

习近平同志多次通过座谈、回信等方式,勉励大学生到基层一线去。2011年7月,习近平在西藏大学看望各族师生员工时,勉励大学生要立志扎根西藏,踊跃到农牧区去,到祖国和西藏最需要的地方去,磨炼意志、增长才干,建功立业、报效祖国;2014年青年节前夕,他给河北保定学院西部支教毕业生群体代表回信,称赞他们在西部地区辛勤耕耘、默默奉献,为当地经济社会发展、民族团结进步作出了贡献;2016年12月,他在全国高校思想政治工作会议上发表重要讲话,鼓励高校学生把视线投向国家发展的航程,把汗水洒在艰苦创业的舞台,到基层去、到西部去、到祖国最需要的地方去。

前进的道路从不会一帆风顺,大学毕业生到基层、到边疆工作,难免遇到各种各样的困难和挑战。青年在基层磨砺本领,要尽快甩掉书生气,缩短在基层单位的适应时间;要保持初生牛犊不怕虎的劲头,不懂就学,不会就练;要善于向基层群众学习,从劳动中汲取智慧,把劳动者的经验转化为具有普遍指导意义的理论。

青年走向基层,背后是党和国家提供的坚实后盾,是来自全国上下的支持。习近平总书记的回信中,也表达了对广大高校毕业生的亲切关怀。各级党委、政府和社会要千方百计帮助高校毕业生就业,热情支持高校毕业生在各自工作岗位上为党和人民建功立业。鼓励青年深入基层一线吃苦磨炼,要积极主动为他们创造良好条件,放手让青年在重要领域和重要岗位上施展才华。

大漠荒凉无声,人生郁郁葱葱。一大批有知识、懂技术、能创新的高素质人才走向基层,将为偏远落后地区注入发展活力。青年足迹所至,种下希望之花,收获奋斗硕果。在2020届高校毕业生走上就业岗位之际,祝愿你们鹏程万里,归来仍是少年。

(资料来源:中国青年网 2020-07-13)

案例点评

越来越多的年轻人肩负时代赋予的重任,以拼搏、奋斗、奉献激发梦想,践行社会主义核心价值观,展现出新时代中国青年该有的样子。青年要成长为国家栋梁之材,既要读万卷书,又要行万里路。新时代,一批批大学生积极投身新时代,将视线投向国家发展的航程,把汗水洒在艰苦创业的舞台,到基层去、到西部去、到祖国最需要的地方去,用双脚丈量土地,用真心浇灌理想,用汗水致敬青春,拜群众为师、向实践取经,让青春之花在党和人民最需要的地方绚丽绽放。

经典阅读

在广泛践行社会主义核心价值观上下功夫

习近平总书记在党的二十大报告中,要求"以社会主义核心价值观为引领,发展社会主义先进文化,弘扬革命文化,传承中华优秀传统文化",将"广泛践行社会主义核心价值观"作为新时代文化建设的重要任务予以突出强调。为此,我们要深入把握社会主义核心价值观的引领地位及其重要意义,着力强化社会主义核心价值观的贯彻实施与落实推进,把对社会主义核心价值观的广泛践行作为当前以至今后的工作重点,切实抓紧抓牢、抓出成效来。

一、深入开展社会主义核心价值观宣传教育

社会主义核心价值观是凝聚人心、汇聚民力的强大力量。党的十八大以来,以习近平同志为核心的党中央高度重视社会主义核心价值观的培育和践行,坚持以社会主义核心价值观引领文化建设,作出一系列战略部署,采取一系列重大举措,取得一系列重大成就。在已有成就和经验的基础上,我们按照党的二十大的部署要求,继续深化推进社会主义核心价值观培育践行,务必要在广泛践行上下功夫,而首先要做好的一项工作,是深入开展社会主义核心价值观宣传教育。宣传教育是广泛践行的第一步,是为取得践行实效打牢根基、先行做足的基础性工作。

抓好以伟大建党精神为源头的中国共产党人精神谱系的红色资源宣传教育。我们党在一百多年的奋斗历程中,不仅创造了伟大的社会发展成就,也创造了宝贵的精神财富。以"坚持真理、坚守理想,践行初心、担当使命,不怕牺牲、英勇斗争,对党忠诚、不负人民"的伟大建党精神为源头,我们党形成井冈山精神、长征精神、遵义会议精神、延安精神、西柏坡精神、红岩精神、抗美援朝精神、"两弹一星"精神、特区精神、抗洪精神、抗震救灾精神、抗疫精神等伟大精神,构筑起中国共产党人的精神谱系。以伟大建党精神为源头的中国共产党人的精神谱系,是我们党最为宝贵的精神财富,是支撑并彰显社会主义核心价值观的红色资源,凝结着我们党的坚定信念、根本宗旨、优良作风,凝结着我们党的历史主动精神、历史创造精神。我们必须把伟大建党精神和中国共产党人的精神谱系,作为革命传统和优良作风宣传教育的最好教材,大力弘扬,常抓不懈。

抓好爱国主义、集体主义、社会主义的深化宣传教育。爱国主义、集体主义、社会主义是思想道德建设的重要内容,是培育践行社会主义核心价值观的题中应有之义。坚持进行以爱国主义为基础、以集体主义为原则、以社会主义为信念的宣传教育,能够极大地促进全社会自觉弘扬爱国主义、集体主义、社会主义思想,促进广大人民群众正确处理个人与集体、个人与国家、集体与国家的关系,为我国社会主义事业发展和民族复兴伟业提供坚实思想基础。我们要在爱国主

义、集体主义、社会主义宣传教育已经广泛普及并深入人心的基础上,继续抓好深化宣传教育,使宣传教育持续走深走实。要紧密结合全面建设社会主义现代化国家、全面推进中华民族伟大复兴新征程新要求,将爱国主义、集体主义、社会主义这本永远读不完的书,补充完善新的时代内容,让深化宣传教育不断出新出彩。

抓好党史、新中国史、改革开放史、社会主义发展史的持续宣传教育。习近平总书记高度重视党史、新中国史、改革开放史、社会主义发展史的学习与教育。按照习近平总书记一系列重要论述及要求,中共中央办公厅在建党一百周年前夕,印发《关于在全社会开展党史、新中国史、改革开放史、社会主义发展史宣传教育的通知》,对在全党全社会开展"四史"宣传教育作出安排部署。"四史"宣传教育已经取得很大成就,仍需接续抓好。要以党的历史为主线和重点,把党史、新中国史、改革开放史、社会主义发展史作为一个有机整体贯通起来学习把握。要通过认真学习和深化教育,让人们深刻认识到红色政权来之不易、新中国来之不易、中国特色社会主义来之不易,深刻认识到中国人民今天的幸福生活来之不易、全面建设社会主义现代化国家新征程来之不易。在抓好"四史"持续宣传教育过程中,引导人民知史爱党、知史爱国,不断坚定中国特色社会主义共同理想。

推动理想信念教育常态化制度化。理想信念是精神支柱、力量之源。"只有理想信念坚定的人,才能始终不渝、百折不挠,不论风吹雨打,不怕千难万险,坚定不移为实现既定目标而奋斗。"推动理想信念教育常态化制度化,我们需要首先把理想信念教育抓好抓实,在全面从严治党中促进党员干部坚定理想信念,在融入国民教育中促进青少年坚定理想信念,在全社会打牢"人民有信仰,国家有力量,民族有希望"的理念共识。要在抓好抓实理想信念教育的同时,推动理想信念教育在常态化上下功夫,在制度化上做文章。要充分挖掘各种教育资源,充分运用各种教育形式,充分运用各种典型事例,使理想信念教育不虚、不假、不空泛,使理想信念教育实在、可信、有力量。要注重解决好理想信念教育的内容、形式与方法,完善理想信念教育的载体、手段与机制,坚持多措并举,坚持面向基层、面向群众,使常态化制度化的理想信念教育切实发挥凝心聚力的强大功能。

二、坚持不懈用社会主义核心价值观铸魂育人

在广泛践行社会主义核心价值观上下功夫,我们除了深入开展宣传教育外,尤为注重用社会主义核心价值观铸魂育人,着力用社会主义核心价值观培养担当民族复兴大任的时代新人。开展社会主义核心价值观的宣传教育,与用社会主义核心价值观铸魂育人,是辩证统一的。宣传教育是前提条件,铸魂育人是目标追求,由宣传教育到铸魂育人是一个由外在到内在、由表层到深层的递进过程。宣传教育的创设条件是铸魂育人的思想支撑,铸魂育人的实际成效是宣传教育的目标追求。我们要在深入开展社会主义核心价值观宣传教育的基础上,坚持不懈地用社会主义核心价值观去铸魂育人、培养新人。

推进中国化时代化马克思主义的最新成果进教材、进课堂、进头脑。推进马克思主义中国化时代化是一个追求真理、揭示真理、笃行真理的过程,在这一过程中我们党形成一系列创新成果。习近平新时代中国特色社会主义思想是中国化时代化马克思主义的最新成果,既蕴涵着深刻而丰富的社会主义核心价值观的精髓要义,又是用社会主义核心价值观铸魂育人的理论基础和科学指南。用中国化时代化的马克思主义武装头脑,推进习近平新时代中国特色社会主义思

想进教材、进课堂、进头脑,是坚持不懈用社会主义核心价值观铸魂育人、培养新人的基本要求和根本保障。为此,我们要科学设计课程,推进教材建设,创新教学理念和方法,提升习近平新时代中国特色社会主义思想的课堂教学水平;要加强学科建设,培养学科人才,推出理论研究精品力作,厚植习近平新时代中国特色社会主义思想进教材、进课堂、进头脑的学科基础,让"三进"工作卓有成效开展。

完善思想政治工作体系,推进大中小学思想政治教育一体化建设。思想政治工作是中国共产党的优良传统、鲜明特色和政治优势。新时代完善思想政治工作体系,要在充分认识思想政治工作重要地位并构建运用思想政治工作科学方法的前提下,强化思想政治工作的系统性、整体性、协同性,统筹协调各方力量,突出各育人系统之间的共同作用,形成纵向到底、横向到边、层次立体、全面覆盖的工作格局。要着力推进大中小学思想政治教育一体化建设,按照习近平总书记提出的"政治要强、情怀要深、思维要新、视野要广、自律要严、人格要正"的素养要求,打造一支为党育人、为国育才的有力队伍,形成一支专职为主、专兼结合、数量充足、素质优良的工作力量。要从大学、中学、小学思想政治教育的对象、特点、需求出发,让"人文关怀""心理疏导""实践育人"成为思想政治工作的重要方式,灵活采取"线上+线下""课内+课外""校内+校外"等方法,提高思想政治工作的针对性和感染力,形成一体化的育人格局。

将立德树人根本任务全面落实到培养德智体美劳全面发展的社会主义建设者和接班人的整个过程之中。习近平总书记在党的二十大报告中指出:"培养什么人、怎样培养人、为谁培养人是教育的根本问题。育人的根本在于立德。全面贯彻党的教育方针,落实立德树人根本任务,培养德智体美劳全面发展的社会主义建设者和接班人。"立德树人是教育的根本任务,是学校的立身之本。各级各类学校必须坚持把立德树人作为中心环节,把立德树人根本任务融入思想道德、文化知识、社会实践教育各环节,建立健全德智体美劳"五育并举"全面培养的教育体系,把思想政治工作贯穿教育教学全过程,实现全程育人、全方位育人。全党全社会都要围绕解决好培养什么人、怎样培养人、为谁培养人这个根本问题,立足培养社会主义建设者和接班人这一使命责任,教育引导学生树立正确的世界观、人生观、价值观,不断提高学生的思想水平、政治觉悟、道德品质、文化素养,切实扣好人生的第一粒扣子。

三、把社会主义核心价值观融入法治建设、社会发展与日常生活

党的二十大提出的广泛践行社会主义核心价值观的根本任务,要求我们既要在"践行"上用力,也要在"广泛"上使劲。"践行"是实质、核心,"广泛"也要兼顾到。践行需要宽度、广度与深度,践行成效需要在多领域、多层面呈现。广泛性是实效性的基础保障,实效性是广泛性的衡量标准。社会主义核心价值观是针对全社会、全体民众的,是全社会、全体民众以至每一个人都应当倡导、树立并遵循的准则与规范。把"广泛"与"践行"结合起来,把广泛性与实效性融为一体,必须坚持依法治国和以德治国相结合,把社会主义核心价值观融入法治建设、融入社会发展、融入日常生活。

把社会主义核心价值观融入法治建设。国家治理和社会治理需要法律和道德共同发挥作用,必须坚持一手抓法治、一手抓德治,坚持依法治国和以德治国相结合,将社会主义核心价值观转化为刚性的法律约束,既强化法律对道德建设的促进作用,也强化道德对法治文化的支撑作用。作为社会主义法治建设的灵魂,社会主义核心价值观应当也必须融入法治国家、法治政

府、法治社会建设全过程,融入科学立法、严格执法、公正司法、全民守法各环节。只有通过严格执法去倡导核心价值观,通过公正司法彰显核心价值观,通过全民守法去践行核心价值观,依法治国和以德治国才能够真正同向发力。法律是成文的道德,道德是内心的法律。把社会主义核心价值观融入法治建设,必将推动社会主义核心价值观内化于心、外化于行,确保人们对社会主义核心价值观的认知认同和自觉践行。

把社会主义核心价值观融入社会发展。充分发挥社会主义核心价值观在举旗帜、聚民心、育新人、兴文化、展形象等方面的积极作用,必须大力推动把社会主义核心价值观融入社会发展各领域、各方面,融入改革开放和社会主义现代化建设的全过程、各环节。各行各业虽然功能属性不同、工作任务不同,但培育和践行社会主义核心价值观的要求是一致的,都应当通过自身努力在思想建设、道德建设、作风建设方面形成同频共振、同向同行的强大正效应。各行各业都要深化拓展精神文明创建活动,加强职业道德建设,开展行风评议,规范行业行为,彰显正确价值导向,使社会主义核心价值观在本行业本领域深深扎根。社会主义核心价值观融入社会发展各方面的过程,就是提升思想觉悟、道德水准、文明素养的实践养成过程,要综合运用教育引导、舆论宣传、文化熏陶、政策制定、制度保障等方式,使自觉践行社会主义核心价值观在全社会蔚然成风。

把社会主义核心价值观融入日常生活。社会主义核心价值观是立足于中国社会和文化背景提出来的,与国人的传统、习惯和生活方式有着千丝万缕的联系,寄托着人民大众对美好生活的向往。把社会主义核心价值观融入日常生活,需要我们用日常生活语言展示其丰富内涵和精神实质,引导人们按照社会主义核心价值观的要求形成正确思维、规范行为和良好习惯,让社会主义核心价值观像空气一样与我们常相伴随且不可或缺,成为大家日用而不觉的基本遵循。把社会主义核心价值观融入日常生活,我们要在坚定理想信念上下功夫,在厚植爱国主义情怀上下功夫,在加强品德修养上下功夫,在增长知识见识上下功夫,在培养奋斗精神上下功夫,在增强综合素质上下功夫,要通过营造良好的生活情境、社会氛围和社会风气,使人们形成正确的判断标准和行为取向。融入日常生活中的社会主义核心价值观,务必能够落细、落小,化成家风、民风、乡风,真正成为弘扬正气、引人向上的强大精神力量。

(资料来源:光明网 2022-12-31)

第三节 实践教学篇

一、"社会主义核心价值观"实践教学

1.实践教学目的

通过活动向学生渗透核心价值观的思路,将社会主义核心价值观教育与各项工作紧密结合起来,与学生的行为习惯培养结合起来,努力培养积极的人生态度、健康的心理情感、高尚的道德品质。让大家在潜移默化中深刻理解社会主义核心价值观,并自觉付之于行动。

2.实践教学过程

(1)选题。班级各小组课后策划宣讲方案,一周后上交宣讲方案。

(2)教师批阅,提出修改意见。
(3)各组员按照分配的任务完成工作,提交最终方案。
(4)实践课上通过PPT、视频等形式逐一汇报展示,教师分别予以评价和指导。

3.实践教学评分标准

(1)主题内容(40分):汇报内容主题鲜明,思路清晰,逻辑性强,引人关注。
(2)语言表达(30分):吐字清晰,普通话标准,表达流畅、生动,语速适中,语调抑扬顿挫,饱含感情。
(3)仪表风范(10分):仪表端庄,表情自然,形体动作大方得体。
(4)现场感染力(10分):有较强的现场感染力,能引起听众共鸣。
(5)时间掌握(10分):汇报时间为5~8分钟。超过或少于规定时间酌情扣分。

二、"寻找社会主义核心价值观模范人物"实践教学

1.实践教学目的

学生通过挖掘和讲述身边或自身培育和践行社会主义核心价值观的典型事迹,深刻认识到社会主义核心价值观绝不仅是一句口号,它需要每一位中华人民共和国公民,尤其是青年学生切实做到勤学、修德、明辨、笃实,从而成为社会主义核心价值观的坚定信仰者、积极传播者、模范践行者。

2.实践教学过程

(1)模范事迹必须紧扣主题,具有典型性。
(2)题目自拟。
(3)以小组为单位上台汇报展示,要求使用普通话。
(4)展示形式多样,自主选择。

3.实践教学评分标准

(1)主题内容(40分):汇报内容主题鲜明,思路清晰,逻辑性强,引人关注。
(2)语言表达(30分):吐字清晰,普通话标准,表达流畅、生动,语速适中,语调抑扬顿挫,饱含感情。
(3)仪表风范(10分):仪表端庄,表情自然,形体动作大方得体。
(4)现场感染力(10分):有较强的现场感染力,能引起听众共鸣。
(5)时间掌握(10分):汇报时间为5~8分钟。超过或少于规定时间酌情扣分。

思考与练习

一、单选题

1.人类社会发展的历史表明,对一个民族、一个国家来说,最持久、最深层次的力量是(   )的核心价值观。
A.大家认同   B.大多数认同   C.少数人认同   D.全社会认同

2.十三届全国人大一次会议在(   )通过宪法修正案,把社会主义核心价值观正式写入

宪法。

　　A.2018年3月　　　B.2018年1月　　　C.2018年4月　　　D.2018年2月

3.社会主义核心价值观中的富强、民主、文明、和谐是(　　)。

　　A.民族层面的精神追求　　　　　　B.国家层面的价值目标

　　C.个人层面的价值准则　　　　　　D.社会层面的价值取向

4.社会主义核心价值观中的自由、平等、公正、法治是(　　)。

　　A.民族层面的精神追求　　　　　　B.国家层面的价值目标

　　C.个人层面的价值准则　　　　　　D.社会层面的价值取向

5.社会主义核心价值观中的爱国、敬业、诚信、友善是(　　)。

　　A.民族层面的精神追求　　　　　　B.国家层面的价值目标

　　C.个人层面的价值准则　　　　　　D.社会层面的价值取向

6.从国际环境看,提出社会主义核心价值观是因为(　　)。

　　A.应对西方价值观的挑战的需要　　B.实现"两个一百年"奋斗目标的需要

　　C.强化传统文化的需要　　　　　　D.强化主流意识形态的需要

7.社会主义核心价值观的现实基础是(　　)。

　　A.中国特色社会主义建设实践　　　B.人类共同的文明结晶

　　C.中华优秀传统文化　　　　　　　D.中国特色社会主义先进文化

8.社会主义核心价值观代表最广大人民的根本利益体现了其(　　)。

　　A.道义性　　　B.真实性　　　C.人民性　　　D.人本性

9.2018年3月,十三届全国人大一次会议通过宪法修正案,把国家倡导(　　)写入宪法。

　　A.道德法制　　　　　　　　　　　B.中国特色社会主义发展道路

　　C.民主法治　　　　　　　　　　　D.社会主义核心价值观

10.文化软实力的竞争,本质是不同文化所代表的(　　)的竞争。

　　A.精神内涵　　　B.传统精神　　　C.核心价值观　　　D.道德力量

二、多选题

1.社会主义核心价值体系主要包括(　　)。

　　A.中国特色社会主义共同理想

　　B.社会主义荣辱观

　　C.以爱国主义为核心的民族精神和以改革创新为核心的时代精神

　　D.马克思主义指导思想

2.践行社会主义核心价值观需要做到(　　)。

　　A.笃实　　　B.勤学　　　C.明辨　　　D.修德

3.社会主义核心价值观以其(　　)而居于人类社会的价值制高点,具有强大的道义力量。

　　A.先进性　　　B.人民性　　　C.历史性　　　D.真实性

4.核心价值观其实就是一种德,是(　　)。

　　A.他人的德　　　B.社会的德　　　C.个人的德　　　D.国家的德

5.下列对社会主义核心价值观与中华优秀传统文化的关系表述正确的是(　　)。

A.中华传统文化的价值已经褪色
B.培育和弘扬社会主义核心价值观必须立足中华优秀传统文化
C.中华优秀传统文化是中华民族的精神命脉
D.中华优秀传统文化是涵养社会主义核心价值观的重要保障

6.爱国、敬业、诚信、友善的价值追求回答了我们要培育什么样的公民的重大问题,涵盖了(　　)等各个方面,是每个公民都应当遵守的道德规范。

　　A.职业道德　　　　B.个人品德　　　　C.社会公德　　　　D.家庭美德

7.习近平指出:一个民族、一个国家的核心价值观必须是(　　)。

A.同这个民族、国家的人民正在进行的奋斗相结合
B.同这个民族、这个国家的道德法律相协调
C.同这个民族、这个国家需要解决的时代问题相适应
D.同这个民族、这个国家的历史文化相契合

8.社会主义核心价值观在吸收人类优秀的价值理念的基础上,以(　　)为民主、自由、平等、公正、法治等价值理念赋予社会主义性质,代表了人类社会前进的方向和价值理念。

　　A.中华优秀传统文化　　　　　　B.中国经验
　　C.中国古代的"大同思想"　　　　D.中国实践

9.习近平指出:"深入挖掘和阐发中华优秀传统文化(　　)的时代价值,使中华优秀传统文化成为涵养社会主义核心价值观的重要源泉。"

　　A.讲义利、重孝道　　　　　　　B.守诚信、崇正义
　　C.讲仁爱、重民本　　　　　　　D.尚和合、求大同

10.培育和践行社会主义核心价值观,是有效(　　)的重大举措,是保证我国经济社会沿着正确的方向发展、实现中华民族伟大复兴的价值支撑,意义重大而深远。

　　A.解决和化解社会矛盾　　　　　B.整合我国社会意识
　　C.凝聚社会价值共识　　　　　　D.聚合磅礴之力

三、判断题

1.深深地根植于中华优秀传统文化,是社会主义核心价值观历史底蕴的集中体现。(　　)

2.社会主义核心价值观丰厚的历史底蕴、坚实的现实基础、强大的道义力量为我们坚定核心价值观自信提供了充分的理由。(　　)

3.培育和弘扬社会主义核心价值观必须立足中华优秀传统文化,实现其创造性转化和创新发展。(　　)

4.自由、平等、公正、法治是个人层面的价值要求。(　　)

5.社会主义核心价值观具有先进性、人民性和真实性。(　　)

6.爱国是最深沉、最持久的情感,是每个公民应当遵循的最基本的价值观念和道德准则。(　　)

7.社会主义民主的本质是坚持人民当家作主。(　　)

8.爱国、敬业、诚信、友善是公民基本道德规范,是从社会行为层面对社会主义核心价值观基本理念的凝练。(　　)

9.社会主义核心价值观承载着一个民族、一个国家的精神追求,体现着一个社会批判是非曲直的价值标准。( )

10."和而不同""天人合一"等传统文化理念蕴含了社会主义核心价值观的诚信理念。( )

参考答案

第五章　遵守道德规范　锤炼道德品格

【教学目标】

1.知识目标

通过道德理论学习和案例分析，了解道德发展的起源和历史、掌握马克思主义道德的本质内涵、理解道德的社会功能和作用，在基本的道德理论学习之中，提高自身的道德认知水平及道德思想素质。

2.能力目标

能以唯物史观分析道德起源与本质，能辩证地思考人类社会道德的历史发展规律，能科学地把握社会主义道德的核心与原则。能够运用马克思主义道德观分析、判断一些社会道德现象，主动选择和建构向上向善的道德认知模式。

3.素质目标

领会社会主义道德具有显著的先进性特征，进一步坚定社会主义先进道德自信、文化自信和历史自信，建立德行修养的实践理性。

【教学重难点】

1.掌握道德概念的本质与内涵。

2.道德产生的渊源和历史发展过程。

【教学思路】

《思想道德与法治》第五章第一节围绕马克思主义理论之"道德观"的本质内涵、起源特征、功能作用、历史发展等，自然延伸到社会主义道德的先进性特征、道德核心与建设原则，整体上属于道德概念的基本理论教育，主要回答"道德是什么、为什么、怎么做"的问题，是马克思主义道德观教育的集中体现，其理论概括和逻辑思辨色彩较浓，是对中小学道德规范教育的学理深入（揭示道德本质与发展以"知其所以然"），也为其后的二、三节之优秀道德传承、践行道德修养等奠定了重要的认知基础。鲁洁、王逢贤在《德育新论》中提出，道德认知、思想理论是青少年德行素质发展的重要前提，认知水平、思维素养与道德行为之间存在着清晰的正相关关系，康德在其著作《实践理性批判》中指出，完整的道德不仅在于行为的正义与良知，更在于行为主体认知与自由行动的善意。本节关于道德（社会主义道德）的思想理论教育就非常重要，既需要调动大学生道德生活经历和社会知识储备，抽象出道德现象的一般规律，也需要以马克思主义理论为引导融入现实生活经验，印证强化道德理论的实践精神和规范理性。

【思维导图】

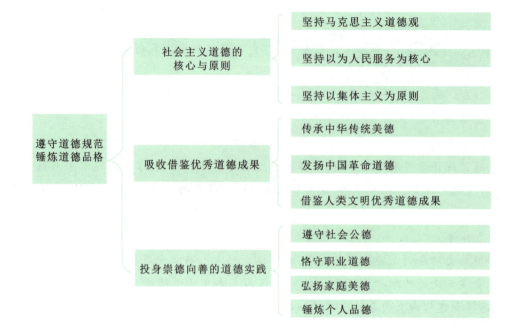

第一节 教学设计篇

一、社会主义道德的核心与原则

本节的社会热点和理论前沿问题,主要是关涉到新时代中国社会的转型期间,符合新时代中国特色社会主义的先进道德文化"是什么,为什么,以及如何建立"的问题。从传统的农业社会急剧变化,跨越式发展进步到现代化的新时代,经济基础、社会治理、文化交融、信息智能等全面而深刻的变革,共同影响和制约着当代中国社会道德的应然与实然。如何正确看待这些道德现象:比如 2020 年庚子年以来的新冠肺炎疫情就像一面镜子,一面照见了医务人员和更多逆行者的美好品德,一面照出了一些人触及道德底线的不堪,拒不接受测量体温、踢打并持违禁品威胁物业保安员、密切接触者故意隐瞒行程和症状、密切接触者不按要求隔离、制售假劣口罩等。

具体的教育教学引导方式,可在掌握马克思主义的道德观基础之上,结合大学生日常所见所闻所思所惑的社会现象和所关注的社会道德热点问题,如"抗疫中道德故事(利他与为我)""中国式过马路(社会公德)""老人摔倒该不该扶""如何看待社会生活中'最美'与'最丑'现象并存""道德是束缚人的还是帮助人过上好生活的""转型期间中国的社会风气是否在转好""市场经济中讲道德的人是不是一定吃亏"等,采用"教师案例引导、学生小组讨论、虚拟仿真沉浸、辩论与价值澄清"等师生线上线下参与方式,或者在课堂上组织小组自由讨论、最后总结陈述,或者在网络平台如蓝墨云班课、智慧职教云软件等活动库,通过头脑风暴、答疑讨论、案例分析、情景剧演绎等互动对话,或者组织学生参与社会实践、参观道德博物馆等,在比较分析中建构积极的道德回应。具体教育引导的设计原则是,教育资源选取要接地气(三贴近原则)、教育方式要重自澄清(自我质证)、把握教育时机重引导(释疑解惑指引)、教育途径宜采用体验式(虚拟沉浸或角色扮演)、教育导向要求有实效(崇德向善与知行合一)。

教学环节	教师活动	学生活动	资源手段	设计意图
课前预习(职教云)&学情测试	教师提供学习资源(职教云),设计知识问卷。教师分析:总结班级前测情况,根据职教云学习统计,梳理学生学习的重难点	课前预习与知识测试	职教云APP,案例,试题	提供预习内容,设计前测问卷,把握基本学情:学生对道德理论的理解、对道德现象的分析
导入新课	提前设计和布置"道德"主题的剧本"猴子摘香蕉"案例,发布到师生交流群	利用"六个一课前展示"平台,让学生自主组合上台展示,在情景展示中关注和思考生活中的道德现象,激发学生学习该主题的理论好奇心和思考兴趣点	列举身边学子的典型事例,导出道德榜样就在学子身边	学生通过演绎自主设计的情景剧,体会道德的特点,思考道德现象的本质和起源
讲授新课	教学内容1.马克思主义道德观的本质			
讲授新课	问题链＋案例＋讲授 ①教师提问: A.社会生活中有哪些道德现象? B.道德是人类社会从来便有的吗? C.道德是束缚人的还是帮助人过上好生活的? ③教师顺水推舟从生活中的道德现象过渡到"道德产生的主客观条件"。 ④结合马克思主义唯物史观"社会存在决定社会意识、经济基础决定上层建筑",厘清道德的科学起源与本质	②学生作答:意识、行为、规则等形态;有社会就有道德;道德的作用是维护秩序,充实心灵等	职教云APP,案例分享	以学生社会生活经验为基础,分析生活中有哪些道德现象,进一步探索,道德是人类社会一直便有的吗?为什么?得出道德产生的前提和条件,同时也分析了道德本质:由经济基础决定的特殊意识形态,特殊在评价标准、特殊在作用方式、特殊在功能价值

续表

教学环节	教师活动	学生活动	资源手段	设计意图
讲授新课	教学内容2.正确认识道德的功能和作用			
	①教师提问：刚才我们解决了"道德是什么"的问题，那么"道德为什么存在"呢？ ③教师提问：市场经济条件下讲道德的人是不是一定吃亏？ ⑤教师以唯物史为思想指导，分析道德在人类历史中的作用，通过案例对话，指出道德的指导、规范与调节功能	②学生作答：社会秩序、精神文明等。 ④学生作答：不是	职教云APP，图片，案例	通过展示武汉地区最古老的"汉阳人"面貌，分析原始社会的道德，激发学生好奇心和思考点，提振注意力
	教学内容3.正确把握人类社会道德的历史发展规律			
	问题链＋案例＋讲授 ①教师提问：原始社会是否存在道德？为什么？ ③教师通过情境设计、角色扮演，分析五种社会形态的主流道德，得出人类社会的道德发展基于经济基础，整体上是曲折上升的，阶级社会的主流道德一定是统治阶级的道德要求	②学生讨论、作答。有的学生认为有道德，否则社会会混乱，有的则认为没有	职教云APP，案例	
	教学内容4.社会主义道德建设的核心与原则			
	案例＋微视频 教师播放微视频：《焦裕禄——全心全意为人民服务的公仆》。视频展示了社会主义建设时期县委书记楷模焦裕禄的榜样事迹	学生朗诵习总书记的诗词，结合疫情防控中的中国力量，思考"社会主义道德建设为谁服务""如何处理个人与集体的关系"等问题	职教云APP，案例，视频	结合纵向道德历史发展和横向社会主义道德实践突破知识难点

续表

教学环节	教师活动	学生活动	资源手段	设计意图
	教学内容5.社会主义道德的显著优势			
讲授新课	图片案例+微型故事汇 ①通过大量案例事实向学生展示社会主义道德的显著优势、社会主义道德建设的成就。 ②微型故事汇：疫情防控的中国故事。 ③讲解：引导学生结合所学专业素质要求，思考如何在专业发展中树立人本理念、服务奉献情怀、高质量意识和集体主义精神。引导学生辩证看待现实中的道德现象，树立道德文化自信。	结合所学专业素质要求，思考如何在专业发展中树立职业道德意识	职教云APP，案例	用生动案例向学生展示社会主义道德建设成就。 通过疫情防控中的感人故事提高课堂吸引力，再次提振注意力。 紧密结合学生社会生活经验和专业发展要求来总结
课堂小结	教师呈现本节教学小结的内容，着重强调道德的基本理论知识和社会主义道德的核心与原则			
课后作业	观看纪录片《永远的焦裕禄》，并撰写观后感			

二、吸收借鉴优秀道德成果

"吸收借鉴优秀道德成果"需要学生明确，弘扬社会主义道德，推进新时代公民道德建设，必须坚持马克思主义道德观，充分吸收借鉴各种优秀道德成果。中华传统美德是中华文化的精髓，蕴涵着丰富的思想道德资源；中国革命道德是对中华传统美德的继承和发展，是社会主义道德的红色基因。在讲授过程中引导学生自觉继承并弘扬中华传统美德和中国革命道德，同时以开放的胸怀和视野吸收借鉴人类文明的优秀道德成果，不断深化对社会主义道德的认识。

教学环节	教师活动	学生活动	资源手段	设计意图
导入新课	设计职教云课前调查	完成问卷	职教云APP	掌握学情
讲授新课	发扬中华传统美德	谈美德内容	教师讲授	启发学习主动性
	传承中国革命道德	讲革命故事	教学案例	提升课堂参与度
	借鉴人类文明优秀道德成果	讨论优秀道德评判标准	头脑风暴	制造学术交流氛围
课堂小结	大学生应当自觉继承并弘扬中华传统美德和中国革命道德，同时以开放的胸怀和视野吸收借鉴人类文明的优秀道德成果，不断深化对社会主义道德的认识			
课后作业	结合自身实际，谈谈对某一具体优秀道德成果的理解			

三、投身崇德向善的道德实践

"投身崇德向善的道德实践"需要学生明确,公民道德建设对于提高人民思想觉悟、道德水准、文明素养,提高全社会文明程度,具有至关重要的作用。弘扬社会主义道德,必须推进社会公德、职业道德、家庭美德、个人品德建设。在讲授过程中引导学生自觉讲道德、尊道德、守道德,使大学生投身崇德向善的道德实践,加强道德修养,锤炼道德品质,积极向道德模范学习,培养志愿服务精神,大力弘扬时代新风,做社会主义道德的践行者、示范者和引领者。

教学环节	教师活动	学生活动	资源手段	设计意图
导入新课	课前教学内容简介	师生互动	教师讲授	展示教学内容逻辑
讲授新课	社会公德的内容与要求	学生学习感想讨论	教师讲授、案例展示	以案例展示知识点的具体内容,具象化教学内容
	职业道德的内容与要求	鉴赏短视频	多媒体播放	案例直观展示快速带入教学内容
	家庭道德的内容与要求	谈自己家的家风	案例展示配合师生互动	理论和实际相结合
	个人品德的内容与要求	参与课堂讨论	案例展示配合讨论	将知识点带入现实生活中,拉近理论与现实的距离
课堂小结	大学时期是道德观形成和发展的重要阶段,在这个时期形成的道德观念对大学生一生影响很大,大学生应在崇德向善的实践中不断锤炼道德品格,提升道德境界			
课后作业	设计一份网络道德要求列表			

第二节 学习辅导篇

一、坚持马克思主义道德观

2021年4月19日,习近平总书记在清华大学考察时的讲话中提出,当代大学生要锤炼品德,自觉树立和践行社会主义核心价值观,自觉用中华优秀传统文化、革命文化、社会主义先进文化培根铸魂、启智润心,加强道德修养,明辨是非曲直,增强自我定力,矢志追求更有高度、更有境界、更有品位的人生。引导大学生建立理性乐观、辩证积极的道德认知和心态。从人类社会道德的历史流变,理解道德的本质特征,把握道德的发展规律,自觉运用马克思主义唯物史观,辩证看待当前社会转型发展中客观存在的道德现象,确立知行合一向上向善的道德践行品质。

精讲理论

1.关于道德概念的内涵与本质特征

教学设计可借以大学生社会生活中常见的道德现象入手,讨论生活中常规的道德现象,如疫情防控中人们相互帮助、无私奉献、顾全大局等;节假日乘坐公交车地铁,人流如织却有同学主动给老人让座;车载电视不断播放公益宣传广告,车身印有《市民美德公约》。教学设计也可以通过观摩《社会公德》等动漫小品,在轻松幽默的赏析中,让学生讨论社会生活中道德的表现形态(主要有善行、规范和良知),其通常的评价方式与科学发现、文艺作品的不同之处(主要是善与恶),其发挥作用的主要途径(主要是横向的社会舆论,如人言目光;纵向的风俗传承,如民族节日传统;主体内在的良知信念,如内心愧疚、耻辱或满足)。道德评价是一种"软"约束,真正的道德追求的是"知信行一体"。同时,引导学生对比古往今来,或者今昔道德规范(理念)的变化,比如古今道德关系中男女社会地位的变化,归根到底是经济基础(经济关系)调整的反映,这种变化背后的根本原因是经济基础的变迁,进而引发学生思考道德的社会功能和作用。教学设计可以用案例引入,选取身边校园生活典型性的事例,如共享单车被有些人涂抹二维码或锁住,以供自己专用,而另一些同学主动清洗、整理、安放单车,帮大家修理好了共享单车;有些同学积极担任志愿者,协助核酸采集,有些同学恶意旷课、宅家打游戏,其品行高下相形见绌。此处引导大学生具体思考道德的指导功能、规范功能和调节功能等,道德功能的外显结果就是道德的社会作用,主要包括主观的精神力量、精神境界,客观地维护社会稳定和秩序规范等。

2.关于道德历史发展的趋势和规律

教学设计可结合大学生的人文历史知识回溯到人类文明之初,追问人类蒙昧原始时代有无道德?是否需要道德?道德因何产生?在一系列的链式提问和连环思考中(设计跟进连环型提问),很自然得出道德产生的前提条件(劳动)以及道德产生的主客观因素,进一步探讨各类形态社会(如奴隶社会、封建社会、资本主义社会等)的主流道德价值观。结合大学生文史知识储备,能够分析得出道德的阶级性(统治阶级道德占主导)、道德的发展性(反作用于经济基础和精神文明)、道德的发展趋势和主要规律(螺旋上升和曲折前进),在一系列提问与思考中得出合乎逻辑的答案,并建立起辩证唯物主义世界观,进一步引导大学生自然而然思考社会主义社会(生产资料公有制为主体的市场经济),辩证把握其道德建设的应然之态和实然之状,从道德发展大势及整体规律把握细节文明建设的要求,树立积极乐观的道德心态和务实理性的道德践行。

精选案例

说文解字谈起源:"德"字的演变

"德"字的变迁,反映了中华伦理文明出现的过程。返本才能开新。要了解"德"字的原初意义,也必须从甲骨文的"德"字一窥端倪。在甲骨文中,"德"有多种写法。《甲骨文集释》和《甲骨文编》各收录了其中的15种和20种。从结构上看,甲骨文的"德"字由彳、目和竖三部分组成。"彳"的意思就是行。"目"就是眼睛。而对于目上的一竖,学者大多认为,是一目或者目上为一直线,也有人认为这就是直。

从甲骨文"德"字的用法,我们可以发现,"德"字多用于占卜战争的卜辞,多为战争前占卜天意。这也就是说，甲骨文的"德"与天意、天人关系相关。甲骨文"德"字"目"上的一竖也必然反映着这种天人关系。

遗憾的是，我们迄今为止发现的甲骨文之前的文字只有河图洛书和陶文（西安半坡和山东大汶口发现的陶器上的文字，很多人认为是原始的汉字）。在陕西西安半坡、临潼姜寨、青海乐都柳湾、山东莒县等距今六千年左右的遗址中发现了几百个原始文字刻画符号，或与甲骨文一脉相承，但其笔画过于简单，意义很难考证。所以我们只能去找寻文字之外的证据。在诸多考古遗址中，我们可反复看见三种建筑类型，即空地、祭台和大屋子。空地、祭台和大屋子三种建筑类型都有一个共同之处就是沟通天人的中杆。空地中竖一中杆沟通天人，祭台上有祭旗表示神圣和权威，大屋子中的祖先灵位更是一个微型的中杆。这一传统一直影响着中国的建筑。中杆在中国文化中是沟通天人的重要工具。甲骨文中的"德"既然多与天人关系相关，"德"字"目"上的一竖当为中杆。

著名建筑美学专家、中国人民大学张法教授认为，远古时代的这种天地对应与中国的"中"相关。他指出，"中"在古文字中，是与天相观测相关的一个中杆，用天文学的话来说，叫"立竿测影"。

《左传》昭公二十四年引《泰誓》佚文曰："纣有亿兆人，亦有离德，余有乱臣十人，同心同德。"同心同德是通过文化的整合使社会矛盾得到妥善的解决，这是周朝兴盛的关键。周王朝的统治者发现了神权背后的意义——国运的昌隆和民众的根本利益有着密切的关系。

唯有"同心同德"怀保小民，才能获得天命的永久眷顾。这样到西周金文时期，甲骨文的"德"字就由一目变成了十目，下面还出现了"一"和"心"。"德"字的字义逐渐凸显了伦理的意蕴，用来指美好的东西，引申为政治道德之遵从民意。这样，"以德配天、敬天保民"的中华伦理文明终于在周朝成形了。

（资料来源：《学习时报》2011-04-25，有删改）

案例点评

"德"的字形与含义在中国文化里经历了一个演化与定形的过程，在古汉语中，"德"通假于"惪"，《说文解字》解"惪"为"外得于人，内得于己也"。外得于人，指以善行施之于人，使人有所获得；内得于己，指将善念存于己心，使己有所提升。可见，道德产生于人们的社会实践，体现人对社会实践规则的把握。一方面，要求我们将社会实践规则内化于心，提升自我修养；另一方面，要求我们将这种规则外化于行，促进他人和社会的发展与进步。

经典阅读

论马克思道德观的辩证批判性特质及其当代价值

鲜明的阶级性、科学的批判性和强烈的实践性是马克思主义道德理论区别于其他道德理论的显著特征。马克思明确反对脱离物质利益的道德空谈，强调以现实生活实践中"人的解放"为出发点和落脚点，强烈批判以虚假全民利益面目呈现的各种形态的道德。但这种批判却被一些人误解为是对道德的全盘否定，并称马克思是"反（或非）道德主义者"。作为源头和起点，马克思的道德观无疑影响乃至决定了整个马克思主义道德理论的形成与发展。因此，正确理解马克思的道德观是科学把握和正确运用马克思主义道德理论的关键。本文以分析马克思道德观错误认识形成的深层根源为起点，以马克思关于利益与道德关系的权威论述为依据，力图深刻揭示马克思道德观的辩证批判性特质，并进而分析其当代价值，无疑具有重大的现实意义。

一、问题的缘起:"彻底的道德批判者"与"似是而非的道德观"?

长期以来,特别是马克思、恩格斯去世以后,关于马克思是完全的道德批判者或反对者、马克思道德观"似是而非"或"自相矛盾"的观点就一直存在,乃至在西方形成了一定规模的"马克思反(或非)道德主义"学派。这一错误认识在一定程度上影响并干扰了我们对马克思道德观的正确认知,有必要厘清其主要观点和判断依据。

"马克思反道德主义"学派的观点较为激进,认为马克思不仅批判以虚假意识形态面目呈现的道德,而且批判所有形态的道德,明确反对信仰一切形式的道德,也不屑于乃至强烈反对将道德教育及道德批判作为推动无产阶级革命运动的手段。如,"塔克尔—伍德"命题的提出者之一罗伯特·塔克明确指出:"科学社会主义正如它的名字所暗示的在本质上是科学的思想体系,马克思主义……被认为不包含任何道德内容。"这一命题的另一提出者艾伦·伍德也决绝地认定,马克思"对道德教化、对道德价值……甚至道德本身极端且公开的反对"是清晰明确、毋庸置疑的,在马克思、恩格斯的著作文本中,所有的道德"而非仅仅资产阶级的道德意识形态,都被科学且理性地以这样一种方式描述和分析,任何了解情况的人都会看到信仰道德在道理上等同于信仰上帝,信仰上帝和信仰道德都是以幻想为基础的"。该派学者充分发挥了"分析学派"的特长,在马克思、恩格斯浩如烟海的著作文本字里行间找到了"对任何一种道德,无论是禁欲主义道德或者享乐道德,宣判死刑","共产主义者根本不进行任何道德说教……不向人们提出道德上的要求","共产主义要废除永恒真理,它要废除宗教、道德,而不是加以革新"等诸如此类话语,以此论证"马克思理论以其反伦理倾向而区别于其他任何社会理论,马克思理论自始至终没有任何伦理言论、伦理命题和伦理预设"。

"马克思非道德主义"学派的观点相对温和,虽然承认马克思有自己的伦理思想、伦理命题、伦理假设和道德判断,但又认为马克思对不同领域、不同阶级和不同社会道德的判断标准不统一、态度有偏见,马克思道德观是矛盾的或似是而非的。如,"马克思非道德主义"学派的代表人物理查德·米勒认为,虽然马克思"提出要为他人利益做出自我牺牲的行为准则……同时,马克思也经常明确地攻击道德和基本的道德观念"。史蒂文·卢克斯则明确指出:"传统马克思主义的道德观事实上是似是而非的矛盾的:一种彼此存在表面上的矛盾(CONTRADICTION)或至少是对立(TENSION)的态度的混合。"该派学者主要从马克思创立的历史唯物主义理论出发,认为根据马克思关于经济基础决定上层建筑的观点,作为上层建筑的道德无疑是被动的、从属的,是各种社会经济发展阶段特定生产方式及其社会关系的产物。因此,任何社会发展阶段的道德、任何阶级的道德本身都是反映客观社会存在的精神产物,都是不应该受到谴责或颂扬的。但是,马克思的做法却与此相反:一方面,马克思对资本主义社会的道德进行了无情批判和严厉抨击,认为资产阶级道德"全都是资产阶级偏见,隐藏在这些偏见后面的全都是资产阶级利益";另一方面,马克思又极力颂扬无产阶级道德的先进性和正义性,明确表达了对未来共产主义社会"解放的道德"的无限憧憬和极力赞美,认为在共产主义社会"完成了的自然主义,等于人道主义,而作为完成了的人道主义,等于自然主义,它是人和自然界之间、人和人之间的矛盾的真正解决,是存在和本质、对象化和自我确证、自由和必然、个体和类之间的斗争的真正解决"。

针对"马克思反(或非)道德主义"学派的观点,人数众多的"马克思道德主义"学派分别采用了语境主义、道德社会学、道德类型区分等不同理论和方式为马克思道德观辩护。如,凯·尼尔森就认为:"历史唯物主义明确承诺一种语境主义,而不是相对主义或主观主义。它并不排斥关于道德进步的信念。"马克思对道德的批判并不是否定道德本身的作用和功能,而是"通过批判道德化,通过展示认真对待道德的重要性,但又不陷入道德化或不追问道德的理性基础的方式,为我们提供了一种有关道德功能的社会学描述"。卢克斯认为,马克思批判"法权的道德"与赞颂"解放的道德"两者并不矛盾:"一旦我们认识到它指责为意识形态和不合时宜的是法权的道德,而采纳为它自己的道德的是解放的道德,马克思主义对道德的态度中似是而非的矛盾就迎刃而解了。"虽然这些辩护不无道理,但由于没有深入挖掘"马克思反(或非)道德主义"错误认识产生的深层根源,相关辩护存在辩护力度不够、论证不够全面的缺陷。笔者认为,正确理解马克思的道德观,需要运用马克思的唯物辩证法,特别是需要依据马克思本人对利益与道德关系的权威论述,深刻理解和全面把握马克思道德观的辩证批判性特质。

二、马克思道德观辩证批判性特质的具体表征

利益与道德的关系问题始终是伦理学研究的基本命题,对两者关系的理解和处理不同,就此形成了价值旨趣各异的道德观。马克思始终以物质利益为轴心理解和评判道德,坚持辩证批判的立场,科学展示了道德产生与发展的历史进程。马克思道德观"既不否认利益占有(与规范性道德观相异),但绝对不止于利益的占有(与描述性道德观不同)"。马克思对利益之于道德关系的论述实际上遵循了肯定、否定、否定之否定的逻辑进路,其道德观鲜明的辩证批判性特质具体体现为以下三个层面。

1. 批判道德纯粹精神论,强调利益是道德的基础

马克思自身并不否认道德是人类独有的精神现象,还明确指出道德是上层建筑的重要组成部分,是一种具有相对独立性的人类精神和社会意识形态,乃至认为"道德的基础是人类精神的自律"。但是,马克思明确反对把道德视为纯粹的精神现象,强烈批判任何脱离社会现实利益的道德观,其中包括宗教道德观、各种唯心主义道德观和掩盖了阶级利益差别的所谓永恒不变的道德观。宗教把人类社会的道德归之于"神制"戒律,排斥人的理念和个性,劝导人们抛弃对现实世界的物质利益追求,信仰神的万能精神力量。马克思对其进行了严厉批判:"宗教是被压迫生灵的叹息,是无情世界的情感,正像它是无精神活力的制度的精神一样。宗教是人民的鸦片。"马克思批判康德以"善良意志"为标志的唯心主义道德先验论,认为康德把道德视为绝弃现实物质利益的高尚精神,具有极大的虚幻性和危害性:"康德只谈'善良意志',哪怕这个善良意志毫无效果他也心安理得,他把这个善良意志的实现以及它与个人的需要和欲望之间的协调都推到彼岸世界。康德的这个善良意志完全符合于德国市民的软弱、受压迫和贫乏的情况,他们的小眼小孔的利益始终不能发展成为一个阶级的共同的民族的利益,因此他们经常遭到其他民族的资产阶级的剥削。"为极力掩盖阶级利益的差别,统治阶级的思想家往往以"使命、职责、任务、理想"等把统治阶级的道德描绘成代表全民利益的道德。马克思对此批判说:"统治阶级的思想家或多或少有意识地从理论上把它们变成某种独立自在的东西,在统治阶级的个人的意识中把它们设想为使命等;统治阶级为了反对被压迫阶级的个人,把它们提出来作为生活准则,一则是作为对自己统治的粉饰或意识,一则是作为这种统治的道德手段……他们必然会把事物本末倒置,他们认为自己的思想是一切社会关系的创造力和目的,其实他们的思想只是这些社会关系的表现和征兆。"

马克思批判道德的纯粹精神论与强调道德的物质利益本质是有机统一的。马克思认为,人是物质的存在,也有精神追求,但道德既不是来源于神明天启,也不是人之纯粹理性思辨的产物,而是来源于调节人与人之间物质利益关系的需要。马克思认为道德的产生、发展和最终实现都离不开物质利益的作用,都受到物质利益的制约和影响,并明确指出满足人的基本物质生活需要是人类历史的第一个无条件的前提,也是"人类社会"存在的无条件的前提:"我们首先应当确定一切人类生存的第一个前提,也就是一切历史的第一个前提,这个前提是:人们为了能够'创造历史',必须能够生活。但是为了生活,首先就需要吃喝住穿以及其他一些东西。"就此,马克思明确肯定了物质利益之于道德存在的前提性和决定性价值:"利益是整个道德的基础。"具体而言,从道德观念形成的起源看,道德来源于产生物质利益的生产和交换的经济关系。马克思明确指出:"人们自觉地或不自觉地,归根到底总是从他们阶级地位所依据的实际关系中——从他们进行生产和交换的经济关系中,获得自己的伦理观念。"从道德的内容、形式及其性质的发展变化看,道德随着生产力与生产关系相统一的"物质生活的生产方式"、经济结构和社会关系的变化而变化。马克思明确指出:"人们在自己生活的社会生产中发生一定的、必然的、不以他们的意志为转移的关系,即同他们的物质生产力的一定发展阶段相适合的生产关系。这些生产关系的总和构成社会的经济结构,即有法律的和政治的上层建筑竖立其上并有一定的社会意识形式与之相适应的现实基础。物质生活的生产方式制约着整个社会生活、政治生活和精神生活的过程。""道德、宗教、形而上学和其他意识形态,以及与它们相适应的意识形式便不再保留独立性的外观了。它们没有历史,没有发展,而发展着自己的物质生产和物质交往的人们,在改变自己的这个现实的同时也改变着自己的思维和思维的产物。""一切以往的道德论归根到底都是当时的社会经济状况的产物。"从道德最终实现需要的各种条件看,物质利益的充分满足是道德最终实现的基本条件。马克思指出,人们"追求幸福的欲望只有极微小的一部分可以靠观念上的权利来满足,绝大部分却要靠物质的手段来实现"。

2.批判道德单向利益决定论,肯定道德对利益具有反作用

马克思强调物质利益是道德的基础,是否意味把物质利益看作是决定道德的唯一因素?道德就完全是被动的、从属的呢?答案是否定的。马克思强调物质对道德的决定性作用,意在批判统治阶级遮蔽和掩饰道德的阶级利益属性,把道德作为统治被压迫阶级的麻醉剂和精神鸦片。马克思是从"归根到底"意义上说物质利益决定道德的,事实上从未将物质利益作为决定道德的唯一因素。针对当时一些人形而上学地把马克思道德观歪曲为"经济决定论"或"技术决定论"的错误,恩格斯明确指出:"根据唯物史观,历史过程中的决定性因素归根到底是现实生活的生产和再生产。无论马克思或我都从来没有肯定过比这更多的东西。如果有人在这里加以歪曲,说经济因素是唯一决定性的因素,那么他就是把这个命题变成毫无内容的、抽象的、荒诞无稽的空话。"在马克思那里,道德受一定社会历史阶段经济基础、社会关系、文化传统和社会习俗等综合因素的影响,道德不仅具有阶级性和实践性,还具有历史性、民族性和习俗性。恩格斯在批判杜林所谓善恶道德标准绝对论时,对马克思道德观进行了比较系统的阐释,明确指出:"善恶观念从一个民族到另一个民族、从一个时代到另一个时代变更得这样厉害,以致它们常常是互相直接矛盾的。"正是在这个意义上,马克思恩格斯强烈反对杜林"竟在旧的阶级社会中要求在社会革命的前夜把一种永恒的、不以时间和现实变化为转移的道德强加给未来的无阶级的社会"。他们明确表示,"拒绝想把任何道德教条当作永恒的、终极的、从此不变的伦理规律强加给我们的一切无理要求,这种要求的借口是,道德世界也有凌驾于历史和民族差别之上的不变的原则"。

实际上,马克思和恩格斯在晚年特别重视阐释经济基础与上层建筑之间的辩证关系,认为两者之间并不必然体现为相互排斥的关系,而是共同作用于社会的变革发展。在论述经济运动与政治运动的关系时,一方面,马克思强调"经济运动是最强有力的、最本原的、最有决定性的";

另一方面,马克思又明确指出"它也必定要经受它自己所确立的并且具有相对独立性的政治运动的反作用",道德等社会意识形态"受到迄今为止一切历史阶段的生产力制约同时又反过来制约生产力的交往形式,就是市民社会"。易而言之,马克思恩格斯通过揭示市民社会同生产力与生产关系之间的本质联系,超越了亚当·斯密物质利益驱动社会发展的单一要素论,指出利益与道德都具有推动社会发展的作用。这实际上也就指明了道德与物质利益之间的辩证关系:利益决定道德,道德对利益具有反作用。马克思明确指出,"人们是自己的观念、思想等的生产者",道德等社会意识形态是由人创造并服务于人自身及社会发展的,道德本身体现着人的主体性和能动性,道德等社会意识形态"对经济基础发生反作用,并且能在某种限度内改变经济基础"。关于道德的能动作用,马克思明确指出,道德"或者为统治阶级的统治和利益辩护,或者当被压迫阶级变得足够强大时,代表被压迫者对这个统治的反抗和他们的未来利益"。道德既可以充当资产阶级维护资本主义统治和剥削无产阶级利益的工具,也可以成为无产阶级开展阶级斗争和获取自身利益的武器,马克思这一关于道德对利益具有能动作用的表述十分清晰明了。

3.批判以追求"特殊利益"为核心的法权道德,弘扬"真正人的道德"

如果说在古代社会利益与道德冲突论或对立论一度占统治地位的话,那么人类进入近现代社会以来,承认追求利益之于道德的合法性和正当性已经成为主导性观点。马克思对此持赞同态度,明确指出"'思想'一旦离开'利益',就一定会使自己出丑","人们奋斗所争取的一切,都同他们的利益有关"。具体而言,马克思不仅认为追求利益本身并非不道德,而且强调道德的发展与进步必须以人利益的满足为基础,也不认为个人追求自身利益与维护社会利益之间是必然的冲突和对抗关系。马克思明确指出:"在选择职业时,我们应该遵循的主要指针是人类的幸福和我们自身的完美。不应认为,这两种利益是敌对的,互相冲突的,一种利益必须消灭另一种的;人类的天性本来就是这样的:人们只有为同时代人的完美、为他们的幸福而工作,才能使自己也达到完美。"这就清楚地表明,马克思认为利益有"特殊利益"和"普遍利益"之分,人追求自己的"特殊利益"是否道德,关键要看获取"特殊利益"的方式,但只有为全人类的"普遍利益"而奋斗才是值得弘扬的道德。因此,马克思不是从一般意义上批判代表"特殊利益"的道德,实际上要批判的是,披着全民利益外衣、实质上充当维护剥削阶级利益工具的道德,即"法权的道德"。马克思之所以要强烈批判这种道德,原因是:一方面,"法权的道德"在阶级社会中总是被作为规范全民行为、维护社会秩序的"合理而必要的工具"使用的,它掩盖了服务于统治阶级自身"特殊利益"的实质,具有很大的欺骗性和蒙蔽性;另一方面,这种道德为资本主义生产方式辩护,而由于资本主义社会"生产不仅把人当作商品、当作商品人、当作具有商品的规定的人生产出来;它依照这个规定把人当做既在精神上又在肉体上非人化的存在物生产出来"。易而言之,由于资本主义生产方式和私人资本的存在,导致了利益追求与人的"解放的道德"之间的对立和冲突,"法权的道德"助推了所有人(包括资本家和工人)的全面异化,而"作为这个世界(它受自己的规律支配)的原则的道德正在消失中,而代替本质的却是外表的现象、警察的礼貌和拘泥的礼仪"。因此,马克思强烈批判这种"法权的道德",倡导以"解放的道德"取而代之。

马克思要弘扬的"解放的道德"或曰"真正人的道德",是指以全人类的"普遍利益"为基础,以促进人的自由而全面发展为价值旨归,以实现全人类的生活幸福为终极目标的道德。这种道德摆脱了"特殊利益"的羁绊,或者说以消解"特殊利益"与"普遍利益"的矛盾为前提,克服了劳动异化和人的异化,是人向自身"类特性"和自由本质的复归。摆脱"特殊利益"的羁绊,并不是指道德完全"非利益化"或"去利益化",而是说要改变以追求个人或少数统治阶级"特殊利益"为中心的现状,实现由追求"特殊利益"为核心向追求"普遍利益"为核心的转变。马克思明确指出:"既然正确理解的利益是整个道德的基础,那就必须使个别人的私人利益符合于全人类的利益。"显然,人们一旦把追求"特殊利益"作为生活的核心目标时,不但做不到马克思的上述要求,而且会背离人自身的本真属性,远离"真正人的道德"。确切地说,马克思倡导"解放的道德"不是要求简单地抛弃利益,而是要求扬弃利益,目的在于避免以追求"特殊利益"为核心所导致的人、劳动和社会的异化,通过构建以追求"普遍利益"为核心的"真正人的道德",促进人之自由"类本质"的自我澄明和自我显现。马克思认为,"解放的道德"的实现必须要从革除利益获取的不正当、不正义生产方式做起,"必须推翻使人成为被侮辱、被奴役、被遗弃和被蔑视的东西的一切关系","从劳动不再能变为资本、货币、地租,一句话,不再能变为可以垄断的社会力量的时候起,就是说,从个人财产不再能变为资产阶级财产的时候起……共产主义并不剥夺任何人占有社会产品的权力,它只剥夺利用这种占有去奴役他人劳动的权力"。马克思所谓的"真正人的道德"或"解放的道德",需要以社会物质的极大丰富为基础,需要实现人类生产关系和社会交往关系的根本性转变,只有到未来的共产主义社会才能真正实现。因为只有在共产主义社会,"每个人的自由发展是一切人的自由发展的条件",共产主义运动的特别之处在于"它推翻一切旧的生产关系和交往关系的基础,并且第一次自觉地把一切自发形成的前提看作是前人的创造,消除这些前提的自发性,使这些前提受联合起来的个人的支配"。

三、马克思道德观辩证批判性特质的当代价值

习近平指出:"尽管我们所处的时代同马克思所处的时代相比发生了巨大而深刻的变化,但从世界社会主义500年的大视野来看,我们依然处在马克思主义所指明的历史时代……在坚持以马克思主义为指导这一根本问题上,我们必须坚定不移,任何时候任何情况下都不能动摇。"因此,马克思道德观的辩证批判性特质,不仅指引了整个马克思主义道德理论形成和发展的历史航程,而且对指导我们科学认识和解决当代中国的道德问题、理性定位社会主义道德的功能与作用、正确选择社会主义道德发展的前进方向等具有重大的现实意义。

1. 为科学认识和解决当代中国的道德问题提供了实践工具

马克思强调物质利益是道德的基础,它与批判纯粹的道德精神论是辩证统一的,目的都在于揭示道德的物质利益本质和根本成因,反对掩饰道德的阶级性和利益性。马克思从历史唯物主义的基本原则出发,运用辩证批判的方法,既肯定了道德的精神性,把道德看作是人类独有的社会意识,又反对把道德视为无利益诉求的纯粹精神现象,把物质利益视为道德的基础,认为道德具有物质与精神的双重属性。与此同时,马克思道德观又明显超越了既往道德观的双重属性论,向我们清楚地展示了物质利益之于道德的先在性和决定性,道德的精神性是从属的、第二性的:"这一'道德的'表明……就这些影响(首先是经济的)以'道德的'形式存在而论,它们始终是派生的,第二性的,决不是第一性的。"由此,马克思将道德从虚幻的"彼岸世界"拉向了现实利益的"此岸世界",其道德观体现了鲜明的物质性和实践性,这就为我们正确认识和解决当代中国的道德问题提供了实践工具。显然,分析当代中国社会道德滑坡、道德冷漠、道德价值观多元化等种种道德问题的成因,就不能仅仅只是从人们的思想认识和觉悟程度层面去寻找,而应该从产生上述道德问题的深层根源上去寻找,解决道德问题显然也不能仅仅依靠道德教育来完成。

现阶段我国实行的是公有制为主体、多种所有制经济共同发展,按劳分配为主体、多种分配方式并存,社会主义市场经济体制等社会主义基本经济制度。虽然剥削阶级已经作为一个阶级被消灭,广大人民群众都是国家的主人,个人利益与国家利益在根本上具有一致性,但由于单一

的公有制经济基础已经不复存在、利益分配方式多样、不平衡不充分发展矛盾突出,事实造成了不同社会群体利益格局的复杂化和多样化,导致个人及不同社会群体的"特殊利益"与社会及国家的整体利益之间存在不同程度的张力和矛盾。由于道德冲突实际上是利益矛盾的外在表现,因此,要想从根本上解决当代中国的各种道德问题,还必须回到马克思提供的方案,从产生道德冲突的物质利益根源做起。那就是不断解放和发展生产力,不断扩大公有制经济基础,不断完善公平正义的分配制度,不断和谐劳动生产关系,努力消除贫富两极分化,使广大人民群众共享改革开放的成果,走共同富裕的道路。唯有如此,才能不断形成和发展壮大真正意义上的物质利益共同体,进而在此基础上形成真正的道德共同体。

2. 为理性定位社会主义道德的功能作用提供了理论遵循

在社会主义市场经济条件下,如何看待道德之于整个社会发展的功能和作用尤其重要。马克思既明确肯定物质利益对于道德发展和社会进步的决定性影响,明确指出利益关系直接决定着道德的基本原则和主要规范,推动人类历史变革的原动力在于物质利益,而不是道德,道德对于社会变革的功能与作用是有限度的、有条件的。同时也明确指出,道德发展受多种因素的综合影响,对经济基础具有反作用,可以能动地调控利益关系,推动社会进步。这就为我们正确定位社会主义道德的作用和功能提供了必须坚守的理论遵循:既要反对"道德万能论",也要反对"道德无用论"。高度重视物质利益对道德进步和社会发展的决定性作用,这是我们党的一贯主张。毛泽东曾明确指出:"一切空话都是无用的,必须给人民以看得见的物质福利。"针对新中国成立后一段时期忽视保障个人利益,过分夸大道德能动作用的问题,邓小平明确指出:"不讲多劳多得,不重视物质利益,对少数先进分子可以,对广大群众不行,一段时间可以,长期不行。革命精神是非常宝贵的,没有革命精神就没有革命行动。但是,革命是在物质利益的基础上产生的,如果只讲牺牲精神,不讲物质利益,那就是唯心论";"我们提倡按劳分配,承认物质利益,是要为全体人民的物质利益奋斗"。习近平指出:"检验我们一切工作的成效,最终都要看人民是否真正得到了实惠,人民生活是否真正得到了改善,这是坚持立党为公、执政为民的本质要求,是党和人民事业不断发展的重要保证。"这就是说,不断发展经济并保障人民的物质利益本身就具有道德进步意义,而且从一定意义上说,这也是解决其他一切社会问题的根本和关键。

承认物质利益对道德和社会进步的决定性作用,就是否定"道德万能论"。但如果就此认为发展经济可以解决一切社会问题,认为道德完全无用,那无疑又走向了另一个极端。实际上,克服市场经济的私利性、盲目性和功利性等负面效应,更需要发挥道德的能动作用。马克思指出,"每一既定社会的经济关系首先表现为利益",批判资本主义市场经济和生产方式使人与人之间的关系变成了赤裸裸的利益关系。恩格斯则指出,资本主义生产资料所有制的存在必然导致利益是单个利益,利益的统治必然表现为财产的统治,批判利益"被提升为普遍原则""被提升为人类的纽带""被提升为对人的统治者"。今天我们要建立和完善社会主义市场经济体制,就必须要克服资本主义市场经济所导致的人与人之间关系异化的弊端,以社会主义道德调控和化解人民群众之间的利益矛盾和冲突,引导人们正确理解马克思所谓"正确理解的利益是整个道德的基础"的论断,做到"使个别人的私人利益符合于全人类的利益"。在当前阶段,我们必须充分认识到"以德治国"与"依法治国"相结合的重大意义,积极培育和践行社会主义核心价值观,以此为社会主义市场经济的健康发展和不断完善提供正确的价值导向,引导人们诚信经营,恪守职业道德,发扬奉献精神,正确处理个人利益与公共利益的关系,正确处理物质利益追求与道德品行提升的关系,为经济发展和社会进步汇聚强大的道德力量和精神动力。

3.为社会主义道德的发展指明了前进方向

马克思指出,由于在资本主义社会"每个人都力图创造出一种支配他人的、异己的本质力量,以便从这里面获得他自己的利己需要的满足",由此导致利益冲突和人的全面异化,"一切情欲和一切活动都必然湮没在贪财欲之中"。而在阶级社会中道德总是一定阶级利益的外在伦理表现,因此,不仅不同阶级的道德之间存在对立和冲突,而且利益与道德之间也往往存在张力和矛盾。尤其是代表统治阶级利益的"法权的道德"总是以维护全民利益的面目出现,具有很大的欺骗性和麻醉性,使被统治阶级在不知不觉中丧失了追求自由和自我解放的意识。马克思对这种道德给予强烈批判,指出道德必须从追求狭隘特殊利益的桎梏中摆脱出来,从阶级的束缚中解脱出来,实现从"法权的道德"向"解放的道德"的转变。其转变路径在马克思那里被表述为:"财产的任何一种社会形式都有各自的'道德'与之相适应,而那种使财产成为劳动之属性的社会财产形式,决不会制造个人的'道德限制',而会将个人的'道德'从阶级束缚下解放出来。"易而言之,只有当劳动不再异化为对人的占有,劳动剥削被消灭,阶级对立被消除,劳动所创造的财富全部归劳动者所有时,道德才能真正从阶级的束缚中解放出来。恩格斯明确表示:"只有在不仅消灭了阶级对立,而且在实际生活中也忘却了这种对立的社会发展阶段上,超越阶级对立和超越对这种对立的回忆的、真正人的道德才成为可能"。这实际上是说,"真正人的道德"要到共产主义社会才能实现,因为只有在那里,人才能完成对自身本质的真正占有,才能完成"合乎人性的人的复归","人以一种全面的方式,就是说,作为一个完整的人,占有自己的全面的本质"。

马克思、恩格斯所指明的"法权的道德"向"真正人的道德"转化的路径,实际上为社会主义道德的发展指明了前进的方向。早在分析当时资本主义社会存在的基督教道德、资产阶级道德和无产阶级道德三者中哪一种更合乎真理时,恩格斯说:"如果就绝对的终极性来说,哪一种也不是;但是,现在代表着现状的变革、代表着未来的那种道德,即无产阶级道德,肯定拥有最多的能够长久保持的因素。"这是因为,无产阶级的道德不是"法权的道德",无产阶级对利益的追求不以剥削和侵占他人的劳动成果为手段,无产阶级道德代表绝大多数人的普遍利益。今天,我们已经建立了工人阶级领导的、以工农联盟为基础的人民民主专政的社会主义国家,广大人民群众的根本利益是一致的。虽然社会主义社会是资本主义社会向共产主义社会的过渡阶段,社会主义道德在本质上依然属于阶级的道德,依然没有完全摆脱"法权的道德"的范畴,但剥削阶级已经作为一个阶级被消灭,人民已经成为国家的主人,国家的一切权力属于人民。因此,除在世界范围内继续作为与资本主义道德进行斗争的必要工具外,社会主义道德在国内作为"法权的道德"的工具性功能应该不断被弱化,直至最终消亡。当然,在共产主义最终实现之前,社会主义道德依然是调节人民群众内部利益矛盾的重要手段,坚持开展以"为人民服务"为核心、"集体主义"为原则的社会主义道德教育依然十分必要。但与此同时,社会主义道德建设还应该更多强调"以人为本",更多注重保障和满足个人的物质利益和精神生活,通过不断解放和发展生产力,积极为"每个人的自由而全面的发展"创造条件,引导和帮助人民群众注重道德精神追求,树立共产主义远大理想,以实现"真正人的道德"——共产主义道德为前进方向和终极目标。

(资料来源:光明网 2020-03-04)

二、社会主义道德的核心与原则

社会主义和共产主义道德,是人类道德合乎规律发展的必然产物,是人类道德发展史上的一种崭新类型的道德,是对人类道德传统的批判与继承,并必然随着社会的进步和实践的发展而发展进步。

 精讲理论

1.社会主义道德的特点

与以往社会的道德形态相比,社会主义道德具有显著的先进性特征,这种先进性主要体现在以下几个方面:

首先,社会主义道德是社会主义经济基础的反映。在以生产资料公有制为主体的社会主义社会,广大人民不仅在政治上实现了当家作主,而且在道德上实现了由被动到主动的转变。

其次,社会主义道德是对人类优秀道德资源的批判继承和创新发展。以当代中国的社会主义道德体系为例,我们今天倡导的社会主义道德规范,不仅与中华传统美德相承接,与中国共产党人在革命战争年代创立的革命道德相延续,同时也是对人类优秀道德成果的吸收和借鉴。

最后,社会主义道德克服了以往阶级社会道德的片面性和局限性,坚持以为人民服务为核心,坚持以集体主义为原则,展现出真实而强大的道义力量。

2.社会主义道德的核心

为什么人服务是道德的核心问题,决定并体现着道德建设的根本性质和发展方向,规定并制约着所有道德现象。

为人民服务作为社会主义道德的核心,是社会主义道德区别和优越于其他社会形态道德的显著标志。为人民服务,不仅是坚持历史唯物主义的必然要求,是中国共产党践行的根本宗旨,也是社会主义道德的集中体现,是全体中国人民共同遵循的道德要求。

为人民服务是社会主义道德的本质要求,是社会主义经济基础和人际关系的客观要求,是先进性和广泛性的统一。

3.社会主义道德的原则

社会主义道德的原则是集体主义。在我国,国家利益、社会整体利益和个人利益在根本上是一致的,使集体主义应当而且能够在全社会范围内贯彻实施。

(1)集体主义是调节社会利益关系的基本原则。

集体主义强调国家利益、社会整体利益和个人利益的辩证统一。

集体主义强调国家利益、社会整体利益高于个人利益。

集体主义重视和保障个人的正当利益。

(2)集体主义的层次。

根据我国现阶段经济社会生活和人们思想道德的实际,集体主义可分为三个层次:

一是无私奉献、一心为公。即时时处处为集体着想,并甘愿为集体牺牲一切。这是集体主义的最高层次,是优秀共产党员和先进分子应该努力达到的道德目标。

二是先公后私、先人后己。即自觉把集体利益放在个人利益之上,在维护集体利益的前提下,实现个人的正当利益。这是具有较高社会主义道德觉悟的人能够达到的要求,具有广泛的社会基础。

三是顾全大局、遵纪守法、热爱祖国、诚实劳动,以正当合法的手段保障个人利益。这是对公民最基本的道德要求。

 精选案例

全心全意为人民服务
——张思德精神述评

延安枣园"为人民服务"讲话纪念广场,张思德花岗岩雕塑巍然矗立,"为人民服务"五个字格外醒目。

2021年9月8日,山丹丹延安精神宣讲志愿服务队联合延安市张思德消防服务队、延安消防志愿者联盟成员又一次来到延安枣园,开展纪念《为人民服务》发表77周年,缅怀张思德同志主题党日活动。

"张思德同志是为人民利益而死的,他的死是比泰山还要重的……"在枣园"为人民服务"讲话纪念广场,来到这里的人们自然而然地诵读起《为人民服务》的字句。

人们再一次回到那篇经典之作讲述的场景:1944年9月8日,中央直属机关、中央警卫团等1000多人,为张思德同志举行追悼会。毛泽东发表了著名的演讲,他把张思德身上闪光的思想和品德精炼成五个大字——为人民服务。

《为人民服务》这篇演讲为中国共产党"为人民服务"宗旨的诞生进行了思想奠基。1945年,党的七大正式把"为人民服务"思想写进党章,明确了"全心全意为人民服务"是中国共产党的根本宗旨。

2015年,习近平总书记在陕西考察时强调,延安时期,毛泽东同志在追悼张思德同志时发表的《为人民服务》演讲,深刻揭示了党群关系、干群关系、军民关系的真谛。

一个普通的名字,与一个政党紧紧连在一起,升腾成精神之花——为人民服务。它影响着一代又一代中国共产党人,如张思德一般支撑、铸就起党的事业、人民的事业。

1. 人民至上 不怕牺牲

"长在高山上,死在泥洞中;魂魄飘青天,骨头暖人间。"延安老百姓中流传着这首谜语诗。谜底是木炭。

"快出去,危险!"张思德发现窑顶往下掉碎石。危难之际,他急忙将战友推出窑口……在延安张思德牺牲处的炭窑遗址,人们脑海中会浮现出张思德生命中最后一刻的场景。牺牲那年,他才29岁。

张思德牺牲后,老百姓每每听到这个谜语,常常禁不住落下泪滴:"这说的就是张思德啊。"

"为人民利益而死,就比泰山还重;替法西斯卖力,替剥削人民和压迫人民的人去死,就比鸿毛还轻。张思德同志是为人民利益而死的,他的死是比泰山还要重的。"毛泽东的演讲震撼山岳。毛泽东亲笔题写了"向为人民利益而牺牲的张思德同志致敬"的挽词。

在枣园"为人民服务"讲话纪念广场,延安干部学院教授徐建国围绕毛泽东《为人民服务》讲话做现场教学,和学员们共同学习张思德同志全心全意为人民服务的精神——

"这篇演讲的特点在于,它把党的宗旨,这个关系到全党普遍价值追求的'公共问题'同一个普通党员的生存价值和生活意义联系起来,不仅强调党的普遍价值追求是为人民服务,而且强调党员的人生价值和人生意义也在于为人民服务。"

"毛泽东并非代表他个人来评价张思德,他代表的是党和人民军队,'为人民服务'这五个字并非专为张思德个人题写,而是为那些为中国革命默默作出贡献的无数英勇战士题写,它不具有特指的含义,而具有普遍意义,凡是为革命事业作出无私贡献的人都配得上这五个字。"徐建

国认为。

"我们都是来自五湖四海,为了一个共同的革命目标,走到一起来了。"党的宗旨和党员个人价值追求在"为人民服务"上统一起来了。

张思德,革命队伍中的普通一兵:站岗、扫地、烧炭、纺纱、打水就是他的工作日常。一些人可能不以为然,但在这样琐碎事务中他奔波着、忙碌着,直到生命最后一息。

张思德在他短暂的生命中,将远大的革命目标化作朴素的日常工作,忠实无私地在每个岗位上为人民服务。从战士到班长,再从班长到战士,一切服从人民利益和党的需要,干一行爱一行专一行。在这个普通士兵的身上,体现了千千万万个革命者身上、骨子里流淌的优秀品质——为人民服务。

"张思德用行动履行了'为了人民,为了革命,要敢于献出自己的一切'的承诺;用生命实践了'不怕困难,不怕牺牲'的入党誓言。"延安大学政管学院辅导员张元说。

为人民而生,因人民而兴,始终同人民在一起,为人民利益而奋斗,是立党兴党强党的根本出发点和落脚点。在中国共产党百年奋斗历程中,无数革命先烈和英雄模范人物前赴后继,牺牲奉献,塑造出了共产党人的精神底色。

知民情、解民忧、纾民怨、暖民心。在张思德之后,焦裕禄、雷锋、王进喜、孔繁森、郑培民、任长霞等一个又一个优秀共产党员不断涌现,他们将"人民至上"一次次照亮。

"我们要坚持人民至上,只要是人民群众欢迎、咧嘴笑的事,再难也要干到底;只要是人民群众不高兴、撇嘴的事,就坚决不要干!"习近平总书记这样诠释"人民至上"。

今天,有无数共产党员勇敢地挺立潮头,以实际行动践行"人民至上"——

他们是"全面建成小康社会,一个不能少"这一铿锵承诺的履行者。

"不获全胜,决不收兵"。这样的豪情壮志来自广西百色百坭村第一书记黄文秀。30岁的生命定格在扶贫路上,留在那个大雨如注的夜晚。如她一样的平凡工作者书写了世界减贫史上的奇迹:8年间,中国近1亿贫困人口实现脱贫,困扰中华民族几千年的绝对贫困问题得到历史性解决。人们不会忘记,300多万名驻村干部、第一书记和数百万名基层工作者奋战在脱贫一线,更有1800多名"战士"永远地留在了脱贫一线。

他们是逆行出征、舍生忘死、抗击新冠肺炎疫情的白衣战士。

"随时做好奔赴一线的准备。"一份四川大学华西天府医院院长、华西医院重症医学科教授康焰的抗疫时间表让众多网友泪目。作为湖北抗疫"重症八仙"之一,10月24日,康焰和同事奔赴内蒙古自治区为新冠肺炎患者开展医疗救治工作,这也是2020年以来康焰第8次出征,前往抗疫一线。

武汉抗疫,累计4万余名医护人员驰援湖北,用血肉之躯筑起阻击病毒的钢铁长城,用实际行动诠释了医者仁心和大爱无疆。

2. 全心全意 任劳任怨

走进延安安塞区廉政文化教育张思德革命传统教育基地,映入眼帘的是一面弧形浮雕,浮雕正中央是张思德烧木炭时的形象:即使再苦再累,永远都以微笑示人。这就是憨厚、朴实的张思德。

每每谈起张思德,战友们记得——

每到一个地方,他就和那里的群众打成一片,帮助他们挑水、扫院子、喂牲口、收割庄稼,严格遵守群众纪律。帮助战友补洗衣服、编草鞋、喂战马、挑水烧火、采药防病、站岗放哨,带头帮助驻地群众生产劳动,干好每一件革命工作。在警卫连,他是入伍最久、资历最老的同志,走过雪山,爬过草地,但从来都自觉地趴在车后的防护架上,随着一路尘土来去……

1945年4月,在党的七大政治报告中,毛泽东指出党及党领导下的军队的"唯一宗旨"是"全心全意地为人民服务",这种服务不是三心二意,也不是半心半意。

四川仪陇,是张思德的家乡。在这里,歌剧《张思德》作为长期演出的剧目在仪陇剧场进行驻场演出。一场场,一遍遍,在剧目中,人们感受着一位全心全意为人民服务的战士朴实却至高的形象。

"他是个名副其实的战斗英雄。请记住:每一个普通战士的躯体里都潜藏着英雄的基因,忠厚与老实绝不是平庸与无能的代名词。"

"当了七年班长,又改当战士,他从容淡泊不声不响中袒露出一个普通士兵那灵魂的高尚、纯净而不肤浅,憨厚连着忠实。"

全心全意为人民服务是在一件件、一桩桩小事中干出来的,是在践行为人民服务宗旨的实践中产生的。全心全意为人民服务的彻底的革命精神,是每一位共产党人崇高价值追求的真实体现。

为中国人民谋幸福,为中华民族谋复兴。一部中国共产党历史,就是一部反映中国共产党人不忘初心、牢记使命,全心全意为人民服务的历史。革命的成功,不仅需要有人在枪林弹雨中冒死冲锋,也需要有人在平凡的岗位上默默奉献。

全心全意为人民服务,就是无怨无悔、奋勇当先。"人民有困难就是我的困难,我决不能袖手旁观。"雷锋说,革命需要我去烧木炭,我就去做张思德;革命需要我去堵枪眼,我就去做黄继光。

全心全意为人民服务,就是信守承诺、一干到底。2021年6月29日,一位耄耋之年的护边员,新疆生产建设兵团第九师161团退休职工魏德友被颁授"七一勋章"。风雪戍边57年,他走过了20万公里巡边路。穷尽一生,扎根边疆,在边境线上,树立起一座"活界碑"。

全心全意为人民服务,就是不辞辛劳、主动请缨。"我的人生就是想多结几个瓜,把瓜的甘甜给人民。"62年中培育出30多个品种,因阿尔茨海默病已认不得人,却始终忘不了瓜的育种专家吴明珠说。

为了谁?依靠谁?

每位共产党员深知:淮海战役胜利是靠老百姓用小车推出来的;渡江战役胜利是靠老百姓用小船划出来的;社会主义革命和建设的成就是人民群众干出来的;改革开放的历史伟剧是亿万人民群众主演的。来自人民、依靠人民、为了人民,是百年来中国共产党的发展逻辑和胜利密码。

"你把人民放在心里,人民把你记在心上。"植根人民,一刻也不脱离群众,全心全意为人民服务,这是共产党人最大的光荣。今天,中国共产党已经成为拥有9500多万名党员、领导着14亿多人口大国、具有重大全球影响力的世界第一大执政党,得到了中国人民最广泛的支持和拥护。

"利民之事,丝发必兴;厉民之事,毫末必去。"权为民所用、情为民所系、利为民所谋。在中华大地全面建成小康社会,拥有世界最大中等收入群体,建成世界规模最大的社会保障体系……这一切,无不体现着人民群众不断增强的获得感幸福感安全感,也无不印证着中国共产党人念兹在兹的为民情怀。以人民忧乐为忧乐,以人民甘苦为甘苦,更多的共产党员将继续始终同人民想在一起、干在一起,风雨同舟,同甘共苦,努力为人民创造更美好、更幸福的生活。

3.行家里手 奋勇当先

"为人民服务!这就是我的特长。"1972年,毛泽东回答时任美国总统尼克松提问时回答。

对中国共产党人而言,为人民服务是党员必须不断锤炼强化的一种觉悟和能力。

张思德生前留下的唯一一张可以看清相貌的照片,就是他和战友一起烧炭时的照片。炭窑入口狭小,张思德几乎是缩着身子,脸上露着笑意。

当年的张思德是什么样子?那可是一把好手,奋勇当先,一往无前。战友们的回忆同样会告诉你——

烧木炭是个技术活:木材在窑中要立起来码放,火要烧得均匀,压火要恰到好处。张思德学习纺纱、开垦、烧木炭,成为远近闻名的"多能手"。

烧一窑炭一般需要10天左右。为了多烧几窑,张思德和大家就在压火后木炭尚未完全冷却时出窑,把烧炭周期缩短为7天。

开窑出炭非常辛苦,每次出窑,张思德就用破布把双手包上,下到窑的最里面取木炭。他和战友们日夜苦战,一个多月就烧了2.5万公斤木炭,超额完成了当月的生产任务。苦战3个月,经过伐树、打窑、烧火、出窑、捆扎、运输等数道繁重的工序,终于把4万公斤烧炭运到了延安。

"践行宗旨,就是对人民饱含深情,心中装着人民,工作为了人民,想群众之所想,急群众之所急,解群众之所难,密切联系群众,坚定依靠群众,一心一意为百姓造福,以为民造福的实际行动诠释了共产党人'我将无我、不负人民'的崇高情怀。"习近平总书记在"七一勋章"颁授仪式上指出。

"为人民服务"不是一句简单的口号,它要求每一名共产党员成为真正的"行家里手",在为人民服务的具体实践中锤炼意志、锻造本领,提高服务人民的科学化水平。

"我叫'张思德',来义务巡逻,守护红色圣地。""我叫'张思德',做红色历史的义务宣传员"……如今,在延安枣园辖区活跃着大大小小十多支张思德便民服务队,其中国家电网陕西张思德共产党员服务队、延安市公安局宝塔分局枣园派出所张思德义务服务队、延安市张思德消防服务队等已成为品牌志愿者服务队。

学所以益才也,砺所以致刃也。各地工作团队以"张思德"命名,意在学习张思德以人民利益为先的精神,身先士卒,挺身而出,把"为人民服务"的宗旨时时刻刻记在心上,落实在行动上。

为人民服务的特长是忠诚。"守土有责""寸土不让""清澈的爱,只为中国。"在喀喇昆仑高原,一代代边防军人以山为纸,以石作画,拼出中国地图,刻下铿锵誓言。

为人民服务的特长是永不停歇。"从加入中国共产党那一天起,我就做好了以身许国,一生献科学的准备。"年逾九旬的中国科学院院士、石油化工专家、"时代楷模"陈俊武每天都会准时来到办公室,收看邮件,指导项目。他早已习惯每天学习一点新东西,给大脑充电。

为人民服务的特长是学识。"在抗美援朝的战场上,除了中国人民志愿军,还有一支扛着经纬仪和绘图板的特殊队伍。他们满脸书卷气,但也能像骁勇的老兵一样勇往直前。这就是由西南交通大学前身北方交通大学唐山工学院派出的特殊战斗队伍——抗美援朝工程队。先后3次奔赴朝鲜参与机场的修建,为抗美援朝战争的最终胜利作出了积极贡献。"西南交通大学青年宣讲团宣讲员胡海利一谈起校友们的故事,总是满脸的钦佩。

(资料来源:光明日报网 2021-11-11,有改动)

案例点评

时代在变,但党和群众心连心、同呼吸、共命运的政治立场始终没变,党为人民服务的价值追求从未改变。担当是最好的传承,传承是最好的纪念。为人民服务的信念将指引全体共产党员同亿万人民一道,做走在时代前列的奋进者、开拓者、奉献者,为实现中华民族伟大复兴凝聚起更加磅礴的力量。新时代大学生要勇于担当民族复兴大任,大力弘扬为人民服务精神,在社会实践中努力践行为人民服务精神。

经典阅读

《新时代公民道德建设实施纲要》

中华文明源远流长,孕育了中华民族的宝贵精神品格,培育了中国人民的崇高价值追求。中国共产党领导人民在革命、建设和改革历史进程中,坚持马克思主义对人类美好社会的理想,继承发扬中华传统美德,创造形成了引领中国社会发展进步的社会主义道德体系。坚持和发展中国特色社会主义,需要物质文明和精神文明全面发展、人民物质生活和精神生活水平全面提升。中国特色社会主义进入新时代,加强公民道德建设、提高全社会道德水平,是全面建成小康社会、全面建设社会主义现代化强国的战略任务,是适应社会主要矛盾变化、满足人民对美好生活向往的迫切需要,是促进社会全面进步、人的全面发展的必然要求。

2001年,党中央颁布《公民道德建设实施纲要》,对在社会主义市场经济条件下加强公民道德建设提供了重要指导,有力促进了社会主义精神文明建设。党的十八大以来,以习近平同志为核心的党中央高度重视公民道德建设,立根塑魂、正本清源,作出一系列重要部署,推动思想道德建设取得显著成效。中国特色社会主义和中国梦深入人心,践行社会主义核心价值观、传承中华优秀传统文化的自觉性不断提升,爱国主义、集体主义、社会主义思想广为弘扬,崇尚英雄、尊重模范、学习先进成为风尚,民族自信心、自豪感大大增强,人民思想觉悟、道德水准、文明素养不断提高,道德领域呈现积极健康向上的良好态势。

同时也要看到,在国际国内形势深刻变化、我国经济社会深刻变革的大背景下,由于市场经济规则、政策法规、社会治理还不够健全,受不良思想文化侵蚀和网络有害信息影响,道德领域依然存在不少问题。一些地方、一些领域不同程度存在道德失范现象,拜金主义、享乐主义、极端个人主义仍然比较突出;一些社会成员道德观念模糊甚至缺失,是非、善恶、美丑不分,见利忘义、唯利是图,损人利己、损公肥私;造假欺诈、不讲信用的现象久治不绝,突破公序良俗底线、妨害人民幸福生活、伤害国家尊严和民族感情的事件时有发生。这些问题必须引起全党全社会高度重视,采取有力措施切实加以解决。

加强公民道德建设是一项长期而紧迫、艰巨而复杂的任务,要适应新时代新要求,坚持目标导向和问题导向相统一,进一步加大工作力度,把握规律、积极创新,持之以恒、久久为功,推动全民道德素质和社会文明程度达到一个新高度。

一、总体要求

要以习近平新时代中国特色社会主义思想为指导,紧紧围绕进行伟大斗争、建设伟大工程、推进伟大事业、实现伟大梦想,着眼构筑中国精神、中国价值、中国力量,促进全体人民在理想信念、价值理念、道德观念上紧密团结在一起,在全民族牢固树立中国特色社会主义共同理想,在全社会大力弘扬社会主义核心价值观,积极倡导富强民主文明和谐、自由平等公正法治、爱国敬业诚信友善,全面推进社会公德、职业道德、家庭美德、个人品德建设,持续强化教育引导、实践养成、制度保障,不断提升公民道德素质,促进人的全面发展,培养和造就担当民族复兴大任的时代新人。

——坚持马克思主义道德观、社会主义道德观,倡导共产主义道德,以为人民服务为核心,以集体主义为原则,以爱祖国、爱人民、爱劳动、爱科学、爱社会主义为基本要求,始终保持公民道德建设的社会主义方向。

——坚持以社会主义核心价值观为引领,将国家、社会、个人层面的价值要求贯穿到道德建设各方面,以主流价值建构道德规范、强化道德认同、指引道德实践,引导人们明大德、守公德、严私德。

——坚持在继承传统中创新发展,自觉传承中华传统美德,继承我们党领导人民在长期实践中形成的优良传统和革命道德,适应新时代改革开放和社会主义市场经济发展要求,积极推动创造性转化、创新性发展,不断增强道德建设的时代性实效性。

——坚持提升道德认知与推动道德实践相结合,尊重人民群众的主体地位,激发人们形成善良的道德意愿、道德情感,培育正确的道德判断和道德责任,提高道德实践能力尤其是自觉实践能力,引导人们向往和追求讲道德、尊道德、守道德的生活。

——坚持发挥社会主义法治的促进和保障作用,以法治承载道德理念、鲜明道德导向、弘扬美德义行,把社会主义道德要求体现到立法、执法、司法、守法之中,以法治的力量引导人们向上向善。

——坚持积极倡导与有效治理并举,遵循道德建设规律,把先进性要求与广泛性要求结合起来,坚持重在建设、立破并举,发挥榜样示范引领作用,加大突出问题整治力度,树立新风正气,祛除歪风邪气。

要把社会公德、职业道德、家庭美德、个人品德建设作为着力点。推动践行以文明礼貌、助人为乐、爱护公物、保护环境、遵纪守法为主要内容的社会公德,鼓励人们在社会上做一个好公民;推动践行以爱岗敬业、诚实守信、办事公道、热情服务、奉献社会为主要内容的职业道德,鼓励人们在工作中做一个好建设者;推动践行以尊老爱幼、男女平等、夫妻和睦、勤俭持家、邻里互助为主要内容的家庭美德,鼓励人们在家庭里做一个好成员;推动践行以爱国奉献、明礼遵规、勤劳善良、宽厚正直、自强自律为主要内容的个人品德,鼓励人们在日常生活中养成好品行。

二、重点任务

1.筑牢理想信念之基。人民有信仰,国家有力量,民族有希望。信仰信念指引人生方向,引领道德追求。要坚持不懈用习近平新时代中国特色社会主义思想武装全党、教育人民,引导人们把握丰富内涵、精神实质、实践要求,打牢信仰信念的思想理论根基。在全社会广泛开展理想信念教育,深化社会主义和共产主义宣传教育,深化中国特色社会主义和中国梦宣传教育,引导人们不断增强道路自信、理论自信、制度自信、文化自信,把共产主义远大理想与中国特色社会主义共同理想统一起来,把实现个人理想融入实现国家富强、民族振兴、人民幸福的伟大梦想之中。

2.培育和践行社会主义核心价值观。社会主义核心价值观是当代中国精神的集中体现,是凝聚中国力量的思想道德基础。要持续深化社会主义核心价值观宣传教育,增进认知认同、树立鲜明导向、强化示范带动,引导人们把社会主义核心价值观作为明德修身、立德树人的根本遵循。坚持贯穿结合融入、落细落小落实,把社会主义核心价值观要求融入日常生活,使之成为人们日用而不觉的道德规范和行为准则。坚持德法兼治，以道德滋养法治精神，以法治体现道德理念，全面贯彻实施宪法，推动社会主义核心价值观融入法治建设，将社会主义核心价值观要求全面体现到中国特色社会主义法律体系中，体现到法律法规立改废释、公共政策制定修订、社会治理改进完善中，为弘扬主流价值提供良好社会环境和制度保障。

3.传承中华传统美德。中华传统美德是中华文化精髓，是道德建设的不竭源泉。要以礼敬自豪的态度对待中华优秀传统文化，充分发掘文化经典、历史遗存、文物古迹承载的丰厚道德资源，弘扬古圣先贤、民族英雄、志士仁人的嘉言懿行，让中华文化基因更好植根于人们的思想意识和道德观念。深入阐发中华优秀传统文化蕴含的讲仁爱、重民本、守诚信、崇正义、尚和合、求大同等思想理念，深入挖掘自强不息、敬业乐群、扶正扬善、扶危济困、见义勇为、孝老爱亲等传统美德，并结合新的时代条件和实践要求继承创新，充分彰显其时代价值和永恒魅力，使之与现代文化、现实生活相融相通，成为全体人民精神生活、道德实践的鲜明标识。

4.弘扬民族精神和时代精神。以爱国主义为核心的民族精神和以改革创新为核心的时代精神，是中华民族生生不息、发展壮大的坚实精神支撑和强大道德力量。要深化改革开放史、新中国历史、中国共产党历史、中华民族近代史、中华文明史教育，弘扬中国人民伟大创造精神、伟大奋斗精神、伟大团结精神、伟大梦想精神，倡导一切有利于团结统一、爱好和平、勤劳勇敢、自强不息的思想和观念，构筑中华民族共有精神家园。要继承和发扬党领导人民创造的优良传统，传承红色基因，赓续精神谱系。要紧紧围绕全面深化改革开放、深入推进社会主义现代化建设，大力倡导解放思想、实事求是、与时俱进、求真务实的理念，倡导"幸福源自奋斗""成功在于奉献""平凡孕育伟大"的理念，弘扬改革开放精神、劳动精神、劳模精神、工匠精神、优秀企业家精神、科学家精神，使全体人民保持昂扬向上、奋发有为的精神状态。

三、深化道德教育引导

1.把立德树人贯穿学校教育全过程。学校是公民道德建设的重要阵地。要全面贯彻党的教育方针，坚持社会主义办学方向，坚持育人为本、德育为先，把思想品德作为学生核心素养、纳入学业质量标准，构建德智体美劳全面培养的教育体系。加强思想品德教育，遵循不同年龄阶段的道德认知规律，结合基础教育、职业教育、高等教育的不同特点，把社会主义核心价值观和道德规范有效传授给学生。注重融入贯穿，把公民道德建设的内容和要求体现到各学科教育中，体现到学科体系、教学体系、教材体系、管理体系建设中，使传授知识过程成为道德教化过程。开展社会实践活动，强化劳动精神、劳动观念教育，引导学生热爱劳动、尊重劳动，懂得劳动最光荣、劳动最崇高、劳动最伟大、劳动最美丽的道理，更好认识社会、了解国情，增强社会责任感。加强师德师风建设，引导教师以德立身、以德立学、以德施教、以德育德，做有理想信念、有道德情操、有扎实学识、有仁爱之心的好老师。建设优良校风，用校训励志，丰富校园文化生活，营造有利于学生修德立身的良好氛围。

2.用良好家教家风涵育道德品行。家庭是社会的基本细胞，是道德养成的起点。要弘扬中华民族传统家庭美德，倡导现代家庭文明观念，推动形成爱国爱家、相亲相爱、向上向善、共建共享的社会主义家庭文明新风尚，让美德在家庭中生根、在亲情中升华。通过多种方式，引导广大家庭重言传、重身教，教知识、育品德，以身作则、耳濡目染，用正确道德观念塑造孩子美好心灵；自觉传承中华孝道，感念父母养育之恩、感念长辈关爱之情，养成孝敬父母、尊敬长辈的良好品质；倡导忠诚、责任、亲情、学习、公益的理念，让家庭成员相互影响、共同提高，在为家庭谋幸福、为他人送温暖、为社会作贡献过程中提高精神境界、培育文明风尚。

3.以先进模范引领道德风尚。伟大时代呼唤伟大精神,崇高事业需要榜样引领。要精心选树时代楷模、道德模范等先进典型,综合运用宣讲报告、事迹报道、专题节目、文艺作品、公益广告等形式,广泛宣传他们的先进事迹和突出贡献,树立鲜明时代价值取向,彰显社会道德高度。持续推出各行各业先进人物,广泛推荐宣传最美人物、身边好人,让不同行业、不同群体都能学有榜样、行有示范,形成见贤思齐、争当先进的生动局面。尊崇褒扬、关心关爱先进人物和英雄模范,建立健全关爱关怀机制,维护先进人物和英雄模范的荣誉和形象,形成德者有得、好人好报的价值导向。

4.以正确舆论营造良好道德环境。舆论具有成风化人、敦风化俗的重要作用。要坚持以正确的舆论引导人,把正确价值导向和道德要求体现到经济、社会、文化等各领域的新闻报道中,体现到娱乐、体育、广告等各类节目栏目中。加强对道德领域热点问题的引导,以事说理、以案明德,着力增强人们的法治意识、公共意识、规则意识、责任意识。发挥舆论监督作用,对违反社会道德、背离公序良俗的言行和现象,及时进行批评、驳斥,激浊扬清、弘扬正气。传媒和相关业务从业人员要加强道德修养、强化道德自律,自觉履行社会责任。

5.以优秀文艺作品陶冶道德情操。文以载道,文以传情,文以植德。要把培育和弘扬社会主义核心价值观作为根本任务,坚持以人民为中心的创作导向,推出更多讴歌党、讴歌祖国、讴歌人民、讴歌英雄、讴歌劳动、讴歌奉献的精品力作,润物无声传播真善美,弘扬崇高的道德理想和道德追求。坚持把社会效益放在首位,倡导讲品位、讲格调、讲责任,抵制低俗、庸俗、媚俗,用健康向上的文艺作品温润心灵、启迪心智、引领风尚。要把社会主义道德作为文艺评论、评介、评奖的重要标准,更好地引导文艺创作生产传播坚守正道、弘扬正气。文艺工作者要把崇德尚艺作为一生的功课,把为人、做事、从艺统一起来,加强思想积累、知识储备、艺术训练,提高学养、涵养、修养,努力追求真才学、好德行、高品位,做到德艺双馨。

6.发挥各类阵地道德教育作用。各类阵地是面向广大群众开展道德教育的基本依托。要加强新时代文明实践中心建设,大力推进媒体融合发展,抓好县级融媒体中心建设,推动基层广泛开展中国特色社会主义文化、社会主义思想道德学习教育实践,引导人们提高思想觉悟、道德水准、文明素养。加强爱国主义教育基地和革命纪念设施建设保护利用,充实展陈内容,丰富思想内涵,提升教育功能。民族团结、科普、国防等教育基地,图书馆、文化馆、博物馆、纪念馆、科技馆、青少年活动中心等公共文化设施,都要结合各自功能特点有针对性地开展道德教育。用好宣传栏、显示屏、广告牌等户外媒介,营造明德守礼的浓厚氛围。

7.抓好重点群体的教育引导。公民道德建设既要面向全体社会成员开展,也要聚焦重点、抓住关键。党员干部的道德操守直接影响着全社会道德风尚,要落实全面从严治党要求,加强理想信念教育,补足精神之钙;要加强政德修养,坚持法律红线不可逾越、道德底线不可触碰,在严肃规范的党内政治生活中锤炼党性、改进作风、砥砺品质,践行忠诚老实、公道正派、艰苦奋斗、清正廉洁等品格,正心修身、慎独慎微,严以律己、廉洁齐家,在道德建设中为全社会作出表率。青少年是国家的希望、民族的未来,要坚持从娃娃抓起,引导青少年把正确的道德认知、自觉的道德养成、积极的道德实践紧密结合起来,善于从中华民族传统美德中汲取道德滋养,从英雄人物和时代楷模身上感受道德风范,从自身内省中提升道德修为,不断修身立德,打牢道德根基。全社会都要关心帮助支持青少年成长发展,完善家庭、学校、政府、社会相结合的思想道德教育体系,引导青少年树立远大志向,热爱党、热爱祖国、热爱人民,形成好思想、好品行、好习惯,扣好人生第一粒扣子。社会公众人物知名度高、影响力大,要加强思想政治引领,引导他们承担社会责任,加强道德修养,注重道德自律,自觉接受社会和舆论监督,树立良好社会形象。

四、推动道德实践养成

1.广泛开展弘扬时代新风行动。良好社会风尚是社会文明程度的重要标志,涵育着公民美德善行,推动着社会和谐有序运转。要紧密结合社会发展实际,广泛开展文明出行、文明交通、文明旅游、文明就餐、文明观赛等活动,引导人们自觉遵守社会交往、公共场所中的文明规范。着眼完善社会治理、规范社会秩序,推动街道社区、交通设施、医疗场所、景区景点、文体场馆等的精细管理、规范运营,优化公共空间、提升服务水平,为人们增强公共意识、规则意识创造良好环境。

2.深化群众性创建活动。各类群众性创建活动是人民群众自我教育、自我提高的生动实践。群众性精神文明创建活动要突出道德要求,充实道德内容,将社会公德、职业道德、家庭美德、个人品德建设贯穿创建全过程。文明城市、文明村镇创建要坚持为民利民惠民,突出文明和谐、宜居宜业,不断提升基层社会治理水平和群众文明素质。文明单位创建要立足行业特色、职业特点,突出涵养职业操守、培育职业精神、树立行业新风,引导从业者精益求精、追求卓越,为社会提供优质产品和服务。文明家庭创建要聚焦涵育家庭美德,弘扬优良家风。文明校园创建要聚焦立德树人,培养德智体美劳全面发展的社会主义建设者和接班人。各级党政机关、各行业各系统开展的创建活动,要把公民道德建设摆在更加重要的位置,以扎实有效的创建工作推动全民道德素质提升。

3.持续推进诚信建设。诚信是社会和谐的基石和重要特征。要继承发扬中华民族重信守诺的传统美德,弘扬与社会主义市场经济相适应的诚信理念、诚信文化、契约精神,推动各行业各领域制定诚信公约,加快个人诚信、政务诚信、商务诚信、社会诚信和司法公信建设,构建覆盖全社会的征信体系,健全守信联合激励和失信联合惩戒机制,开展诚信缺失突出问题专项治理,提高全社会诚信水平。重视学术、科研诚信建设,严肃查处违背学术科研诚信要求的行为。深入开展"诚信建设万里行""诚信兴商宣传月"等活动,评选发布"诚信之星",宣传推介诚信先进集体,激励人们更好地讲诚实、守信用。

4.深入推进学雷锋志愿服务。学雷锋和志愿服务是践行社会主义道德的重要途径。要弘扬雷锋精神和奉献、友爱、互助、进步的志愿精神,围绕重大活动、扶贫救灾、敬老救孤、恤病助残、法律援助、文化支教、环境保护、健康指导等,广泛开展学雷锋和志愿服务活动,引导人们把学雷锋和志愿服务作为生活方式、生活习惯。推动志愿服务组织发展,完善激励褒奖制度,推进学雷锋志愿服务制度化常态化,使"我为人人、人人为我"蔚然成风。

5.广泛开展移风易俗行动。摒弃陈规陋习、倡导文明新风是道德建设的重要任务。要围绕实施乡村振兴战略,培育文明乡风、淳朴民风,倡导科学文明生活方式,挖掘创新乡土文化,不断焕发乡村文明新气象。充分发挥村规民约、道德评议会、红白理事会等作用,破除铺张浪费、薄养厚葬、人情攀比等不良习俗。要提倡科学精神,普及科学知识,抵制迷信和腐朽落后文化,防范极端宗教思想和非法宗教势力渗透。

6.充分发挥礼仪礼节的教化作用。礼仪礼节是道德素养的体现,也是道德实践的载体。要制定国家礼仪规程,完善党和国家功勋荣誉表彰制度,规范开展升国旗、奏唱国歌、入党入团入队等仪式,强化仪式感、参与感、现代感,增强人们对党和国家、对组织集体的认同感和归属感。充分利用重要传统节日、重大节庆和纪念日,组织开展群众性主题实践活动,丰富道德体验、增进道德情感。研究制定继承中华优秀传统、适应现代文明要求的社会礼仪、服装服饰、文明用语规范,引导人们重礼节、讲礼貌。

7.积极践行绿色生产生活方式。绿色发展、生态道德是现代文明的重要标志,是美好生活的基础、人民群众的期盼。要推动全社会共建美丽中国,围绕世界地球日、世界环境日、世界森林日、世界水日、世界海洋日和全国节能宣传周等,广泛开展多种形式的主题宣传实践活动,坚持人与自然和谐共生,引导人们树立尊重自然、顺应自然、保护自然的理念,树立绿水青山就是金山银山的理念,增强节约意识、环保意识和生态意识。开展创建节约型机关、绿色家庭、绿色学校、绿色社区、绿色出行和垃圾分类等行动,倡导简约适度、绿色低碳的生活方式,拒绝奢华和浪费,引导人们做生态环境的保护者、建设者。

8.在对外交流交往中展示文明素养。公民道德风貌关系国家形象。实施中国公民旅游文明素质行动计划,推动出入境管理机构、海关、驻外机构、旅行社、网络旅游平台等,加强文明宣传教育,引导中国公民在境外旅游、求学、经商、探亲中,尊重当地法律法规和文化习俗,展现中华美德,维护国家荣誉和利益。培育健康理性的国民心态,引导人们在各种国际场合、涉外活动和交流交往中,树立自尊自信、开放包容、积极向上的良好形象。

五、抓好网络空间道德建设

1.加强网络内容建设。网络信息内容广泛影响着人们的思想观念和道德行为。要深入实施网络内容建设工程,弘扬主旋律,激发正能量,让科学理论、正确舆论、优秀文化充盈网络空间。发展积极向上的网络文化,引导互联网企业和网民创作生产传播格调健康的网络文学、网络音乐、网络表演、网络电影、网络剧、网络音视频、网络动漫、网络游戏等。加强网上热点话题和突发事件的正确引导、有效引导,明辨是非、分清善恶,让正确道德取向成为网络空间的主流。

2.培养文明自律网络行为。网上行为主体的文明自律是网络空间道德建设的基础。要建立和完善网络行为规范,明确网络是非观念,培育符合互联网发展规律、体现社会主义精神文明建设要求的网络伦理、网络道德。倡导文明办网,推动互联网企业自觉履行主体责任、主动承担社会责任,依法依规经营,加强网络从业人员教育培训,坚决打击网上有害信息传播行为,依法规范管理传播渠道。倡导文明上网,广泛开展争做中国好网民活动,推进网民网络素养教育,引导广大网民尊德守法、文明互动、理性表达,远离不良网站,防止网络沉迷,自觉维护良好网络秩序。

3.丰富网上道德实践。互联网为道德实践提供了新的空间、新的载体。要积极培育和引导互联网公益力量,壮大网络公益队伍,形成线上线下踊跃参与公益事业的生动局面。加强网络公益宣传,引导人们随时、随地、随手做公益,推动形成关爱他人、奉献社会的良好风尚。拓展"互联网+公益""互联网+慈善"模式,广泛开展形式多样的网络公益、网络慈善活动,激发全社会热心公益、参与慈善的热情。加强网络公益规范化运行和管理,完善相关法规制度,促进网络公益健康有序发展。

4.营造良好网络道德环境。加强互联网管理,正能量是总要求,管得住是硬道理,用得好是真本事。要严格依法管网治网,加强互联网领域立法执法,强化网络综合治理,加强网络社交平台、各类公众账号等管理,重视个人信息安全,建立完善新技术新应用道德评估制度,维护网络道德秩序。开展网络治理专项行动,加大对网上突出问题的整治力度,清理网络欺诈、造谣、诽谤、谩骂、歧视、色情、低俗等内容,反对网络暴力行为,依法惩治网络违法犯罪,促进网络空间日益清朗。

六、发挥制度保障作用

1.强化法律法规保障。法律是成文的道德,道德是内心的法律。要发挥法治对道德建设的保障和促进作用,把道德导向贯穿法治建设全过程,立法、执法、司法、守法各环节都要体现社会主义道德要求。及时把实践中广泛认同、较为成熟、操作性强的道德要求转化为法律规范,推动社会诚信、见义勇为、志愿服务、勤劳节俭、孝老爱亲、保护生态等方面的立法工作。坚持严格执法,加大关系群众切身利益重点领域的执法力度,以法治的力量维护道德、凝聚人心。坚持公正司法,发挥司法裁判定分止争、惩恶扬善功能,定期发布道德领域典型指导性司法案例,让人们从中感受到公平正义。推进全民守法普法,加强社会主义法治文化建设,营造全社会讲法治、重道德的良好环境,引导人们增强法治意识、坚守道德底线。

2. 彰显公共政策价值导向。公共政策与人们生产生活和现实利益密切相关,直接影响着人们的价值取向和道德判断。各项公共政策制度从设计制定到实施执行,都要充分体现道德要求,符合人们道德期待,实现政策目标和道德导向有机统一。科学制定经济社会政策和改革举措,在涉及就业、就学、住房、医疗、收入分配、社会保障等重大民生问题上,妥善处理各方面利益关系,充分体现维护社会公平正义的要求。加强对公共政策的道德风险和道德效果评估,及时纠正与社会主义道德相背离的突出问题,促进公共政策与道德建设良性互动。

3. 发挥社会规范的引导约束作用。各类社会规范有效调节着人们在共同生产生活中的关系和行为。要按照社会主义核心价值观的基本要求,健全各行各业规章制度,修订完善市民公约、乡规民约、学生守则等行为准则,突出体现自身特点的道德规范,更好发挥规范、调节、评价人们言行举止的作用。要发挥各类群众性组织的自我教育、自我管理、自我服务功能,推动落实各项社会规范,共建共享与新时代相匹配的社会文明。

4. 深化道德领域突出问题治理。道德建设既要靠教育倡导,也要靠有效治理。要综合施策、标本兼治,运用经济、法律、技术、行政和社会管理、舆论监督等各种手段,有力惩治失德败德、突破道德底线的行为。要组织开展道德领域突出问题专项治理,不断净化社会文化环境。针对污蔑诋毁英雄、伤害民族感情的恶劣言行,特别是对于损害国家尊严、出卖国家利益的媚外分子,要依法依规严肃惩戒,发挥警示教育作用。针对食品药品安全、产品质量安全、生态环境、社会服务、公共秩序等领域群众反映强烈的突出问题,要逐一进行整治,让败德违法者受到惩治、付出代价。建立惩戒失德行为常态化机制,形成扶正祛邪、惩恶扬善的社会风气。

七、加强组织领导

加强新时代公民道德建设,是推进中国特色社会主义事业的一项基础性、战略性工程。要坚持和加强党的领导,增强"四个意识",坚定"四个自信",做到"两个维护",确保公民道德建设的正确方向。各级党委和政府要担负起公民道德建设的领导责任,将其摆上重要议事日程,纳入全局工作谋划推进,有机融入经济社会发展各方面。纪检监察机关和组织、统战、政法、网信、经济、外交、教育、科技、卫生健康、交通运输、民政、文化和旅游、民族宗教、农业农村、自然资源、生态环境等党政部门,要紧密结合工作职能,积极履行公民道德建设责任。发挥基层党组织和党员在新时代公民道德建设中的战斗堡垒作用和先锋模范作用。工会、共青团、妇联等群团组织,各民主党派和工商联,要积极发挥自身优势,共同推动公民道德建设。

各级文明委和党委宣传部要切实履行指导、协调、组织职能,统筹力量、精心实施、加强督查,抓好工作任务落实。注重分析评估公民道德建设的进展和成效,及时总结推广成功经验和创新做法,加强道德领域重大理论和实践问题研究,推动形成公民道德建设蓬勃开展、深入发展的良好局面。

(资料来源:中华人民共和国中央人民政府网 2019-10-27)

三、吸收借鉴优秀道德成果

中华传统美德是中华文化的精髓,也是新时代道德建设的不竭源泉。要以崇尚自豪的态度对待中华优秀传统文化,充分发掘中国历史中的丰厚道德资源,同时结合新的时代条件和实践要求继承创新,充分彰显其时代价值和永恒魅力,使之与现代文化、现实生活相融相通,成为我们精神生活、道德实践的鲜明标识。传统美德必须与现代社会相协调,与今天现实生活的需要相结合,要突出中华传统美德的时代价值,做到创造性转化与创新性发展。

精讲理论

1.中华传统美德的特点与具体内容

我们要以自觉、积极、主动的文化实践,对重要的传统道德文化典籍加以研究。深入挖掘古代浩瀚书卷中有价值的文本,尤其是蕴含其中的思想观念、经典话语、道德理论、榜样模范,揭示其本来意义、引申意义及历史传承,同时探讨一些较为熟悉历史资料的时代意义;要对古人不直接明朗的语句意义,作出科学规范的解释和阐明,赋予、彰显其时代价值;要去除那些望文生义的曲解和误读,并使之向当代社会开放。传统道德的许多原则、规范和精神是值得继承的,但其思想观念和方法方式必须与当代社会相一致。传统"天人论"认为人是自然的一员,人与天地合其德,人道与天道互为一致。这种以"道"为根,以生活实践为源头的道德资源具有强大的适应性和生命力。天人合一的道德观不仅适应传统农耕社会人们的需要,也能顺应现代社会生活的要求并继续发挥作用,为构建美好生活、实现人与自然共生和谐提供中国智慧。

2.中国革命道德的内容与现实意义

马克思说,"革命是历史的火车头"。革命的本质在于打破生产力束缚,推动社会进步。从这个意义上讲,"革命"内涵丰富,只要是解放了生产力、推动了社会进步就是革命。它可以是一个阶级推翻另一个阶级的暴力革命,也可以是对体制机制的改革,还可以是其他促进社会进步、人类解放的重大举措。中国共产党领导中国人民在各个阶段进行的伟大斗争、形成的伟大精神,都体现出中国共产党人道德鲜明的革命性。

革命性是中国共产党人道德的重要特征。列宁指出:"一切革命的根本问题是国家政权问题。"无产阶级进行革命的目的就是要消灭资本主义及一切剥削制度,解放全人类,实现共产主义,这种革命最彻底。正因如此,共产党人才能将革命进行到底,革命性是共产党人道德的天然属性。

马克思主义传入中国,成为摧毁旧道德、建设新道德的有力思想武器。在中国共产党的领导下,中国人民从此觉悟了,"要做人、不做牛马"成为工人运动的口号,封建伦理思想受到批斗和冲击,一种新型道德——中国革命道德逐渐形成。这是中国共产党人、人民军队、一切先进分子和人民群众在革命、建设和改革百年奋斗进程中形成的优良道德,其核心是为人民服务。这是区别革命道德和一切剥削阶级道德的根本分界线,因为"人的问题,是个根本的问题、原则的问题",以往旧道德都是为剥削阶级和统治者服务的。中国革命道德以共产主义理想和为人民服务引领社会发展,占领了道义制高点,是马克思主义伦理观与中国革命实践相结合的产物,是中国最先进的道德。

每当提起革命道德,人们往往只注意"革命"二字,却忽略了进行革命的根本动机,难以全面理解中国革命道德的丰富内涵和伟大意义。从革命的本质在于打破生产力束缚、推动社会进步这个意义上来说,中国共产党百年来一直领导中国人民进行持续不断的革命,只是不同阶段的任务不同,锻造的道德品质也不同。新民主主义革命时期,革命充满艰辛和牺牲。党不仅要武装夺取政权,还要"打土豪、分田地",实行"耕者有其田",实现人民当家作主。这是对几千年来中国剥削制度的根本性变革,是对中国政治制度最深刻最彻底的武装革命;新中国成立后,通过社会主义改造,消灭了私有制,实现了公有制,确立了社会主义制度,这是中国经济制度的根本性变革,大大解放了生产力。改革也是革命,邓小平同志说:"改革的性质同过去的革命一样,也是为了扫除发展社会生产力的障碍,使中国摆脱贫穷落后的状态。"习近平总书记指出:"改革开放是中国人民和中华民族发展史上一次伟大革命,正是这个伟大革命推动了中国特色社会主义事业的伟大飞跃!"中国特色社会主义进入新时代,面临的一项重要任务就是消除贫困、共同富裕,从这个意义上说,脱贫攻坚也是革命。

3.借鉴人类文明优秀道德成果

纵观历史发展过程,人类文化和文明发展进步的过程表明,一种文化能够与其他文化交流碰撞和冲突融合而保持其生命力,是实现自我更新和自我发展的重要条件。因此,一个国家或民族的道德进步,既要注重在文明交流中坚守自身优秀道德传统,也要在文明互鉴中积极吸收其他有益道德成果。

借鉴和吸收人类文明优秀道德成果,须秉承正确的态度和科学的方法。要坚持以我为主、为我所用,批评继承其他国家的道德成果。在吸取人类优秀道德文明成果的问题上,既要大胆吸收和借鉴人类道德文明的积极成果,又须掌握好鉴别取舍的标准,善于在吸收中消化,把人类文明优秀道德成果变成自己道德文明体系的组成部分。

精选案例

红色家书,读懂共产党人的初心

家书,是一份牵挂,是一份期盼,也是一份传承。无论过去还是现在,家书都让人感受到爱与光明,感受到力与希望。革命先烈的家书,情真意切,蕴藏着很多感人故事,既反映他们对亲属的深情、对子女的教诲,更展现了共产党人用生命和鲜血铸就的信念与忠诚、永远坚守的初心和使命。

夏明翰与妻书:誓将真理传人寰

亲爱的夫人钧:

同志们曾说世上唯有家钧好,今日里才觉你是巾帼贤。我一生无愁无泪无私念,你切莫悲悲凄凄泪涟涟。张眼望,这人世,几家夫妻偕老有百年。抛头颅、洒热血,明翰早已视等闲。

"各取所需"终有日,革命事业代代传。红珠留着相思念,赤云孤苦望成全,坚持革命继吾志,誓将真理传人寰!

夏明翰

王尔琢与父母书:儿已以身许国

父母大人:

……儿何尝不思念着骨肉的团聚,儿何尝不眷恋着家庭的亲密,但烈士般红的血迹燃起了儿的满腔怒火,乱葬岗上孤儿寡母的哭声斩断了儿的万缕归思。

为了让千千万万的母亲和孩子能过上好日子,为了让白发苍苍的老人皆可享乐天年,儿已以身许国,革命不成功立誓不回家。

王尔琢
1927 年 5 月

赵一曼与儿书：用实行来教育你

宁儿：

　　母亲对于你没有能尽到教育的责任，实在是遗憾的事情。母亲因为坚决地做了反满抗日的斗争，今天已经到了牺牲的前夕了。母亲和你在生前是永久没有再见的机会了。希望你，宁儿啊！赶快成人来安慰你地下的母亲！我最亲爱的孩子啊！母亲不用千言万语来教育你，就用实行来教育你。

　　在你长大成人之后，希望你不要忘记你的母亲是为国而牺牲的！

一九三六年八月二日
你的母亲赵一曼于车中

江竹筠与弟书：为共产主义革命事业奋斗到底

竹安弟：

　　友人告知我你的近况，我感到非常难受。幺姐及两个孩子给你的负担的确是太重了……话又说回来，我们到底还是虎口里的人，生死未定……假若不幸的话，云儿（江竹筠和丈夫彭咏梧的孩子彭云）就送给你了，盼教以踏着父母之足迹，以建设新中国为志，为共产主义革命事业奋斗到底。

　　孩子们绝不要骄（娇）养，粗服淡饭足矣……

竹姐
8 月 26 日
（资料来源：求是网 2020-06-30）

经典阅读

合理借鉴人类文明一切优秀成果

　　中国制度是当代中国发展进步的根本制度保障，具有鲜明中国特色、明显制度优势、强大自我完善能力。它通过"走自己的路"快速发展起来，是科学社会主义理论逻辑和中国社会发展历史逻辑的辩证统一。同时，中国制度具有开放包容的品格，从不自我封闭，坚持合理借鉴人类文明一切优秀成果，博采众长、兼收并蓄，在交流借鉴中不断发展完善，因而充满生机活力，愈发科学管用。

　　积极学习，大胆借鉴。学习是文明传承之途、人生成长之梯、政党巩固之基、国家兴盛之要。一直以来，中华文明就以善于学习、海纳百川闻名于世。历史经验表明，发展中国家不断扩大对外开放，提升对外开放水平，有利于减少摸索时间，发挥后发优势，实现跨越式发展。邓小平同志指出，社会主义要赢得与资本主义相比较的优势，就必须大胆吸收和借鉴人类社会创造的一切文明成果，吸收和借鉴当今世界各国包括资本主义发达国家的一切反映现代社会化生产规律的先进经营方式、管理方法。新中国成立后特别是改革开放以来，我们放眼世界，积极学习。从引进生产线到借鉴现代企业管理模式，从建设开发区到发展现代农业，从发展互联网经济到发展高新技术产业，从科技研发到文化产业发展，中国经济发展奇迹主要源于中国人民的辛勤创造,也离不开对各国人民先进经验的学习、吸收和借鉴。学蜜蜂采百花,问遍百家成行家。积极学习,大胆借鉴人类文明一切优秀成果,是中国制度不断发展完善的重要途径。

理性选择,择善而从。他山之石,可以攻玉。当代中国的伟大社会变革不是其他社会主义国家实践的再版,也不是西方现代化发展的翻版,不可能找到现成的教科书,必须在社会主义现代化建设中批判性地借鉴他人,择善而从。中国制度从来没有简单照搬照抄外国经验,而是注重科学创新和综合运用。比如,作为现代社区工作雏形的西方"睦邻运动",主张积极整合社会资源为社会弱势群体服务,注重用社区建设来减少社会弊病。我们借鉴其合理做法,根据自身实际创新社会治理体制,不断完善党委领导、政府负责、社会协同、公众参与、法治保障的社会治理体制,不断提高社会治理社会化、法治化、智能化、专业化水平,努力打造共建共治共享的社会治理格局。又如,发端于西方国家的现代企业制度,为我国国有企业建立和完善产权清晰、权责明确、政企分开、管理科学的现代企业制度提供了有益借鉴。再如,我们分析西方社会保障理念及福利制度的长处和弊端,提出中国社会保障体系必须发挥兜底作用,保障全体成员基本生存和生活需要,努力建成覆盖全民、统筹城乡、权责清晰、保障适度的可持续多层次的社会保障体系。可以看出,在借鉴西方一些制度经验的过程中,中国制度并没有失去自我,而是以我为主、推陈出新。

立足本国,辩证结合。百里不同风,千里不同俗。任何一种制度都有其存在和发展的土壤,照搬照抄他国制度行不通,很可能画虎不成反类犬,甚至会葬送国家的前途命运。吸收借鉴别人的制度经验,必须坚持立足本国、辩证结合,这是坚持辩证唯物主义和历史唯物主义的具体体现。以政府与市场的关系问题为例,中国在这方面的制度设计,打破了发展中国家对西方国家现代化的路径依赖,超越了西方理论。前些年,新自由主义在一些西方国家的强力推动下在世界上大行其道。中国制度旗帜鲜明地拒绝"市场万能论",既强调使市场在资源配置中起决定性作用,又要求更好发挥政府作用。在这种制度设计理念中,市场经济体现效率,政府调节体现公平,二者结合兼顾效率与公平。市场在资源配置中起决定性作用,并不是起全部作用;也不是说政府就无所作为,而是必须坚持有所为、有所不为,着力提高宏观调控和科学管理水平。处理好政府与市场的关系,要讲辩证法、两点论,把"看不见的手"和"看得见的手"都用好。两者关系处理得好,经济发展就会"琴瑟和鸣";处理不好,经济发展就会"孤掌难鸣"。经过长期的艰辛探索,中国制度不断完善和成熟,推动社会生产力持续快速发展,不断满足人民日益增长的美好生活需要。

(资料来源:《人民日报》,2018年11月16日07版,作者:张波,吉林大学马克思主义学院教授)

四、社会公德与职业道德

社会公德是社会公共生活中应当共同遵守的行为规范,在维护社会公共秩序方面具有重要作用。随着互联网技术的广泛发展,网络在职业生活中所起的作用越来越重要。职业道德不仅对从业人员具有引导和普遍约束的作用,而且能促进网络空间和社会现实生活健康稳定地发展。

精讲理论

1.社会公德

社会公德,即公共生活中的道德规范,是指人们在社会交往和公共生活中应该遵循的行为准则,是维护公共利益、公共秩序、社会和谐稳定的起码的道德要求,涵盖了人与人、人与社会、人与自然间的关系。

社会公德的主要内容:文明礼貌、助人为乐、爱护公物、保护环境、遵纪守法。

网络生活中的道德要求:

正确使用网络工具。要把网络作为开拓视野、获取知识、提高能力的重要工具。

加强网络文明自律。进行健康网络交往、自觉避免沉迷网络、加强网络道德自律。

营造良好网络道德环境。一方面要加强网络道德自律,自觉抵制网络诈骗、造谣、网暴等不良行为。另一方面应当带头引导网络舆论,促进网络空间日益清朗。

2.树立正确的劳动观念

"人类是劳动创造的,社会是劳动创造的。劳动没有高低贵贱之分,任何一份职业都很光荣。"2016年4月26日,习近平在知识分子、劳动模范、青年代表座谈会上这样说到。

"必须牢固树立劳动最光荣、劳动最崇高、劳动最伟大、劳动最美丽的观念,让全体人民进一步焕发劳动热情、释放创造潜能,通过劳动创造更加美好的生活。"2013年4月28日,习近平来到全国总工会机关,同全国劳动模范代表座谈并发表重要讲话时提到。

劳模精神、劳动精神、工匠精神,是中国共产党人精神谱系的重要组成部分。习近平总书记在2020年11月24日全国劳动模范和先进工作者表彰大会上指出,在长期实践中,我们培育形成了爱岗敬业、争创一流、艰苦奋斗、勇于创新、淡泊名利、甘于奉献的劳模精神,崇尚劳动、热爱劳动、辛勤劳动、诚实劳动的劳动精神,执着专注、精益求精、一丝不苟、追求卓越的工匠精神,强调要大力弘扬劳模精神、劳动精神、工匠精神。这些重要论述,体现了对劳动、劳动价值、劳动群众的高度尊崇。

3.职业道德

(1)含义。

职业,是指人民由于生活分工所从事的具有专门业务和特定职责并以此作为主要生活来源的社会活动。

职业道德,即职业生活中的道德规范,是指从事一定职业的人在职业生活中应当遵循的具有职业特征的道德要求和行为准则,涵盖了从业人员与服务对象、职业与职工、职业与职业之间的关系。

(2)主要内容。

爱岗敬业、诚实守信、办事公道、热情服务、奉献社会是职业生活中的基本道德规范,即职业道德的主要内容和要求。

爱岗敬业。干一行爱一行,爱一行钻一行,精益求精,尽职尽责,体现的是从业者热爱工作岗位、对工作极端负责、敬重自己所从事职业的道德操守,是从业者对工作勤奋努力、恪尽职守的行为表现。

诚实守信。诚实守信要求从业者在职业生活中诚实劳动、合法经营、信守承诺、讲求信誉,体现着从业者的道德操守和人格力量。

办事公道。办事公道要求从业人员做到公平、公正,不损公肥私,不以权谋私,不假公济私,无论对人对己都要出于公心,遵循道德和法律法规来处事待人。

热情服务。热情服务要求每个人无论从事什么工作、能力如何,都应该在本职岗位上通过不同形式为群众服务,形成人人都是服务者、人人又都是服务对象的良好秩序与和谐状态。

奉献社会。奉献社会要求从业人员在工作岗位上兢兢业业地为社会和他人作贡献,是社会主义职业道德中最高层次的要求。

(3)树立正确的择业观和创业观。

第一,树立崇高的职业理想。

第二,服从社会发展的需要。

第三,做好充分的择业准备。

第四,培养创业的勇气和能力。

共绘网络文明美好画卷
——我国网络文明建设成就综述

网络文明是新形势下社会文明的重要内容,是建设网络强国的重要领域。

党的十八大以来,在习近平总书记关于网络强国的重要思想指引下,我国积极开展网络文明建设工作,推动完善网络文明建设顶层设计,推进互联网内容建设,弘扬新风正气,深化网络生态治理,网络空间正能量更加充沛,全社会共建共享网上美好精神家园的氛围日渐浓厚。

夯实网络文明建设的法治根基

互联网不是法外之地,网络文明建设离不开网络法治保障。

党的十八大以来,有关部门坚持把依法治网摆在更加突出的位置,用法治思维和法治方式提升管网治网能力水平,我国网络文明建设顶层设计和总体布局日益完善,网络文明建设的法治根基不断夯实。

党的十九届五中全会作出了"加强网络文明建设,发展积极健康的网络文化"的重要部署,为"十四五"时期网络文明建设搭建制度框架。

《关于加强网络文明建设的意见》印发,进一步明确了加强网络文明建设的总体要求、工作目标、主要任务、保障措施,为新时代网络文明建设提供有力指导;中国网络文明大会成功创办,搭建交流展示的平台。

网络安全法、数据安全法、个人信息保护法、《关键信息基础设施安全保护条例》《网络信息内容生态治理规定》《网络安全审查办法》等100余部法律法规和管理规定出台,完成了网络法律体系的基本构建,确保互联网在法治轨道上健康运行。

营造天朗气清的网络生态

互联网是亿万民众共同的精神家园。天朗气清、风清气正,是人民对网上家园的美好向往。

坚持正能量是总要求、管得住是硬道理、用得好是真本事,有关部门积极推进网络内容建设,深入开展网络综合治理,网络空间正能量更加充沛——

深入推进中华文化新媒体传播工程,连续举办"五个一百"网络正能量精品评选活动等,在网络空间掀起宣传正能量、唱响新时代主旋律的浪潮；

统筹网上传播资源、加大优质内容供给，推出《万山磅礴看主峰》《牵妈妈的手》等一批现象级新媒体作品，让党的创新理论"飞入寻常百姓家"；

启动"把青春华章写在祖国大地上"网络主题宣传和互动引导活动，推动更多优质思政资源触达年轻一代；推进"阳光跟帖"行动，提升全社会网络文明素养；

加快完善网络综合治理体系，持续开展"清朗"系列专项行动，针对"饭圈"乱象、网络暴力、网络水军等突出问题开展30多项专项治理，网民的合法权益得到有效保障；深入开展"净网""护苗"等专项整治行动，有力净化网络生态。

在各方共同努力下，网络生态日渐清朗，亿万人民群众在网络空间享有更多获得感、幸福感、安全感。

共建共享网络文明新风尚

2022年1月，"2021年度中国互联网辟谣优秀作品"在京发布，《"实验＋直播"法破解"棉花肉松"谣言》《速回答！关于疫情的这些谣言，你信吗？》等入选的40篇（部）作品，以百姓喜闻乐见的方式揭示了谣言的危害性，帮助广大网民提高识谣辨谣能力。

网络文明建设是一项系统工程，需要社会各界的共同努力。

党的十八大以来，有关部门充分调动网络社会组织、网信企业、正能量网络名人以及广大网民的力量，努力构建人人参与、齐抓共治的网络文明建设工作新格局。

网络文化不断繁荣。实施争做中国好网民工程，精心打造"网络中国节"，丰富网络文学、网络影视剧、网络动漫等一些精品文化产品的供给，提升网络文化公共服务的质量。

道德建设持续拓展。开展"中国好人"、劳动模范、时代楷模、道德模范等典型事迹的网上宣传，加快推进"互联网＋公益"新模式，推动形成崇德向善、见贤思齐的网络文明环境。

精神文明创建更加有效。把网络文明建设纳入全国文明城市、文明村镇、文明单位、文明校园和文明家庭等评选标准，推进群众性精神文明创建活动向网上延伸，实现网上网下文明建设有机融合。

诚信理念广泛传播。中国网络诚信大会连续举办，积极营造守信互信、共践共行的良好社会氛围；"中国互联网联合辟谣平台"上线，助力建设清朗网络空间。

在社会各界的共同努力下，网络空间日渐成为有价值认同、有人文关怀、有情感归属的美好精神家园。

全面推进文明办网、文明用网、文明上网，8月28日至29日，以"弘扬时代新风 建设网络文明"为主题的2022年中国网络文明大会将在天津举办。这场网络文明领域的盛会，将广泛凝聚亿万网民团结奋进的磅礴力量，携手共绘网络文明美好画卷。

（资料来源：《光明日报》2022年08月28日01版）

案例点评

网络文明是伴随互联网发展而产生的新的文明形态，是现代社会文明进步的重要标志。打造网络文明空间、营造网络健康生态，是时代赋予我们的"必答题"。"抓好网络空间道德建设"是《新时代公民道德建设实施纲要》的重要内容。青年大学生要正确使用网络工具，进行健康网络交往、自觉避免沉迷网络、加强网络道德自律，努力成为营造清朗网络空间的正能量。一定要牢记：网络是虚拟空间，但不是法外之地！

劳模精神 光耀神州

"爱岗敬业、争创一流,艰苦奋斗、勇于创新,淡泊名利、甘于奉献"的劳模精神,生动诠释了社会主义核心价值观,是我们的宝贵精神财富和强大精神力量。

——摘自2015年习近平总书记在庆祝"五一"国际劳动节暨表彰全国劳动模范和先进工作者大会上的讲话

劳动模范是民族的精英、人民的楷模,是共和国的功臣。1950年,党和国家首次表彰劳动模范。70多年来,各条战线英雄辈出,群星灿烂。特别是党的十八大以来,我国工人阶级和广大劳动群众在实现中国梦伟大进程中拼搏奋斗、争创一流、勇攀高峰,为决胜全面建成小康社会、决战决胜脱贫攻坚发挥了主力军作用。

习近平总书记指出,"长期以来,广大劳模以平凡的劳动创造了不平凡的业绩,铸就了'爱岗敬业、争创一流,艰苦奋斗、勇于创新,淡泊名利、甘于奉献'的劳模精神,丰富了民族精神和时代精神的内涵,是我们极为宝贵的精神财富。"

如今,广大劳动模范和先进工作者充分发挥示范带头作用,不断丰富劳模精神的时代内涵,激励广大劳动群众争做新时代的奋斗者,推动全社会形成尊重劳动、劳动光荣的良好风尚。

劳动模范是劳动群众的杰出代表,是最美的劳动者

习近平总书记指出,劳动模范是劳动群众的杰出代表,是最美的劳动者。

劳动模范是广大劳动群众中的优秀代表。20世纪三四十年代,中国共产党在陕甘宁边区等革命根据地发出"自己动手、丰衣足食"的号召,发起了以劳动竞赛为主要形式的大生产运动,涌现出一大批劳动模范,他们筚路蓝缕、艰苦奋斗,为生产自救、进行革命根据地建设作出了突出贡献。

1950年9月25日至10月2日,新中国召开了全国工农兵劳动模范代表会议,毛泽东等中央领导同志出席开幕式。会上,中央人民政府授予464人"全国劳动模范"称号。此后,《关于全国工农兵劳动模范代表会议的总结报告》提出,要"把评选劳模形成固定的制度"。

前进帽,中山装,粗粝的脸上带着质朴的笑容——在鞍钢博物馆的英模展区,陈列着新中国第一代劳动模范孟泰的照片。新中国成立初期,孟泰组织人员进行联合攻关,先后解决了十几项技术难题,成功自制了大型轧辊,填补了我国冶金史上的空白。

"宁肯少活二十年,拼命也要拿下大油田"的王进喜带领石油工人顽强拼搏,铁人精神成为激励各族人民投身社会主义建设的强大力量;"宁肯一人脏、换来万人净"的掏粪工人时传祥获得荣誉无数,仍每天背着粪桶在大街小巷穿梭……他们的事迹激发了全国人民自力更生建设社会主义的信心和热情,至今催人奋进。

改革开放,万象更新。党和国家号召尊重知识、尊重人才,充分肯定了知识分子的地位和作用,扩大了劳模队伍的外延,丰富了劳模队伍的内涵,涌现出以吴文俊、陈景润、蒋筑英等知识分子和科研工作者为代表的劳动模范。与此同时,"工人发明家"包起帆、"金牌铆工"杨建华、"专家型工人"李斌……一大批知识型产业工人的劳动模范勇立时代潮头、锐意改革创新,他们敢啃硬骨头、敢于涉险滩,在波澜壮阔的改革开放历史进程中绽放出夺目光彩。

中国特色社会主义进入新时代,更加注重弘扬劳模精神。党的十九大报告提出,建设知识型、技能型、创新型劳动者大军,弘扬劳模精神和工匠精神。从"铁路小巨人"巨晓林到"金牌焊工"高凤林,从"大国工匠"洪家光到"守护万家灯火的'光明使者'"张黎明……他们把劳模精神、劳动精神和工匠精神融为一体,谱写了"中国梦·劳动美"的新篇章,让劳模精神在千千万万劳动者中赓续传承。

新中国成立以来,党和国家先后召开了16次全国劳动模范和先进工作者表彰大会,表彰全国劳动模范和先进工作者超过3万人次。劳动模范始终是我国工人阶级中一个闪光的群体,见证着勇攀高峰的坚定志向和坚韧品格,也是劳模精神的生动诠释者和最美传承者。

全国各族人民都要向劳模学习,以劳模为榜样

劳动模范,是时代的领跑者。在不同的年代,一批又一批具有崇高精神和时代特色的劳动模范,激励着广大人民群众为民族的振兴、国家的富强而拼搏奋斗。

"爱岗敬业、争创一流,艰苦奋斗、勇于创新,淡泊名利、甘于奉献",24个字,精准概括了劳模精神的丰富内涵,道出了劳动模范之所以能在广大劳动者群体中脱颖而出的根本原因,为新时代广大劳动者群体提出了奋斗的目标和方向。

——爱岗敬业、争创一流,体现的是劳动模范的本色和追求。

"我热爱高高的塔机,喜欢它那长长的铁臂、炽热通往天路的神梯,热爱钢铁般的气息。"谈到对自己工作的热爱,全国劳动模范、中国建筑一局塔吊工人王华曾以诗一般的语言表达了自己的心声。

干一行,就要爱一行,尽职尽责。三百六十行,行行出状元。工作岗位没有高低贵贱之分,只有贡献大小之别。从掏粪工人时传祥、公交车售票员李素丽,到水电工人徐虎、邮递员王顺友……无数个从平凡岗位上走出来的劳动模范,传递着鲜明的价值导向:劳动者只有立足岗位和本职工作,兢兢业业、精益求精,才会在为社会和国家作出贡献的同时,实现自己的人生价值,受到社会的广泛认可。

干一行,还要专一行,争创一流。早期的劳动模范产生于劳动竞赛,从一定意义上讲,劳动模范是"比"出来的。曾创造多项世界纪录的金牌工人许振超曾说:"咱当不了科学家,但可以练就一身'绝活儿',做个能工巧匠。"2003年,53岁的许振超和队友们以6小时27分钟的速度,卸完3400个集装箱,创造了单船效率339自然箱的新世界纪录,在全社会掀起了"振超效率"的旋风。

——艰苦奋斗、勇于创新,体现的是劳动模范的作风与品质。

艰苦奋斗,不仅是劳模精神的重要内容,也是中华民族的优良传统。"一勤天下无难事",历年来的劳动模范,他们身上有一个共同点,那就是奋发奋斗、苦干实干。

奋斗,让只有初中文化的中铁一局电务公司电力高级技师窦铁成站在了技术最前沿,成为高级技师和知识型工人。从1999年起,那时已43岁的他从辨认一个个字母开始,练打字,钻研CAD制图软件,书写了近200万字的学习笔记,记满了90多本工作笔记,先后解决技术难题69项,并创造多项专利。

创造不平凡的业绩,勇于创新是关键。近年来评选出的劳模,高级技工、科研精兵的比重不断增加,知识型、创新型劳动者不断涌现。"多做一点点、创新一点点,日积月累,'高原'才能成为'高峰',才能推动中国制造向中国创造转变。"全国劳动模范、中国电子科技集团公司第五十四研究所钳工夏立说。

——淡泊名利、甘于奉献,体现的是劳动模范的境界与修为。

各个年代的劳动模范,都有一个可贵的品质:为了党和国家的事业以及人民的幸福生活,默默奉献着汗水和智慧。

不为名、不为利，一心一意干社会主义——这是全国劳模尉凤英始终坚守的信条。1953年到1965年间，她实现技术革新177项，重大技术革新58项，所获得的奖金全部被她用来购买科研资料、建图书馆，一门心思搞革新。

"劳模劳模，不劳动算什么劳模！"全国劳动模范、原山西省平顺县西沟村党总支副书记申纪兰几十年来从未停止过植树造林、绿化荒山的步伐。她带领村民坚持不懈植树播绿、修复生态，使昔日的荒山秃岭变成了草木葱茏的森林公园。

全国劳动模范、原交通部上海海运局海员杨怀远总是带着一根小扁担，上船、下船的时候，他用扁担将旅客的行李挑上挑下，义务服务38年，书写了为人民服务的"扁担传奇"……

习近平总书记指出："全国各族人民都要向劳模学习，以劳模为榜样，发挥只争朝夕的奋斗精神，共同投身实现中华民族伟大复兴的宏伟事业。"

时代在变，但精神不变。"劳模精神丰富和拓展了中国精神的内涵，充分展现了我国新时代工人阶级和劳动群众的精神风貌，为实现中华民族伟大复兴的中国梦提供了强大精神动力。"中国劳动关系学院劳动教育学院院长李珂说。

不断在新的起点上为党和人民创造更大业绩

自1950年第一批全国劳模诞生至今，劳模这一独具中国特色的社会荣誉，伴随着新中国的发展进步，影响了几代人的人生追求。

"劳模"中心词是一个"劳"字，关键是一个"模"字。"模"，体现了一种"示范""楷模"的价值导向，体现了一种榜样的作用，意义就在于让广大劳动者学习和弘扬劳模身上的精神品质。在劳模精神的引领与影响下，一代代劳动者向劳模看齐、向劳模精神致敬，并以自己的实际行动践行劳模精神，汇聚起劳动托起中国梦的强大力量。

中国特色社会主义进入新时代，劳模精神不断发扬光大，并焕发出新的时代光彩。随着我国经济从高速增长阶段转向高质量发展阶段，需要更多知识型、技能型、创新型劳动者，也为劳动者、奋斗者实现人生出彩提供了广阔舞台。由此带来的变化是，"老黄牛"风采仍旧，"技术精兵"谱写新曲。王进喜、时传祥、张秉贵等老一辈劳模感动了无数人，而"蓝领专家"孔祥瑞、"华夏第一炼钢工"郑久强等新一代劳模向"知识型、技术型、创新型"转变，他们身上的精神同样感召着无数人。

"我们在评选表彰中注重推荐产业工人特别是高技能人才，许多80后、90后的高技能人才已经成长起来。"中华全国总工会劳动和经济工作部一级巡视员闵迎秋说，当代工人既要有力量，还要有智慧、有技术，能发明、会创新，以实际行动奏响时代主旋律。

习近平总书记指出："我们要在全社会大力宣传劳动模范的先进事迹，号召全社会向他们学习、向他们致敬。""劳动模范要珍惜荣誉、谦虚谨慎、再接再厉，不断在新的起点上为党和人民创造更大业绩。"

一代人有一代人的使命，一代人有一代人的担当。随着时代的发展，劳模还将被赋予更多的时代内涵，但无论是生产者还是创业者，无论是讲社会效益还是讲经济效益，劳模精神的内涵历久弥新。

在全面建设社会主义现代化国家、实现中华民族伟大复兴中国梦的新征程上，我们更需要大力弘扬劳模精神、激发奋进力量，齐心协力创造新的伟业、谱写新的辉煌。

（资料来源：人民网 2021-09-22）

五、家庭美德与个人品德

家庭是社会的基本细胞,是人生的第一所学校,无论时代如何变化,无论经济如何发展,家庭的社会功能都不可替代。历史和现实告诉我们,家庭的前途命运同国家和民族的前途命运相关联,国家好,民族好,家庭才能好。新时代大学生树立正确的恋爱观,弘扬家庭美德,锤炼个人品德,有利于营造良好的社会风气,推动国家和社会发展。

精讲理论

1.注重家庭、家教、家风

(1)注重家庭。家庭和睦则社会安定,家庭幸福则社会祥和,家庭文明则社会文明。历史和现实告诉我们,家庭的前途命运同国家和民族的前途命运紧密相连。

(2)注重家教。家庭是人生的第一堂课,父母是孩子的第一任老师。家庭教育最重要的是品德教育,是如何做人的教育。古人云:"爱子,教之以方""爱之不以道,适所以害之也"。

(3)注重家风。家风是指一个家庭或家族的传统风尚或作风。家风是社会风气的重要组成部分,良好的家风有利于家庭成员的个人修养,对整个社会道德风尚产生重要的影响。

2.婚恋中的道德规范

(1)恋爱中的道德规范。

一是尊重人格平等。二是自觉承担责任。三是文明相亲相爱。

(2)正确对待失恋。

失恋不失志,失恋不失德,失恋不失学,失恋不失命。

(3)家庭美德的主要内容。

尊老爱幼、男女平等、夫妻和睦、勤俭持家、邻里互助,是家庭美德的主要内容。

3.锤炼个人品德

"纸上得来终觉浅,绝知此事要躬行。"高尚的道德品格的形成重在实践,贵在坚持。

大学生锤炼个人品德需要掌握正确的方法,向道德模范学习,培养志愿服务精神,大力弘扬时代新风,积极引领社会风尚。

加强道德修养,提升个人品德,可以借鉴历史上圣贤们提出的积极有效方法,如学思并重、省察克治、慎独自律、知行合一、积善成德。

精选案例

"七一勋章"获得者李宏塔——守初心严家风

二十多年前,安徽省合肥市长江路有一位身材高大的中年男子蹬着自行车穿过熙来攘往的街头。沿路的交警和摊贩都认得他——骑车上班的"李厅长"。"李厅长"名叫李宏塔,历任安徽省民政厅厅长、安徽省政协副主席,他的祖父是中国共产主义运动先驱——李大钊。

如今,满头银发的李宏塔年届古稀。这位"红色后代"的故事却依旧为人们津津乐道:传承"红色家风",数十年坚守初心、本色做人,为政勤、为官廉、为民实。

出身"名门"的"普通人"

李宏塔的家世说"显赫"不为过,祖父是李大钊,父亲李葆华曾任安徽省委第一书记、中国人民银行行长。然而李宏塔的成长却与普通青年无异：父母工作忙，出生19天就被送往托儿所照顾，直到6岁才被接回家；16岁当兵入伍，做过化工厂工人，后来考上大学；1978年起，先后在共青团合肥市委、共青团安徽省委、安徽省民政厅等部门工作。

"不能吃苦，就不能成人。"李葆华曾经这样教育李宏塔。一个习惯伴随李宏塔一生：除了极少数重要公务赶时间，李宏塔从不坐专车，天天骑自行车上下班。随着年龄增大，2003年他将自行车换成了电动车，还笑称这是"与时俱进"。

当年根据安徽省干部住房标准规定，李宏塔应该享受至少70平方米的住房。然而1984年，他却搬进位于楼房最西面一套冬冷夏热的两居室，在这套55平方米的旧房里一住就是16年。"大家都是这样，我也知足。"李宏塔说。在共青团工作时，单位曾经要分给他一套大房子，他看到年轻职工没地方住，愣是坚持用自己的一个大套换了3个小户型，分给了单位3位年轻人。

李家三代，家风如一。"黄卷青灯，茹苦食淡，冬一絮衣，夏一布衫"，是祖父李大钊清贫一生的真实写照。父亲李葆华承风父辈，十分简朴：家中老旧的三合板家具、沙发坐下就是一个坑。这样的家风传承，让李宏塔面对简朴生活时乐在其中。

言传身教，革命家风代代传

提及祖父李大钊，李宏塔说，祖父去世时自己还没出生，对祖父的印象多是从书籍、影视作品和父亲讲的故事中获得。相比祖父，父亲李葆华对李宏塔的影响更为直接。

20世纪60年代，李葆华工作调动，李宏塔跟随父亲来到安徽读书。一天，有人送来几袋葡萄干。在当时，这可是稀罕东西。据李宏塔回忆：自己当时少不更事，拆开一包就吃起来。父亲下班回家发现后，当即批评了他。

"父亲说，我们只有一种权力，就是为人民服务。因为做了一点工作就收礼物，这不是共产党人应该干的事。"李宏塔回忆道。随后，李葆华把葡萄干原样退回。李宏塔吃的那一包，也折价退款。

"父亲工作一直很忙，我们交心聊天的时间不多，但是他总是身体力行，严格要求自己，久而久之，我也知道了该如何做人、如何做事。"李宏塔说。

李宏塔的儿子李柔刚，是国防科技大学的一名教员。"父亲对我的教育和培养同样是潜移默化的，从小就很少通过言语教育我，都是从日常生活当中的点滴小事做起，身教多过言传。"李柔刚说。

2008年，李柔刚结婚，婚礼布置简单，单位同事前来祝贺并包了红包。为了不破坏婚礼气氛，李宏塔照单全收，但第二天便将所有的礼钱如数奉还。"没那个必要也没那个习惯，这都是家里的传统。"

不打招呼，到群众中听心声

1987年，李宏塔调到民政部门工作。在组织部门征求意见时，他说："我就是想找一个干实事的部门去工作。民政尤其实在，是直接给老百姓办事。"

李宏塔回忆，自己在民政部门工作时，父亲已经调至北京。每次去北京，父子两人很少聊家常。但父亲每次都问他最近有没有去基层，是不是真正深入基层了。

正是父亲对自己的谆谆教诲，让李宏塔在基层沉下心来，一干就是20年。

那时，李宏塔每年至少有一半时间都蹲在乡镇基层。每次下乡，他都走进村、敲开门，直接和群众坐在一起，到群众中听心声。

李宏塔有自己的一套"反方向工作法"：下乡时不向有关市、县打招呼，每次，经常让司机"把车子开到进不去的地方"，然后步行进村入户检查工作。从百姓家里出来，他再到乡镇、县市座谈。"必须离开公路，直接去问老百姓。沿着公路转、隔着玻璃看是了解不到真实情况的。"李宏塔说。

村里的寄宿学校、城郊的养老院、城里的老旧小区，都是李宏塔经常去的地方。因为调研深入，他先后在全国两会上围绕"完善精准扶贫的制度化保障""应对人口老龄化""关爱农村留守儿童"等主题提交了多份提案。

退休后，李宏塔选择加入中华慈善总会，依旧为改善困难群众生活四处奔走。在中华慈善总会"幸福家园"村社互助工程的推广中，他深入全国多地基层调研。在一些地方，他"习惯性"地自掏腰包，慰问困难群众。他说："慈善能直接为最困难的群众服务，这是我晚年的一件幸事。"

（资料来源：新华网 2019-08-23，有改动）

经典阅读

习近平这样谈"家风"

每到春节，有副传统对联是很多人家的选择："忠厚传家久，诗书济世长。"

风吹日晒，字迹或会模糊，但好家风却会如化雨春风，护着家，护着国。

"小家"紧系"大家"

家是最小国，国是千万家。家风的"家"，是家庭的"家"，也是国家的"家"。

党的十八大以来，习近平多次强调家风，说的是"小家"，着眼的是"大家"。

2014年3月，习近平重访兰考时会见了焦裕禄的5个子女。二女儿焦守云对总书记说："我们一定继承好父亲的精神，把家教家风一代代地保持传承下去。"总书记听后，一边点头一边说："好家风，好家风。"

2016年1月12日，习近平在十八届中央纪委六次全会上强调："每一位领导干部都要把家风建设摆在重要位置，廉洁修身、廉洁齐家，在管好自己的同时，严格要求配偶、子女和身边工作人员。"

党的十八届六中全会审议通过的《关于新形势下党内政治生活的若干准则》《中国共产党党内监督条例》，均对领导干部的家风问题提出了要求，将家风建设提到制度高度。

2016年12月12日，习近平在会见第一届全国文明家庭代表时，盛赞代表们的事迹"温暖了人心，诠释了文明，传播了正能量，为全社会树立了榜样"，充满感情地"点赞"他们"都是好样的"!

家风坏是腐败之因

习近平为何如此重视家风？

家庭是社会的细胞。"家风好，就能家道兴盛、和顺美满；家风差，难免殃及子孙、贻害社会。"

家风，影响着一个人的品质和行为。对居于领导岗位、握有权力的官员来说，败坏的家风，更往往成为牵引其自身及亲属走向牢狱的绳索。

在中纪委六次全会上，习近平毫不留情地指出，不少领导干部"纵容家属在幕后收钱敛财，子女等也利用父母影响经商谋利、大发不义之财"。

纵观已查处的大案要案,很多腐败分子的违纪违法行为中,往往有"家族腐败"因素。父子兵、夫妻档、兄弟帮屡见不鲜,甚至"全家总动员",把公权力变成"私人订制",最终一起走上不归路。

家风坏,腐败现。"家风败坏往往是领导干部走向严重违纪违法的重要原因。"习近平的这句话,直指要害。

"党员领导干部务必珍惜权力、管好权力、慎用权力。正确行使权力,掌权为公、用权为民,则群众喜、个人荣、事业兴;错误行使权力,甚至滥用权力,掌权为己、用权于私,则群众怨、声名败、事业损。"可惜可叹的是,很多领导干部为这段话,做了反面的注脚。

国风之本在家风

"天下之本在国,国之本在家,家之本在身。"

对领导干部来说,家风关系的不仅是一身之进退、一家之荣辱,更关系到党风、政风、国风。"一心可以丧邦,一心可以兴邦,只在公私之间尔。"

什么样的干部可以"兴邦"? 其中的典型就是让习近平"思君夜夜"的焦裕禄。

习近平曾对焦裕禄之子焦国庆说:"你看了一场'白戏',你父亲还专门召开了家庭会议,起草了《干部十不准》,规定任何干部在任何时候都不能搞特殊化。'看白戏'的故事始终深深地印在我的脑海里。"

小处都不随便,何况大节?

习近平号召全体党员"要重点学习弘扬焦裕禄的公仆情怀、求实作风、奋斗精神和道德情操"。焦裕禄"艰苦朴素、廉洁奉公、'任何时候都不搞特殊化'"的道德情操,是习近平要求党员干部学习的重要内容。

2016年1月的中纪委六次全会上,习近平语重心长地叮嘱,家里那点事"要留留神,防微杜渐,不要护犊子"。否则,"触犯了党纪国法都要处理,而且要从严处理"。

没有规矩,不成方圆。以习近平同志为核心的党中央为家风建设定下了"明规矩":

2015年2月27日,习近平主持召开中央全面深化改革领导小组第十次会议,审议通过《上海市开展进一步规范领导干部配偶、子女及其配偶经商办企业管理工作的意见》,要求对领导干部的家庭建设情况进行定期检查。

2016年起开始实施的《中国共产党廉洁自律准则》第八条明确要求,党员领导干部要"廉洁齐家,自觉带头树立良好家风"。

党的十八届六中全会审议通过的《关于新形势下党内政治生活的若干准则》中要求:"领导干部特别是高级干部必须注重家庭、家教、家风,教育管理好亲属和身边工作人员。""禁止利用职权或影响力为家属亲友谋求特殊照顾,禁止领导干部家属亲友插手领导干部职权范围内的工作、插手人事安排。"

《中国共产党党内监督条例》第十四条规定:中央政治局委员要"带头树立良好家风,加强对亲属和身边工作人员的教育和约束,严格要求配偶、子女及其配偶不得违规经商办企业,不得违规任职、兼职取酬"。

习近平说,"家庭是社会的基本细胞,是人生的第一所学校。不论时代发生多大变化,不论生活格局发生多大变化,我们都要重视家庭建设,注重家庭、注重家教、注重家风"。

习近平如此重视家风问题,是因为家庭是"国家发展、民族进步、社会和谐的重要基点","千家万户都好,国家才能好,民族才能好"。

习氏家风:国事大过天

习氏家风,是家、国关系的最好注脚。

习近平在好家风熏陶下长大。

在父亲习仲勋眼里,家里的大事、小事都要为一件事让路。

《习仲勋传》有这样的记述。一次,习近平的母亲齐心对孩子们说:"家中的小事不能影响工作。"习仲勋听到后却严厉地说:"大事也不能影响工作!"

国事大过天!以身教者从。正因父亲的言传身教,习近平将工作看得重如泰山。即使是父亲88岁大寿,中国人很重视的"米寿",时任福建省省长的习近平也因工作未能回家为父亲祝寿。

习近平给父亲写了一封信。信中,习近平提到希望从父亲这里继承和吸取的高尚品质:一是学父亲做人,二是学父亲做事,三是学父亲对信仰的执着追求,四是学父亲的赤子情怀,五是学父亲的俭朴生活。

习近平在信中说:"这是一个堪称楷模的老布尔什维克和共产党人的家风。这样的好家风应世代相传。"

他担任领导干部后,每到一处工作,都会告诫亲朋好友:"不能在我工作的地方从事任何商业活动,不能打我的旗号办任何事,否则别怪我六亲不认。"无论是在福建、浙江还是在上海工作,他都在干部大会上公开郑重表态,不允许任何人打他的旗号谋私利,并欢迎大家监督。

(资料来源:新华网 2017-03-29,有删改)

第三节　实践教学篇

一、"社会主义道德的核心与原则"实践教学

1.实践教学目的

本节主要涉及道德的思想理论把握,可以通过各种讨论质疑、辩论求真、案例剖析等,以教师为主导、以学生为主体的实践教学形式,深入理解道德的起源与本质(是什么),深度把握道德的功能和作用(为什么存在),全面掌握道德的历史演进规律(如何存在),在前述研学基础之上,进一步理解社会主义道德是对以往道德形态的超越,把握社会主义道德核心、原则的科学内涵、实践要求等。

2.实施方案

本节教材内容理论色彩较浓,教育教学的关键和重点在于引导并促成大学生深度理解并生成理性认知,养成积极向善的道德心态。一定的理论深度和视野宽度,是大学生全面发展的思想需要和思维"必然",教师应积极开展贴近大学生发展需求、贴近学生生活实际的实践活动,让实践活动内化为思想体验,才能促成大学生深度思想素养的生成。有鉴于此,适合本节内容的实践教学,包括小组讨论(包括智慧职教云、蓝墨云班课等线上平台,即时讨论、课下师生对话等线下课堂)和主题演讲(如"新时代我的＊＊＊道德观"等),最贴切的实践教学形式可能还是辩论赛。可以结合本节教学内容重难点,设计辩论主题如"温饱是不是谈道德的必要条件""制

度和道德哪个更优先""知识和道德哪个更重要""道德是约束人的还是成就人的""市场经济条件下讲道德是否吃亏"等,也可以设计"道德两难"问题的辩论赛,可以更加深刻地、全面地锻炼大学生道德理性的逻辑思维能力。

二、"吸收借鉴优秀道德成果"实践教学

1.实践教学目的

通过资料收集、讨论、辩论等主体实践教学活动形式,深入理解中华优秀传统道德与革命道德的当代价值与意义。

2.实施方案

开展以教学内容为依托的学生课堂辩论赛。

3.参考案例

(1)设置辩题:中华传统道德与革命道德是否过时?

(2)将学生分为甲、乙两组,每组选出四名选手相互对抗,其余学生相称地作为两个对抗组的成员,坐在听辩席位,根据双方四名辩手的陈述、辩论、反驳、例证情况进行积分,在双方做完三场辩论后,由一名辩手在最后一分钟用一句话概括出自己的辩论主题和辩论结论。辩论结束后,评分组学生根据双方积分和发挥表现评出优胜的小组。

三、"投身崇德向善的道德实践"实践教学

1.实践教学目的

通过资料收集、讨论、辩论等主体实践教学活动形式,深入理解日常生活中的道德内容运用情况与真实的公民道德水平。在对所处环境的道德水准有初步了解的基础之上,更好地发挥大学生的道德引领作用。

2.实施方案

(1)设置辩题:向道德模范学习是否不切实际?

(2)将学生分为甲、乙两组,每组选出四名选手相互对抗,其余学生相称地作为两个对抗组的成员,坐在听辩席位,根据双方四名辩手的陈述、辩论、反驳、例证情况进行积分,在双方做完三场辩论后,由一名辩手在最后一分钟用一句话概括出自己的辩论主题和辩论结论。辩论结束后,评分组学生根据双方积分和发挥表现评出优胜的小组。

思考与练习

一、单选题

1.自古以来,人们对于道德起源提出了种种见解和理论,其中,马克思主义道德起源观是(　　)。

　　A.天意神启论　　B.先天人神论　　C.情感欲望论　　D.生产方式论

2.道德可以通过评价等方式指导和纠正人们的行为和实际活动,协调人们之间的关系。这说明道德具有(　　)。

　　A.认识功能　　B.导向功能　　C.辩护功能　　D.调节功能

3.在我国古代思想文化中,有重视荣辱的思想观念。下列古语中,表达了重视荣辱观念的是(   )。

　　A."宁可毁人,不可毁誉"　　　　　　B."己所不欲,勿施于人"

　　C."民生在勤,勤则不匮"　　　　　　D."亲仁善邻,国之宝也"

4.列宁说:"没有'人的感情',就从来没有也不可能有人对于真理的追求。"对于完善人的品质来说,这主要强调的是(   )。

　　A.省察克治的重要性　　　　　　　　B.慎独自律的重要性

　　C.陶冶情操的重要性　　　　　　　　D.学思明理的重要性

5.个体在道德意识、道德行为方面,自觉按照一定社会或阶级的道德要求进行自我审度、自我教育、自我锻炼、自我革新、自我完善的活动,称为(   )。

　　A.道德认识　　　B.道德修养　　　C.道德调节　　　D.道德发展

6.马克思主义科学地揭示了道德的起源,认为道德(   )。

　　A.起源于人性中的情感、欲望

　　B.起源于人先天具有的某种良知和善良意志

　　C.产生于人类的历史发展和人们的社会实践中

　　D.起源于"天"的意志、"神"的启示或"上帝"的意志

7.道德能够帮助人们正确认识社会生活的规律和原则,认识人生的价值和意义,认识自己对家庭、他人、社会的义务和责任,使人们的道德实践建立在向善避恶的认识基础上,引导人们正确选择道德行为。这说明道德具有(   )。

　　A.调节功能　　　B.激励功能　　　C.认识功能　　　D.评价功能

8.道德作为一种特殊的社会意识形态,归根到底是(   )的反映。

　　A.社会经济关系　　　　　　　　　　B.人的本性

　　C.社会上层建筑　　　　　　　　　　D.政治制度

9.(   )是人类道德起源的第一个历史前提。

　　A.自我意识的形成　　　　　　　　　B.国家的出现

　　C.劳动　　　　　　　　　　　　　　D.个人利益的出现

10.在道德的功能系统中,主要的功能是认识功能和(   )。

　　A.评价功能　　　B.调节功能　　　C.导向功能　　　D.激励功能

11.在社会规范体系中,法律与道德是两种不同的行为规范。下列关于二者关系的说法中,正确的是(   )。

　　A.凡是道德所反对和谴责的行为,必定是法律所制裁的行为

　　B.法律是道德形成的基础,能够为道德规范的制订提供依据

　　C.法律的调节更具有广泛性,能够渗透到道德不能调节的领域

　　D.凡是法律所禁止和制裁的行为,通常也是道德所反对和谴责的行为

12.社会主义道德区别和优越于其他社会形态道德的显著标志是,社会主义道德(   )。

　　A.以为人民服务为核心

　　B.对社会行为的调节是非强制性的

　　C.起源于人先天具有的某种良知和善良意志

　　D.对其他社会意识形态的存在和发展有重大影响

13.马克思主义科学地揭示了道德的本质,认为道德是( )。

A."天"的意志、"神"的启示

B.人先天具有的某种良知和善良意志

C.一种由社会经济基础决定的特殊的社会意识形态

D.决定社会生产力发展水平的根本力量

14.黑格尔说:"一个人做了这样或那样一件合乎伦理的事,还不能就说他是有德的;只有当这种行为方式成为他性格中的固定要素时,他才可以说是有德的。"其中,"性格中的固定要素"指的是( )。

  A.道德品质   B.道德行为   C.道德理想   D.道德规范

15.精心地保持自己的善意,精心地保持自己的善行,使其不断积累而成为个人品德。这种道德修养的途径称为( )。

  A.学思明理   B.积善成德   C.慎独   D.省察克治

二、多选题

1.下列选项中,对于道德的理解,正确的有( )。

A.道德通过社会舆论、传统习俗和人们的内心信念来维系

B.道德属于上层建筑的范畴,是一种特殊的社会意识形态

C.虽然道德在一定时期可能出现某种停滞或倒退现象,但道德发展的总趋势是向上的、前进的,是沿着曲折的道路向前发展的

D.道德是对人们的行为进行善恶评价的心理意识、原则规范和行为活动的总和

2.社会主义道德建设要以集体主义为原则。社会主义集体主义原则的基本内涵有( )。

A.压制个人,束缚个性

B.集体利益高于个人利益

C.集体利益和个人利益相统一

D.重视、保障和发展个人的正当利益

3.马克思主义认为,道德作为一种社会现象,其产生有多方面的条件,包括( )。

  A.人性本善   B.社会关系的形成

  C.社会舆论的形成   D.自我意识的形成

4.大学生对待失恋的正确态度有( )。

  A.失恋不失志,失恋不失德   B.失恋太伤人,从此不恋爱

  C.恋爱是游戏,失恋不可惜   D. 失恋不失学,失恋不失命

5.与历史上一切剥削阶级道德相比,社会主义道德的先进性特征有( )。

A.社会主义经济基础的反映

B.对人类优秀道德资源的批判继承和创新发展

C.克服了以往阶级社会道德的片面性和局限性

D.通过社会舆论和国家强制力量来维持

6.在道德的功能系统中,主要的功能包括( )。

  A.认识功能   B.导向功能   C.规范功能   D.调节功能

7.以下体现注重整体利益,强调责任奉献的是( )。

  A.夙夜在公   B.见贤思齐焉,见不贤而内自省也

C.以公灭私,民其允怀　　　　　　　　D.苟利国家生死以

8.在对待传统道德的问题上,下列属于错误思潮的是(　　)。

A.坚持文化复古主义,中国的落后就是因为儒家文化的失落

B.吸取借鉴优良的道德文明成果

C.实行"历史虚无主义",中国要全盘西化

D.古为今用、推陈出新

9.以下体现推崇"仁爱"原则,注重以和为贵基本精神的是(　　)。

A.己欲立而立人　　B.亲亲而仁民　　C.仁者自爱　　D.兼相爱,交相利

10.道德属于上层建筑的范畴,是一种特殊的社会意识形态。社会主义道德建设要(　　)。

A.与西方主流文明相一致　　　　　　B.与社会主义法律规范相协调

C.与社会主义市场经济相适应　　　　D.与中华民族传统美德相承接

三、判断题

1.道德是通过人对自己的行为做出自觉自愿的自我制裁实现的,因而与法律规范相比,道德规范不具有拘束力。(　　)

2.道德对经济关系的反映是消极被动的。(　　)

3.作为社会调节规范,道德只调整人的内心动机而法律只调整人的外部行为。(　　)

4.集体主义与中国传统文化中重整体利益、崇尚群体精神的价值取向是一致的。(　　)

5.马克思主义道德观认为,道德在本质上是社会利益关系的特殊调节方式。(　　)

6.道德是一种以指导人的行为为目的、以形成人的正确行为方式为内容的精神,在本质上是知行合一的。(　　)

7.道德建设的最终目标是要形成以中国传统文化为主体的道德体系。(　　)

8.中国传统道德从整体上在今天已经失去了价值和意义。(　　)

9.必须从整体上对中国传统道德予以否定。(　　)

10.要从文化自觉和文化自信出发,加强对中华传统美德的挖掘和阐发。(　　)

参考答案

第六章 学习法治思想 提升法治素养

【教学目标】

1. 知识目标

通过把握法律的含义和历史发展,理解我国社会主义法律的本质特征和运行过程,了解习近平法治思想的形成过程、重大意义和主要内容,了解我国宪法的形成和修改过程,明确宪法的重要地位,掌握我国宪法确立的基本原则,理解加强宪法实施与监督的重要性,维护宪法权威,了解什么是法治思维,维护法律权威。

2. 能力目标

使学生养成心中有法、自觉守法、用法解决问题的良好习惯。

3. 素质目标

使学生树立正确的权利义务观,妥善处理学习、生活中遇到的法律问题和各种矛盾,不断提高自己的法治素养。使学生成为全面推进科学立法、严格执法、公正司法、全民守法、全面依法治国的忠实捍卫者和践行者。

【教学重难点】

理解社会主义法律的运行方式,走中国特色社会主义法治道路的"五个坚持",如何加强宪法实施与完善宪法监督,法律权利与法律义务的内涵。

【教学思路】

本章从讲马克思主义法学基本原理开始,帮助学生正确认识社会主义法律的本质特征和运行规则,整体把握中国特色社会主义法律体系、法治体系和法治道路,自觉培养法治思维,最后落实到行动上,即依法行使权利与履行义务,从而提升自己的法治素养,积极参与和推动社会主义法治国家建设,形成了"法学原理→法律体系→法治体系→法治道路→法治思维→权利义务"这样一个新的法治观教育内容体系。

从具体内容来看,本章主要包括四节内容:第一节主要讲述"社会主义法律的特征和运行";第二节主要讲述"坚持全面依法治国";第三节主要讲述"维护宪法权威";第四节主要讲述"自觉尊法学法守法用法"。

【思维导图】

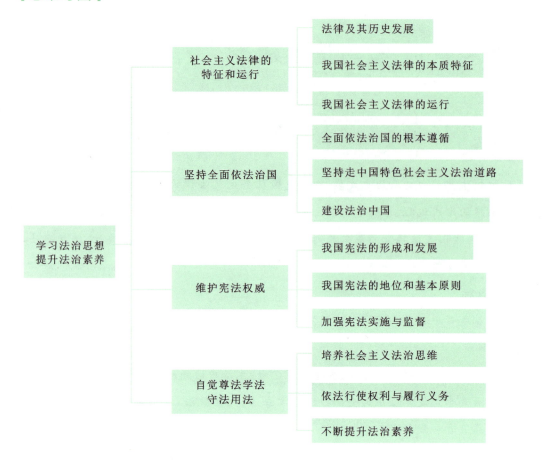

第一节 教学设计篇

一、社会主义法律的特征和运行

本节从法学基本理论入手,主要讲授的是法律的概念及其历史发展、社会主义法律的本质特征,还分析了社会主义法律是如何运行的。本节从法律含义、特征、产生与发展三个方面对"法律"进行了阐释,使学生对"法律"有全面深刻的理解。本节重点从法律的创制与实施、法律借以产生的物质生活条件、法律内容所体现的意志等角度来定义法律,旨在使大学生深刻理解法律的本质含义,奠定进一步学习相关法律知识的基础。教材依据唯物史观的基本原理——经济基础决定上层建筑,说明法律制度的基本内容和性质总是与其所处的生产关系相适应的,所以法律的发展经历了不同的历史类型,顺理成章地将学生的思路引导到社会主义法律。与法律本身的内涵相比,社会主义法律既有一致性方面,也有特殊性方面,是法律在社会主义国家的具体表现形式。社会主义法律的运行就是一个从创制、实施到实现的动态过程。

教学环节	教师活动	学生活动	资源手段	设计意图
导入新课	导入新课： （1）提问学生是否了解世界上五大法系。 （2）讲述大陆法系和英美法系的区别。	说说对刑法修正案（十一）的了解程度	教材、多媒体、PPT	让学生了解我国法律与时俱进的特点
讲授新课	讲述法律的含义及其历史发展，对"法律"进行全面深刻的讲解，从法律的创制、法律的实施、法律借以产生的物质生活条件、法律内容所体现的意志等角度来讲解法律的定义。 设计两个提问环节： 1.原始社会有法律吗？ 2.我国社会主义法律与其他历史类型法律的根本区别是什么？	思考问题并回答	教材、多媒体、PPT	让学生深刻理解我国法律的含义及其历史发展
	讲述我国社会主义法律的本质特征： 1.我国社会主义法律体现了党的主张和人民意志的统一； 2.我国社会主义法律具有科学性和先进性； 3.我国社会主义法律是中国特色社会主义建设的重要保障。 设计提问环节： 1.你知道新中国成立后颁布的第一部法律是什么吗？ 2.了解《法治中国》纪录片吗？	思考问题并回答	教材、多媒体、PPT	让学生深刻理解我国法律的本质特征
	讲述我国社会主义法律的运行机制： 1.法律制定（立法）； 2.法律执行（执法）； 3.法律适用（司法）； 4.法律遵守（守法）。 设计案例：防止未成年人沉迷网络是法律执法还是法律适用？	参与案例分析并讨论	教材、多媒体、PPT、案例	让学生深刻理解我国法律的运行机制
课堂小结	教师呈现本节教学小结的内容，着重强调我国社会主义法律的本质特征和运行机制的掌握			
课后作业	搜集中华法系的相关资料，了解法系的演变历程并做出思维导图在职教云分享			

二、坚持全面依法治国

本节主要介绍了全面依法治国的根本遵循，坚持走中国特色社会主义法治道路，以及建设法治中国，着重阐明习近平法治思想的形成过程、重大意义和主要内容。中国特色社会主义法治道路是建设社会主义法治国家的正确道路。走中国特色社会主义法治道路,必须坚持中国共产党的领导,坚持人民主体地位,坚持法律面前人人平等,坚持依法治国和以德治国相结合,坚持从中国实际出发。本节还详细介绍了建设中国特色社会主义法治体系的主要内容,以及从立法、执法、司法、守法四个方面统筹推进全面依法治国的策略,要求教师在教学中始终把法治素养和道德素质相统一的逻辑作为一条线索,贯穿于教学的全过程,如此才有助于培养有理想、有本领、有担当的新时代新青年。

教学环节	教师活动	学生活动	资源手段	设计意图
导入新课	导入:2022年推动法治进程的十大案例	观看视频《大秦帝国:人治与法治哪家强?》	教材、多媒体、PPT	让学生理解法治和人治的区别
讲授新课	讲述全面依法治国的根本遵循。设计两个提问环节:(1)习近平法治思想的形成过程是怎样的?(2)习近平法治思想的主要内容是什么?	思考并回答问题	教材、多媒体、PPT	让学生深刻理解习近平法治思想的主要内容
	讲述坚持走中国特色社会主义法治道路。设计两个案例:(1)《中华人民共和国英雄烈士保护法》。(2)新时代推动法治进程2021年度十大案件	分析案例并参与讨论	教材、多媒体、PPT、案例	让学生深刻理解中国特色社会主义法治道路是建设社会主义法治国家的正确道路
	讲述建设法治中国。设计两个案例:(1)武汉市水果湖街道温情拆违,让执法更有温度。(2)讲解案例:张玉环案	分析案例并参与讨论	教材、多媒体、PPT、案例	让学生深刻理解建设中国特色社会主义法治体系是建设法治中国的总抓手
课堂小结	教师呈现本节教学小结的内容,着重强调理解习近平法治思想的形成、意义和主要内容,重点把握坚持走中国特色社会主义法治道路的原因,以及必须遵循的原则,明晰当前全面推进依法治国在立法、执法、司法和守法等方面的基本要求			
课后作业	总结近年来我国的立法情况,思考立法对依法治国的重大意义			

三、维护宪法权威

完善以宪法为核心的中国特色社会主义法律体系,是全面依法治国的重要内容,是建设中国特色社会主义法治体系的前提和基础。本节主要介绍我国宪法的形成和发展,重点解读我国宪法的地位和基本原则,使学生了解我国宪法确立的根本制度,强调加强宪法的实施与监督。教师让学生不断增强宪法意识,自觉尊崇宪法、学习宪法、遵守宪法、维护宪法、运用宪法,把宪法作为判断大是大非的准绳,大力弘扬宪法精神。

教学环节	教师活动	学生活动	资源手段	设计意图
导入新课	导入"2021年度中国十大宪法事例"。 设计提问环节:国家宪法日是哪一天?	思考问题并回答	教材、多媒体、PPT	让学生了解宪法的地位
讲授新课	讲述我国宪法的形成和发展。 观看视频《中华人民共和国宪法》,提问:宪法是何时诞生的?	思考问题并回答	教材、多媒体、PPT	让学生了解宪法的发展历程
	讲述我国宪法的地位和基本原则,让学生了解人民主权原则。 设计提问环节:为什么要设立国家宪法日?	思考问题并回答	教材、多媒体、PPT	让学生了解我国宪法的地位和基本原则
	讲述加强宪法实施和监督。 设计两个提问环节: (1)什么是"一府两委"? (2)合宪性审查是什么?让学生了解合宪性审查机制	思考问题并回答	教材、多媒体、PPT	让学生充分理解我国宪法的实施和监督
课堂小结	教师呈现本节教学小结的内容,着重强调宪法的形成和发展,引导学生深刻理解宪法的重要地位和基本原则,明确如何加强宪法实施与监督,要求学生维护宪法权威,大力弘扬宪法精神,不断增强宪法意识			
课后作业	深入了解宪法,以"我与宪法"为主题,自拟题目,写一篇心得体会			

四、自觉尊法学法守法用法

本节在解读法治思维的基本含义与特征、区别法治思维与人治思维的基础上,重点介绍法治思维的基本内容,着重阐释我国法律规定的公民的基本权利和义务,以及如何行使法律权利、履行法律义务。包括大学生在内的每个公民既要依法行使法律权利,更要依法履行法律义务,树立正确的法治观念。鉴于公民的基本权利和基本义务内容较多,在教学中教师可以结合学生实际情况对教材内容进行取舍,突出重点地进行讲解。最后指出,新时代大学生的法治素养,关系全民族法治素养的总体水平,关系法治中国建设的进程。大学生要从四个方面不断提升自己的法治素养,即尊重法律权威、学习法律知识、养成守法习惯、提高用法能力。

教学环节	教师活动	学生活动	资源手段	设计意图
导入新课	首先以大学生维权案例导入。突破教学重点(法治思维)的内容,主要采用问题链的对话方式,整合教材内容,形成理论逻辑,引领学生逐层递进,深入思考法律思维"是什么""为什么""怎么样",教学难点主要采用逻辑推理和情境分析,辅之以现实中的案例(《我不是药神》原型陆勇案),由点到线再到面,引导学生理解法治思维的含义	积极参与提问环节:法治思维的基本内容是什么	教材、多媒体、PPT	让学生理解法治思维的内涵

续表

教学环节	教师活动	学生活动	资源手段	设计意图
讲授新课	讲述依法行使权利与履行义务,讲清楚法律权利与法律义务的特征	观看两个视频:罗翔老师《讲法律权利与法律义务的区别》,以及《到底先有权利还是先有义务?》	教材、多媒体、PPT	让学生深刻理解法律权利与法律义务的特征
	讲述我国宪法规定的权利	观看视频《公民的基本权利——宪法和我们的一生》,思考宪法规定的公民权利	教材、多媒体、PPT	让学生理解我国宪法的详细内容
	讲述不断提高法治素养	观看《今日说法》	教材、多媒体、PPT	让学生不断提升法治素养
课堂小结	教师呈现本节教学小结的内容,着重强调大学生要积极培养法治思维,正确理解依法行使权利和履行义务,不断提升法治素养,自觉尊法学法守法用法,成为社会主义法治的忠实崇尚者、自觉遵守者、坚定捍卫者			
课后作业	依据所讲内容,就维护法律权威的意义撰写心得体会;思考社会主义法治观念、社会主义法治思维方式和尊重社会主义法律权威之间的关系			

第二节　学习辅导篇

一、我国宪法的形成与发展

党的十八大以来,以习近平同志为核心的党中央把宪法摆在全面依法治国十分突出的位置,围绕宪法阐明一系列重大论断,作出一系列重大部署,推进一系列重大工作,引领新时代依宪治国新实践,开创新时代依宪治国新局面。

> 精讲理论

1. 中国宪法的历史发展

中国是一个专制历史特别漫长的国家,几千年来的封建统治使中国既无民主传统,又无民主政治基础,所以,中国古代历史上缺乏民主宪法成长的土壤。直到鸦片战争后,中国逐步沦为半殖民地半封建社会。当时许多有志之士在向西方学习的过程中,日渐认识到宪政制度的优越性,纷纷要求实行立宪政体,以实现中国的救亡图存。特别是在面对列强侵略,国内各种革命运动风起云涌的压力下,清政府内外交困、四面楚歌,为了挽救摇摇欲坠的统治,1908年不得不颁布以"君上大权"为核心的《钦定宪法大纲》,它是中国历史上第一部宪法性文件。但清朝政府的立宪骗局进一步激起了人民的愤怒,最终导致1911年辛亥革命爆发,慑于革命的压力,宣统皇帝下诏"罪己",仅用三天时间就出台了一部宪法性文件《宪法重大信条十九条》,并宣布立即实行,但这部文件旋即被革命的浪潮所淹没,这是清朝政府最后一部宪法性文件。

辛亥革命胜利后,中华民国南京临时政府成立,1912年3月11日临时大总统孙中山颁布了《中华民国临时约法》,它是中国历史上第一部资产阶级性质的宪法性文件。随后,辛亥革命的成果被袁世凯窃取,从而使中国进一步陷入了战乱,直到新中国成立。在这一时期所出现的宪法性文件主要有1913年的"天坛宪草"、1914年的"袁记约法"、1923年的"贿选宪法"、1925年的"民国宪草"、1931年的"训政时期约法"、1936年的"五五宪草"和1946年的"中华民国宪法",以及新民主主义革命时期人民革命根据地的《中华苏维埃共和国宪法大纲》《陕甘宁边区施政纲领》《陕甘宁边区宪法原则》,等等。

在中国共产党领导下,1949年中国人民终于推翻了"三座大山",建立了自己的国家政权。为了巩固人民革命的胜利成果,确立国家最根本、最重要的问题,1949年9月召开了具有广泛代表性的中国人民政治协商会议,制定了起临时宪法作用的《中国人民政治协商会议共同纲领》。1954年,第一届全国人民代表大会第一次会议在《中国人民政治协商会议共同纲领》的基础上制定了我国第一部社会主义类型的宪法——"五四宪法"。1975年颁布的第二部宪法是一部内容很不完善并有许多错误的宪法。1978年颁布的第三部宪法,虽经1979年和1980年两次局部修改,但从总体上说仍然不能适应新时期的需要。因此,1982年12月4日,第五届全国人民代表大会第五次会议通过了新中国的第四部宪法,即现行的1982年宪法。

1988年第七届全国人民代表大会第一次会议对现行宪法进行了第一次修正。该修正案的内容主要有两个方面:一是在第11条增加规定"国家允许私营经济在法律规定的范围内存在和发展。私营经济是社会主义公有制经济的补充。国家保护私营经济的合法权利和利益,对私营经济实行引导、监督和管理"。二是删去第10条第4款中不得出租土地的规定,增加规定"土地的使用权可以依照法律的规定转让"。

1993年第八届全国人民代表大会第一次会议对现行宪法进行了第二次修正。这一修正案以党的十四大精神为指导,突出了建设有中国特色社会主义理论和党的基本路线,根据十多年来我国社会主义现代化建设和改革开放的新经验,着重对经济制度的有关规定作了修改和补充。主要内容包括以下几方面:(1)明确把"我国正处于社会主义初级阶段""建设有中国特色社会主义""坚持改革开放"写进宪法,使党的基本路线在宪法中得到集中、完整的表述。(2)增加了"中国共产党领导的多党合作和政治协商制度将长期存在和发展"。(3)把家庭联产承包责任制作为农村集体经济组织的基本形式确定下来。(4)将社会主义市场经济确定为国家的基本经济体制，并对相关内容作了修改。(5)把县级人民代表大会的任期由3年改为5年。

1999年第九届全国人民代表大会第二次会议对现行宪法进行了第三次修正。主要内容包括：(1)明确把"我国将长期处于社会主义初级阶段""沿着建设有中国特色社会主义的道路""邓小平理论指导下""发展社会主义市场经济"写进宪法。(2)明确规定"中华人民共和国实行依法治国，建设社会主义法治国家"。(3)规定"国家在社会主义初级阶段，坚持公有制为主体、多种所有制经济共同发展的基本经济制度，坚持按劳分配为主体、多种分配方式并存的分配制度"。(4)规定"农村集体经济组织实行家庭承包经营为基础、统分结合的双层经营体制"。(5)将国家对个体经济和私营经济的基本政策合并修改为："在法律规定范围内的个体经济、私营经济等非公有制经济，是社会主义市场经济的重要组成部分。""国家保护个体经济、私营经济的合法的权利和利益。国家对个体经济、私营经济实行引导、监督和管理。"(6)将镇压"反革命的活动"修改为镇压"危害国家安全的犯罪活动"。

2004年十届全国人大二次会议对宪法进行了第四次修正。修改的主要内容包括：(1)在宪法序言中增加"三个代表"重要思想这一指导思想。(2)在宪法序言关于爱国统一战线组成结构的表述中增加"社会主义事业的建设者"。(3)将国家的土地征用制度修改为："国家为了公共利益的需要，可以依照法律规定对土地实行征收或者征用并给予补偿。"(4)将国家对非公有制经济的规定修改为："国家保护个体经济、私营经济等非公有制经济的合法的权利和利益。国家鼓励、支持和引导非公有制经济的发展，并对非公有制经济依法实行监督和管理。"(5)将国家对公民私人财产的规定修改为："公民的合法的私有财产不受侵犯。""国家依照法律规定保护公民的私有财产权和继承权。国家为了公共利益的需要，可以依照法律规定对公民的私有财产实行征收或者征用并给予补偿。"(6)增加规定："国家建立健全同经济发展水平相适应的社会保障制度。"(7)增加规定："国家尊重和保障人权。"(8)将全国人民代表大会代表的产生方式修改为："全国人民代表大会由省、自治区、直辖市、特别行政区和军队选出的代表组成。各少数民族都应当有适当名额的代表。"(9)将全国人民代表大会常委会、国务院对戒严的决定权改为对紧急状态的决定权；相应地，国家主席对戒严的宣布权也改为对紧急状态的宣布权。(10)将乡镇人民代表大会的任期由3年改为5年。(11)在宪法中增加关于国歌的规定。

党的十八大以来，以习近平同志为核心的党中央团结带领全国各族人民，统筹推进"五位一体"总体布局，协调推进"四个全面"战略布局，推进党的建设新的伟大工程，形成一系列治国理政新理念新思想新战略，推动党和国家事业取得历史性成就、发生历史性变革，中国特色社会主义进入新时代。党的十九大在新的历史起点上对新时代坚持和发展中国特色社会主义作出重大战略部署，提出了一系列重大政治论断，确立了习近平新时代中国特色社会主义思想在全党的指导地位，确定了新的奋斗目标。在新的历史条件下，面对新的历史任务，对宪法进行必要的修改，对党和国家事业发展具有重大指导和引领意义。宪法修正案共21条，包括12个方面：(1)确立科学发展观、习近平新时代中国特色社会主义思想在国家政治和社会生活中的指导地位。(2)调整充实中国特色社会主义事业总体布局和第二个百年奋斗目标的内容。(3)完善依法治国和宪法实施举措。(4)充实完善我国革命和建设发展历程的内容。(5)充实完善爱国统一战线和民族关系的内容。(6)充实和平外交政策方面的内容。(7)充实坚持和加强中国共产党全面领导的内容。(8)增加倡导社会主义核心价值观的内容。(9)修改国家主席任职方面的有关规定。(10)增加设区的市制定地方性法规的规定。(11)增加有关监察委员会的各项规定。(12)修改全国人大专门委员会的有关规定。

2.宪法修改的重大意义

宪法是国家的根本法,是治国安邦的总章程,是党和人民意志的集中体现,具有最高的法律地位、法律权威、法律效力。修改宪法,是党和国家政治生活中的一件大事,具有重大现实意义和深远历史意义。

宪法修改是党中央从新时代坚持和发展中国特色社会主义全局和战略高度作出的重大决策。自2004年修改宪法以来,党和国家事业又有了许多重要发展变化,特别是党的十八大以来,以习近平同志为核心的党中央团结带领全党全国各族人民毫不动摇坚持和发展中国特色社会主义,创立了习近平新时代中国特色社会主义思想,统筹推进"五位一体"总体布局,协调推进"四个全面"战略布局,推进党的建设新的伟大工程,推动党和国家事业取得历史性成就、发生历史性变革。党的十九大对新时代坚持和发展中国特色社会主义作出了重大战略部署,确定了新的奋斗目标。为全面贯彻党的十九大精神、更好地发挥宪法在新时代坚持和发展中国特色社会主义中的重大作用,需要对宪法作出适当修改,把党和人民在实践中取得的重大理论创新、实践创新、制度创新成果上升为宪法规定。

宪法修改是推进全面依法治国、推进国家治理体系和治理能力现代化的重大举措。全面依法治国是党治国理政的基本方略,是实现国家治理现代化的重要依托。习近平总书记强调,没有全面依法治国,我们就治不好国、理不好政,我们的战略布局就会落空。必须坚持把依法治国作为党领导人民治理国家的基本方略、把法治作为治国理政的基本方式,不断把法治中国建设推向前进。坚持依法治国首先要坚持依宪治国,坚持依法执政首先要坚持依宪执政。完善以宪法为核心的中国特色社会主义法律体系,是全面推进依法治国的必然要求,是完善和发展中国特色社会主义制度、推进国家治理体系和治理能力现代化的重大举措。

宪法修改是党领导人民建设中国特色社会主义实践发展的必然要求。我国宪法以国家根本法的形式,确认了党领导人民进行革命、建设和改革的伟大斗争和根本成就,确立了国体和政体等根本制度,确立了国家的根本任务、领导核心、指导思想、发展道路、奋斗目标等国家生活中带有全局性、根本性的问题。我国宪法是一部随着党领导人民建设中国特色社会主义实践的发展而不断发展的宪法。1954年宪法诞生后,一直处在探索实践和不断完善过程中。1982年宪法公布施行后,根据改革开放和社会主义现代化建设的实践和发展,分别于1988年、1993年、1999年、2004年进行了4次修改。通过4次宪法修改,我国宪法在中国特色社会主义伟大实践中紧跟时代步伐,不断与时俱进,有力推动和保障了党和国家事业发展,有力推动和加强了我国社会主义法治建设。

中国特色社会主义进入新时代,这是我国发展新的历史方位。我国宪法应该坚持与时俱进,更好体现党和国家事业发展的新成就、新经验、新要求。根据新时代坚持和发展中国特色社会主义的新形势、新任务,对我国宪法作出适当修改是必须的、适时的,是符合宪法发展规律、符合时代发展和实践需要的。

3.宪法修改的总体要求

党的十九届二中全会确定了宪法修改的总体要求,为宪法修改提供了方向指引。

宪法修改要高举中国特色社会主义伟大旗帜。旗帜引领方向,道路决定命运。习近平总书记强调:党和国家的长期实践充分证明,只有社会主义才能救中国,只有中国特色社会主义才能发展中国。只有高举中国特色社会主义伟大旗帜,我们才能团结带领全党全国各族人民,在中国共产党成立100年时全面建成小康社会,在新中国成立100年时建成富强民主文明和谐美丽的社会主义现代化强国,赢得中国人民和中华民族更加幸福美好的未来。中国特色社会主义,承载着几代中国共产党人的理想和探索,寄托着无数仁人志士的夙愿和期盼,凝聚着千千万万革命先烈的奋斗和牺牲,是历史和人民的选择。要发展中国,稳定中国,要全面建成小康社会,加快推进社会主义现代化,实现中华民族伟大复兴,必须坚定不移坚持和发展中国特色社会主义。宪法修改必须高举中国特色社会主义伟大旗帜,坚持中国特色社会主义法治道路,确保沿着正确方向胜利前进。

宪法修改要坚持以马克思列宁主义、毛泽东思想、邓小平理论、"三个代表"重要思想、科学发展观、习近平新时代中国特色社会主义思想为指导。《共产党宣言》发表以来的实践证明,马克思主义只有与本国国情相结合、与时代发展同步、与人民群众共命运,才能焕发出强大的生命力、创造力、感召力。党的十八大以来,国内外形势变化和我国各项事业的发展,尤其是我国社会主要矛盾已经转化为人民日益增长的美好生活需要和不平衡不充分的发展之间的矛盾,促使我们必须从理论和实践结合上系统回答新时代坚持和发展什么样的中国特色社会主义、怎样坚持和发展中国特色社会主义这个重大时代课题。围绕这个重大时代课题,以习近平同志为核心的党中央坚持以马克思列宁主义、毛泽东思想、邓小平理论、"三个代表"重要思想、科学发展观为指导,坚持解放思想、实事求是、与时俱进、求真务实,坚持辩证唯物主义和历史唯物主义,紧密结合新的时代条件和实践要求,以全新的视野深化对共产党执政规律、社会主义建设规律、人类社会发展规律的认识,进行艰辛的理论探索,形成了习近平新时代中国特色社会主义思想,成为全党全国人民为实现中华民族伟大复兴而奋斗的行动指南。宪法修改应当坚持以习近平新时代中国特色社会主义思想为指导,这是时代发展的要求,是党心所向、民心所望。

宪法修改要坚持党的领导、人民当家作主、依法治国有机统一。坚持党的领导、人民当家作主、依法治国有机统一是中国特色社会主义政治发展道路的鲜明特点和优势。党的领导、人民当家作主、依法治国三者具有内在统一性。党的领导是人民当家作主和依法治国的根本保证,人民当家作主是社会主义民主政治的本质特征,依法治国是党领导人民治理国家的基本方式,三者统一于我国社会主义民主政治伟大实践。坚持党的领导,就是坚持党是宪法修改的领导核心;人民当家作主就是要坚持以人民为中心,在宪法修改中体现人民的需求和愿望;依法治国就是要严格遵循宪法修改的程序。坚持三者有机统一,对确保宪法修改的科学性、民主性、法治性具有重要意义。

宪法修改要全面贯彻党的十九大精神,把党的十九大确定的重大理论观点和重大方针政策特别是习近平新时代中国特色社会主义思想载入国家根本法,体现党和国家事业发展的新成就新经验新要求。党的十九大在新的历史起点上对新时代坚持和发展中国特色社会主义作出重大战略部署,提出了一系列重大政治论断,确定了新的奋斗目标。通过宪法修改,把党的十九大确定的重大理论观点和重大方针政策特别是习近平新时代中国特色社会主义思想载入国家根本法,体现党的最新执政理念,是全党全国人民的共同意愿,是新时代坚持和发展中国特色社会主义的必然要求,具有重要的宪法理论意义和政治实践意义。

牢牢把握宪法修改的总体要求,在总体保持我国宪法连续性、稳定性、权威性的基础上推动宪法与时俱进、完善发展,更好体现人民意志,更好体现中国特色社会主义制度的优势,更好适应提高党长期执政能力、推进全面依法治国、推进国家治理体系和治理能力现代化的要求,为新时代坚持和发展中国特色社会主义、实现"两个一百年"奋斗目标和中华民族伟大复兴的中国梦提供有力宪法保障。

4.宪法修改的原则

作为国之根本、法之源泉,宪法修改关系全局,影响广泛而深远。宪法修改要贯彻科学立法、民主立法、依法立法的要求,注重从政治上、大局上、战略上分析问题,注重从宪法发展的客观规律和内在要求上思考问题,切实维护宪法权威性,真正实现宪法目的,彰显宪法价值。党的十九届二中全会确定了宪法修改必须贯彻以下原则。

坚持党的领导。党的十九大报告指出:"坚持党对一切工作的领导。"修改宪法,是事关全局的重大政治活动和重大立法活动,必须在党中央集中统一领导下进行。要增强"四个意识",坚定"四个自信",坚定不移走中国特色社会主义政治发展道路和中国特色社会主义法治道路,把坚持党的集中统一领导贯彻到宪法修改全过程,坚持正确政治方向。

坚持严格依法按程序进行。守程序是法治之始。党领导人民制定宪法法律,党领导人民执行宪法法律,党带头遵守宪法法律,体现了"社会主义法治必须坚持党的领导,党的领导必须依靠社会主义法治"的内在统一。宪法规定了严格的修改程序。宪法修改实践也积累了丰富的经验,逐渐形成了一些成熟的政治惯例。严格依法按程序修改宪法,确保党的主张通过法定程序成为国家意志,是遵循宪法法律发展规律的必然要求,是对法治精神的恪守。

坚持充分发扬民主、广泛凝聚共识。"政之所兴在顺民心,政之所废在逆民心。"人心向背,是决定一个政党、一个政权兴亡的根本性因素。宪法作为法之统帅、法律之母,是党和人民意志的集中体现。宪法修改要广察民情、广纳民意、广聚民智,充分体现人民的意志。充分发扬民主、广泛凝聚共识,才能确保宪法修改反映人民意志、得到人民拥护。

坚持对宪法作部分修改、不作大改的原则。宪法既不能频繁修改,又不能一成不变,需要在连续性、稳定性和适应性之间寻求平衡。我国1982年宪法延续的修改原则是只作必要性修改,可改可不改的不改,能通过宪法解释解决的不作修改,以利于宪法稳定,利于国家稳定。我国现行宪法是一部好宪法。宪法修改坚持对宪法作部分修改、不作大改的原则,对各方面普遍要求修改、实践证明成熟、具有广泛共识、需要在宪法上予以体现和规范、非改不可的,进行必要的、适当的修改;对不成熟、有争议、有待进一步研究的,不作修改;对可改可不改、可以通过有关法律或宪法解释予以明确的,原则上不改,以保持宪法的连续性、稳定性、权威性。

治国凭圭臬,安邦靠准绳。从中央政治局决定启动宪法修改工作,到召开会议听取《中共中央关于修改宪法部分内容的建议》稿在党内外一定范围征求意见的情况报告,再到党的十九届二中全会审议通过《中共中央关于修改宪法部分内容的建议》,都很好地贯彻了上述宪法修改的总体要求和原则。宪法修改应充分体现党的领导、人民当家作主、依法治国有机统一,使我国宪法更好发挥对新时代坚持和发展中国特色社会主义的重大作用。

精选案例

"西湖稿"与"五四宪法"

杭州西子湖畔,北山街84号大院30号楼,坐落着一幢青砖叠砌的西式历史建筑。1953年12月28日至1954年3月14日,毛泽东率领宪法起草小组成员在这里度过了77个日夜,起草了宪法草案初稿(史称"西湖稿"),为中华人民共和国第一部宪法("五四宪法")的正式诞生奠定了重要基础。

"这幢建筑是建于民国时期的住宅,由一处平房和一幢二层小楼组成。"五四宪法历史资料陈列馆副馆长王永翔介绍。如今,这幢宪法起草小组当年工作的历史建筑,已被设立为全国第一家以宪法为主题的陈列馆——五四宪法历史资料陈列馆。馆内的一件件文物、一张张图片,让那些关于新中国首部宪法的红色记忆被重新唤醒,鲜活如新。

1953年底,毛泽东一行乘专列离京赴杭。

"治国,须有一部大法。我们这次去杭州,就是为了能集中精力做好这件立国安邦的大事。"列车上毛泽东对随行人员说的话,如今被镌刻在五四宪法历史资料陈列馆序厅的墙壁上。

一幅关于宪法的历史画卷,从这里徐徐展开。

"搞宪法就是搞科学。"毛泽东阅读、钻研了各国宪法。"毛主席精力集中,思考、研究问题经常到忘我的地步,往往一干就是一个通宵。午饭在夜里,晚饭在早晨。为便于主席休息,他的办公室旁边还有一间休息室。"解说员的介绍,生动还原了毛泽东起草"西湖稿"时的情景。

30号楼的工作持续了77天。1954年2月中旬至26日,宪法起草小组先后拿出了初稿、二读稿、三读稿。经杭州、北京两地人员分头讨论并修改后,3月上旬又完成了四读稿。接着,中共中央政治局召开扩大会议,讨论并通过了四读稿。宪法起草小组在杭州的工作圆满结束。

1954年6月14日,中央人民政府委员会通过了《中华人民共和国宪法(草案)》,并予以公布,交付全民讨论。1.5亿余人参与、征集意见118万多条,根据这场全国大讨论中提出的意见,宪法起草委员会又对宪法草案做了一些修改。

1954年9月20日,第一届全国人民代表大会第一次全体会议全票通过了《中华人民共和国宪法》。新中国第一部宪法由此诞生。

(资料来源:《人民日报》,2021年2月18日05版)

经典阅读

习近平法治思想中的宪法理论特质与实践指向

"坚持依宪治国、依宪执政"是习近平法治思想中全面推进依法治国必须重点抓好的"十一个坚持"之一,被习近平总书记反复重申。这和其历来把宪法摆在全面依法治国的突出位置,重视发挥宪法在治国理政中的重要作用一脉相承。在习近平法治思想中,包含了一系列关于宪法的重要论述,深刻揭示了中国宪法的核心要义和不同于西方宪政的理论特质,不仅"引领新时代依宪治国新实践,开创新时代依宪治国新局面",而且"标志着我们党对宪法的认识和实践达到了一个新的高度","丰富和发展了中国特色社会主义宪法理论和实践"。因此,对习近平法治思想中的宪法理论特质与实践指向加以研究分析,既有助于从宪法视角学习和领会习近平法治思想的深刻内涵,也有利于为新时代依宪治国、依宪执政在理论和实践层面的更好开展确立行动指南。

习近平总书记指出:"宪法与国家前途、人民命运息息相关。""只要我们切实尊重和有效实施宪法,人民当家作主就有保证,党和国家事业就能顺利发展。反之,如果宪法受到漠视、削弱甚至破坏,人民权利和自由就无法保证,党和国家事业就会遭受挫折。"为什么习近平总书记认为宪法如此重要,以至于将其和国家前途与人民命运联结起来?宪法究竟意味着什么,为什么习近平总书记会反复强调宪法实施工作的重要性和紧迫性?认真思索以上问题,可以发现,这建立在习近平总书记对我国宪法所具有的政治内涵的深刻认识上。

在习近平总书记看来,宪法是党和人民意志的集中体现,是通过科学民主程序形成的国家根本法。这是关于我国宪法本质属性的重大论断,深刻揭示了中国宪法的生成逻辑与核心要义,是把握中国宪法的政治内涵和法律地位的逻辑起点。因此,有必要逐一分析这一论断的构成要素。

其一,宪法是党和人民意志的集中体现。在宪法和人民意志之间建立深度联结,以人民意志作为宪法具体内容的来源,是宪法理论的一般常识。然而,对中国宪法来说,这一"常识"却蕴含着完全不同于西方宪政的历史逻辑、实践逻辑和理论逻辑。从历史逻辑来看,我国宪法制定于中华人民共和国成立之后,并不是西方宪政叙事模式里的先"制宪"后"建国",即通过人民在自然状态下的权利让渡,以缔结社会契约的方式制定宪法,建立国家,而是中国人民在中国共产党的领导下,艰苦奋斗,百折不挠,取得人民民主革命胜利建立中华人民共和国之后,才制定的人民宪法。从实践逻辑来看,中国宪法不仅在党的领导下制定,而且宪法的实施和完善也是在党的领导下开展。正如习近平总书记在回顾党领导的宪法建设史后所得出的结论:"只有中国共产党才能坚持立党为公、执政为民,充分发扬民主,领导人民制定出体现人民意志的宪法,领导人民实施宪法。"因此,"党的领导"为我国宪法的生成确立了政治前提,提供了政治保障。就像那首深入人心、被广为传唱的经典歌曲——《没有共产党就没有新中国》,同样,没有中国共产党就没有中国宪法。这是历史事实,是经过实践检验的真理,也是我们认知中国宪法的历史起点和现实根据。所以,对中国宪法来说,它不只是人民意志的单一体现,而是"党和人民意志的集中体现"。"党的意志"是"人民意志"之外,认知和理解中国宪法本质属性的最核心要素。"党的领导"也由此成为中国宪法与西方宪政最本质的不同,集中标示着中国宪法的政治属性和根本优势。

其二,宪法通过科学民主程序形成。宪法是党和人民意志的集中体现,但党的意志和人民意志并不能直接等同,党的意志也不能代替人民意志,而必须通过科学民主程序实现与人民意志的统一,才能确保最终形成的作为"国家意志最高表现形式"的宪法能够达到"科学民主"的要求。这是因为,中国作为广土众民的大国,人民意志的凝聚、表达和贯彻,都离不开党的意志的科学领导。一方面,作为中华民族和无产阶级的先锋队,中国共产党是人民之中唯一能做到"坚持真理,修正错误"的先进力量,这是被历史和实践雄辩证明过的真理,因此中国共产党自身所特有的先进性,首先确保了党的意志天然就具备很高的科学含量;另一方面,党的意志并不是中国共产党在封闭环境中独断形成的,党的意志始终保持开放、集思广益、兼听则明的特质。从中国共产党自身来说,作为中国人民的一部分,是从群众中来,到群众中去,始终保持同人民群众的血肉联系。因而党的群众路线和作风建设确保了党能够在一定范围内直接掌握人民意愿,了解人民需求,传递人民意志。再加上中国共产党始终坚持协商于决策之前,以人民政协为组织形式的统一战线和政治协商,使党可以极为广泛地听取社会各界具有代表性的意见和建议,这就大大保证了党的意志反映人民意愿的民主基础和科学程度。更重要的是,党的意志形成后,还需要以议案的形式提交人民代表大会,接受人民代表的审议,只有表决通过后,党的意志才真正实现与人民意志的统一,成为国家意志。因此,党的意志与人民意志的统一,既使国家意志的生成具备坚实的民主基础,又确保了国家决策的科学性。这整个过程,就是习近平总书记所说的"科学民主程序"。正是因为我国宪法"通过科学民主程序形成","实现了党的主张和人民意志的高度统一",因而才会"具有显著优势、坚实基础、强大生命力"。

其三,宪法是国家根本法。在宪法理论中,"根本法"这一概念指向的是一个共同体长期以来约定俗成的不容置疑的价值和规矩。这些价值和规矩,不是凭空出现的,而是历史生成的,是共同体成员共同选择的,被认为是关系到共同体生死存亡的"本根"。因此,将宪法视为国家根本法,其意义在于用宪法这一国家最高法的形式,来坚持和保障国家根本法的内容。对中国宪法来说,其生成于对历史经验的总结、教训的汲取和启迪的珍视,那么,对于在历史中形成的优良传统和正确选择,当然要牢牢坚持,并予以有力保障。其中最重要的就是党的领导。党的领导不仅是"中国最大的国情",是中国特色社会主义最本质的特征,而且"坚持和完善党的领导,是党和国家的根本所在、命脉所在,是全国各族人民的利益所在、幸福所在"。在这里,"根本"和"命脉"被用来形容"党的领导"之于国家、民族和人民的重要地位,而这正是宪法理论中"根本法"概念的同义复现。因此,当习近平总书记说"宪法是国家的根本法"时,其用意主要在于强调"我国宪法是以根本法的形式反映了党带领人民进行革命、建设、改革取得的成果,反映了在历史和人民选择中形成的党的领导地位"。

(参考文献:汪洋.习近平法治思想丰富和发展了中国特色社会主义宪法理论[J].中国人大,2020(23):1)

二、公正司法是维护社会公平正义的最后一道防线

公正是法治的生命线,是司法活动最高的价值追求。要深化司法责任制综合配套改革,加强司法制约监督,健全社会公平正义法治保障制度,不断提高司法公信力,让人民群众在每一个司法案件中感受到公平正义。

精讲理论

1.司法是维护社会公平正义的最后一道防线

(1)司法具有定纷止争的终局性作用。法律具有定纷止争的功能,司法审判具有终局性的作用,对纠纷实行司法最终解决原则。所谓公正司法,就是受到侵害的权利最终必定会得到保护和救济,违法犯罪活动最终必定要受到制裁和惩罚。如果人民群众通过司法这个武器都不能保证自己的合法权利,那司法就没有公信力,人民群众也不会相信司法。司法不公导致的冤假错案,损害的不仅仅是人民的合法权益,更是法律的尊严和权威,是人们对社会公平正义的信心。

(2)司法公正对社会公正具有重要引领作用。司法通过处理具体案件,告诉人们哪些行为是合法的,哪些行为是非法的,引领人们朝着合法的方向工作,引领全社会朝着合法的方向生活,进入法治的轨道。同时,公正司法对其他社会公正活动,如调解、行政裁判等,都起着示范作用。公正的司法既是深刻的法治课,又是生动的道德课,对普及社会主义核心价值观、引领社会道德风向起着重要作用,对建设现代文明是很好的示范。

(3)司法公正对国家生活和社会生活起着保障作用。公正司法既保障国家安全与社会稳定,又保障公民的生命与财产安全,既"护航"又"导航",使保障与引领统一起来。公正司法能有效地调整人们之间的相互关系,不至于出现韩非子所说的野兔争着抢、家兔过而不顾的局面,使人们生活在有序的社会秩序之中。

(4)司法公正对人们的行为有预测作用。公正司法不仅能防止和减少冤假错案的发生,而且通过案例生动告诉人们哪些行为可以做,哪些行为必须做,哪些行为禁止做,使人们能够预测到自己的行为及其后果,促使人们遵纪守法,成为法治社会的公民。

推进公正司法,要重点解决影响司法公正和制约司法能力的深层次问题。我国执法司法中存在的突出问题,很多与司法体制和工作机制不合理有关,必须进一步深化司法体制改革。要从确保依法独立公正行使审判权检察权、健全司法权力运行机制、完善人权司法保障制度三个

方面,着力破解体制性、机制性、保障性障碍,不断提高司法公信力,发挥公正司法对维护社会公平正义最后一道防线的作用。

2. 坚持公正司法,是维护社会公平正义的方法

公正司法是维护社会公平正义的最后一道防线。司法发挥着保证法律的正确实施,保障社会成员合法权益,建立和维护正常社会秩序等重要作用。实现公正高效权威的司法,对于依法治国方略的实施具有举足轻重的意义。

(1)要坚持司法公正。严格以事实为根据,以法律为准绳,同时理性地权衡案件所关涉的各种社会利益,妥善把握和处理好案件所关涉的各种关系,对各类案件作出正确处理,努力让人民群众在每一个司法案件中都感受到公平正义。司法人员必须自觉用司法公正理念指导司法工作,坚持实体公正和程序公正并重,做到法律效果和政治效果、社会效果相统一。

(2)要实现司法高效。合理配置司法资源,不断完善司法程序,切实改进司法作风,充分利用科学技术,全面提升司法活动的效率,有效应对社会生活中不断增长的司法需求。司法机关必须进一步提高办案效率,兼顾公正与效率。

(3)要树立司法权威。司法机关和司法人员要切实做到公正、高效、廉洁司法,提高司法的公信力;全社会要依照宪法的规定,尊重司法机关依法独立行使审判权和检察权,尊重司法机关作出的生效裁决。

精选案例

民法典"自甘风险"适用第一案荣获"新时代推动法治进程2021年度十大案件"

2020年4月28日,70岁的宋某以及四位球友在朝阳区某公园举行一场3V3的比赛,比赛过程中,周某打出的羽毛球击中宋某右眼,事发后周某陪同宋某前往医院就诊,诊断为右眼人工晶体脱位、前房积血等,经住院治疗后,医院出具诊断证明:宋某术前见右眼视神经萎缩,术后五周余验光提示右眼最佳矫正视力为0.05。后宋某将周某诉至法院,要求赔偿医疗费、误工费等各项费用8500余元。

法院审理过程中,宋某称周某明知其年纪大、反应慢、眼睛受过伤,未履行注意义务,选择向其大力扣球,才致使其右眼受伤,虽不存在故意,但构成重大过失。即使不构成重大过失,也应适用公平责任,由双方分担损失。周某对此不予认可,称在此次受伤前已连续参加三场比赛,其应知道自身条件是否适宜继续参加比赛,且事发时,没有重力扣杀,是平打过去的。

法院经审理认为,宋某自愿参加具有一定风险的对抗性竞技比赛,将自身置于潜在危险之中,应认定为"自甘冒险"的行为,且周某不存在故意或重大过失,根据《中华人民共和国民法典》第一千一百七十六条第一款规定,判决驳回原告全部诉讼请求。一审宣判后,原告宋某提出上诉,北京市第三中级人民法院判决驳回上诉,维持原判。

(资料来源:2022年1月北京市朝阳区人民法院官方微信公众号)

案例点评

2021年1月1日《中华人民共和国民法典》正式施行,民法典开始走出法律文本,步入裁判文书,来到生活中间,开始从"纸面上的规则"转化为"裁判的依据"和"行为的准则"。本案的裁判建立在准确认定案件事实,妥当适用法律规则的基础上,具有示范意义,取得了良好的法律效果和社会效果。案评团认为,民法典"自甘风险"适用第一案推动了新时代法治进程。(中国法学会民法学研究会副会长兼秘书长　王轶)

镌刻法治精神的典范 丈量司法征途的标尺

"一个案例胜过一打文件。"2023年伊始,《中国审判》杂志推出2022年度十大典型案例。十大典型案例是全国法院审理三千余万案件的优秀代表,展示了人民法院忠实履行宪法法律赋予的职责,更好发挥法治固根本、稳预期、利长远的作用,主动服务和融入以中国式现代化全面推进中华民族伟大复兴的历史进程的主动担当作为。

依法惩治各类犯罪　坚决维护国家安全和社会稳定

人民法院忠实履行刑事审判工作职责,不断提高刑事审判能力和水平,依法维护国家政治安全、确保社会大局稳定,促进社会公平正义、保障人民安居乐业,确保党中央决策部署在刑事审判领域得到不折不扣贯彻落实。

孙力军受贿、操纵证券市场、非法持有枪支案。2022年9月23日,吉林省长春市中级人民法院依法作出判决,对被告人孙力军以受贿罪判处死刑,缓期二年执行,剥夺政治权利终身,并处没收个人全部财产,在其死刑缓期执行二年期满依法减为无期徒刑后,终身监禁,不得减刑、假释,以操纵证券市场罪判处有期徒刑八年,并处罚金人民币一百万元,以非法持有枪支罪判处有期徒刑五年,决定执行死刑,缓期二年执行,剥夺政治权利终身,并处没收个人全部财产,在其死刑缓期执行二年期满依法减为无期徒刑后,终身监禁,不得减刑、假释。

我们党勇于推动自我革命,勇于刮骨疗毒、去腐生肌。孙力军严重违纪违法问题触目惊心、令人发指,情节特别严重,性质特别恶劣,影响极坏,给党和人民事业造成严重危害。人民法院贯彻党中央全面从严治党永远在路上,持之以恒推进全面从严管党治警,发挥审判职能作用,依法惩治腐败犯罪,依法对孙力军案作出判决,运用法治思维和法治方式正风肃纪反腐,宣誓党内没有不受约束的特殊党员、在贪腐问题上没有"铁帽子王",永葆"赶考"的清醒和坚定。

唐山烧烤店打人案。2022年6月10日凌晨,河北省唐山市某烧烤店发生陈继志等恶势力人员寻衅滋事、暴力殴打他人案件,造成恶劣影响,引发社会广泛关注。经指定管辖,河北省廊坊市广阳区人民法院经公开开庭审理,于2022年9月23日依法作出判决,以寻衅滋事罪、抢劫罪、聚众斗殴罪、开设赌场罪、故意伤害罪等,数罪并罚,决定对被告人陈继志执行有期徒刑二十四年,并处罚金人民币三十二万元;对其余27名被告人依法判处十一年至六个月有期徒刑不等的刑罚,对其中19名被告人并处数额不等的罚金。

人民法院坚持以人民为中心,坚持扫黑除恶常态化,充分发挥审判职能作用,依法严惩黑恶势力违法犯罪,持续保持高压态势,确保形成有效震慑,带动社会治安形势持续好转,进一步增强人民群众获得感、幸福感、安全感,续写社会长期稳定奇迹,为推进国家治理体系和治理能力现代化奠定坚实基础。

全国首例因猥亵儿童被终身禁业案。某学校外聘教职人员王某某多次猥亵女童,在女童家人报案后被抓获归案。2022年11月15日,北京市海淀区人民法院少年法庭对该案依法开庭并当庭宣判,以被告人王某某犯猥亵儿童罪,判处有期徒刑;同时,禁止被告人王某某从事密切接触未成年人的工作。该案系《最高人民法院、最高人民检察院、教育部〈关于落实从业禁止制度的意见)》出台后,全国首例适用《中华人民共和国未成年人保护法》,对性侵害未成年人的教职人员依法宣告终身禁止从事密切接触未成年人工作的刑事案件。

人民法院坚持对性侵害未成年人行为"零容忍"态度,依法守护未成年人健康成长,严惩侵害未成年人的犯罪行为,切实保障未成年人的合法权益,搭建未成年人保护的"隔离带"和"防火墙"。该案判决在社会层面起到监督和警示作用,有利于堵塞可能出现的漏洞,进一步加强社会管理,保障未成年人健康成长,净化校园环境。

全国首例短视频平台领域网络"爬虫"案。2022年5月,江苏省无锡市梁溪区人民法院作出判决,以向他人售卖非法获取某短视频平台用户数据的"爬虫"软件,认定被告人丁某犯提供侵入计算机信息系统程序罪,判处其有期徒刑一年六个月,缓刑两年。该案系全国首例短视频平台领域网络"爬虫"案件。

网络不是法外之地。人民法院依法维护公民个人信息安全,认真贯彻《中华人民共和国个人信息保护法》,严惩窃取倒卖身份证、通讯录、快递单、微信账号等各类侵犯公民个人信息犯罪。人民法院对利用互联网危害网络安全的违法犯罪行为予以惩处,既明确了法律边界,督促互联网从业人员重视信息系统安全,合法合规开展业务,又体现了对互联网平台的系统安全、数据安全的维护。

保障民生权益　维护社会公共利益

人民法院坚持以人民为中心,始终把人民群众呼声作为第一信号,及时高效便捷化解矛盾纠纷,依法保障人民群众合法权益,让人民群众切实感受到公平正义就在身边。

全国首例跨省域消费民事公益诉讼案。2022年10月,由重庆市人民检察院第二分院支持起诉,重庆市消费者权益保护委员会、四川省消费者权益保护委员会诉重庆市云阳县某副食店销售假冒白酒民事公益诉讼案,在重庆市第二中级人民法院公开开庭审理并当庭宣判,判决胡某在新闻媒体就其销售假冒注册商标的食品、侵犯众多不特定消费者合法权益的行为刊登书面道歉信进行公开赔礼道歉;胡某以行为赔偿损失,即自判决书生效之日起两年内参加四次消费领域的公益活动,每次活动支付的经费不低于一万元人民币。该案是全国首例跨省域消费民事公益诉讼案。

人民法院贯彻落实《中共中央、国务院关于加快建设全国统一大市场的意见》,依法保护消费者合法权益,追究造假者的法律责任,让造假者无利可图、无缝可钻。本案系川渝两地消费者权益保护组织首次联合提起的跨省域民事公益诉讼案件,避免出现民事公益诉讼案件重复起诉的问题,节约了司法资源,对于进一步完善川渝两地消费维权合作机制,推动成渝地区双城经济圈建设,探索多维度、跨区域消费民事公益诉讼制度具有重要推动作用。

侵害袁隆平院士名誉、荣誉民事公益诉讼案。2022年5月19日,天津市第二中级人民法院对公益诉讼起诉人天津市人民检察院第二分院诉被告张某侵害著名农业科学家袁隆平名誉、荣誉一案公开开庭审理,并依法判决被告人张某于判决生效之日起十日内,在国家级新闻媒体公开赔礼道歉、消除影响。

人民法院大力弘扬社会主义核心价值观,通过司法判案弘扬真善美、鞭笞假恶丑。袁隆平院士系众所周知的杂交水稻之父、共和国勋章获得者,毕生为解决中国人民的温饱、保障国家粮食安全、维护世界和平和推动社会进步等作出了卓越贡献,属于《中华人民共和国英雄烈士保护法》保护的英雄模范人物。其名誉及荣誉承载着社会主义核心价值观、民族精神等社会公共利益。人民法院依法审理并宣判本案,引导广大民众崇尚英烈、捍卫英烈、学习英烈,对传承和弘扬英雄烈士精神、爱国主义精神,培育和践行社会主义核心价值观具有积极意义。

章公祖师肉身坐佛像追索案。本案系我国通过民事司法渠道追索流失文物的开创性案例。2022年7月19日,福建省高级人民法院经审理认为,讼争的章公祖师像属于非法出口的被盗文物,兼具人类遗骸、历史文物、供奉信物等多重属性,反映中国闽南地区传统习俗和历史印记,是当地村民长期供奉崇拜的信物,与当地村民存在特殊情感,于法于理于情均应返还。故裁判维持三明市中级人民法院一审关于荷兰收藏者奥斯卡·凡·奥沃雷姆返还章公祖师肉身坐佛像的判决。至此,对海外流失文物长达七年的国内追索诉讼画上了句号。

文物是人类的文化印记与历史存证,是维系文化认同与社会联结的纽带,是国家和民族历史发展的见证。人民法院服务社会主义文化强国建设,历来重视对文物的司法保护。人民法院充分发挥审判职能作用,统筹推进国内法治和涉外法治,依法判决向章公祖师佛像的所有权人返还章公祖师佛像,于法有据,不仅保护了权利人的权利,也为我国追索流失海外的文物提供了极为重要的参考借鉴。

全国首份"噪声扰民"诉前禁令案。自2018年12月起,广东省广州市海珠区某小区302房的王先生一家不断在房间内听到本楼102房李先生制造的"荒山野鬼"古怪的吼叫。受新冠肺炎疫情影响,王先生的女儿居家线上学习,奇怪的叫声严重影响家人的正常生活。王先生于2022年4月13日向海珠区人民法院提交诉前《禁止令申请书》,请求法院禁止被申请人李先生采取制造"荒山野鬼"声音等其他方式制造噪声。2022年4月,海珠法院发出全国首份"噪声扰民"诉前禁止令,禁止被申请人通过播放"荒山野鬼"录音等方式制造噪声扰民。

最高人民法院针对生态环境保护的自身特点,回应环境司法实践中对行为保全措施的特殊需求,制定了《关于生态环境侵权案件适用禁止令保全措施的若干规定》。本案明确了噪声侵权可以适用该规定,拓展了预防性司法措施的适用领域,丰富了民事诉讼保全制度的内涵。人民法院通过一系列司法判决,决不向耍横霸道者让步,决不迁就纵容恶习陋俗,让广大群众知道法治社会提倡什么、反对什么、禁止什么。

服务发展大局　营造法治化营商环境

人民法院促进创新驱动发展,加大知识产权司法保护力度,完善反垄断和反不正当竞争裁判规则,着力营造市场化法治化国际化营商环境。加大对关键核心技术、重点领域、新兴产业等领域知识产权司法保护力度,为知识产权强国建设和高水平科技自立自强提供了坚实司法保障。

全国首例药品专利链接诉讼案。2022年4月15日,北京知识产权法院公开宣判原告中外制药株式会社诉被告浙江温州海鹤药业有限公司确认是否落入专利权保护范围纠纷一案。法院经审理认为,涉案仿制药并未落入涉案专利权的保护范围,判决驳回原告的诉讼请求。宣判后,原告提出上诉。2022年8月18日,最高人民法院作出二审判决,驳回上诉,维持原判。

据悉,该案为新专利法实施以来全国首例药品专利链接诉讼案件,是我国药品专利链接制度推进实施的里程碑。知识产权审判在服务创新发展中作用越来越显现。人民法院助推法治化营商环境建设、维护市场公平竞争,促进创新驱动发展,保护创新、激励创造。我国已经成为审理知识产权案件尤其是专利案件最多的国家之一,也是审理周期最短的国家之一。

退市新规行政诉讼第一案。2022年9月9日,上海金融法院公开审理了原告福建厦门华侨电子股份有限公司(以下简称"厦华电子")诉被告上海证券交易所(以下简称"上交所")终止上市决定一案,并当庭作出判决,驳回原告厦华电子的诉讼请求。本案是全国首例因不服依退市新规作出的终止上市决定而诉请撤销的案件,也是上交所首例因退市决定被诉的行政案件。

健全上市公司退市机制,是全面深化资本市场改革的重要制度安排,对提升上市公司质量、保护投资者合法权益等均具有重要作用。人民法院发挥审判职能,依法推动市场主体有序退出,促进金融市场健康发展,有力推动防范化解金融风险。本案作为退市新规实施后首例行政判决,既通过司法裁判有力保障了退市新规的实施,推动形成进退有序、优胜劣汰的上市公司市场生态,也通过司法审查进一步确保了资本市场改革在市场化、法治化轨道上行稳致远。

上述年度十大案例代表性强、覆盖面广,对这些案件的成功裁判,是习近平法治思想在人民法院的生动实践,是社会主义核心价值观和法治精神的集中体现。案例回应了人民群众对公平正义的新要求新期待,恪守法治精神,符合人民群众朴素正义观,体现了国法天理人情的有机统一。

2023年是全面贯彻落实党的二十大精神的开局之年。人民法院要坚持以习近平新时代中国特色社会主义思想为指导,深入贯彻习近平法治思想,坚持严格公正司法,充分发挥典型案例示范引领作用,用公正审判凝聚人心,以司法裁判引领风尚,大力弘扬法治精神,努力让人民群众在每一个司法案件中感受到公平正义。

(资料来源:《中国审判》杂志2023-02-08,有删改)

三、全面依法治国的根本遵循

依法治国就是依照体现人民意志和社会发展规律的法律治理国家,而不是依照个人意志、主张来治理国家;要求国家的政治、经济运作、社会各方面的活动通通依照法律进行,而不受任何个人意志的干预、阻碍或破坏。简而言之,依法治国就是依照宪法法律来治理国家,是中国共产党领导人民治理国家的基本方略,是发展社会主义市场经济的客观需要,也是社会文明进步的显著标志,还是国家长治久安的必要保障。依法治国,建设社会主义法治国家,是人民当家作主根本保证。

精讲理论

1.全面依法治国的根本遵循

1)习近平法治思想的形成和意义

党的十八大以来,以习近平同志为核心的党中央从坚持和发展中国特色社会主义的全局和战略高度定位法治、布局法治、厉行法治,把全面依法治国纳入"四个全面"战略布局,创造性地提出了全面依法治国的一系列新理念新思想新战略,领导和推动我国社会主义法治建设发生历史性变革、取得历史性成就。

十八届四中全会专门研究全面依法治国,出台《中共中央关于全面推进依法治国若干重大问题的决定》,对全面依法治国进行顶层设计,描绘了宏伟蓝图;党的十九大提出到2035年基本建成法治国家、法治政府、法治社会,确立了新时代法治中国建设的路线图、时间表;十九届二中全会专题研究宪法修改,由宪法及时确认党和人民创造的伟大成就和宝贵经验,以更好发挥宪法的规范、引领、推动、保障作用;十九届三中全会站在加强党对全面依法治国的集中统一领导的高度,成立中央全面依法治国委员会,统筹推进全面依法治国工作;十九届四中全会从推进国家治理体系和治理能力现代化的角度,对坚持和完善中国特色社会主义法治体系,提高党依法治国、依法执政能力作出专门部署;十九届五中全会在制定"十四五"规划和2035年远景目标建议时,再次就全面依法治国作出部署,对立足新发展阶段、贯彻新发展理念、构建新发展格局立法工作提出新的要求。

党的十八大以来,习近平高度重视全面依法治国,创造性提出了一系列全面依法治国新理念新思想新战略,形成习近平法治思想。习近平法治思想,立足新时代中国特色社会主义伟大实践,全面系统地创新发展了中国特色社会主义法治理论,实现了马克思主义法治理论的新飞跃。

习近平法治思想是经过长期发展而形成的内涵丰富、论述深刻、逻辑严密、系统完备的法治理论体系,为建设法治中国指明了前进方向,在中国特色社会主义法治建设进程中具有重大政治意义、理论意义、实践意义。习近平法治思想从历史和现实相贯通、国际和国内相关联、理论和实际相结合上深刻回答了新时代为什么实行全面依法治国、怎样实行全面依法治国等一系列重大问题,是顺应实现中华民族伟大复兴时代要求应运而生的重大理论创新成果,是马克思主义法治理论中国化最新成果,是习近平新时代中国特色社会主义思想的重要组成部分。

习近平法治思想深刻揭示了社会主义法治的生命力和优越性,推动了中国特色社会主义法治理论创新发展。这一思想擘画了新时代全面依法治国的宏伟蓝图,增强了全党全国人民走中国特色社会主义法治道路的信心,增强了新时代全面依法治国的政治定力、前进动力,引领着法治中国建设迈向良法善治新境界。

2)习近平法治思想的主要内容

2020年11月,习近平在中央全面依法治国工作会议上的重要讲话中,用"十一个坚持"对全面依法治国进行了系统阐释、部署。这"十一个坚持"涉及的都是全面依法治国方向性、根本性、全局性的重大问题,从全面依法治国的政治方向、战略地位、工作布局、主要任务、重大关系、重要保障等方面提出了一系列新理念新观点新论断,构成了习近平法治思想的主要内容。其中包括:坚持党对全面依法治国的领导;坚持以人民为中心;坚持中国特色社会主义法治道路;坚持依宪治国、依宪执政;坚持在法治轨道上推进国家治理体系和治理能力现代化;坚持建设中国特色社会主义法治体系;坚持依法治国、依法执政、依法行政共同推进,法治国家、法治政府、法治社会一体建设;坚持全面推进科学立法、严格执法、公正司法、全民守法;坚持统筹推进国内法治和涉外法治;坚持建设德才兼备的高素质法治工作队伍;坚持抓住领导干部这个"关键少数"。

关于政治方向,这一思想深刻回答全面依法治国由谁领导、依靠谁、走什么道路等大是大非问题,指明了中国特色社会主义法治的前进方向;关于战略地位,这一思想深刻回答为什么要全面依法治国的问题,深刻揭示全面依法治国是新时代坚持和发展中国特色社会主义的基本方略,是党领导人民治理国家的基本方式;关于工作布局,这一思想深刻回答全面依法治国如何谋篇布局的问题,明确全面依法治国的总目标、总抓手和基本思路;关于主要任务,这一思想深刻回答全面依法治国如何突破的问题,指明中国特色社会主义法治的战略安排;关于重大关系,这一思想深刻回答如何正确处理政治与法治、改革与法治、德治与法治等重大问题,揭示法治中国建设的认识论和方法论;关于重要保障,这一思想深刻回答全面依法治国需要什么保障的问题,指明全面依法治国的人才支撑和"关键少数"。习近平法治思想,坚持马克思主义的立场、观点、方法,为马克思主义法治理论发展作出了独创性、原创性、集成性贡献,是习近平新时代中国特色社会主义思想的"法治篇"。

2.为什么要走中国特色社会主义法治道路

走中国特色社会主义法治道路,是历史的必然结论。要不要走法治道路、走什么样的法治道路,是近代以来中国人民面临的历史性课题。鸦片战争后,许多仁人志士也曾想变法图强,但都以失败告终,法治只是镜花水月。中国共产党在领导中国人民进行新民主主义革命的伟大斗争中,不断探索适合中国国情的法治道路,制定了《中华苏维埃共和国宪法大纲》以及大量法律法令,创造了"马锡五审判方式"。中华人民共和国成立后,在社会主义革命、社会主义建设时期,我们党领导人民制定了"五四宪法"和国家机构组织法、选举法、婚姻法等一系列重要法律法规,建立起社会主义法制框架体系,确立了社会主义司法制度。进入改革开放历史新时期,我们党提出"有法可依、有法必依、执法必严、违法必究"的方针,强调依法治国是党领导人民治理国家的基本方略、依法执政是党治国理政的基本方式,不断推进社会主义法治建设,最终走出了一条中国特色社会主义法治道路。党的十八大以来,以习近平同志为核心的党中央把全面依法治国作为新时代坚持和发展中国特色社会主义"四个全面"战略布局的重要组成部分,始终强调加强党的集中统一领导,坚持党领导立法、保证执法、支持司法、带头守法,在新时代不断坚持和拓展中国特色社会主义法治道路。

走中国特色社会主义法治道路,是由我国社会主义国家性质所决定的。我国宪法明确规定,社会主义制度是中华人民共和国的根本制度。这一根本制度保证了人民当家作主的主体地位,也保证了人民在全面依法治国中的中心地位,这是我们的最大制度优势。中国特色社会主义法治道路坚持人民主体地位,坚持法律面前人人平等,能够保证人民在党的领导下,依照法律规定,通过各种途径和形式管理国家事务,管理经济和文化事业,管理社会事务,本质上是中国特色社会主义道路在法治领域的具体体现。只有始终坚持以人民为中心,才能真正实现法治保障人民权益的根本目的。

走中国特色社会主义法治道路,是立足我国基本国情的必然选择。走什么样的法治道路,脱离不开一个国家的基本国情。从已经实现现代化的国家发展历程看,英国、美国、法国等西方国家适应资本主义市场经济和现代化发展需要,经过一两百年乃至两三百年内生演化,逐步实行法治化。就我们这个14亿多人口的社会主义大国而言,要在较短时间内建成法治国家,必须走中国特色社会主义法治道路。我们有自己的历史文化传统,有长期积累的经验和优势。中国特色社会主义法治道路的一个鲜明特点,就是坚持依法治国和以德治国相结合。从国情实际出发,不等于关起门来搞法治,我们要坚持以我为主、为我所用,认真鉴别、合理吸收世界上优秀的法治文明成果。

3.坚持中国特色社会主义法治道路必须遵循的原则

第一,坚持中国共产党的领导。党的领导是中国特色社会主义最本质的特征,是社会主义法治最根本的保证。把党的领导贯彻到依法治国全过程和各方面,是我国社会主义法治建设的一条基本经验。我国是人民民主专政的社会主义国家,党的领导是中国特色社会主义法治之魂,这是我们的法治同西方资本主义国家的法治最大的区别。国际国内环境越是复杂,改革开放和社会主义现代化建设任务越是繁重,越要运用法治思维和法治手段巩固执政地位、改善执政方式、提高执政能力,保证党和国家长治久安。全面依法治国是要加强和改善党的领导,健全党领导全面依法治国的制度和工作机制,推进党的领导制度化、法治化,通过法治保障党的路线方针政策有效实施。

第二,坚持人民主体地位。全面依法治国最广泛、最深厚的基础是人民,必须坚持为了人民、依靠人民。推进全面依法治国,根本目的是依法保障人民权益。必须始终牢牢把握坚持党的领导、人民当家作主、依法治国有机统一,不断发展社会主义民主政治并使之法治化、制度化,坚持和完善人民代表大会制度以及中国共产党领导的多党合作和政治协商制度、民族区域自治制度、基层群众自治制度等人民当家作主的制度体系。要积极回应人民群众新要求新期待，系统研究谋划和解决法治领域人民群众反映强烈的突出问题，不断增强人民群众获得感、幸福感、安全感，用法治保障人民安居乐业。

第三，坚持法律面前人人平等。平等是社会主义法律的基本属性，是社会主义法治的基本要求。坚持法律面前人人平等，对于坚持走中国特色社会主义法治道路具有十分重要的意义。首先，它可以充分显示中国特色社会主义制度的优越性，使人民在依法治国中的主体地位得到尊重和保障，从而有利于增强人民群众的主人翁意识和责任感。其次，它鲜明地反对法外特权、法外开恩，对掌握公权力的人形成制约，从而有利于预防特权思想和各种潜规则的侵蚀。再次，它鲜明地反对法律适用上的各种歧视，有利于贯彻执行"以事实为依据、以法律为准绳"的司法原则。最后，它要求人人都严格依法办事，既充分享有法律规定的各项权利，又切实履行法律规定的各项义务，有利于维护法律权威、健全社会主义法治，确保实现全面依法治国的总目标。

坚持法律面前人人平等，一方面要求违法必究，一切违反宪法法律的行为都必须予以追究。法治意味着不管什么人，不管涉及谁，只要违反法律就要依法追究责任。另一方面要求非歧视，即无差别对待。只要是正当权益诉求，就应当在法律上得到平等对待；只要是合法权益，就应当依法得到平等保护。要着力反歧视，特别要强调对弱势群体合法利益的法律保护。

第四，坚持依法治国和以德治国相结合。法治和德治，是治国理政不可或缺的两种方式，如车之两轮或鸟之两翼，忽视其中任何一个，都将难以实现国家的长治久安。只有让法治和德治共同发挥作用，才能使法律与道德相辅相成、法治与德治相得益彰，做到法安天下、德润人心。坚持依法治国和以德治国相结合，既要强化道德对法治的支撑作用，重视发挥道德的教化作用，提高全社会文明程度，为全面依法治国创造良好环境；又要把道德要求贯彻到法治建设中，以法治承载道德理念。立法、执法、司法都要体现社会主义道德要求，都要把社会主义核心价值观贯穿其中，使社会主义法治成为良法善治，引导全社会崇德向善。要运用法治手段解决道德领域突出问题，依法加强对群众反映强烈的失德行为的整治。

第五，坚持从中国实际出发。建设法治中国，必须从我国实际出发，同完善和发展中国特色社会主义制度、推进国家治理体系和治理能力现代化相适应，既不能罔顾国情、超越阶段，也不能因循守旧、墨守成规。坚持从实际出发，就是要突出法治道路的中国特色、实践特色、时代特色。要传承中华优秀传统法律文化，从我国革命、建设、改革的实践中探索适合自己的法治道路，同时借鉴国外法治有益成果，为全面建设社会主义现代化国家、实现中华民族伟大复兴夯实法治基础。要注意研究我国古代法制传统及其成败得失，挖掘和传承中华法律文化精华，汲取营养、择善而用。要学习借鉴世界上优秀的法治文明成果，但必须坚持以我为主、为我所用，认真鉴别、合理吸收，不能搞"全盘西化"，不能搞"全面移植"，不能照搬照抄。实践证明，我国政治制度和法治体系是适合我国国情和实际的制度，具有显著优越性。要树立自信、保持定力，一切从我国实际出发，坚定不移沿着中国特色社会主义法治道路前进。

精选案例

司法部2023年法治政府建设年度报告

2023年，在以习近平同志为核心的党中央坚强领导下，司法部党组深入学习贯彻习近平法治思想,坚决贯彻落实党中央、国务院决策部署,对标对表《法治政府建设实施纲要(2021—2025年)》各项目标任务,统筹推进法治政府建设取得新发展新成效。

一、坚持把党的领导贯穿到法治政府建设全过程各方面

部党组始终坚持和加强党对法治政府建设的领导,强抓政治建设和业务工作深度融合,把坚定拥护"两个确立"、坚决做到"两个维护"落到实际工作中,确保法治政府建设正确方向。

坚持用党的创新理论凝心铸魂。扎实深入开展主题教育,在抓实党的创新理论武装上持续下功夫,引导广大党员干部自觉运用习近平新时代中国特色社会主义思想的世界观方法论分析解决法治政府建设实践难题,切实把主题教育成果转化为推进法治政府建设的实效。

健全党领导法治政府建设制度机制。坚持"第一议题"制度,深入学习领会习近平总书记重要讲话、重要指示批示精神,健全跟踪落实机制,确保习近平总书记关于法治政府建设重要指示批示不折不扣落地见效。强化党委法治建设议事协调机构牵头抓总、运筹谋划、督促落实作用,统筹推进法治政府建设工作格局更加健全。督促、指导各地区深入落实法治政府建设第一责任人职责制度规定,统一部署年度述法工作,县级以上地方党政主要负责人述法全覆盖成效进一步巩固。

抓实走深习近平法治思想学习贯彻。加强习近平法治思想原创性贡献研究阐释,编写出版《习近平法治思想学习问答》,为广大干部群众深入学习贯彻习近平法治思想提供重要辅助读物。会同有关部门举办全国法学院校深入学习贯彻党的二十大精神和习近平法治思想专题培训班、学习贯彻习近平法治思想强化行政执法能力建设专题培训班,第一次对全国625所法学院校负责人、37万余名行政执法人员进行全覆盖集中培训,为全国27.9万名新录用公务员专题讲授习近平法治思想,引导广大党员干部坚定法治自信,坚定走中国特色社会主义法治道路。把好法治人才培养入口关,将习近平法治思想作为国家统一法律职业资格考试必考内容并加大考察力度。

二、紧扣高质量发展立法需求完善依法行政制度体系

坚持科学立法、民主立法、依法立法,提升统筹协调能力,丰富创新立法形式,提高立法质效,以高质量立法服务高质量发展。

强化法律法规供给。制定加强重点领域、新兴领域立法工作意见及规划,拟订并执行国务院2023年度立法工作计划,审查完成立法项目51件。一是把粮食安全保障法、传染病防治法(修订)、关税法、学前教育法、非银行支付机构监督管理条例、未成年人网络保护条例等党中央、国务院确定的重点立法项目作为重中之重,保证高质高效完成。二是围绕推动高质量发展、增进民生福祉、完善国家安全法治体系等,推动制定修改保守国家秘密法、无人驾驶航空器飞行管理暂行条例、人体器官捐献和移植条例、领事保护与协助条例等一批重要法律法规。三是坚持突出重点、急用先行,强化立法审查和统筹协调,更多采用"小快灵"立法模式,由司法部提前介入或直接牵头、组织起草法律法规草案。按照党中央部署牵头成立专班组织起草民营经济促进法,广泛听取民营企业家、专家学者和各方面的意见,受到全社会高度关注和热切期盼。四是加快完善涉外法律法规体系,高质效完成外国国家豁免法等6项重点立法项目,充实法律法规工具箱,审核世贸组织《渔业补贴协定》等条约16件。

坚持立改废释并举。对604部行政法规开展全面集中清理,已公布三批一揽子修改和废止成果,集中统一公开现行行政法规及其历史文本,为推动高质量发展、全面深化改革、维护社会大局稳定提供法治保障。组织开展涉及黄河流域保护、青藏高原生态保护、行政复议等相关法规规章行政规范性文件专项清理,有力维护国家法治统一。

扎实开展备案审查和合法性审核工作。坚持"有件必备、有备必审、有错必纠",依法审查各地方、各部门报送备案的法规规章3021件,按照法定程序和权限纠正和处理存在违反上位法问题的法规规章。扎实推进《法规规章备案条例》修改工作,健全法规规章备案审查专家队伍,积极推进备案数据库和全国法规规章备案审查工作平台建设。指导各地加强行政规范性文件合法性审核工作,加大力度治理"红头文件"乱象,从源头上有效防止不当文件制定出台。

三、立足职能扎实推进依法行政

紧紧围绕构建新发展格局、推动高质量发展、扩大高水平开放等国家重大战略,全面提升依法履职能力,更好发挥司法行政职能作用。

坚持示范创建与法治督察"两手抓"。扎实组织开展第三批全国法治政府建设示范创建活动,加大示范创建成果宣传推广、转化运用,充分发挥示范地区和项目引领带动作用。研究探索开展精准化、"小切口"法治督察,部署各地区开展道路交通安全和运输执法领域突出问题专项整治。

促进依法行政水平提升。依法指导协调推进综合执法改革,推进建立省市县乡四级全覆盖的行政执法协调监督工作体系。部署提升行政执法质量三年行动,重点加强涉企行政执法监督力度,依法纠正不作为、乱作为、粗暴执法、执法不规范等突出问题。指导有关地方和部门完善行政执法与刑事司法衔接机制,努力克服有案不移、以罚代刑等现象。印发行政裁量权基准制定和管理工作指引,指导地方和部门健全行政裁量权基准制度。积极推进政府法律顾问和公职律师工作,公职律师发展到11.48万人。

推进法治化营商环境建设。起草并报请国务院印发《关于进一步规范和监督罚款设定与实施的指导意见》,首次对行政法规、规章中罚款设定与实施作出规范,积极营造稳定公平透明、可预期的法治化营商环境。起草并报请国务院印发《关于取消和调整一批罚款事项的决定》,取消和调整9个领域33个罚款事项,切实减轻经营主体负担。持续深化减证便民,指导各地区、各部门全面推行证明事项和涉企经营许可事项告知承诺制。印发公证证明材料清单管理工作指导意见,规范33类81项公证事项、删减116项证明材料,有效解决循环证明、无谓证明的问题。

深入实施"八五"普法规划。起草《关于建立领导干部应知应会党内法规和国家法律清单制度的意见》,出版《领导干部应知应会党内法规和国家法律汇编》,制定《司法行政系统领导干部应知应会党内法规和国家法律清单》。部署首批"全国守法普法示范市(县、区)"创建,深化"民主法治示范村(社区)"创建,大力培养"法律明白人",组织评选宣传"2023年度法治人物",开展提升公民法治素养试点,促进全民法治观念持续增强。

更好服务高水平开放。成功主办第十次上海合作组织成员国司法部长会议,习近平总书记致贺信,与会人员反响强烈,各方签署联合声明。加强涉外涉港澳法律服务,推进国际商事仲裁中心建设试点,遴选295家公证机构开展海外远程视频公证,推进港澳律师粤港澳大湾区内地执业试点延长三年。加快涉外法治人才培养,深入实施涉外律师人才培养工程和涉外仲裁人才培养项目,会同有关部门推进涉外法治人才协同培养创新基地建设。有序开展国际司法协助,审查办理38个国家237个刑事司法协助案件,稳妥办理涉16国的向外移管案件88件。

四、有效发挥行政复议主渠道作用

2023年,各级行政复议机构始终以维护群众合法权益为落脚点,全国新收行政复议案件31.5万件,同比增长17.1%;依法办结行政复议案件29.3万件,同比增长14.45%,其中司法部办结国务院行政复议案件4644件。

深入学习宣传贯彻新修订的行政复议法。会同有关部门高效完成行政复议法修订工作,加大新修订的行政复议法宣传解读力度,举办首届全国行政审判行政复议工作同堂培训,对全国2.5万名行政复议人员开展线上全员培训,推动各地区各部门更好贯彻落实行政复议法的新要求新规定。

持续提升行政复议质效。开展行政复议质量提升年活动,指导各级行政复议机构依法办理涉及民生领域行政复议案件6.38万件,涉企行政复议案件3万余件。2023年,全国各级行政复议机构通过调解、和解方式结案3.7万件,一大批行政争议得到实质性化解。加强行政复议与行政诉讼衔接配合,形成深化诉源治理工作合力。加快行政复议信息化建设,全国行政复议"一张网"基本形成。

加大依法行政监督力度。加大个案监督力度,各级行政复议机构全年作出撤销、变更、确认违法和责令履行决定等纠错决定2.73万件,纠错率达12.83%。全国共制发行政复议意见书、建议书3800余份,实现"办理一案、规范一片",从源头上有效促进依法行政。

五、着力提升司法行政工作规范化水平

健全完善制度机制,不断加大政务公开和监督力度,使司法行政工作始终体现人民意志、接受人民监督。

扎实做好政府信息公开。规范工作流程,提高工作效率,为人民群众依法获取政府信息提供便利,全年新收政府信息公开申请352件,上年结转10件,办结334件,办结率94.8%,所涉政府信息公开答复均做到程序合法、事实认定和法律适用正确。

做好人大议案、建议和政协提案工作。认真做好人大议案、建议和政协提案的分办、催办、汇总、反馈、总结等工作,102件人大议案、240件建议、101件政协提案全部按时办理答复。

加大公众参与监督执法力度。研究制定行政执法评价指标体系、人民满意度评价标准,部署开展行政执法人民满意度评价第三方评估工作。完善重大行政执法案(事)件督办机制,通过行政执法监督批评建议平台督办86件行政执法舆情事件。组织开展行政执法监督与12345政务服务热线的工作衔接机制试点工作,与新闻媒体等社会监督渠道建立信息交流机制。

同时,我们也清醒认识到,工作中还存在一些差距和不足,比如:一些新业态新模式相关法律制度供给不足,法治政府建设示范指标体系还需根据新形势新任务及时调整完善,加快建设行政执法协调监督工作体系还要下更大功夫,贯彻落实新修订的行政复议法还需持续发力,公共法律服务队伍建设还有待加强等。对这些问题,我们将采取务实管用措施持续用力、加快解决。

2024年,司法部将坚持以习近平新时代中国特色社会主义思想为指导,深入践行习近平法治思想,深刻领悟"两个确立"的决定性意义,增强"四个意识"、坚定"四个自信"、做到"两个维护",深入实施《法治政府建设实施纲要(2021—2025年)》,努力在建设市场化法治化国际化一流营商环境、推进重大行政决策科学化规范化、加强行政执法协调监督、促进行政争议实质性化解等方面取得新突破,以更大力度、更实举措统筹推进法治政府建设,为新时代强国建设、民族复兴伟业贡献法治力量,以优异成绩迎接新中国成立75周年!

(资料来源:司法部网站 2024-03-29)

学习贯彻习近平法治思想需要把握好十大关系

党的十八大以来,习近平总书记从坚持和发展中国特色社会主义、实现党和国家长治久安的战略高度定位法治、布局法治、厉行法治,创造性提出关于全面依法治国一系列新理念新思想新战略,形成了习近平法治思想。习近平法治思想内涵丰富、论述深刻、逻辑严密、系统完备,开辟了马克思主义法治理论新境界,具有重要理论引领力;拓展了中国特色社会主义法治道路,具有强大实践指导力;赋予了中华法治文明新内涵,具有深刻历史穿透力;贡献了推动国际关系法治化的中国智慧,具有巨大世界影响力。深入学习、全面贯彻习近平法治思想,需要深入把握十个重大关系,更好运用习近平法治思想武装头脑、指导实践、推动工作。

一、习近平法治思想与马克思主义法治理论的关系

马克思主义法治理论是马克思主义的重要组成部分。马克思主义法治理论揭示了社会主义法治建设和人类法治文明发展的一般规律,阐明了法的本质特征、价值功能、历史起源等根本问题,把对法律现象的认识真正建立在科学的世界观和方法论基础之上。

习近平法治思想实现了马克思主义法治理论中国化的新发展新飞跃,具有既一脉相承又与时俱进的理论品质。习近平法治思想坚持辩证唯物主义和历史唯物主义,体现了马克思主义国家学说、政党学说、法律观、法治观、民主观、权利观、权力观、法治文明论等国家和法治原理,从历史和现实相贯通、国际和国内相关联、理论和实际相结合上,深刻回答了新时代为什么实行全面依法治国、怎样实行全面依法治国等一系列重大问题,构成了富有开创性、实践性、真理性、前瞻性的科学思想体系,为发展马克思主义法治理论作出了重大原创性贡献。

二、习近平法治思想与法治建设历史经验的关系

中华法系在世界法制史上独树一帜,中华优秀传统法律文化中蕴含着丰富智慧。如,出礼入刑、隆礼重法的治国策略,民惟邦本、本固邦宁的民本理念,天下无讼、以和为贵的价值追求,德主刑辅、明德慎罚的慎刑思想,援法断罪、罚当其罪的平等观念,保护鳏寡孤独、老幼妇残的恤刑原则,等等。我们党在百年奋斗中积极探索法治建设,新民主主义革命时期,我们党领导人民开展了法制理论和实践探索,比如,制定《井冈山土地法》、颁布《中华苏维埃共和国宪法大纲》、制定《陕甘宁边区抗战时期施政纲领》,独创"马锡五审判方式",发布《中国土地法大纲》,废除旧法统,为新中国法制建设清除了障碍。社会主义革命和建设时期,我们党领导人民开启法治建设新纪元,比如,制定中央人民政府组织法、婚姻法、土地改革法,制定1954年《中华人民共和国宪法》,建立起社会主义法制基本框架。改革开放和社会主义现代化建设新时期,我们党提出"有法可依、有法必依、执法必严、违法必究"方针,把依法治国确定为党领导人民治理国家的基本方略,把依法执政确定为党治国理政的基本方式,把依法行政确定为政府运行的基本准则,社会主义法治建设迈入全新阶段。2011年3月,十一届全国人大四次会议宣布中国特色社会主义法律体系已形成。我国现行有效法律288件、行政法规609件、地方性法规12096件,我们用30多年时间走完西方用300年甚至400年才走完的立法道路,写下了人类法制史上的恢弘篇章。

党的十八大以来,中国特色社会主义进入新时代。以习近平同志为核心的党中央明确提出全面依法治国,并将其纳入"四个全面"战略布局予以有力推进,社会主义法治建设取得历史性成就、发生历史性变革。习近平总书记在领导全面依法治国谋新篇、开新局的实践中,传承了中

华优秀传统法律文化,推动中华优秀传统法律文化创造性转化、创新性发展,使中华优秀传统法律文化焕发出新的生命力,并对我们党领导的社会主义法治建设丰富实践和宝贵经验进行科学总结,从我国革命、建设、改革的实践中探索适合自己的法治道路,以新的视野、新的认识赋予其新的时代内涵,提出一系列具有原创性、独创性意义的全面依法治国新理念新思想新战略,创立习近平法治思想,这是我们党百年法治探索最重要、集大成的理论创新成果。

三、党与法的关系

习近平总书记强调:"党和法的关系是一个根本问题,处理得好,则法治兴、党兴、国家兴;处理得不好,则法治衰、党衰、国家衰。"在这个问题上,不能含糊其辞、语焉不详,必须旗帜鲜明、立场坚定。

社会主义法治必须坚持党的领导。党的领导是社会主义法治最根本的保证,是中国特色社会主义法治之魂,是我们的法治同西方资本主义国家法治最大的区别。离开党的领导,中国特色社会主义法治体系、社会主义法治国家就建不起来,全面依法治国就难以有效推进。要进一步健全党领导全面依法治国的制度和工作机制,把坚持党的领导体现在领导立法、保证执法、支持司法、带头守法上,贯彻到全面依法治国全过程和各方面,确保全面依法治国始终朝着正确方向前进。

党的领导必须依靠社会主义法治。党领导人民制定宪法法律,党领导人民实施宪法法律,党自身必须在宪法法律范围内活动,依靠法治保障党的路线方针政策实施,运用法治思维和法治方式巩固党的执政地位、改善党的执政方式、提高党的执政能力,确保党和国家长治久安。所谓"党大还是法大"的问题是一个政治陷阱,是一个伪命题,我国法律充分体现了党和人民意志,我们党依法办事,党和法、党的领导和依法治国是高度统一的。说不存在"党大还是法大"的问题,是把党作为一个执政整体、就党的执政地位和领导地位而言的,具体到每个党政组织、每个领导干部,必须服从和遵守宪法法律,不能将其作为以言代法、以权压法、徇私枉法的挡箭牌。对于各级党政组织、各级领导干部来说,"权大还是法大"则是一个真命题,要把权力关进制度的笼子,依法设定权力、规范权力、制约权力、监督权力,确保权力始终在法治轨道上运行。

四、政治与法治的关系

习近平总书记强调,每一种法治形态背后都有一套政治理论,每一种法治模式当中都有一种政治逻辑,每一条法治道路底下都有一种政治立场。要确保政治成为法治的根本保证、法治成为政治的坚强保障。

政治决定法治,为法治指明方向。我们要坚持的中国特色社会主义法治道路,本质上是中国特色社会主义道路在法治领域的具体体现。我们要发展的中国特色社会主义法治理论,本质上是中国特色社会主义理论体系在法治问题上的理论成果。我们要建设的中国特色社会主义法治体系,本质上是中国特色社会主义制度的法律表现形式。全面推进依法治国,就是要坚定走中国特色社会主义法治道路,建设中国特色社会主义法治体系,建设社会主义法治国家。

法治服务政治,为政治提供保障。坚持依宪治国、依宪执政,加强宪法实施和监督,就是要坚决维护宪法确定的中国共产党领导地位不动摇,维护宪法确定的人民民主专政的国体和人民代表大会制度的政体不动摇。既要立足当前,运用法治解决人民群众反映强烈的突出问题、经济社会发展面临的深层次问题;又要着眼长远,促进各方面制度更加成熟定型,为党和国家事业发展提供长期性的制度保障。

五、政策与法律的关系

习近平总书记强调,党的政策和国家法律都是人民根本意志的反映,在本质上是一致的。

要自觉维护党的政策和国家法律的权威性，增强贯彻执行的自觉性。

党的政策是国家法律的先导和指引。党的政策是国家法律的核心内容和基本精神所在。要善于通过法定程序使党的主张成为国家意志、形成法律，确保党发挥总揽全局、协调各方的领导核心作用。要健全党的政策同国家法律统一正确实施的衔接协调机制，确保执法、司法、守法贯彻落实党的政策。

国家法律是党的政策的固化和保障。党的政策通过立法程序由立法机关上升为国家法律后，就具有了法律的规范性和强制性，实施法律就是贯彻党的意志，依法办事就是执行党的政策。要推动宪法法律全面深入实施，使党的政策落地生根，成为全社会必须遵循的普遍准则。要支持政法单位依照宪法法律独立负责、协调一致开展工作，支持司法机关依法独立公正行使职权。要加强对宪法和法律实施情况的监督检查，健全监督机制和程序，坚决纠正违宪违法行为。

六、法治与德治的关系

习近平总书记强调，法治和德治不可分离、不可偏废，国家治理需要法律和道德协同发力。要坚持法治与德治相结合，做到两手抓、两手都要硬。

强化道德对法治的支撑作用。把道德要求贯彻到法治建设中，实现法律和道德相辅相成、法治和德治相得益彰。将社会主义核心价值观融入法治建设和社会治理，加强居民公约、村规民约等社会规范建设，提高社会治理法治化水平。大力开展社会公德、职业道德、家庭美德、个人品德建设，为社会主义法治建设培育良好社会风尚。

强化法律对道德的促进作用。法律是底线的道德，也是道德的保障。要运用法治手段解决道德领域突出问题。加强相关立法工作，明确对失德行为的惩戒措施，发挥道德对全社会的规范引导作用。对见利忘义、制假售假的违法行为，加大执法力度，让败德违法者受到惩治、付出代价。抓紧建立覆盖全社会的征信系统，完善守法诚信褒奖机制和违法失信惩戒机制，鼓励守法诚信行为，追究违法失信责任，努力打造不敢失信、不能失信、不愿失信的社会环境。

七、改革与法治的关系

习近平总书记强调，改革和法治如鸟之两翼、车之两轮，相辅相成、相伴而生。要正确把握改革与法治的关系，推动全面深化改革和全面依法治国相互促进。

坚持在法治下推进改革。在研究改革方案和改革措施时，同步考虑改革涉及的立法问题，坚持改革决策和立法决策相统一、相衔接，立法主动适应改革需要，做到重大改革于法有据，改革与法治同步推进。对实践条件不成熟、需先行先试的，依照法定程序作出授权，既不允许随意突破法律红线，也不允许简单以现行法律没有依据为由迟滞改革。对实践证明已经比较成熟的改革经验和行之有效的改革举措，尽快上升为法律。

坚持在改革中完善法治。坚定不移推进法治领域改革，健全公安机关、检察机关、审判机关、司法行政机关各司其职，侦查权、检察权、审判权、执行权相互配合、相互制约的体制机制。构建权责清晰的执法司法责任体系，完善执法司法制约监督体系改革和建设，实现权力与责任的平衡、放权与监督的结合、公正与效率的统一。深化司法责任制综合配套改革，完善人员分类管理，加强司法职业保障。

八、依法治国与依规治党的关系

习近平总书记强调，我们党要履行好执政兴国的重大历史使命、赢得具有许多新的历史特点的伟大斗争胜利、实现党和国家的长治久安，必须坚持依法治国与制度治党、依规治党统筹推进、一体建设。

坚持依法治国必须坚持依规治党。治国必先治党，治党务必从严，从严必依法度。要发挥依法治国和依规治党的互补性作用，确保党既依据宪法法律治国理政，又依据党内法规管党治党、从严治党。加强党内法规执行责任制的落实和督查，防止"重制定、轻执行"和"有令不行、有禁不止"。注重党内法规同国家法律的衔接和协调，努力形成党内法规和国家法律相辅相成、相互促进、相互保障的格局。

坚持依规治党带动依法治国。依规治党深入党心，依法治国才能深入民心。坚持纪严于法、纪在法前，把纪律和规矩挺在前面，依靠党的纪律和规矩规范党员行为，使党员、干部在党内严格按照包括党章在内的党内法规行事，在社会上自觉遵守国家法律法规。抓住领导干部这个"关键少数"，坚决贯彻落实党中央关于全面依法治国的重大决策部署，自觉将党规党纪的严格要求转化为厉行法治的内在动力，做尊法学法守法用法的模范。

九、法治化与现代化的关系

习近平总书记强调，法治是国家治理体系和治理能力的重要依托。要坚持在法治轨道上推进国家治理体系和治理能力现代化，建设社会主义现代化国家。

法治体现了现代化的内在要求。全面建成社会主义现代化强国，包括国家治理体系和治理能力现代化。全面依法治国是新时代坚持和发展中国特色社会主义制度、推进国家治理体系和治理能力现代化的重要方面。要全面实施《法治中国建设规划（2020—2025年）》《法治社会建设实施纲要（2020—2025年）》《法治政府建设实施纲要（2021—2025年）》，促进国家治理体系和治理能力现代化水平不断提高。

现代化需要法治发挥保障作用。实现第二个百年奋斗目标，全面依法治国既是重要内容，又是重要保障。要依靠法治坚持和完善支撑中国特色社会主义制度的根本制度、基本制度、重要制度，推动中国特色社会主义制度更加成熟更加定型。依靠法治发挥制度优势，提高党依法治国、依法执政能力，发展全过程人民民主。依靠法治应对重大挑战、抵御重大风险、克服重大阻力、解决重大矛盾，不断开拓中国特色社会主义广阔前景。

十、国内法治与涉外法治的关系

习近平总书记强调，要坚持统筹推进国内法治和涉外法治。要加快涉外法治工作战略布局，协调推进国内治理和国际治理，更好维护国家主权、安全、发展利益。要推动国内法治和涉外法治协调发展，为建设社会主义现代化强国创造良好法治环境。

实现高质量发展，需要更好发挥法治固根本、稳预期、利长远的重要作用。围绕创新发展，完善知识产权保护制度，形成激发创新活力的法律规则。围绕协调发展，运用法治手段助力解决发展不平衡不充分问题。围绕绿色发展，推进自然资源、生态环境重点领域立法、执法、司法，呵护绿水青山。围绕开放发展，打造市场化法治化国际化营商环境。围绕共享发展，完善基本公共服务体系，促进社会公平正义。

加快我国法域外适用的法律体系建设，围绕反制裁、反干涉、反制长臂管辖等，充实应对挑战、防范风险的法律"工具箱"。提升涉外执法司法效能，细化标准、程序、机制，深化国际合作，提高涉外执法司法公信力。引导我国在海外企业和公民自觉遵守当地法律，尊重当地风俗习惯，依法维护自身合法权益。对不公正不合理的国际规则、国际机制，提出改革方案，推动全球治理变革，推动构建人类命运共同体。

（资料来源：人民日报网 2021-12-07）

第三节　实践教学篇

一、"社会主义法律的特征和运行"实践教学

1. 实践教学目的

通过各种讨论、辩论等主体实践教学活动形式,正确认识社会主义法律的本质特征和运行规则,整体把握中国特色社会主义法律体系、法治体系和法治道路,自觉培养法治思维,最后落实到行动上,即依法行使权利与履行义务,从而提升自己的法治素养,积极参与和推动社会主义法治国家建设。

2. 实施方案

本节教材内容在于引导并促成大学生理解中国特色社会主义法治体系,养成学法守法护法的习惯。一定的理论深度和视野宽度,是大学生全面发展的思想需要和思维"必然",教师应积极开展贴近大学生发展需求、贴近学生生活实际的实践活动,让实践活动内化为思想体验,才能促成大学生深度的思想素养生成。有鉴于此,适合本节内容的实践教学是小组讨论(包括智慧职教云等线上平台,即时讨论、课下师生对话等线下课堂),最贴切的实践教学形式可能还是辩论赛。可以结合本节教学内容重难点,设计辩论主题如"道德与法律哪个重要""实体法和程序法哪个重要"等辩论赛,可以更加深刻、全面地锻炼大学生的逻辑思维能力。

3. 参考案例

采用课堂主题讨论的方式,围绕特定的主题进行小组交流探讨。具体要求是,教师布置相关主题的讨论任务,并提出要求。学生课下按照分组原则进行交流探讨。教师要对相关问题的讨论有一定的明确指引。

基本程序:小组成员独立思考和准备,组员之间讨论交流,分享各自观点与资料摘要,分析所有小组成员的见解及资讯,归纳统整小组的重要观点与结论,精确简要地记录讨论结论。

课堂讨论的流程:主题分析—理论思考—充分讨论—亮点摘要—观点整合—形成结论。

二、"模拟法庭"实践教学

1. 实践教学目的

模拟法庭是以"思想道德与法治"教学为依托,以学法、用法、尊法为宗旨,以提高法律素质为目的,由非法律专业学生自编、自演的仿真法庭,每次从正在学习法律基础课的非法律专业学生中自荐选出十余名学生担任案件中的"司法人员""律师""原告""被告""证人"和其他诉讼参与人,按照程序法的规定,模拟真实案件的审判活动。

模拟法庭实践活动不仅积累了教学经验,深化了基础课的教学改革,而且初步探索出了一条法制宣传、法制教育的有效途径。模拟法庭教学模式,构建了在教师指导下的五位一体化教学运行长效机制,即初期准备、收集资料、学生自主学习、开展模拟法庭、教师总结一体化,其中,收集资料是核心,学生自主学习是关键,开展模拟法庭是体验,教师总结是提高与升华,把学、思、听、写、行有机地融于一体。

模拟法庭教学模式作为情境教学法的一个重要方面,为学生的学习创设了最佳教学情境,最大限度地培养了学生自我学习、自我教育的能力,是基础教学活动中理论联系实际的具体途径之一。实践证明,模拟法庭教学活动是行之有效、很受学生欢迎的一种实践教学活动,模拟法庭不仅是课堂理论与实践相结合的绝好体现,也是一堂生动形象的普法教育课,具有很高的推广价值。

2.实施方案

结合本节教学内容重难点,通过模拟法庭实践课,以案说法,每个班分小组展示,通过经典案例的模拟扮演和讲解,能够很详细地了解我国的程序法的特点,以及把课堂理论与实践有机地结合起来,学生很有兴趣,讲得非常精彩,达到了很好的课堂效果。

思考与练习

一、单选题

1.新中国的第一部宪法是( )。
 A.共同纲领　　　　B.1954年宪法　　　　C.1975年宪法　　　　D.1982年宪法
2.下列哪一项不属于宪法规定的基本权利?( )
 A.环境权　　　　　B.平等权　　　　　　C.出版自由权　　　　D.受教育权
3.根据现行宪法规定,关于公民权利和自由,下列哪一选项是正确的?( )
 A.劳动、受教育和依法服兵役既是公民的基本权利又是公民的基本义务
 B.休息权的主体是全体公民
 C.公民在年老、疾病或者未丧失劳动能力的情况下,有从国家和社会获得物质帮助的权利
 D.2004年宪法修正案规定,国家尊重和保障人权
4.根据我国宪法规定,下列有关公民基本权利的宪法保护的表述,哪一选项是正确的?( )
 A.一切公民都有选举权和被选举权
 B.宪法规定了对华侨、归侨的保护,但没有规定对侨眷权益的保护
 C.宪法对建立劳动者休息和休养的设施未加以规定
 D.公民合法财产的所有权和私有财产的继承权规定在宪法"总纲"部分
5.根据我国宪法规定,下列关于私有财产权的表述哪一选项是不正确的?( )
 A.公民合法的私有财产不受侵犯
 B.国家依照法律规定保护公民的私有财产权和继承权
 C.任何人不得剥夺公民的财产
 D.国家为了公共利益的需要,可以依照法律规定对公民的私有财产实行征收或征用并给予补偿
6.根据我国宪法规定,下列选项中哪一种情况不是公民获得物质帮助权的条件?( )
 A.公民在年老时　　　　　　　　　　B.公民在疾病时
 C.公民在遭受自然灾害时　　　　　　D.公民在丧失劳动能力时
7.国家机关、社会组织和公民个人依照法律规定行使权力和权利以及履行职责和义务的活动,称为( )。

A.法律实施　　　　B.法律适用　　　　C.法律执行　　　　D.法律遵守

8.我国依法治国的标准是(　　)。

A.宪法法律　　　　B.社会道德　　　　C.社会习惯　　　　D.风俗和礼仪

9.我国宪法规定的公民言论自由具有特定的范围和表现形式。下列说法错误的是(　　)。

A.公民不应因某种言论而承担不利后果

B.言论自由的表现形式多样,包括口头形式、书面形式以及广播电视

C.通过言论自由表达的有关政治、经济、文化、社会等方面的看法和见解受法律保护,不受非法干涉

D.公民都有以言论方式表达思想和见解的权利

10.关于宪法对人身自由的规定,下列哪一选项是不正确的?(　　)

A.禁止用任何方法对公民进行侮辱、诽谤和诬告陷害

B.生命权是宪法明确规定的公民基本权利,属于人格尊严权

C.禁止非法搜查公民身体

D.禁止非法搜查或非法侵入公民住宅

二、多选题

1.以下哪些属于法律规定的基本权利?(　　)

A.选举权和被选举权　　　B.宗教信仰自由　　　C.人身自由

D.受教育权　　　　　　　E.债权

2.以下哪些属于法律规定的普通权利?(　　)

A.选举权和被选举权　　　B.受教育权　　　　　C.婚姻自由权

D.物权　　　　　　　　　E.债权

3.以下属于程序性权利的是(　　)。

A.起诉权　　　　　　　　B.上诉权　　　　　　C.辩护权

D.代理权　　　　　　　　E.经营权

4.法律义务具有以下哪些特点?(　　)

A.法律义务是历史的

B.法律义务源于现实需要

C.法律义务必须依法设定

D.法律义务可能发生变化

E.法律义务具有强制性

5.我国公民的政治权利与义务包括(　　)。

A.选举权利与义务　　　　B.表达权利与义务　　C.民主管理权利与义务

D.监督权利与义务　　　　E.人身权利与义务

6.人格尊严的基本内容包括(　　)。

A.姓名权　　　　　　　　B.肖像权　　　　　　C.名誉权

D.荣誉权　　　　　　　　E.隐私权

7.我国公民的社会经济权利与义务有(　　)。

A.继承权利与义务　　　　B.休息权利与义务　　C.社会保障权利与义务

D.物质帮助权利与义务　　E.劳动权利与义务

8.我国公民的权利救济方式主要包括以下几种？（　　）
A.司法救济　　　　　　B.行政救济　　　　　　C.政治救济与社会救济
D.自力救济　　　　　　E.其他救济

9.我国宪法规定了公民遵守宪法法律的义务，具体包括（　　）。
A.保守国家秘密　　　　B.爱护公共财产　　　　C.遵守劳动纪律
D.遵守公共秩序　　　　E.尊重社会公德

10.法律规定权利行使的方式可以分为（　　）。
A.口头方式　　　　　　B.书面方式　　　　　　C.行为方式
D.暴力方式　　　　　　E.其他方式

三、判断题

1.法律体现的是统治阶级中的最高统治者的意志。（　　）

2.法律强调规范指引，重在调整人们的外部行为。（　　）

3.法律从来就有，是随着私有制、阶级和国家的出现而逐步完善的。（　　）

4.法律所体现的统治阶级意志，并不是统治阶级意志的全部，而仅仅是上升为国家意志的那部分意志。（　　）

5.法律的运行是一个从创制、实施到实现的过程。（　　）

6.所有类型的法律都是统治阶级意志的体现，保障和体现了最广大人民群众的利益和意志。（　　）

7.习近平法治思想被确立为全面依法治国的指导思想和根本遵循。（　　）

8.党的领导是中国特色社会主义最本质的特征，是社会主义法治最根本的保证。（　　）

9.我国可以走西方"宪政""三权鼎立""司法独立"的路子。（　　）

10.推进全面依法治国，法治政府建设是重点任务和主体工程，对法治国家、法治社会建设具有示范带动作用。（　　）

参考答案